DIREITO PÚBLICO E ARBITRAGEM

os desafios emergentes da resolução privada de conflitos do Estado

CONTRACORRENTE

Rafael Valim
Walfrido Warde
(Organizadores)

DIREITO PÚBLICO E ARBITRAGEM

os desafios emergentes da resolução privada de conflitos do Estado

SÃO PAULO
2022

CONTRACORRENTE

Alameda Itu, 852 | 1º andar |
CEP 01421 002
www.loja-editoracontracorrente.com.br
contato@editoracontracorrente.com.br

EDITORES
Camila Almeida Janela Valim
Gustavo Marinho de Carvalho
Rafael Valim
Walfrido Warde
Silvio Almeida

EQUIPE EDITORIAL
COORDENAÇÃO DE PROJETO: Juliana Daglio
PREPARAÇÃO DE TEXTO E REVISÃO: Amanda Dorth
REVISÃO TÉCNICA: Douglas Magalhães
DIAGRAMAÇÃO: Pablo Madeira
CAPA: Maikon Nery

EQUIPE DE APOIO
Fabiana Celli
Carla Vasconcellos
Fernando Pereira
Valéria Pucci
Regina Gomes
Nathalia Oliveira

Dados Internacionais de Catalogação na Publicação (CIP)
(Câmara Brasileira do Livro, SP, Brasil)

Direito público e arbitragem : os desafios emergentes da resolução privada de conflitos do Estado / Rafael Valim, Walfrido Warde, organizadores. -- São Paulo : Editora Contracorrente, 2022.

Vários autores.
ISBN 978-65-5396-039-8

1. Administração pública 2. Arbitragem (Direito) 3. Brasil - Constituição (1988) 4. Direito público - Brasil I. Valim, Rafael. II. Warde, Walfrido.

22-116287 CDU-342(81

Índices para catálogo sistemático:
1. Brasil : Direito público 342(81)
Cibele Maria Dias - Bibliotecária - CRB-8/9427

@editoracontracorrente
Editora Contracorrente
@ContraEditora

SUMÁRIO

APRESENTAÇÃO

Os livros dedicados ao tema da resolução privada de conflitos do Estado adotam, de modo geral, um tom maniqueísta, que oscila entre a assimilação irrefletida das "virtudes das soluções privadas" e a rejeição absoluta a um método alternativo de solução de conflitos.

Em ambos os casos, acaba-se por negar a complexidade do assunto e, naturalmente, pouco ou nada se avança em termos científicos. É de todo improdutivo, pois, incensar ou demonizar aprioristicamente a arbitragem, impondo-se um exame rigoroso das suas possibilidades dentro do regime jurídico-administrativo brasileiro.

A obra que o leitor ora tem em mãos está na contramão dessa tendência. Reunimos notáveis especialistas em função de suas virtudes acadêmicas e não por suas posições contrárias ou favoráveis ao uso da arbitragem em questões envolvendo o Estado. Disso resulta um denso conjunto de reflexões plurais que lançam luzes sobre as vivas controvérsias emergentes do objeto de estudo.

Na qualidade de organizadores desta obra, resta-nos agradecer penhoradamente a generosidade das autoras e dos autores que, em meio a tantos afazeres, ofereceram uma contribuição fundamental ao pensamento jurídico brasileiro.

Boa leitura!

RAFAEL VALIM

WALFRIDO WARDE

SOBRE OS AUTORES

ANE ELISA PEREZ

Mestre em Direito Constitucional pela PUC-SP. Vice-presidente da Comissão de Arbitragem da OAB-SP. Advogada.

BÁRBARA MENDONÇA BERTOTTI

Doutoranda e Mestra em Direito pela Pontifícia Universidade Católica do Paraná. Especialista em Direito Público pela Escola da Magistratura Federal do Paraná e em Direito Administrativo pelo Instituto de Direito Romeu Felipe Bacellar. Bacharela em Direito pela Universidade Federal do Paraná. Pesquisadora do NUPED – Núcleo de Pesquisas em Políticas Públicas e Desenvolvimento Humano da Pontifícia Universidade Católica do Paraná. Vice-presidenta do Instituto Política por.de.para Mulheres.

COLLINS C. AJIBO

PhD pela Universidade de Manchester, é Senior Lecturer da Faculdade de Direito da Universidade da Nigéria.

DAVID RENDERS

Professor na Universidade Católica de Louvain e Diretor do *Centre Montesquieu d'études de l'action publique*.

EDILSON PEREIRA NOBRE JÚNIOR

Professor Titular da Faculdade de Direito do Recife – UFPE. Doutor em Direito Público. Realizou investigação ao nível de Pós-Doutoramento perante o Instituto Jurídico da Faculdade de Direito da Universidade de Coimbra Líder do Grupo de Pesquisa "Desafios do Controle da Administração Pública Contemporânea". Desembargador do Tribunal Regional Federal da Quinta Região.

EMERSON GABARDO

Professor Titular de Direito Administrativo da Pontifícia Universidade Católica do Paraná. Professor Associado de Direito Administrativo da Universidade Federal do Paraná. Professor Visitante Sênior no J. W. Peltason Center for the Study of Democracy at University of California (EUA - 2020). Pós-doutorado em Direito Público Comparado pela Fordham University School of Law. Editor Chefe da International Journal of Digital Law. Coordenador do Curso de Especialização em Direito Digital e Governo Eletrônico do Instituto Bacellar.

FERNANDA NEVES VIEIRA MACHADO

Graduada em Direito em 2006. Pós-graduada em Direitos Difusos e Coletivos pela PUC-COGEAE. Pós-Graduada em Direito Administrativo pela Fundação Getúlio Vargas. Atualmente é Gerente Jurídica de temas consultivos e contenciosos administrativos regulatórios do Grupo ARTERIS S/A.

FERNANDO MENDES

Advogado e Administrador de Empresas. Mestre em Direito Administrativo (PUC-SP). Foi Juiz Federal (2002-2021), Procurador do Estado de São Paulo (1998-2002), Presidente da AJUFESP – Associação dos Juízes Federais de São Paulo e Mato Grosso do Sul (2015-2017) e da AJUFE – Associação dos Juízes Federais do Brasil (2018-2020).

FLÁVIA MATTIOLI TÂMEGA

Graduada em Direito pela PUC-Campinas em 1997. MBA pela Fundação Getúlio Vargas. Membro da Comissão de Infraestrutura do Conselho Federal da OAB e da Comissão de Infraestrutura da OAB/SP. Diretora Jurídica e de Compliance no Grupo ARTERIS S/A.

GEORGES ABBOUD

Livre-docente, Doutor e Mestre em Direito pela PUC-SP. Professor de Direito Processual Civil da PUC-SP e de Direito Constitucional do IDP, advogado e consultor jurídico. Sócio no Warde Advogados.

GIUSEPPE GIAMUNDO NETO

Doutorando e Mestre em Direito do Estado pela USP. Advogado em São Paulo.

JOSÉ LUIZ BAYEUX NETO

Bacharel em Direito e Mestre em Direito Civil pela Faculdade de Direito da USP. Sócio do Warde Advogados.

LUIS MANUEL FONSECA PIRES

Livre-docente, Doutor e Mestre em Direito do Estado pela Pontifícia Universidade Católica de São Paulo. Professor de Direito Administrativo na Pontifícia Universidade Católica de São Paulo. Juiz de Direito titular de Vara da Fazenda Pública no Estado de São Paulo.

MARCOS AUGUSTO PEREZ

Professor Associado de Direito Administrativo da Faculdade de Direito da Universidade de São Paulo. Advogado, sócio da Manesco, Ramires, Perez, Azevedo Marques Sociedade de Advogados.

MARINA C. R. VIDAL

Mestra em Direito das Relações Internacionais pela Pontifícia Universidade Católica de São Paulo. Professora de Direito Civil no Curso Popular da Defensoria Pública. Advogada no escritório Padis Mattar Advogados.

PAULA BUTTI CARDOSO

Graduada em Direito pela Universidade de São Paulo. Especialista em Arbitragem pela Escola de Direito da Fundação Getúlio Vargas – GVLaw. Mestra em Direito Processual Civil e Arbitragem pela Faculdade de Direito da Universidade de São Paulo.

RAFAEL VALIM

Doutor e Mestre em Direito Administrativo pela PUC-SP, onde lecionou de 2015 a 2018. Atualmente é professor visitante na University of Manchester (Inglaterra) e na Université Le Havre Normandie (França). Professor na Maestría en Anticorrupción da Universidad Panamericana (México) e na Especialização em Direito Administrativo da Universidad de Comahue (Argentina). Diretor do Instituto para a Reforma das Relações entre Estado e Empresa – IREE. Membro do Instituto Internacional de Derecho Administrativo, do Foro Iberoamericano de Derecho Administrativo e do Instituto Brasileiro de Direito Administrativo. Advogado.

RAQUEL CARVALHO

Professora Associada na Faculdade de Direito da Universidade Católica Portuguesa.

RICARDO MARCONDES MARTINS

Doutor em Direito Administrativo pela PUC-SP. Professor de Direito Administrativo da PUC-SP.

TATIANA MESQUITA NUNES

Mestra em Direito do Estado pela Faculdade de Direito da USP. Advogada da União, integra o Núcleo Especializado em Arbitragem na Advocacia-Geral da União.

VÍTOR GALVÃO FRAGA

Mestrando do Programa de Pós-Graduação em Direito da Faculdade de Direito do Recife – UFPE. Especialista em Direito Administrativo – UFPE. Especialista em Direito Constitucional – Faculdade CERS. Integrante do Grupo de Pesquisa "Desafios do Controle da Administração Pública Contemporânea". Advogado.

WALFRIDO WARDE

Bacharel em Direito e em Filosofia pela Universidade de São Paulo – USP. Master of Laws pela New York University School of Law. Doutor em Direito Comercial pela Faculdade de Direito da USP. Presidente do Instituto para a Reforma das Relações entre Estado e Empresa – IREE. Advogado.

YENKONG NGANGJOH-HODU

Professor de Direito Econômico Internacional da Faculdade de Direito da Universidade de Manchester.

CAPÍTULO I

ARBITRAGEM ADMINISTRATIVA À LUZ DA CONSTITUIÇÃO FEDERAL

Ricardo Marcondes Martins

Introdução

Em 2010 publiquei um estudo sobre a arbitragem no prestigiado periódico "Interesse Público – IP", coordenado pelo Professor Juarez Freitas. Atribuí ao estudo o título "Arbitragem e Administração Pública: contribuição para o sepultamento do tema".[1] No ano seguinte, republiquei-o no prestigiado periódico coordenado pelo Professor Celso Antônio Bandeira de Mello.[2] Em 2015, revi o trabalho e republiquei-o, com alterações, no capítulo 2 de minha obra "Estudos de Direito Administrativo neoconstitucional", capítulo

1 MARTINS, Ricardo Marcondes. "Arbitragem e administração pública: contribuição para o sepultamento do tema". *Interesse Público*, Belo Horizonte, vol. 64, nov./dez. 2010, pp. 85-104.

2 MARTINS, Ricardo Marcondes. "Arbitragem e administração pública: contribuição para o sepultamento do tema". *Revista Trimestral de Direito Público* (RTDP), São Paulo, nº 54, 2011, pp. 194-209.

que denominei "Interesse Público e Arbitragem".[3] Passados seis anos da republicação, e onze da publicação original, o Professor Rafael Valim convidou-me a revê-lo. Para minha perplexidade, é, até hoje, pela minha pesquisa, senão o único, um dos raros estudos radicalmente contrários à utilização da arbitragem pela Administração brasileira. De lá para cá houve alteração do Direito Positivo, e a doutrina brasileira, quase unanimemente, defende-o ardorosamente. De minha parte, após participar de vários debates sobre o tema e de refletir bastante sobre ele, revejo meu estudo, mas continuo convencido de que a utilização da arbitragem pela Administração Pública é, tendo em vista a realidade brasileira, incompatível com a Constituição vigente.

1 Delimitação conceitual

O tema da "arbitragem na Administração Pública" exige uma delimitação conceitual importante. De fato, minha tese sobre a invalidade da utilização dessa forma de solução de conflitos se aplica a uma hipótese específica. Os chamados "meios consensuais de solução de conflitos" não se restringem à arbitragem. Primeiro, há que se diferenciar os meios restritos às partes em litígio, como a *negociação* e a *transação*, dos meios que envolvem um *terceiro*, como a *conciliação* e a *mediação*. Os primeiros dizem respeito a técnicas da Administração consensual ou concertada, mas não são objeto deste estudo.[4] Tanto a conciliação como a mediação, ao

---

3 MARTINS, Ricardo Marcondes. *Estudos de Direito Administrativo neoconstitucional*. São Paulo: Malheiros, 2015, pp. 63-81.

4 É conceitualmente incompatível com a Administração Pública atuar como um verdadeiro "particular" numa relação jurídica. Assim, o negócio administrativo não é propriamente um "negócio", pois o ajuste não pode se assentar no livre-arbítrio. Esse problema, inerente à temática da chamada Administração consensual ou concertada, envolve as "transações" e as "negociações" públicas. Sobre ele, vide nosso: MARTINS, Ricardo Marcondes. "Administração Pública consensual: o que mudou com as alterações da LINDB?" *Revista Brasileira de Infraestrutura*, Belo Horizonte, ano 9, nº 18,

contrário da negociação, envolvem um *terceiro*.[5] Na conciliação, porém, esse terceiro adota uma postura mais "ativa", propondo uma solução; ao contrário do que ocorre na mediação, em que a solução não se dá propriamente pela intervenção do mediador, mas surge do diálogo entre as partes, diálogo apenas facilitado pela mediação.[6]

Mediação e conciliação não são técnicas substitutivas da atuação jurisdicional e, assim, nada têm a ver com a arbitragem. Realizada uma mediação ou uma conciliação, o Judiciário não está, minimamente, impedido de, se provocado, reexaminar a questão. Realizada a arbitragem, a decisão do árbitro só pode ser revista pelo Judiciário nas hipóteses legalmente previstas. Justamente por essa razão, não considero inválida a utilização da conciliação e – com mais razão – da mediação[7] na solução de um conflito entre a Administração e o administrado. Dessarte, a Constituição brasileira não impede que a Administração Pública ouça um terceiro sobre um conflito com um administrado, e não me parece que haja obstáculos de que esse terceiro proponha "ativamente" uma solução. Assim, a análise que faço neste estudo não se aplica aos institutos da conciliação e mediação administrativas.

---

jul./dez. 2020, pp. 11-22. Sobre o tema das "transações administrativas", por todos: BATISTA JÚNIOR, Onofre Alves. *Transações administrativas*. São Paulo: Quartier Latin, 2007.

5 Cf. SOUZA, Luciane Moessa de. *Meios consensuais de solução de conflitos envolvendo entes públicos*: negociação, mediação e conciliação na esfera administrativa e judicial. Belo Horizonte: Fórum, 2012, p. 58.

6 SOUZA, Luciane Moessa de. *Meios consensuais de solução de conflitos envolvendo entes públicos*: negociação, mediação e conciliação na esfera administrativa e judicial. Belo Horizonte: Fórum, 2012, pp. 72/73.

7 Sobre a mediação administrativa, vide o estudo de FREITAS, Fernanda Martins. "Mediação na Administração Pública". *Revista Internacional de Direito Público* – RIDP, Belo Horizonte, ano 4, nº 06, jan.-jun. 2019, pp. 189-219. O estudo decorreu de iniciação científica, orientada por mim, no Programa Institucional de Bolsas de Iniciação Científica – PIBIC/CNPQ da PUC-SP.

Considero, também, perfeitamente possível que na instância administrativa um órgão administrativo, um ente administrativo ou até mesmo um servidor público seja chamado a solucionar um conflito administrativo. Ainda que se chame a atuação desse servidor, órgão ou ente administrativos de arbitragem – ou, mais propriamente, de "arbitragem intra-administrativa" –, trata-se de uma "arbitragem imprópria". Quando se trata de atuação de órgão diverso do órgão envolvido no conflito, essa atuação consiste numa "concertação administrativa interorgânica",[8] não obstada, a meu ver, pela Constituição vigente. Com efeito: quando o suposto "árbitro" é um agente público que atua, ao tomar a decisão, no exercício das atribuições próprias de seu cargo público, descaracteriza-se a arbitragem, pois não há a atuação de um "terceiro", vale dizer, é a Administração Pública que, no âmbito administrativo, soluciona o conflito. Essa solução administrativa, ainda que acobertada pela "coisa julgada administrativa",[9] pode ser revista pelo Judiciário quando houver provocação de algum administrado ou do Ministério Público. Assim, nada tem a ver com a arbitragem propriamente dita.

Há, ademais, uma hipótese de utilização válida pela Administração da arbitragem propriamente dita. Refiro-me aos conflitos entre o Estado brasileiro e um Estado estrangeiro. Nesse caso, como ambos possuem soberania – e, pois, estão numa relação horizontal de sujeição –, um Estado não pode impor a decisão ao

---

8 Sobre as concertações administrativas vide, por todos: BITENCOURT NETO, Eurico. *Concertação administrativa interorgânica*. São Paulo: Almedina, 2017. Em que pese o brilhantismo da argumentação, discordo da tese central da obra: as relações jurídicas não são propriamente estabelecidas entre os órgãos, mas entre os agentes que os tornam presentes nas relações jurídicas. Nesse sentido: BANDEIRA DE MELLO, Celso Antônio. "Apontamentos sobre a teoria dos órgãos públicos". *Revista de Direito Administrativo e infraestrutura* – RDAI. São Paulo, ano 2, nº 04, jan./mar. 2018, pp. 430-432.

9 Sobre a coisa julgada administrativa vide: MARTINS, Ricardo Marcondes. *Efeitos dos vícios do ato administrativo*. São Paulo: Malheiros, 2008, pp. 351/352.

outro. Logo, como pacificamente reconhecido no Direito Internacional Público,[10] a arbitragem é um meio extremamente útil de solução de controvérsias. Então, fixo o seguinte corte metodológico: as considerações que seguem não se aplicam às arbitragens internacionais, realizadas para solução de conflitos entre Estados soberanos; aplicam-se apenas às arbitragens internas, realizadas para solução, no território brasileiro, de um conflito entre a Administração Pública e o administrado.

Feitas essas considerações, a problemática da arbitragem na Administração Pública, aqui examinada, restringe-se à utilização de um árbitro para ditar, com definitividade, e, pois, com o manto da "coisa julgada",[11] a solução a um conflito entre Administração Pública e administrado, no âmbito do direito interno. Antes de explicar as razões dogmáticas pelas quais essa utilização é inconstitucional, o tema exige algumas considerações zetéticas.[12]

2 Considerações zetéticas

Em meu estudo original, realizei algumas considerações zetéticas, antes do exame propriamente dogmático. Essas considerações continuam pertinentes, mas, creio, outras se fazem

---

10 Por todos: REZEK, José Francisco. *Direito internacional público*. 8ª ed. São Paulo: Saraiva, 2000, pp. 341 e ss.; ACCIOLY, Hildebrando. *Tratado de direito internacional público*. vol. 3. São Paulo: Quartier Latin, 2009, pp. 32 e ss.; MAZZUOLI, Valerio de Oliveira. *Curso de direito internacional público*. 7ª ed., 2. tir. São Paulo: Revista dos Tribunais, 2013, pp. 1111 e ss.

11 Se a arbitragem não for nula, vale dizer, não se subsumir a uma das hipóteses discriminadas no art. 32 da Lei Federal n. 9.307/96 (LA), faz coisa julgada como qualquer decisão judicial, nos termos do art. 31 do mesmo diploma legislativo. Em rigor, assim como é possível rescindir uma decisão transitada em julgada, nas hipóteses discriminadas no art. 966 do CPC, é possível rescindir a decisão arbitral nas hipóteses do art. 32 da LA.

12 Sobre as perspectivas zetética e dogmática, vide: FERRAZ JUNIOR, Tercio Sampaio. *Introdução ao estudo do direito*. 5ª ed. São Paulo: Atlas, 2007, pp. 39-51.

necessárias. Hoje, são prevalentes, na Teoria do Direito, os chamados "métodos concretistas",[13] em que se enfatiza o equívoco na absoluta separação entre o mundo do ser e o mundo do dever-ser. O Direito só pode ser compreendido tendo em vista a realidade à qual ele se aplica.[14] E qual é a realidade da Administração Pública brasileira? Trata-se de uma Administração contaminada por altíssimos índices de corrupção,[15] marcada por uma cultura clientelista

---

13 A expressão é utilizada por CARVALHO, Márcia Haydée Porto de. *Hermenêutica constitucional*. Florianópolis: Obra Jurídica, 1997, pp. 64 e ss.

14 Por todos: MÜLLER, Friedrich. *O novo paradigma do direito*: introdução à teoria e metódica estruturantes do direito. Trad. de Rossana Ingrid Jansen dos Santos *et al*. São Paulo: Revista dos Tribunais, 2007, pp. 42 e ss. Concordo, porém, com a pertinente crítica de Alexy à metódica estruturante de Friedrich Müller. Para este, a norma jurídica possui duas partes, o "programa normativo", fruto da compreensão do texto normativo a partir dos métodos clássicos de interpretação, e o "âmbito normativo", fruto de aspectos da realidade, que interferem na norma. Alexy observa, com absoluto acerto, que a realidade interfere, sim, na interpretação, mas não se confunde com a norma jurídica (ALEXY, Robert. *Teoría de los derechos fundamentales*. Trad. Ernesto Garzón Valdés. 1ª ed., 3. reimpr. Madri: Centro de Estudios Políticos y Constitucionales, 2002, pp. 73-80).

15 A Organização *Transparência Internacional* publica anualmente um índice de percepções da corrupção (IPC) dos países do globo. Em 2020 o Brasil obteve nota 3,8 (de 0 a 10) e ficou, dentre os 179 países avaliados, em 94º lugar; em 2019 obteve nota 3,5 (de 0 a 10) e ficou, dentre os 180 países avaliados, em 106º lugar; em 2018 recebeu a mesma nota e ocupou a mesma posição; em 2017 obteve nota 3,7 e ficou em 96º lugar; em 2016 obteve nota 4,0 e ficou em 79º lugar, dentre os 176 países avaliados; em 2015 obteve nota 3,8 e ficou, dentre os 167 países avaliados, em 76º lugar (fonte: http://www.transparency.org/). Está bem longe da Nova Zelândia e da Dinamarca, que em 2019 ficaram em primeiro lugar com a nota 8,7, seguida da Finlândia, com 8,6, e da Suíça, com 8,5. Há quem critique a análise. Benedito Marques Ballouk Filho e Ronald A. Kuntz, por exemplo, fazem várias críticas ao índice (BALLOUK FILHO, Benedito Marques; KUNTZ, Ronald A. *Corrupção política*: a luta social pelo resgate da dignidade no exercício do poder. São Paulo: Madras, 2008, pp. 35/36). Ainda que as críticas sejam procedentes e o índice não retrate o grau exato da corrupção brasileira, permite justificar a assertiva de que no Brasil a corrupção é acentuadamente elevada.

e patrimonialista, de desrespeito à coisa pública.[16] Nesse cenário, é bastante estarrecedor que a comunidade jurídica, quase unanimemente, apoie a substituição do Judiciário por alguém escolhido pela própria Administração, não dotado dos predicamentos da magistratura, e de toda estrutura dogmática do exercício da função jurisdiciona, para que dite a resolução definitiva de um conflito com o administrado.

Nos debates que vivenciei nos últimos anos, em que sempre fui voz isolada, a questão foi apresentada como mera divergência de opiniões. Para que fique claro, num contexto privado, de direitos disponíveis, nada impede que dois particulares escolham um terceiro, da confiança de ambos, para que este dite a solução do conflito entre eles. O que é surpreendente é que um brasileiro acredite que a Administração Pública brasileira sempre escolherá alguém de "confiança do povo" para resolver um conflito entre o interesse do povo e um interesse privado.

Nas últimas décadas o cenário jurídico brasileiro foi assolado pela difusão do que ficou conhecido como neoliberalismo. Os liberais propugnaram pela proteção da liberdade das pessoas por meio da restrição à atuação estatal, mas nunca assumiram uma postura de aversão ao Estado.[17] Daí a nota diferencial do

---

16 A natureza patrimonialista e estamental da Administração brasileira é retratada por FAORO, Raymundo. *Os donos do poder*: formação do patronato político brasileiro. 3ª ed. São Paulo: Global, 2001, pp. 819 e ss.; HOLANDA, Sérgio Buarque de. *Raízes do Brasil*. 26ª ed. 17. reimpr. São Paulo: Companhia das Letras, 2003, p. 146. Este último conceitua: "Para o funcionário 'patrimonial', a própria gestão política apresenta-se como assunto de seu interesse particular; as funções, os empregos e os benefícios que deles aufere relacionam-se a direitos pessoais do funcionário e não a interesses objetivos, como sucede no verdadeiro Estado burocrático, em que prevalecem a especialização das funções e o esforço para se assegurarem garantias jurídicas aos cidadãos". (HOLANDA, Sérgio Buarque de. *Raízes do Brasil*. 26ª ed. 17. reimpr. São Paulo: Companhia das Letras, 2003).

17 Pelo contrário, os liberais sempre enfatizaram a necessidade de *intervenção*. Um dos maiores representantes do *pensamento liberal* foi: STUART MILL,

*neo*liberalismo: acresce à premissa liberal um pressuposto ideológico de *aversão* à atuação estatal. Os neoliberais defendem a não intervenção máxima do Estado: como ele é, por definição, segundo eles, ineficiente, deve atuar o menos possível.[18]

Tenho enfatizado que a teoria neoliberal é *viciada*: ela não consiste numa elaboração teórica sincera, mas num *plano de ação*. O real intento dos neoliberais sempre foi o lucro de certos agentes econômicos; sempre estiveram preocupados em "obter mais dinheiro". Não obteriam êxito pela sinceridade; não poderiam dizer: "queremos enriquecer nossos clientes". Para conseguir seu intento, elaboraram uma teoria: "acreditamos que o interesse público será mais bem atendido se nossos clientes prestarem diretamente as atividades que hoje são prestadas pelo Estado".[19] Puro exercício de poder econômico por meio de uma postura ínsita ao exercício

---

John. *A liberdade*. Trad. Eunice Ostrensky. São Paulo: Martins Fontes, 2000; STUART MILL, John. *Principios de economía política*. Madri: Fundación Ico, 2007. Nesta última, ele apresenta extenso rol de limites ao princípio do *laissez-faire* ou da não intervenção (capítulo XI, pp. 1083 e ss.).

18 Os principias representantes do *neoliberalismo* são: HAYEK, Friedrich A. *Los fundamentos de la libertad*. Trad. José Vicente Torrente. 8ª ed. Madri: Unión Editorial, 2008; HAYEK, Friedrich A. "Principios de un orden social liberal". *In*: ______. *Estudios de filosofía política y economía*. Trad. de Juan Marcos de la Fuente. Madri: Unión Editorial, 2007, pp. 231-253; FRIEDMAN, Milton; FRIEDMAN, Rose. *Libertad de elegir*. Trad. de Carlos Rocha Pujol. Madri: Faes, 2008. Para uma abordagem histórica do neoliberalismo consulte, por todos: HARVEY, David. *O neoliberalismo*: história e implicações. Trad. Adail Sobral e Maria Stela Gonçalves. São Paulo: Loyola, 2008. Sobre o tema, vide também: MARTINS, Ricardo Marcondes. *Regulação administrativa à luz da Constituição Federal*. São Paulo: Malheiros, 2011, pp. 154 e ss.

19 Com argúcia, observa Naomi Klein: "Em todos os países que adotaram as políticas da Escola de Chicago nas últimas três décadas, o que surgiu foi uma aliança determinante e poderosa entre algumas poucas corporações de grande porte e uma camada de políticos muito ricos. (...) Longe de libertar os mercados da tutela do Estado, essas elites corporativas e políticas simplesmente se juntaram para trocar favores a fim de assegurar o direito de abocanhar valiosos recursos que estavam anteriormente sob domínio público". (KLEIN, Naomi. *A doutrina do choque*: a ascensão do capitalismo de desastre. Trad. Vania Cury. Rio de Janeiro: Nova Fronteira, 2008, p. 25).

do poder: a dissimulação.[20] Por isso, do ponto de vista científico, a teoria neoliberal não é séria. Ocorre que, infelizmente, na década de 90, o legislador brasileiro adotou-a e concretizou um projeto de privatizações.

O signo *privatização* é ambíguo no *Direito Administrativo*. Possui principalmente *quatro* significados:

(a) no campo dos *serviços públicos*,[21] privatização consiste na *outorga da prestação* do serviço à gestão privada, mantendo-se a titularidade pública; é o que ocorre com a *concessão*, em que a prestação é passada aos particulares, mas o serviço continua sendo público, de titularidade do Estado – há *privatização da prestação*;

(b) também no campo dos *serviços públicos*, privatização consiste na *extinção do serviço* público, transformando-o em atividade econômica; não há apenas a privatização da prestação, mas do próprio serviço, que deixa de ser serviço público e passa a ser atividade econômica – há *privatização da atividade*;

(c) no campo da exploração estatal da *atividade econômica*, privatização consiste na *cessação da exploração* pelo Estado e alienação do fundo de comércio à iniciativa privada;

---

20 A dissimulação foi associada ao exercício do poder por: BOURDIEU, Pierre; PASSERON, Jean-Claude. *A reprodução*: elementos para uma teoria do sistema de ensino. 2ª ed. Trad. de Reynaldo Bairão. Rio de Janeiro: Vozes, 2009. Na Filosofia do Direito, vide: FERRAZ JUNIOR, Tércio Sampaio. *Estudos de filosofia do direito*. 3ª ed. São Paulo: Atlas, 2009, p. 56.

21 A Constituição de 1988 divide as atividades em dois blocos fundamentais: serviços públicos e atividades econômicas. Sobre o tema, vide, por todos: BANDEIRA DE MELLO, Celso Antônio. "Serviço público e atividade econômica: serviço postal". *In*: ______. *Grandes temas de Direito Administrativo*. São Paulo: Malheiros, 2009, pp. 301-314. Vide também: MARTINS, Ricardo Marcondes. *Regulação administrativa à luz da Constituição Federal*. São Paulo: Malheiros, 2011, cap. IV, pp. 192 e ss.

(d) no campo da atividade administrativa em geral, privatização consiste na submissão às formas de Direito Privado, seja em relação à pessoa jurídica (instituição de sociedades de economia mista ou empresas públicas ao invés de autarquias), seja em relação aos contratos (contratos da administração ao invés de contratos administrativos), seja em relação ao regime pessoal (celetista ao invés de estatutário).[22]

---

22 Três desses significados são referidos por MARTÍN-RETORTILLO, Sebastián. "Sentido y formas de la privatización de la administración pública". *Os caminhos da privatização da administração pública*: IV colóquio luso-espanhol de Direito Administrativo. Coimbra: Coimbra, 2001, pp. 19-30.

Segundo ele, privatização refere-se numa *primeira acepção* à "utilización por ésta [Administração Pública] de personificaciones y procedimientos de derecho privado". (MARTÍN-RETORTILLO, Sebastián. "Sentido y formas de la privatización de la administración pública". *Os caminhos da privatização da administração pública*: IV colóquio luso-espanhol de Direito Administrativo. Coimbra: Coimbra, 2001, p. 20, esclarecimento nosso). É o que aqui se chamou de *submissão às formas de direito privado* (letra "d"). Com toda razão, Martín-Retortillo afirma tratar-se "de la llamada huida del Derecho administrativo" com o intuito de exonerar a administração das amarras próprias do ordenamento jurídico-administrativo.

Refere-se, numa *segunda acepção*, à "transferencia al sector privado de una actividad, de una función que se considera pública". (MARTÍN-RETORTILLO, Sebastián. "Sentido y formas de la privatización de la administración pública". *Os caminhos da privatização da administração pública*: IV colóquio luso-espanhol de Direito Administrativo. Coimbra: Coimbra, 2001, p. 21). Observa que não se trata "de una gestión privada de actividades que siguen siendo públicas como es el esquema en el que se apoya la fórmula concesional. No; es una privatización de la propia actividad". (MARTÍN-RETORTILLO, Sebastián. "Sentido y formas de la privatización de la administración pública". *Os caminhos da privatização da administração pública*: IV colóquio luso-espanhol de Direito Administrativo. Coimbra: Coimbra, 2001, p. 24). Quer dizer: refere-se ao que aqui se chamou *extinção do serviço público* ou privatização da atividade (letra "b"). Perceba-se: a *privatização da prestação* (letra "a"), geralmente efetuada por concessão, não é arrolada pelo ínclito administrativista espanhol como espécie de privatização.

Finalmente, refere-se numa *terceira acepção*, à "actividad industrial y comercial de la Administración", em que há "transferencia al sector privado de las participaciones patrimoniales del sector público en distintas empresas". (MARTÍN-RETORTILLO, Sebastián. "Sentido y formas de la privatización

No chamado "projeto neoliberal de privatizações", o signo é utilizado principalmente no primeiro significado assinalado. Serviços públicos, dantes prestados pelo Estado ou por ente instituído por ele, foram outorgados aos particulares. Difundiu-se o sistema de permissões e concessões. Nada mais coerente com o intento dos neoliberais: como, nos termos aqui explicitados, queriam o lucro de certos agentes econômicos, possibilitaram a estes a prestação de atividades dantes executadas exclusivamente pelo Estado.[23] O neoliberalismo sempre esteve comprometido com algumas grandes empresas estrangeiras. Por isso, atrelou-se sempre a um movimento de desnacionalização: mais do que possibilitar o acesso a empresas privadas, possibilitar o acesso a empresas estrangeiras.[24] Foi o que foi feito: outorga de concessão e permissão de serviços públicos a empresas estrangeiras.

Difundiu-se no país uma propaganda ardilosa: essas empresas estrangeiras seriam os reverenciados "investidores". O Brasil, pobre, miserável, necessitaria delas, ricas investidoras. Essas empresas estrangeiras afirmaram uma desconfiança em relação ao Judiciário brasileiro. Muito coerente: "Confiamos no governo brasileiro, notadamente corrupto, confiamos na doutrina, bem paga, mas não confiamos no Judiciário; o governo e a doutrina defenderão nossos interesses econômicos, não o Judiciário". Por conseguinte, propagaram a ideia: "para que nós invistamos no país, para que tenhamos o lucro que tanto almejamos, eventuais controvérsias não podem ser dirimidas pelo Poder Judiciário, mas por um árbitro de nossa confiança".

---

de la administración pública". *Os caminhos da privatização da administração pública*: IV colóquio luso-espanhol de Direito Administrativo. Coimbra: Coimbra, 2001, p. 25). É o que aqui se chamou de *cessação da exploração de atividade econômica* (letra "c").

23 Cf. MARTINS, Ricardo Marcondes. *Teoria jurídica da liberdade*. São Paulo: Contracorrente, 2015, pp. 210 e ss.

24 Por todos: GONÇALVES, Reinaldo. *Globalização e desnacionalização*. 2ª ed. São Paulo: Paz e Terra, 2006, *passim*.

3 Primeira fase: afronta à indisponibilidade

Se o empresário brasileiro afirmasse na Europa ocidental a desconfiança no Judiciário europeu, muito provavelmente, mais do que desprezado, seria alvo de descortesias. Aqui, diante de uma imprensa que faz a cabeça da população ignorante, de Poder Executivo e Legislativo corruptos, de uma ciência jurídica ainda incipiente, de uma cultura xenófila, as pretensões estrangeiras encontraram terreno fecundo. Tornou-se comum a inserção de cláusulas arbitrais nos contratos de concessão.

No Agravo regimental na sentença estrangeira n. 5.206-7,[25] o Supremo Tribunal Federal examinou a constitucionalidade da chamada Lei da Arbitragem, Lei Federal n. 9.307/96. Foi um debate acirrado: quatro ministros consideraram-na parcialmente inconstitucional, os demais não vislumbraram qualquer inconstitucionalidade. Sem embargo, todos foram expressos em afirmar: "a disponibilidade de interesses é condição necessária para a adoção da arbitragem".[26] É o que justamente preceitua o art. 1º da indigitada lei: "as pessoas capazes de contratar poderão valer-se da arbitragem para dirimir litígios relativos a *direitos patrimoniais disponíveis*".

Por isso, a boa doutrina não tardou a se insurgir contra a inserção de cláusulas arbitrais nos contratos de concessão. Em memorável parecer, o Prof. Celso Antônio Bandeira de Mello defendeu a invalidade dessas cláusulas, não apenas por atentarem contra o §2º do art. 55 da Lei n. 8.666/93, lei de regência dos contratos administrativos – equivalente ao §1º do art. 92 da Lei n. 14.133/21 –, segundo o qual é cláusula obrigatória a que

---

25 Ag. Reg. na sentença estrangeira n. 5.206-7, j. 12.12.01, DJ 30.04.04, p. 29.

26 A frase é extraída do voto do relator designado para o acórdão, Ministro Nelson Jobin. Foram vencidos os Ministros Sepúlveda Pertence, Sydney Sanches, Néri da Silveira e Moreira Alves, para os quais a cláusula compromissória seria inconstitucional por configurar renúncia ao direito abstrato de ação, direito esse indisponível.

declare competente o foro da sede da Administração para dirimir qualquer questão contratual e, assim, impõe o juízo do Poder Judiciário, mas por atentar contra o princípio da *indisponibilidade do interesse público*.[27]

3.1 Interesse público secundário e disponibilidade

O tema suscita a análise de uma importante questão do Direito Administrativo: existem direitos da Administração *disponíveis*? Renato Alessi frisa a diferença entre *interesse público primário* e *interesse público secundário*.[28] O primeiro seria o "complexo de

---

27 BANDEIRA DE MELLO, Celso Antônio. "Compromisso arbitral – nulidade na esfera do Direito Administrativo – reajuste de preço com base na variação do dólar: nulidade – desvio de poder". *Revista Trimestral de Direito Público*, São Paulo, vol. 39, 2002, pp. 116-126.

28 A distinção foi inicialmente efetuada por CARNELUTTI, Francesco. *Sistema de direito processual civil*. 2ª ed. vol. 1. Trad. de Hiltomar Martins Oliveira. São Paulo: Lemos e Cruz, 2004. O aclamado processualista conceitua *interesse* como "a posição favorável à satisfação de uma necessidade". Após, diferencia o *interesse imediato*, correspondente a situações que servem diretamente à satisfação de uma necessidade, do *interesse mediato*, correspondente a situações que realizam indiretamente essa finalidade, pois delas pode-se derivar outra situação, intermediária, da qual resulte a satisfação da necessidade. Diferencia, então, os *interesses individuais*, em que a situação favorável para satisfação de uma necessidade possa ser determinada com respeito a um indivíduo apenas, dos *interesses coletivos*, em que a situação favorável à satisfação de uma necessidade não possa ser determinada a não ser com respeito a vários indivíduos. Explica que o desenvolvimento de um interesse exige a obra do homem. No caso dos interesses coletivos, o indivíduo atua como órgão do grupo, enquanto realiza a *função* deste. Finalmente, explica: "há interesses individuais que podem ser mediados com respeito a interesses coletivos, no sentido de que o desfrute de bens aptos apenas para ser gozados por um ou mais indivíduos do grupo, mas não por todos, pode constituir o meio para satisfação de verdadeiros interesses coletivos". E complementa: "Isto se explica quando se pensa que o desenvolvimento de um interesse coletivo pode requerer, como meio, o desfrute de coisas ou de energias humanas por parte de quem, provendo o desenvolvimento do próprio interesse, funcione como órgão do grupo". Esses interesses individuais do órgão, mediatos em relação aos interesses coletivos, foram chamados por Carnelutti de *interesses coletivos individuais* ou *secundários*. (CARNELUTTI,

direitos individuais prevalentes em uma determinada organização jurídica da coletividade", enquanto o segundo seria "o interesse da Administração enquanto aparato organizativo, unitariamente considerado".[29] Na doutrina brasileira, a distinção foi difundida por Celso Antônio Bandeira de Mello: o interesse primário é a dimensão pública do interesse privado, refere-se ao plexo de interesses dos indivíduos enquanto partícipes da sociedade; o secundário é o interesse particular, individual, do Estado enquanto pessoa jurídica autônoma.[30] Ambos insistiram numa observação importantíssima: o interesse público secundário só pode ser perseguido pela Administração quando for *coincidente* com o primário.[31]

Por que essa distinção é importante para o tema? Ela é importante porque Renato Alessi afirma que em relação aos interesses secundários e patrimoniais a Administração *devem* utilizar-se de

---

Francesco. *Sistema de direito processual civil*. 2ª ed. vol. 1. Trad. de Hiltomar Martins Oliveira. São Paulo: Lemos e Cruz, 2004, pp. 55-60).

29 Nas palavras de Alessi: "Questi interessi pubblici, collettivi, dei quali l'amministrazione deve curare il soddisfacimento, non sono, si noti bene, semplicemente, l'interesse dell'amministrazione intesa come apparato organizzativo, sibbene quello che è stato chiamato l'interesse colletivo *primario*, formato dal complesso degli interessi individuali prevalenti in una determinata organizzazione giuridica della collettività, mentre l'interesse dell'apparato, se può esser concepito un interesse dell'apparato unitariamente considerato, sarebbe semplicemente uno degli interessi *secondari* che si fanno sentire in seno alla collettività, e che possono essere realizzati soltanto in caso di coincidenza, e nei limiti di siffatta coincidenza, con l'interesse collettivo primario". (ALESSI, Renato. *Principi di diritto amministrativo*. vol. I. Milano: Giuffrè, 1966, §126, pp. 200/201).

30 BANDEIRA DE MELLO, Celso Antônio. *Curso de Direito Administrativo*. 34ª ed. São Paulo: Malheiros, 2019, cap. I-43-44, pp. 65/66.

31 Nas palavras de Alessi: "Anche potendosi concepire un interesse, secondario, dell'amministrazione considerata come apparato organizzativo, esso non potrebbe esser realizzato se non in caso di coincidenza con l'interesse primario, pubblico". (ALESSI, Renato. *Principi di diritto amministrativo*. vol. 1. Milano: Giuffrè, 1966, p. 201, grifo nosso). No mesmo sentido, BANDEIRA DE MELLO, Celso Antônio. *Curso de Direito Administrativo*. 34ª ed. São Paulo: Malheiros, 2019, cap. I-45, p. 67.

meios jurídicos estabelecidos pelo *Direito Privado*, pois para a satisfação desses interesses ela *não goza* de supremacia jurídica sobre os particulares. Segundo sua doutrina, os meios de Direito Privado são fundamentalmente estabelecidos para a realização dos interesses secundários; ademais, pode a Administração, para a satisfação *indireta* do interesse primário, *renunciar* à sua posição de supremacia e voluntariamente submeter-se às regras de Direito Privado. Nesse caso, porém, ela põe em primeiro plano o interesse secundário e deixa no segundo plano o interesse primário. Por isso, só é possível a renúncia à posição de supremacia quando está diretamente em jogo um interesse público secundário e só indiretamente um primário.[32]

---

32 Nas palavras de Alessi: "Non sembra però privo di valore il rilievo del fatto che l'amministrazione può avvalersi di questi mezzi offerti dal diritto privato sia per una finalità che chiameremo privatistica, sia per una finalità che si può definire pubblicistica: può invero avvalersene per la finalità di dare realizzazione ad interessi meramente secondari e patrimoniali (interessi propri del soggetto giuridico come tale, attinenti al suo *patrimonio*, inteso in senso giuridico, ben s'intende) ben distinti quindi dall'interesse pubblico, che è interesse *diffuso*, interesse dell'intero gruppo sociale organizzato nell'ente: ad es. quando l'ente pubblico, amministra i suoi beni *patrimoniali disponibili*, amministra un fondo agricolo posseduto *iure privatorum*, stipula contratti di locazione del medesimo, e così via". (ALESSI, Renato. *Principi di diritto amministrativo*. vol. 1. Milano: Giuffrè, 1966, p. 234, grifos do autor). Pouco adiante afirma: "Non potendo la determinazione volitiva unilaterale dell'amministrazione avere diretti riflessi al di fuori della sfera giuridica dell'amministrazione stessa, appunto in quanto che per il soddisfacimento dell'interesse secondario del soggetto amministrativo l'amministrazione non gode di alcuna posizione di supremazia giuridica sui privati, ove occorra attuare modificazioni giuridiche tali da riflettersi al di fuori di tale sfera, sulle sfere dei soggetti privati, al pari di ogni soggetto sottoposto al diritto privato l'amministrazione dovrà provvedere contrattualmente, vale a dire coordinando la propria volontà con quella del soggetto sulla cui sfera deve riflettersi direttamente la modificazione giuridica avuta di mira dall'amministrazione". (ALESSI, Renato. *Principi di diritto amministrativo*. vol. 1. Milano: Giuffrè, 1966, p. 236). E, ao final, Alessi expõe que, *na dúvida*, a renúncia à posição de supremacia e submissão voluntária da Administração ao direito privado só é possível quando o *interesse imediato* for a *satisfação do interesse secundário*: "Perciò, nei casi dubbi, per potersi ammettere la configurabilità privatistica del rapporto, occorre che risulti ben chiaramente

A partir da lição de Alessi, parte da doutrina passou a defender a existência de *interesses públicos disponíveis*, justamente os *interesses patrimoniais da Administração, interesses secundários*. Em relação a esses interesses, seguindo a doutrina de Alessi, a Administração não gozaria de supremacia: estaria numa posição de igualdade em relação aos administrados. Seria, então, perfeitamente possível, nesse campo, a utilização da *arbitragem*. Esse posicionamento foi sustentado na doutrina brasileira, dentre todos, pelo saudoso Caio Tácito.[33] Foi acolhido pelo Superior Tribunal de Justiça, no Ag. Reg. no Mandado de Segurança 11.308-DF, Primeira Seção, Rel. Min. Luiz Fux, j. 28.06.06, DJ 14.08.206, p. 251. Afirmou o Ministro: "naturalmente não seria todo e qualquer Direito Público sindicável na via arbitral, mas somente aqueles conhecidos como 'disponíveis', porquanto de natureza contratual ou privada".[34] Em suma, arbitragem, sustenta-se, só se presta

---

che l'amministrazione ha inteso agire per realizzare direttamente un interesse di ordine patrimoniale senza diretta considerazione per un interesse publico generale". (ALESSI, Renato. *Principi di diritto amministrativo*. vol. 1. Milano: Giuffrè, 1966, pp. 244/245).

33 "Se indubitavelmente, em certos casos, o princípio da indisponibilidade do interesse público repele o compromisso arbitral, não há por que obstar o benefício da transação quando a natureza da obrigação de conteúdo mercantil, a ser cumprida pelo órgão público, possibilita que ao acordo de vontade, fruto do vínculo bilateral, possa igualmente suceder o procedimento amigável como dirimente de eventual discrepância no entendimento da latitude da obrigação do administrador". (TÁCITO, Caio. "Arbitragem nos litígios administrativos". *In*: ______. *Temas de Direito Público*: estudos e pareceres. vol. 3. Rio de Janeiro: Renovar, 2002, p. 88).

34 A decisão do STJ assentou-se expressamente na doutrina de Alessi: "A escorreita exegese da dicção legal impõe a distinção jus-filosófica entre o interesse público primário e o interesse da administração, cognominado 'interesse público secundário'. (...) O Estado, quando atestada a sua responsabilidade, revela-se tendente ao adimplemento da correspectiva indenização, coloca-se na posição de atendimento ao 'interesse primário'. Ao revés, quando visa a evadir-se de sua responsabilidade no afã de minimizar os seus prejuízos patrimoniais, persegue nítido interesse secundário, subjetivamente pertinente ao aparelho estatal em subtrair-se de despesas, engendrando locupletamento à custa do dano alheio. Deveras, é assente na doutrina e na jurisprudência que

para direitos disponíveis, mas o interesse público secundário ou patrimonial da Administração é disponível e, por isso, compatível com a arbitragem. O erro foi legalizado: o §1º do art. 1º da Lei n. 9.307/96 (Lei de Arbitragem), incluído pela Lei Federal n. 13.129/15, refere-se expressamente "direitos patrimoniais disponíveis" da Administração Pública.

Trata-se, *data maxima venia*, de um absoluto equívoco. Comparado com o Direito Privado, cujas bases advêm do Direito Romano, a origem do Direito Administrativo é recente; ele nasceu das decisões do Conselho de Estado Francês, instituído pelo art. 52 da Constituição Francesa de 15.12.1799. Diante da antecedência secular, foi natural que o Direito Administrativo fosse pensado e construído tendo por base o Direito Privado: levou-se em consideração para construção de novo ramo dogmático o ramo já existente, já desenvolvido há séculos. Essa atitude natural, contudo, constituiu uma das maiores – se não a maior – fontes de equívocos na compreensão do Direito Administrativo. Para Otto Mayer, por exemplo, a Administração Pública pode assumir dois papéis distintos: desenvolver uma atividade voltada para a satisfação de interesses públicos ou assumir a "situação de um empresário privado" e procurar seus "interesses econômicos".[35] Em relação ao segundo papel, Otto Mayer afirmou textualmente: "Se dice que la administración pública no procura en este caso intereses públicos sino sus intereses privados".[36] Designou o Estado

indisponível é o interesse público, e não o interesse da administração. Nesta esteira, salienta-se que dentre os diversos atos praticados pela Administração, para a realização do interesse público primário, destacam-se aqueles em que se dispõe de determinados direitos patrimoniais, pragmáticos, cuja disponibilidade, em nome do bem coletivo, justifica a convenção da cláusula de *arbitragem* em sede de contrato administrativo". (STJ, AgRg no MS 11308/DF).

35 MAYER, Otto. *Derecho administrativo alemán*. tomo I. Trad. de Horacio H. Heredia e Ernesto Krotoschin. Buenos Aires: Depalma, 1949, p. 188.

36 MAYER, Otto. *Derecho administrativo alemán*. tomo I. Trad. de Horacio H. Heredia e Ernesto Krotoschin. Buenos Aires: Depalma, 1949, p. 188.

de "Administração Pública" quando exerce o primeiro papel e de "Administração Fiscal" quando exerce o segundo; a primeira está submetida presumidamente ao Direito *Público*, a segunda está submetida presumidamente ao Direito Privado.[37]

A doutrina de Otto Mayer é um ótimo exemplo do seguinte *vício metodológico*: supor que o Estado possa assumir a situação jurídica de um particular e, pois, submeter-se ao regime de Direito Privado. Ocorre que o regime privado é baseado na *liberdade individual* e na *autonomia da vontade*, na assegurada possibilidade de busca de interesses egoísticos. É um regime incompatível com a natureza do Estado, que, por definição, é um ente instrumental, existe para o cumprimento de uma *função* – vale dizer, para a busca do bem comum, para a concretização do interesse público. O Estado jamais – e não há exceção a essa assertiva – pode buscar a realização de meros interesses privados, só pode buscar o interesse público. Enfim: mesmo quando se submete às regras de Direito Privado, mesmo quando se aproxima da situação de proprietário, de empresário, de comerciante, o Estado não se apresenta como Administração Fiscal, mas como Administração Pública.

Enfatiza-se: jamais se afasta do regime de Direito *Público*, mesmo quando se submete às regras de Direito Privado. Submeter-se a um regime consiste em se submeter a determinados princípios fundamentais. É possível se submeter a regras de direito civil, trabalhista, comercial, sem se afastar do regime de Direito Administrativo. Administração Pública e regime de Direito Privado são, pois, expressões inconciliáveis.[38] Diante disso, a pressuposição de *interesses públicos disponíveis* decorre de um *vício metodológico*, de um *vício de premissa teórica*, da equívoca pressuposição de que

---

37 MAYER, Otto. *Derecho administrativo alemán*. tomo I. Trad. de Horacio H. Heredia e Ernesto Krotoschin. Buenos Aires: Depalma, 1949, pp. 189/190.

38 Cf. MARTINS, Ricardo Marcondes. *Teoria jurídica da liberdade*. São Paulo: Contracorrente, 2015, pp. 106 e ss.

a Administração possa assumir a posição jurídica de um particular e se afastar do regime de Direito Público.

A própria doutrina de Renato Alessi permite superar esse vício. Há nas lições do notável jurista sobre o interesse público secundário uma palavra-chave: "coincidência". Interesse público secundário só é reconhecido pelo Direito quando for coincidente com o interesse público primário. Coincidir, do latim medieval *coincidere*, significa *ser igual* em formas ou dimensões, ter *ajustamento perfeito*, apresentar a *mesma identidade*, caráter, sentido.[39] Não basta que o interesse secundário da Administração seja *compatível* com o primário, deve ser coincidente, quer dizer, deve ser igual ao primário!

Isso não é compreendido pela doutrina e, surpreendentemente, pelo próprio Alessi. O interesse público secundário, enquanto interesse juridicamente reconhecido, *não* possui *autonomia*. Ele só é juridicamente acatado pelo ordenamento se for *coincidente* com o primário; ou, noutros termos, o interesse secundário será um interesse juridicamente reconhecido somente quando for também um interesse primário. Trata-se de uma *armadilha conceitual*: a Administração só pode perseguir o interesse primário e, por isso, só pode perseguir o chamado interesse secundário quando este for o interesse primário.

Com esse esclarecimento tudo fica óbvio. Se o interesse primário é indisponível, o interesse secundário, juridicamente admitido, tem que ser indisponível, pois este deve ser *coincidente* com o primário. Para ser coincidente, deve ter, necessariamente, os mesmos caracteres, as mesmas qualidades; coincidência significa identidade ontológica. O interesse público secundário *disponível* não pode ser perseguido pela Administração, pois se ele é *disponível*, não é coincidente com o primário, que é *indisponível*.

---

39 HOUAISS, Antônio; VILLAR, Mauro de Salles (Coord.). *Dicionário Houaiss da língua portuguesa*. Rio de Janeiro: Objetiva, 2001, p. 755.

Se essas assertivas não forem indiscutíveis para alguns, basta atentar para o *fundamento da indisponibilidade*. O interesse público é indisponível porque é um *interesse alheio*, não é um interesse do *agente público*, que presenta o Estado, nem, propriamente, da pessoa jurídica estatal; é um interesse do povo, dos administrados. Ora, ninguém pode dispor de interesse alheio, e justamente por isso o interesse público é indisponível, porque é o interesse dos particulares enquanto partícipes da sociedade. O patrimônio estatal, o dinheiro público, por óbvio, não é do agente, nem propriamente do Estado enquanto pessoa autônoma; é, em última análise, do povo, dos administrados. A Administração Pública, quando exerce a gestão de seu patrimônio imobiliário, *administra bens alheios*, bens do povo; quando exerce a gestão de dinheiro público, administra dinheiro alheio, do povo. Nada mais indiscutível: a atuação do Estado é sempre regida pelo *princípio fundamental da indisponibilidade do interesse público*, mesmo quando ele atua na ordem econômica ou administra seu patrimônio. Numa linguagem prosaica, a Administração não pode jogar dinheiro para o alto sob o argumento de que o interesse é supostamente secundário, e não primário e, pois, disponível.

Sintetiza-se: a teoria que sustenta a possibilidade da utilização da arbitragem pela Administração para os interesses disponíveis desta deve ser rechaçada, porque a Administração, conceitualmente, não possui interesses disponíveis. O chamado interesse público secundário só é juridicamente reconhecido quando for *coincidente* com o primário. Interesse público secundário não coincidente com o primário, não é tutelado pelo Direito, não é *interesse jurídico*. Por isso, a Administração, ao contrário do sustentado por Alessi, jamais pode *dispor do interesse público secundário*, enquanto interesse juridicamente reconhecido. De duas, uma: ou o interesse secundário é um interesse primário, e, como tal, indisponível, ou não o é, e, pois, não pode ser perseguido pela Administração. Assim, a Administração não pode valer-se da *arbitragem* para perseguir interesses patrimoniais disponíveis, porque esses interesses "disponíveis", sendo não coincidentes com o interesse primário, não são protegidos pelo Direito. Persegui-los, enfim, é atentar contra a ordem jurídica.

3.2 Interesse público primário e disponibilidade legislativa

A boa doutrina logo se opôs à adoção da arbitragem nas concessões de serviço público por considerá-la incompatível com a indisponibilidade do interesse público. É mister observar que o próprio Alessi, defensor da disponibilidade dos interesses secundários, sempre afirmou a incompatibilidade dos serviços públicos com o Direito Privado e, pois, com a disponibilidade.[40] Os empresários estrangeiros, muito bem assessorados, não se contentaram com a mera inclusão da cláusula arbitral no contrato de concessão. A saída foi astuciosa: o interesse público, indisponível, pode ser disposto se houver *autorização legislativa*; consequentemente, se o legislador *autorizar* a arbitragem – muitos passaram a defender –, não haveria violação da indisponibilidade. O Governo do Presidente Fernando Henrique Cardoso, partidário de uma política neoliberal e submisso aos interesses dos empresários estrangeiros, passou a propugnar por essa autorização legislativa. De lá para cá, a autorização foi enfaticamente reiterada pelo legislador.

Deveras, farta legislação foi editada nesse sentido. O primeiro diploma a autorizar a arbitragem foi a Lei Federal n. 9.472/97, instituidora da Agência Nacional de Telecomunicações, cujo inciso

---

40 Nas palavras dele: "Afirmación que, a su vez, induce a excluir la configurabilidad privada de todos los supuestos de relaciones originadas por el ejercicio de servicios públicos, dado el hecho de que la noción propia de servicio público implica el hecho de prestaciones por parte de un ente público, que se otorgan en consideración directa e inmediata de un interés público a que las prestaciones sean efectivamente otorgadas y lo sean por parte de un ente público, sin consideraciones de orden patrimonial". (ALESSI, Renato. *Instituciones de derecho administrativo*. tomo I. Trad. Buenaventura Pellisé Prats. Barcelona: Bosch, 1970, p. 222).

XV do art. 93 estabeleceu: "Art. 93. O contrato de concessão indicará: (...); XV – o foro e o modo de solução extrajudicial de divergências contratuais".

Logo depois, foi editada a Lei Federal n. 9.478/97, instituidora da Agência Nacional de Petróleo, cujo inciso X do art. 43 mencionou expressamente o signo:

> Art. 43. O contrato de concessão deverá refletir fielmente as condições do edital e da proposta vencedora e terá como cláusulas essenciais: as regras sobre solução de controvérsias, relacionadas com o contrato e sua execução, inclusive a conciliação e a arbitragem internacional; (...).

Após, a Lei Federal n. 10.233/01, instituidora da Agência Nacional de Transportes Terrestres e da Agência Nacional de Transportes Aquaviários, no inciso XVI do art. 35, também previu a indigitada cláusula:

> Art. 35. O contrato de concessão deverá refletir fielmente as condições do edital e da proposta vencedora e terá como cláusulas essenciais as relativas a: (...) XVI – regras sobre solução de controvérsias relacionadas com o contrato de concessão e sua execução, inclusive a conciliação e a arbitragem; (...).

Até aí vigorava o *sistema de autorizações legislativas específicas*, mediante o qual o legislador autorizava (na verdade, impunha), a arbitragem em campos específicas – setor de telecomunicações, monopólio de petróleo, transportes terrestres e aquaviários. Finalmente, foi editada a Lei n. 11.196/05, que inseriu o art. 23-A na Lei n. 8.987/95, Lei geral das concessões:

> Art. 23-A. O contrato de concessão poderá prever o emprego de mecanismos privados para resolução de disputas decorrentes ou relacionadas ao contrato, inclusive a arbitragem, a

> ser realizada no Brasil e em língua portuguesa, nos termos da Lei n. 9.307, de 23 de setembro de 1996.

Esse dispositivo deixa bem claro o triste momento político: a absoluta submissão dos governantes aos interesses estrangeiros. A cláusula final, nesse cenário, ao menos para o editor normativo, não era óbvia: a arbitragem seria realizada no vernáculo em decorrência da determinação (quase um "favor") do legislador brasileiro! Momento negro da história do país, em que a submissão aos interesses internacionais ficou estampada em muitas leis, infelizmente, ainda não revogadas.

Posteriormente, a Lei n. 13.209/15 acrescentou os parágrafos §§1°. 2°. ao art. 1° da Lei n. 9.307/96 (Lei da Arbitragem):

> §1°. A administração pública direta e indireta poderá utilizar-se da arbitragem para dirimir conflitos relativos a direitos patrimoniais disponíveis.
>
> §2°. A autoridade ou o órgão competente da administração pública direta para a celebração da convenção de arbitragem é a mesma para a realização de acordos ou transações.

Mais recentemente, a Nova Lei de Licitações, Lei n. 14.133/21, retomou o tema, em seus artigos 151 a 154. *In verbis*:

> Art. 151. Nas contratações regidas por esta Lei, poderão ser utilizados meios alternativos de prevenção e resolução de controvérsias, notadamente a conciliação, a mediação, o comitê de resolução de disputas e a arbitragem.
>
> Parágrafo único. Será aplicado o disposto no *caput* deste artigo às controvérsias relacionadas a direitos patrimoniais disponíveis, como as questões relacionadas ao restabelecimento do equilíbrio econômico-financeiro do contrato, ao inadimplemento de obrigações contratuais por quaisquer das partes e ao cálculo de indenizações.

> Art. 152. A arbitragem será sempre de direito e observará o princípio da publicidade.
>
> Art. 153. Os contratos poderão ser aditados para permitir a adoção dos meios alternativos de resolução de controvérsias.
>
> Art. 154. O processo de escolha dos árbitros, dos colegiados arbitrais e dos comitês de resolução de disputas observará critérios isonômicos, técnicos e transparentes.

Nova questão foi proposta: diante dessa *autorização legislativa* (nos três primeiros casos, verdadeira *imposição legislativa*), a adoção da arbitragem pela Administração passou a ser válida? A questão exige enfrentar outra importante questão do Direito Administrativo: a *disponibilidade legislativa do interesse público*. O legislador, da mesma forma que o administrador, exerce *função pública*. Ruy Cirne Lima conceituou administração como "atividade do que não é senhor absoluto".[41] E mais adiante: "É a atividade do que não é proprietário – do que não tem a disposição da cousa ou do negócio administrado".[42]

A leitura apressada dessa magna lição pode levar a equívocos: rigorosamente, nenhum agente estatal é senhor absoluto; nenhuma função estatal é atividade de proprietário, toda função é ínsita a um dever, e, por isso, o legislador também é um servo do interesse público. Aplica-se também à função legislativa, com toda força, a lição do clássico doutrinador: "Traço característico da atividade assim designada é estar vinculada não a uma vontade livremente determinada, porém, a um fim alheio à pessoa e aos interesses particulares do agente ou órgão que a exercita".[43] Proprietário do interesse público é, em última análise, o povo, jamais o legislador.

---

41 LIMA, Ruy Cirne. *Princípios de Direito Administrativo*. 7ª ed. São Paulo: Malheiros, 2007, p. 37.

42 LIMA, Ruy Cirne. *Princípios de Direito Administrativo*. 7ª ed. São Paulo: Malheiros, 2007, p. 41.

43 LIMA, Ruy Cirne. *Princípios de Direito Administrativo*. 7ª ed. São Paulo: Malheiros, 2007, p. 39.

O legislador exerce função pública; está, portanto, vinculado ao dever de concretizar o interesse público; e, nesse sentido, não é senhor de absolutamente nada. No entanto, as pessoas jurídicas que presentam o Estado são proprietárias de bens e, como proprietárias, sempre tendo em vista o interesse público, têm que exercer os poderes próprios da propriedade. É plenamente aplicável a analogia: o exercício das prerrogativas que, por mera analogia, são similares às de um proprietário, é próprio da função legislativa. O Executivo, cuja função típica é a administração, não pode dispor dos bens públicos dominicais sem expressa autorização legislativa, pois vigora esta regra: o exercício de prerrogativas similares às de um proprietário é próprio da função legislativa. Não há que se falar em poderes no Direito Público, trata-se sempre de deveres: a alienação ou aquisição de um bem jamais se dará pelo interesse do agente, mas por imposição do interesse público. O legislador não está em situação de proprietário, está em situação de mero administrador, pois também deve tutelar o interesse alheio; porém, as prerrogativas similares às do proprietário cabem ao legislador.[44]

Assim, se o Estado necessita *dispor* de seu *patrimônio*, em sentido lato, faz-se necessária a autorização *parlamentar*, a autorização do representante popular. O patrimônio público é indisponível, mas, se o interesse público exige a alienação de um bem, deve o legislador autorizar essa alienação; se o interesse público exige a doação de um bem, deve o legislador autorizar a doação. Muitos, então, passaram a sustentar: como o interesse público é indisponível, se ele exigir a adoção da arbitragem, deve o legislador autorizá-la, e, diante da autorização legislativa, inexiste invalidade. Há um importante precedente jurisprudencial nesse sentido: trata-se do Agravo de Instrumento n. 52.181, julgado pelo STF em 14.11.1973, em que a Corte considerou válida arbitragem efetuada pela União. Esse precedente, marcado por significativas

---

44 Cf. MARTINS, Ricardo Marcondes. *Efeitos dos vícios do ato administrativo*. São Paulo: Malheiros, 2008, cap. III-1.4.3, pp. 74/75.

particularidades,[45] não é base para justificar uma conclusão ge-

---

45 Basta um resumo do caso: O Decreto n. 10.358, de 31.08.1942, declarou estado de guerra. Poucos meses depois, o Decreto-lei n. 4.648, de 02.10.1942, incorporou ao patrimônio nacional os bens e direitos da chamada Organização Lage e do Espólio de Henrique Lage, com fundamento no estado de guerra. Surpreendentemente, não foi paga indenização por essa incorporação. O Governo passou a discutir o *quantum* deveria ser pago. Alguns anos depois, o Decreto-lei n. 7.024, de 06.11.1944, manteve a incorporação e fixou a indenização em Cr$ 316.238.053,40, deduzido o passivo de Cr$ 303.070.609,75. O Presidente da República não acolhera a indicação do Superintendente do Governo Federal, que propunha o valor de Cr$ 760.282.210,14, nem a proposta do Ministro da Fazenda, que propunha o valor de Cr$ 150.000.000,00. O Decreto-lei n. 7.024 exigiu a prévia homologação do Espólio, que, por óbvio, recusou assentimento. Formulou o Espólio protesto judicial no Juízo da 1ª Vara da Fazenda. Poucos anos depois, em 26.06.1946, o Decreto-lei n. 9.521 estabeleceu que a União pagaria pela incorporação o valor da justa indenização fixada por um juízo arbitral. Em 21.01.1948 o Juízo Arbitral fixou a indenização em Cr$ 288.460.812,00. Em 04.10.1951 o Executivo encaminhou o Aviso 164 à Comissão de Finanças do Senado, para aprovação de dotação necessária ao pagamento da indenização fixada pelo Juízo Arbitral. Em 14.11.1952 é encaminhada a Mensagem 463, solicitando o cancelamento e arquivamento da Mensagem 164. A União passou a defender a invalidade da arbitragem efetuada. Em 14.11.1973, no julgamento do Agravo 52.181, o STF teve que responder se a arbitragem era inválida, e a família continuaria sem nenhuma indenização, ou era válida, e, finalmente, algo seria pago. Invalidar a arbitragem, nessa altura, era fazer tabula rasa da segurança jurídica e vilipendiar ainda mais os direitos fundamentais dos Lage. O Min. Bilac Pinto, relator, fundamentou sua decisão no parecer de Castro Nunes, segundo o qual, havendo autorização legislativa para instituição da arbitragem pela Administração, ela seria válida, e, no caso, o Decreto-lei, pela teoria da recepção, tinha eficácia de lei. Esse argumento foi reiterado no voto do Min. Rodrigues Alckmin. Aliás, afirmou textualmente esse último: "Tal decreto-lei, na verdade, corresponde, materialmente, à manifestação de vontade da União, para o acordo com os interessados no sentido de que o valor da indenização fosse fixado por terceiros". Os ilustres Ministros decidiram corretamente, mas se equivocaram na fundamentação. Arbitragem efetuada pela Administração é inválida, mas, diante das circunstâncias desse caso concreto, houve uma *estabilização do vício*: com o decurso do tempo a invalidade desapareceu do mundo jurídico. Sobre o tema, vide MARTINS, Ricardo Marcondes. *Efeitos dos vícios do ato administrativo*. São Paulo: Malheiros, 2008, cap. VIII-5.5, pp. 295 e ss. O caso – lamentável em todos os sentidos – configura, sim, um argumento a mais em prol da não adoção da arbitragem pela Administração: a solução arbitral é marcada pela *insegurança*, pois poderá ser, no futuro,

nérica. Pelo contrário: ressalvados os casos excepcionalíssimos, como o "caso Lage", a autorização legislativa para realização de arbitragem pela Administração é inválida. Atente-se, todavia, para o seguinte: a invalidade não decorre da indisponibilidade do interesse público, pois a autorização legislativa seria suficiente para a disposição. Com a promulgação das leis federais mencionadas o argumento da *indisponibilidade* está superado.

4 Segunda fase: afronta à supremacia do interesse público sobre o privado

Para compreender o porquê dessa invalidade impõe-se o exame, ainda que a voo de águia, do papel do Judiciário no *ordenamento jurídico*. Oswaldo Aranha Bandeira de Mello qualificou o Poder Judiciário como o oráculo das Constituições Rígidas.[46] Celso Antônio Bandeira de Mello efetuou uma feliz extensão: o Poder Judiciário é o oráculo não apenas da Constituição, mas do Direito.[47] O *magis-*

---

impugnada pela Administração, e nada assegura que o Judiciário não venha a reconhecer sua invalidade.

46 "O oráculo, em última instância, da Constituição deve ser um corpo apolítico, isento de *parti pris*, indiferente aos interesses individuais e egoísticos, e que serenamente procure a verdade, verificando se algum dos poderes governamentais se excedeu na sua missão, e assim estabeleça a hierarquia entre a Constituição e a lei ordinária ou o ato administrativo, e declare nulos e írritos, sem nenhum valor, estes últimos, quando contrários àquela. O órgão designado pela sua natureza a dizer da constitucionalidade dos atos e leis governamentais é o poder judiciário". (MELLO, Oswaldo Aranha Bandeira de. *A teoria das constituições rígidas*. 2ª ed. São Paulo: Bushatsky, 1980, pp. 89/90).

47 Afirma o brilhante jurista: "Portanto, o órgão jurisdicional, ao decidir, afirma que o Direito por ele pronunciado preexiste e que a solução dada é a cabível e é a única, com exclusão de qualquer outra, porque fala em nome do que já está solucionado na lei, da qual ele é o porta-voz no caso concreto. O deslinde pode (ou não) ser difícil; pode demandar recurso a princípios gerais, mas, de direito, sua pronúncia é a expressão oracular do que as normas aplicáveis 'querem' naquele caso". (BANDEIRA DE MELLO, Celso Antônio. "Mandado de segurança contra denegação ou concessão de liminar". *Revista de Direito Administrativo e infraestrutura*, São Paulo, ano

trado é o agente público encarregado, pelo sistema normativo, de expressar a última palavra sobre o Direito; de, enfim, *dizer o direito definitivamente*. Nesse sentido, é o *oráculo do Direito*.

A assertiva deve ser compreendida com cautela. Não se está a afirmar que o Direito é o que o juiz diz, não se adota a posição dos *realistas*.[48] Os juízes só dizem efetivamente o Direito quando acertam na interpretação dos textos normativos; como são seres humanos, é natural a possibilidade de *erro*. Por uma questão de *necessidade*, para a manutenção da paz social e concretização da segurança, o *erro* do Judiciário é assimilado pelo sistema. Trata-se de uma *regra de calibração*:[49] a decisão jurisdicional transitada em julgado é aceita como *válida*, ainda que *cientificamente equivocada* (mesmo essa regra de calibração não é absoluta, pois se adota a teoria da coisa julgada inconstitucional).[50] Isso não significa que

---

3, nº 11, out.-dez. 2019, pp. 445/446). E, noutra oportunidade, afirmou: "O juiz é o oráculo do direito no caso concreto. É esta a função do juiz. Quando o juiz decide num sentido, aquela decisão que ele toma é para aquele instante, a verdade legal, e é produzida a título de dizer: a verdade legal, a única que existe porque duas não podem existir conflitantes numa mesma situação". (BANDEIRA DE MELLO, Celso Antônio. "Juízo liminar: poder-dever de exercício do poder cautelar nessa matéria". *Revista trimestral de Direito Público* - RTDP, São Paulo, nº 3, 1993, p. 114).

48 Para um bom panorama sobre a orientação realista vide: OLIVECRONA, Karl. *Linguagem jurídica e realidade*. Trad. de Edson L. M. Bini. São Paulo: Quartier Latin, 2005, pp. 17 e ss. Nesse estudo, cita a lição de Corbin, que bem sintetiza a chamada *teoria da predição*: "Um enunciado de que existe uma relação jurídica entre A e B é uma *predição* sobre o que a sociedade, atuando através de seus tribunais ou de seus órgãos executivos, fará ou não fará a favor de um e contra o outro". (OLIVECRONA, Karl. *Linguagem jurídica e realidade*. Trad. de Edson L. M. Bini. São Paulo: Quartier Latin, 2005, pp. 27/28). Perceba-se: pela posição dos realistas o Direito não é uma Ciência autônoma e sim um *sub-ramo* da Sociologia.

49 A expressão é de FERRAZ JUNIOR, Tércio Sampaio. *Teoria da norma jurídica*. 4ª ed. Rio de Janeiro: Forense, 2002, pp. 131 e ss. Vide supra, 1-rodapé 32.

50 Sobre o tema, vide MARTINS, Ricardo Marcondes. *Efeitos dos vícios do ato administrativo*. São Paulo: Malheiros, 2008, VIII-5.6.2, pp. 301/302, VIII-6.3, pp. 349/350, XII-4.1, p. 653.

o que era inconstitucional passa a ser constitucional, e vice-versa. Não: se novamente provocado, o Judiciário pode rever sua interpretação. Cabe, por isso, à Ciência do Direito apontar a *decisão jurídica correta*, mesmo após o erro do Judiciário. Daí a distinção: a decisão é cientificamente incorreta, mas, se transitada em julgado, é válida; a norma apreciada pelo juiz era inválida, suponha-se, mas sua decisão, em decorrência da regra de calibração mencionada, é válida. Esse é o papel que o sistema normativo atribui ao magistrado: seu erro é *assimilado* pelo *sistema normativo*. Ele é titular da *competência* para pôr um fim no conflito, para *dizer o direito para o conflito*. É, em suma, o agente habilitado e qualificado pelo sistema para ser o oráculo do Direito.

Esta é a pergunta-chave: pode o legislador atribuir a outrem que não o magistrado a prerrogativa de dizer a última palavra sobre o interesse público? Se foram observadas as questões formais, principalmente os princípios do contraditório, igualdade das partes, imparcialidade do árbitro e livre convencimento deste, a decisão do árbitro é imutável.[51] Quer dizer, no mérito da questão submetida à arbitragem a decisão do árbitro faz coisa julgada. O legislador não pode atribuir a decisão sobre o interesse público ao árbitro por força do *princípio da supremacia do interesse público sobre o privado*. Não há – perceba-se –, por força desse princípio, razão justificável para retirar do agente considerado o oráculo do Direito, do agente habilitado e qualificado pelo sistema para dar a última palavra sobre o jurídico, a competência para o exame das

51 Nos termos do art. 32 e §2º do art. 33 da Lei n. 9.307/96, a sentença arbitral só pode ser declarada nula pelo Judiciário se: for nula a convenção de arbitragem; emanou de quem não podia ser árbitro; não conteve os requisitos previstos no art. 26 da Lei de Arbitragem; for proferida fora dos limites da convenção arbitral; comprovado que foi proferida por prevaricação, concussão ou corrupção passiva; proferida fora do prazo; ou forem desrespeitados os princípios de que trata o art. 21, § 2º, da mesma Lei. O referido §2º estabelece: "§2º. Serão, sempre, respeitados no procedimento arbitral os princípios do contraditório, da igualdade das partes, da imparcialidade do árbitro e de seu livre convencimento".

questões afetas ao interesse público. Em relação às questões privadas disponíveis o sistema jurídico admite que os particulares retirem do agente oracular a prerrogativa de dar a última palavra sobre elas. Em relação às questões indisponíveis o sistema jurídico não admite que o legislador retire do agente oracular essa prerrogativa. E não admite justamente por causa do princípio da *supremacia do interesse público sobre o privado*:[52] somente os interesses privados justificariam que a questão fosse atribuída ao árbitro e os interesses privados não se sobrepõem, no plano abstrato, ao interesse público.

Há quem argumente que o árbitro é mais preparado que o magistrado. Esse argumento não é juridicamente aceitável. Para o Direito não importa se de fato o árbitro é mais preparado. Pode ser que ele o seja, e que isso seja indiscutível. Contudo, do ponto de vista normativo, para o sistema jurídico o oráculo do Direito é o magistrado; o mais habilitado para dizer o Direito, para o sistema jurídico, é o magistrado. Coerentemente, o sistema atribui apenas ao magistrado os chamados *atributos da magistratura*. O que interessa para o Direito é o ponto de vista normativo, não o ponto de vista sociológico. Suponha-se que alguém tenha feito faculdade de Engenharia e de Direito, tenha sido aprovado num concurso da magistratura e seja nomeado juiz de Direito. Para o sistema normativo ele é considerado não detentor de conhecimento da área de engenharia, ele deve, apesar de ter se diplomado na matéria, nomear um perito para examinar questões técnicas não jurídicas.

---

52 Sobre o princípio da supremacia do interesse público sobre o privado vide a excelente monografia de HACHEM, Daniel Wunder. *Princípio da supremacia do interesse público*. Belo Horizonte: Fórum, 2011. Concordo com Hachem de que a supremacia do interesse público possui dupla natureza: é princípio e é regra. Considero, porém, que o princípio da supremacia é um *princípio formal* cujo efeito jurídico é atribuir um peso a mais aos princípios relativos a bens coletivos, chamados por Hachem de "interesses gerais". Cf. MARTINS, Ricardo Marcondes. *Teoria jurídica da liberdade*. São Paulo: Contracorrente, 2015, pp. 123-131.

Trata-se de algo não compreensível por muitos: para entender a realidade jurídica faz-se necessária uma *abstração*.[53] Do ponto de vista normativo, insiste-se, e isso é indiscutível, é o magistrado o mais habilitado para dizer o Direito, a ele o sistema imputa a magna função de dizer definitivamente o Direito perante um conflito de interesses, ele é, enfim, no mundo jurídico, o oráculo do Direito. Não pode o legislador, sob pena de ofensa ao princípio da supremacia do interesse público sobre o privado, destituir o magistrado da função de dizer definitivamente o Direito nos casos de conflitos relativos ao *interesse público*. Todas as leis que autorizam a realização de arbitragem pela Administração Pública são, por esse motivo, inconstitucionais.

Referências bibliográficas

ACCIOLY, Hildebrando. *Tratado de direito internaiconal público*. vol. 3. São Paulo: Quartier Latin, 2009.

ALESSI, Renato. *Principi di diritto amministrativo*. vol. 1. Milano: Giuffrè, 1966.

______. *Instituciones de derecho administrativo*. tomo I. Trad. Buenaventura Pellisé Prats. Barcelona: Bosch, 1970.

ALEXY, Robert. *Teoría de los derechos fundamentales*. Trad. Ernesto Garzón Valdés. 1ª ed. 3. reimpr. Madri: Centro de Estudios Políticos y Constitucionales, 2002.

BALLOUK FILHO, Benedito Marques; KUNTZ, Ronald A. *Corrupção política*: a luta social pelo resgate da dignidade no exercício do poder. São Paulo: Madras, 2008.

---

53 Nas palavras do insigne Celso Antônio Bandeira de Mello: "Vê-se, assim, a diferença profunda apresentada pelo mundo natural e mundo jurídico. Daí o caráter formal do direito, sendo uma construção dos homens, para entendê-lo e interpretá-lo deve-se levar em conta o que está contido no sistema normativo e não indagar sobre sua aproximação do mundo natural". (BANDEIRA DE MELLO, Celso Antônio. "Introdução". *In*: ATALIBA, Geraldo (Coord.). *Elementos de direito tributário*. São Paulo: Revista dos Tribunais, 1978, p. 8).

BANDEIRA DE MELLO, Celso Antônio. "Apontamentos sobre a teoria dos órgãos públicos". *Revista de Direito Administrativo e infraestrutura* – RDAI. São Paulo, ano 2, nº 04, jan.-mar. 2018.

_____. "Serviço público e atividade econômica: serviço postal". *In*: _____. *Grandes temas de Direito Administrativo*. São Paulo: Malheiros, 2009.

_____. "Compromisso arbitral – nulidade na esfera do Direito Administrativo – reajuste de preço com base na variação do dólar: nulidade – desvio de poder". *Revista Trimestral de Direito Público* - RTDP, São Paulo, vol. 39, 2002.

_____. *Curso de Direito Administrativo*. 34ª ed. São Paulo: Malheiros, 2019.

_____. "Mandado de segurança contra denegação ou concessão de liminar". *Revista de Direito Administrativo e infraestrutura* - RDAI, São Paulo, ano 3, nº 11, out.-dez. 2019.

_____. "Juízo liminar: poder-dever de exercício do poder cautelar nessa matéria". *Revista trimestral de Direito Público* - RTDP, São Paulo, nº 3, 1993.

_____. "Introdução". *In*: ATALIBA, Geraldo (Coord.). *Elementos de direito tributário*. São Paulo: Revista dos Tribunais, 1978.

BATISTA JÚNIOR, Onofre Alves. *Transações administrativas*. São Paulo: Quartier Latin, 2007.

BITENCOURT NETO, Eurico. *Concertação administrativa interorgânica*. São Paulo: Almedina, 2017.

BOURDIEU, Pierre; PASSERON, Jean-Claude. *A reprodução*: elementos para uma teoria do sistema de ensino. 2ª ed. Trad. de Reynaldo Bairão. Rio de Janeiro: Vozes, 2009.

CARNELUTTI, Francesco. *Sistema de direito processual civil*. vol. 1. Trad. de Hiltomar Martins Oliveira. 2ª ed. São Paulo: Lemos e Cruz, 2004.

CARVALHO, Márcia Haydée Porto de. *Hermenêutica constitucional*. Florianópolis: Obra Jurídica, 1997.

FAORO, Raymundo. *Os donos do poder*: formação do patronato político brasileiro. 3ª ed. 9. reimpr. São Paulo: Global, 2001.

FREITAS, Fernanda Martins. "Mediação na Administração Pública". *Revista Internacional de Direito Público* – RIDP, Belo Horizonte, ano 4, nº 06, jan.-jun. 2019.

FERRAZ JUNIOR, Tércio Sampaio. *Introdução ao estudo do direito*: técnica, decisão dominação. 5ª ed. São Paulo: Atlas, 2007.

_____. *Estudos de filosofia do direito*. 3ª ed. São Paulo: Atlas, 2009.

_____. *Teoria da norma jurídica*. 4ª ed. Rio de Janeiro: Forense, 2002.

FRIEDMAN, Milton; FRIEDMAN, Rose. *Libertad de elegir*. Trad. de Carlos Rocha Pujol. Madri: Faes, 2008.

GONÇALVES, Reinaldo. *Globalização e desnacionalização*. 2ª ed. São Paulo: Paz e Terra, 2006.

HACHEM, Daniel Wunder. *Princípio da supremacia do interesse público*. Belo Horizonte: Fórum, 2011.

HARVEY, David. *O neoliberalismo*: história e implicações. Trad. Adail Sobral e Maria Stela Gonçalves. São Paulo: Loyola, 2008.

HAYEK, Friedrich A. *Los fundamentos de la libertad*. Trad. José Vicente Torrente. 8ª ed. Madri: Unión Editorial, 2008.

_____. "Principios de un orden social liberal". *In*: _____. *Estudios de filosofía política y economía*. Trad. de Juan Marcos de la Fuente. Madri: Unión Editorial, 2007.

HOLANDA, Sérgio Buarque de. *Raízes do Brasil*. 26ª ed. 17. reimpr. São Paulo: Companhia das Letras, 2003.

HOUAISS, Antônio; VILLAR, Mauro de Salles (Coord.). *Dicionário Houaiss da língua portuguesa*. Rio de Janeiro: Objetiva, 2001.

KLEIN, Naomi. *A doutrina do choque*: a ascensão do capitalismo de desastre. Trad. Vania Cury. Rio de Janeiro: Nova Fronteira, 2008.

LIMA, Ruy, Cirne. *Princípios de Direito Administrativo*. 7ª ed. São Paulo: Malheiros, 2007.

MARTINS, Ricardo Marcondes. "Arbitragem e administração pública: contribuição para o sepultamento do tema". *Interesse Público* - IP, Belo Horizonte, vol. 64, nov.-dez. 2010.

_____. "Arbitragem e administração pública: contribuição para o sepultamento do tema". *Revista Trimestral de Direito Público* - RTDP, São Paulo, nº 54, 2011.

_____. *Estudos de Direito Administrativo neoconstitucional*. São Paulo: Malheiros, 2015.

______. "Administração Pública consensual: o que mudou com as alterações da LINDB?" *Revista Brasileira de Infraestrutura* - RBINF, Belo Horizonte, ano 9, nº 18, jul.-dez. 2020.

______. *Efeitos dos vícios do ato administrativo*. São Paulo: Malheiros, 2008.

______. *Regulação administrativa à luz da Constituição Federal*. São Paulo: Malheiros, 2011.

______. *Teoria jurídica da liberdade*. São Paulo: Contracorrente, 2015.

MARTÍN-RETORTILLO, Sebastián. "Sentido y formas de la privatización de la administración pública". *Os caminhos da privatização da administração pública*: IV colóquio luso-espanhol de Direito Administrativo. Coimbra: Coimbra, 2001.

MAYER, Otto. *Derecho administrativo alemán*. tomo I. Trad. de Horacio H. Heredia e Ernesto Krotoschin. Buenos Aires: Depalma, 1949.

MAZZUOLI, Valerio de Oliveira. *Curso de direito internacional público*. 7ª ed., 2. tir. São Paulo: Revista dos Tribunais, 2013.

MÜLLER, Friedrich. *O novo paradigma do direito*: introdução à teoria e metódica estruturantes do direito. Trad. de Rossana Ingrid Jansen dos Santos *et al*. São Paulo: Revista dos Tribunais, 2007.

OLIVECRONA, Karl. *Linguagem jurídica e realidade*. Trad. de Edson L. M. Bini. São Paulo: Quartier Latin, 2005.

REZEK, José Francisco. *Direito internacional público*. 8ª ed. São Paulo: Saraiva, 2000.

SOUZA, Luciane Moessa de. *Meios consensuais de solução de conflitos envolvendo entes públicos*: negociação, mediação e conciliação na esfera administrativa e judicial. Belo Horizonte: Fórum, 2012.

STUART MILL, John. *A liberdade*. Trad. Eunice Ostrensky. São Paulo: Martins Fontes, 2000.

______. *Principios de economía política*. Madri: Fundación Ico, 2007.

TÁCITO, Caio. "Arbitragem nos litígios administrativos". *In*: ______. *Temas de Direito* Público: estudos e pareceres. vol. 3. Rio de Janeiro: Renovar, 2002.

CAPÍTULO II

ARBITRAGEM NA ADMINISTRAÇÃO PÚBLICA COMO *NUDGE* PARA A MELHORIA DO AMBIENTE DE NEGÓCIOS

Fernando Mendes

Introdução

O estudo da utilização do mecanismo da arbitragem pela Administração Pública no Direito brasileiro normalmente envolve a busca de resposta a três questionamentos: **se, como** e **por quê**. É dizer, se é possível fazer, como fazer e por que fazer a arbitragem na solução de conflitos decorrentes de contratos administrativos.

O se tem a relação com o estudo da *arbitrabilidade*, isto é, definir se determinado conflito de interesse pode ser resolvido por meio da arbitragem, tanto no aspecto *subjetivo*, isto é, saber se a administração pode ser efetivamente parte na arbitragem, quanto no aspecto *objetivo*, vale dizer, definir quais assuntos poderiam a ela ser submetidos.

É verdade que o **se** já foi respondido recentemente com a edição da Lei n. 13.129/15, que alterou a Lei n. 9.307/96, permitindo expressamente a utilização da arbitragem na Administração Pública (*aspecto subjetivo*) para a solução de conflitos que envolvam direitos patrimoniais disponíveis (*aspecto objetivo*).

Mas foi uma resposta que não prescindiu de um longo debate doutrinário e jurisprudencial e que envolveu a discussão da própria compatibilidade do instituto da arbitragem com a Constituição Federal de 1988.

A resposta do **como** envolve a análise do regime jurídico pelo qual se processa a arbitragem que tenha a Administração Pública como parte e, por objeto, a solução de direito patrimonial disponível, especialmente quanto à forma, objeto, motivo, finalidade, procedimento, publicidade, cumprimento e controle.

Não podemos dizer que a Lei n. 13.129/15 seja propriamente um marco regulatório para a arbitragem na Administração Pública. Trata-se de norma meramente autorizativa ao prever a *arbitrabilidade* dos direitos patrimoniais disponíveis da Administração, estabelecer que a autoridade ou órgão competente para a celebração de convenção de arbitragem é a mesma para a realização de acordos ou transações e definir que a Administração só está sujeita às arbitragens de direito (arts. 1º, §§ 1º e 2º e art. 2º § 3º).

Isso, contudo, não significa que a Administração vá se submeter, sem qualquer temperamento, às regras da Lei n. 9.307/96. Daí encontrarmos na doutrina a defesa da necessidade do respeito a um regime jurídico diferenciado, especialmente quanto à observância da legalidade, publicidade e controle do procedimento arbitral.

Quais seriam as características desse regime, que implica a submissão a um devido processo administrativo arbitral, é tema que exigiria um estudo específico, o que desbordaria dos limites deste artigo.

De qualquer forma, importante registrar que a existência desse marco legal próprio é considerado necessário, independentemente do entendimento que se adote quanto à existência ou não de diferenças entre os institutos dos *contratos administrativos* e *contratos da administração* (ou, como preferem alguns, *contratos de Direito Privado da Administração*), com as consequências decorrentes da aplicação de um regime de Direito Público para a primeira realidade, e um regime de Direito Privado para a segunda.

Lembrando de forma sucinta, e considerando a sempre atual lição de Gordillo para quem as classificações não podem ser tomadas pelo critério da correção e sim pelo da *utilidade*,[1] a doutrina tradicional costuma diferenciar os contratos administrativos dos contratos de Direito Privado da Administração. Para Celso Antônio Bandeira de Mello:[2]

> Os primeiros [*contratos de Direito Privado da Administração*] regem-se quanto ao conteúdo e efeitos pelo Direito Privado e os segundos [*contratos administrativos*] reger-se-iam pelo Direito Administrativo. Assim, como exemplo dos primeiros têm-se a compra e venda de um imóvel, a locação de uma casa para nela instalar uma repartição pública etc. Exemplificam os segundos a concessão de serviço público,

---

1 "Las características comunes que adoptamos como criterio para el uso de una palabra de clase son una cuestión de conveniencia. Nuestras clasificaciones dependen de nuestros intereses y nuestra necesidad de reconocer tanto las semejanzas como las diferencias entre las cosas. Muchas clasificaciones distintas pueden ser igualmente válidas. 'Hay tantas clases posibles en el mundo con características comunes o combinaciones de éstas que pueden tomarse como base de una clasificación'. 'El procedimiento que adoptamos en cada caso particular depende en gran medida de qué es lo que consideraremos más importante, las semejanzas o las diferencias'. 'No hay una manera correcta o incorrecta de clasificar las cosas, del mismo modo que no hay una manera correcta o incorrecta de aplicar nombres a las cosas'". GORDILLO, Agustín. *Tratado de Derecho Administrativo*. Belo Horizonte: Del Rey, 2003, pp. 1-20.

2 BANDEIRA DE MELLO, Celso Antônio. *Curso de Direito Administrativo*. São Paulo: Malheiros, 2010, p. 615.

> o contrato de obra pública, a concessão de uso de bem público. Uns e outros estão *parificados* pelo menos quanto às condições e formalidades para estipulação a aprovação, disciplinadas pelo Direito Administrativo, do que resultam, caso violadas as normas pertinentes, vícios específicos a estas figuras; vale dizer: caracterizados de acordo com os princípios e normas do Direito Administrativo. Ditos contratos diferem entre si quanto à disciplina do vínculo. Isto é: enquanto os contratos de Direito Privado travados pela Administração regulam-se em seu conteúdo pelas normas desta província do Direito – ressalvados os aspectos supra-referidos – os contratos administrativos assujeitam-se às regras e princípios hauridos no Direito Público, admitida, tão só, a aplicação supletiva de normas privadas compatíveis com a índole pública do instituto.

É verdade, por outro lado, que essa diferenciação entre os institutos venha cada vez mais sendo repensada e isso porque, de forma ampla, a doutrina vem entendendo que a própria noção de *supremacia de interesse público* tenha de ser revisitada.

Na lição de Gustavo Binenbojm:[3]

> De igual modo, a própria ideia de democracia é também fundada em um projeto moral – de autogoverno coletivo – que se assenta sobre o valor da igualdade. Tal como o sistema de direitos fundamentais, o regime democrático não é barganhável com cálculos utilitários, que demonstrem a excessiva onerosidade das eleições, das máquinas político-partidárias ou do próprio aparelho estatal da democracia. Embora seja desejável tonar o regime mais eficiente e menos oneroso, sua existência não é suscetível de refutação por motivos de bem-estar coletivo. Por exibir um valor

3 BINENBOJM, Gustavo. *Uma Teoria do Direito Administrativo*: direitos fundamentais, democracia e constitucionalização. Rio de Janeiro: Renovar, 2006, pp. 85/86.

> intrínseco e fundante, a democracia é salvaguardada tanto do legislador ordinário como o legislador constituinte. Assim sendo, resta demonstrado como dito princípio de supremacia do interesse público sobre os interesses particulares – que teria justificativa a partir de perspectivas do organicismo e do utilitarismo – se releva totalmente incompatível com a espinha dorsal do Estado Democrático de Direito. A Constituição brasileira de 1988, ao instituir um tal Estado, não deu abrigo a nenhuma das teorias morais cogitadas acima. Como corolário de seu caráter aberto, pluralista e compromissório, a Carta da República não admite qualquer definição apriorística acerca da relação de prevalência entre os interesses coletivos e individuais. (...) Portanto, não se falar em qualquer princípio ou postulado que afirme a primazia *a priori* de uma ordem de interesses sobre outra, qualquer que seja o seu sentido (coletivista ou individualista).

Contudo, mesmo os doutrinadores que entendem não mais ser justificável essa diferenciação de regimes reconhecem a necessidade de diálogo das fontes do regime jurídico civil e do administrativo para as relações em que a Administração Pública é parte.[4]

---

4 "Neste ponto, deve-se notar que há autores que distinguem o regime jurídico administrativo (que seria restrito às normas de caráter público que revelam as *prerrogativas e sujeições* da Administração em posição superior aos particulares) e o regime jurídico da Administração (que seria restrito às normas, aplicáveis nas hipóteses em que o Estado atua como se particular fosse, de caráter privado, mas parcialmente derrogadas pelo Direito Público, na medida em que sempre presentes a supremacia e a indisponibilidade do interesse público). (...) Por isso, propõe-se outra perspectiva metodológica. Na perspectiva aqui proposta, o que importa é distinguir que (i) há normas que afetam situações *internas* à Administração, cujos destinatários são seus órgãos, sempre sujeitos a um estatuto que garante a higidez de sua atuação de acordo com os interesses e finalidades públicas e (ii) há normas que afetam situações *externas* à Administração, que garantem o funcionamento daquilo que se costuma chamar de *ordem pública, supremacia do interesse público, coesão do ordenamento jurídico, juridicidade, legalidade, rule of Law, justiça*. Trata-se de distinção despreocupada com a divisão entre Direito Público e Direito Privado, cuja utilidade didática não pode se sobrepor à necessidade

De fato, um dos grandes problemas ainda para a utilização da arbitragem pela Administração Pública é a ausência de um marco regulatório claro que defina as principais questões que envolverão esse tipo de solução de conflito. Quais contratos podem ser objeto de arbitragem? Todos os contratos administrativos, se aplicando às concessões de obra e de serviço público, às parcerias público-privadas? Quem e como serão escolhidos os árbitros? Deverão compor necessariamente um colegiado ou poderá atuar o árbitro único? Como a Administração escolherá a Câmara Arbitral? Depende de licitação? Como serão executadas as sentenças arbitrais que envolvam o pagamento de valores, em regime de precatório ou de requisição de pequeno valor? Quem e como exercerá o controle da Arbitragem? É suscetível ao controle pelos Tribunais de Contas?

Na ausência de uma norma geral regulamentadora, a doutrina e os Tribunais vinham estabelecendo alguns parâmetros e regras a serem aplicadas à arbitragem na Administração Pública.

Em 2016, o Centro de Estudos Judiciários do Conselho da Justiça Federal realizou a "I Jornada de Prevenção e Solução Extrajudicial de Litígios" e sobre a participação da Administração Pública em arbitragens foram editados os seguintes enunciados:[5]

> Enunciado nº 2: Ainda que não haja cláusula compromissória, a Administração Pública poderá celebrar compromisso arbitral.
>
> Enunciado nº 4: Na arbitragem, cabe à Administração Pública promover a publicidade prevista no art. 2º, § 3º, da Lei n.

---

de coesão interna do sistema jurídico e de sua interlocução com a realidade (...). Há, quase sempre, um diálogo das fontes de Direito Administrativo, direito civil e de outros ramos dogmáticos que venham a se relacionar com a Administração Pública". ALMEIDA, Fernando Dias Menezes de. *Contrato Administrativo*. São Paulo: Quartier, 2012.

5 Prevenção e Solução Extrajudicial de Litígios – Conselho da Justiça Federal (cjf.jus.br) Em: https://www.cjf.jus.br/cjf/corregedoria-da-justica-federal/centro-de-estudos-judiciarios-1/publicacoes-1/cjf/corregedoria-da-justica-federal/centro. Acessado em: 08.04.2021.

> 9.307/1996, observado o disposto na Lei n. 12.527/2011, podendo ser mitigada nos casos de sigilo previstos em lei, a juízo do árbitro.
>
> Enunciado nº 11: Nas arbitragens envolvendo a Administração Pública, é permitida a adoção das regras internacionais de comércio e/ou usos e costumes aplicáveis às respectivas áreas técnicas.
>
> Enunciado nº 13: Podem ser objeto de arbitragem relacionada à Administração Pública, dentre outros, litígios relativos: I - ao inadimplemento de obrigações contratuais por qualquer das partes; II - à recomposição do equilíbrio econômico-financeiro dos contratos, cláusulas financeiras e econômicas.
>
> Enunciado nº 60: As vias adequadas de solução de conflitos previstas em lei, como a conciliação, a arbitragem e a mediação, são plenamente aplicáveis à Administração Pública e não se incompatibilizam com a indisponibilidade do interesse público, diante do Novo Código de Processo Civil e das autorizações legislativas pertinentes aos entes públicos.

Na falta de uma lei nacional que defina esses balizamentos normativos, os entes federativos têm editado leis ou Decretos regulamentares que disciplinam, de forma geral, alguns desses temas apontados, valendo a pena ser citado, nesse particular, o que fez o estado de São Paulo com o Decreto n. 64.356, de 31 de julho de 2019, que "dispõe sobre o uso da arbitragem para resolução de conflitos em que a Administração Pública direta e suas autarquias sejam parte".

Referida norma trata, por exemplo, as hipóteses em que a sua regulamentação não se aplica (art. 1º, Parágrafo único), a previsão de que os instrumentos obrigacionais celebrados poderão conter a cláusula compromissória em razão da especialidade ou valor (art. 2º), a preferência pela arbitragem institucional e a possibilidade de, justificadamente, ser constituída a arbitragem "*ad hoc*" (art. 3º), as competências da Procuradoria Geral do Estado, especialmente a de ser a responsável pela redação das convenções de arbitragem a serem utilizadas pela Administração Pública direta e indireta e suas autarquias e os elementos que deverão conter (art. 4º).

O art. 6º do referido Decreto n. 64.356 regulamenta o procedimento arbitral, prevendo que será regido pelo regulamento de arbitragem da câmara arbitral eleita ou, nos casos de procedimento "*ad hoc*", pelas regras de arbitragem da *United Nations Comissions on International Trade Law* (UNICITRAL), vigentes no momento da apresentação do requerimento de arbitragem.

Outro aspecto importante da regulamentação prevista pelo Decreto n. 64.356 é quanto aos árbitros. Há regra específica quanto ao impedimento de árbitros que possuam interesse direto ou indireto no resultado da arbitragem (art. 10), bem como a previsão da necessidade de que os árbitros tragam informação sobre eventual prestação de serviços que possam colocá-los em conflito com os interesses da Administração Pública (art. 11).

Em relação ao árbitro que exerça a advocacia, por exemplo, será solicitado que informe a existência de demanda por ele patrocinada, ou por escritório do qual seja associado, contra a Administração Pública, bem como a existência de demanda na qual se discuta tema correlato àquele submetido ao respectivo procedimento arbitral (art. 11, Parágrafo único).

Tema importante nos procedimentos arbitrais que envolvem a Administração Pública tem relação com a publicidade do procedimento. O Decreto n. 64.356 especifica que o procedimento arbitral será público, ressalvadas as hipóteses legais de sigilo ou segredo de justiça (art. 12).

O referido artigo ainda, em nome da transparência, determina que a Procuradoria Geral do Estado disponibilize os atos do procedimento arbitral na rede mundial de computadores (Parágrafo 2º).

Outro aspecto importante tratado pelo Decreto n. 64.356 é a regulamentação dos requisitos mínimos para que a Câmara

Arbitral, nacional ou estrangeira, seja incluída no cadastro da Procuradoria Geral do Estado (art. 15).

Finalmente, o art. 18 do referido ato normativo autoriza o Procurador-Geral do Estado a expedir normas complementares necessárias à adequada execução do Decreto.

No âmbito da União, em caráter setorial, foi editado o Decreto n. 10.025, de 20 de setembro de 2019 que disciplina o uso da arbitragem para solucionar conflitos envolvendo, de um lado, a União ou entidades da Administração Pública Federal e, do outro, concessionários, subconcessionários, permissionários, arrendatários, autorizatários ou operadores nos setores portuário, de transportes rodoviário, ferroviário, aquaviário e aeroportuário.

O Decreto regulamenta pontos importantes para as arbitragens nos setores regulados, especialmente a delimitação do que se considera direito patrimonial disponível para o fim da arbitragem – art. 2º, Parágrafo único:

> Parágrafo único. Para fins do disposto neste Decreto, consideram-se controvérsias sobre direitos patrimoniais disponíveis, entre outras:
>
> I - as questões relacionadas à recomposição do equilíbrio econômico-financeiro dos contratos;
>
> II - o cálculo de indenizações decorrentes de extinção ou de transferência do contrato de parceria; e
>
> III - o inadimplemento de obrigações contratuais por quaisquer das partes, incluídas a incidência das suas penalidades e o seu cálculo.

Da mesma forma, normatiza o procedimento arbitral (arts. 3 e 4), a convenção arbitral, prevendo requisitos para a cláusula compromissória (art. 5) e para o compromisso arbitral (arts. 6 e 7), os prazos para o procedimento arbitral (art. 8), os custos da arbitragem, trazendo importante previsão no sentido que as despesas relativas ao procedimento deverão ser antecipadas pelo contratado (art. 9), a forma de credenciamento e escolha da Câmara Arbitral (art. 10 e art. 11), a escolha dos árbitros (art. 12), a forma de representação (art. 13) e assessoramento técnico (art. 14), a sentença arbitral, que prevê, entre outros detalhes, que em caso de condenação o pagamento ocorrerá por meio de precatório ou requisição de pequeno valor, conforme o caso (art. 15).

Há outros diplomas normativos que também têm trazido aspectos procedimentais para a aplicação da arbitragem, como é o caso da Lei n. 19.477/11, do estado de Minas Gerais e do Decreto n. 46.245/18, do estado Rio de Janeiro, que deixamos de comentar de forma mais detalhada porque retratam o **como** da arbitragem ser feita.

Como se vê, na falta de uma norma geral nacional que pudesse ser considerada um marco regulatório para a arbitragem, decretos regulamentares setoriais e leis locais se consubstanciam em elementos importantes e que podem servir de parâmetro para os demais entes federativos.

Contudo, como dito, não será objeto deste artigo o estudo do **como** fazer a arbitragem. Nossa proposta é analisar o **porquê** de a Administração optar pela submissão à arbitragem ao estipular em um contrato administrativo que a solução das controvérsias dele decorrentes se darão na via arbitral.

E para responder ao **porquê** é preciso tentar entender as razões que justificariam ou – *pelo menos recomendariam* – que a Administração Pública optasse pela escolha da arbitragem como alternativa para solução de seus conflitos contratuais, abrindo mão da utilização da jurisdição estatal clássica.

Essa opção pela arbitragem traria alguma vantagem à Administração ao celebrar seus contratos? Se o Estado mantém uma estrutura permanente, profissional e custosa[6] para dirimir conflitos de interesse em geral, que é o Poder Judiciário, poder estatal a quem cabe dizer, com força de definitividade, qual o direito aplicável ao caso concreto em exame, **por que** a Administração Pública, então, abriria mão da jurisdição estatal e se submeteria a um instituto, a arbitragem, que coloca sob a responsabilidade de um terceiro, particular e estranho ao Estado, o poder de decisão em um conflito que envolva um determinado interesse público?

1 A resposta ao *se*

Como dissemos, embora a pergunta **se** a Administração Pública poderia se submeter ao procedimento arbitral tenha, de algum modo, sido respondida com a edição da Lei n. 13.129/15, entendemos importante uma pequena digressão histórica a respeito dos debates que se estabeleceram sobre a possibilidade de a Administração resolver seus conflitos de interesses pela porta da arbitragem porquanto o conhecimento da evolução desse entendimento nos fará melhor entender **o porquê** de a Administração Pública, atualmente, e pela nossa leitura, dever optar por essa alternativa para a solução de seus conflitos. É a análise do passado que se

6 A questão do custo da Justiça brasileira, a nosso ver, ainda não foi devidamente debatida pela doutrina e especialistas no tema. Costuma-se utilizar como parâmetro para se criticar o custo do Poder Judiciário a relação direta orçamento/PIB em comparação com essa mesma relação em outros países desenvolvidos e de realidades econômico-social completamente diferente da nossa o que provoca diversas distorções ao tentar parametrizar coisas completamente distintas por um mesmo critério. Uma dessas diferenças é que, no Brasil, o próprio Estado é um dos maiores usuários do Poder Judiciário (o maior na Justiça Federal) e costuma transferir para a Justiça a solução para suas ineficiências, o que não acontece em outros países, por exemplo. De toda forma, como o tema escapa ao objeto do estudo, remetemos à análise mais detalhada que já tivemos oportunidade de realizar: MENDES, Fernando; MALTA, Alberto; ALMEIDA, Lazarini de. "Um debate qualificado sobre os custos do Judiciário". *Conjur*, 06 jun. 2020. Disponível em: https://www.conjur.com.br/2020-jun-06/opiniao-debate-qualificado-custos-justica. Acessado: 01.07.2022.

faz necessária para o condicionamento e a adoção de melhores escolhas para o futuro.

Embora a arbitragem no Brasil não seja propriamente uma novidade, afinal já estava prevista na Constituição de 1824,[7] no regime da Constituição Federal de 1988, foi retomado o debate sobre a sua compatibilidade com o modelo constitucional vigente, e isso por duas razões no que importam para este estudo: primeiro, se a arbitragem era compatível com modelo constitucional brasileiro em face ao que dispõe o princípio da inafastabilidade do controle jurisdicional (art. 5º, XXXV, CF/88) e, segundo, sendo compatível, se haveria a possibilidade de sua utilização para a solução de conflitos que envolvessem a Administração Pública, em razão, dentre outros, dos princípios da legalidade, da supremacia e da indisponibilidade do interesse público.

No sistema constitucional anterior, o Supremo Tribunal Federal já havia reconhecido a possibilidade de a União a ela se submeter no julgamento do *Caso Lage*,[8] que é apontado como

---

7 Art. 160. Nas causas cíveis e nas penais civilmente intentadas, poderão as partes nomear juízes árbitros. Suas sentenças são executadas sem recurso, se assim o convencionares as partes.

8 INCORPORAÇÃO, BENS E DIREITOS DAS EMPRESAS ORGANIZAÇÃO LAGE E DO ESPOLIO DE HENRIQUE LAGE. JUÍZO ARBITRAL. CLÁUSULA DE IRRECORRIBILIDADE. JUROS DA MORA. CORREÇÃO MONETÁRIA. 1. LEGALIDADE DO JUÍZO ARBITRAL, QUE O NOSSO DIREITO SEMPRE ADMITIU E CONSGROU, ATÉ MESMO NAS CAUSAS CONTRA A FAZENDA. PRECEDENTE DO SUPREMO TRIBUNAL FEDERAL. 2. LEGITIMIDADE DA CLÁUSULA DE IRRECORRIBILIDADE DE SENTENÇA ARBITRAL, QUE NÃO OFENDE A NORMA CONSTITUCIONAL. 3. JUROS DE MORA CONCEDIDOS, PELO ACÓRDÃO AGRAVADO, NA FORMA DA LEI, OU SEJA, A PARTIR DA PROPOSITURA DA AÇÃO. RAZOAVEL INTERPRETAÇÃO DA SITUAÇÃO DOS AUTOS E DA LEI N. 4.414, DE 1964. 4. CORREÇÃO MONETÁRIA CONCEDIDA, PELO TRIBUNAL A QUO, A PARTIR DA PUBLICAÇÃO DA LEI N. 4.686, DE 21.6.65. DECISÃO CORRETA. 5. AGRAVO DE INSTRUMENTO A QUE SE NEGOU PROVIMENTO. (STF - AI: 52181 GB, Relator: BILAC PINTO, Data de Julgamento: 14/11/1973,

precedente fundamental e lembrado pelos que sempre defenderam a *arbitrabilidade* dos litígios da Administração Pública no sistema constitucional brasileiro.

Fazendo um salto no tempo, o Supremo Tribunal Federal reconheceu a compatibilidade da arbitragem com o Constituição de 1988 cinco anos após a edição da Lei n. 9.307/96, no julgamento do processo SE nº 5.206-7,[9] realizado no dia 12 de dezembro de 2001, o que permitiu o grande desenvolvimento teórico e prático do instituto a partir daí.

Mas o debate quanto à possibilidade da utilização da arbitragem na Administração Pública não se encerrou com esse julgamento. Os princípios da legalidade, supremacia e indisponibilidade do interesse público continuaram sendo apresentados como obstáculos para a admissão da arbitragem nos contratos da Administração Pública.

Na clássica lição de Hely Lopes Meirelles,[10] a submissão da Administração ao princípio da legalidade significava que ela só

TRIBUNAL PLENO, ata de Publicação: DJ 15-02-1974 PP-*****) RTJ 68/382.

9 DECISÃO: O TRIBUNAL, POR UNANIMIDADE, PROVEU O AGRAVO PARA HOMOLOGAR A SENTENÇA ARBITRAL, VENCIDOS PARCIALMENTE OS SENHORES MINISTROS SEPÚLVEDA PERTENCE, SYDNEY SANCHES, NÉRI DA SILVEIRA E MOREIRA ALVES, NO QUE DECLARAVAM A INCONSTITUCIONALIDADE DO PARÁGRAFO ÚNICO DO ARTIGO 6º; DO ARTIGO 7º E SEUS PARÁGRAFOS; NO ARTIGO 41, DAS NOVAS REDAÇÕES ATRIBUÍDAS AO ARTIGO 267, INCISO VII, E AO ARTIGO 301, INCISO IX, DO CÓDIGO DE PROCESSO CIVIL; E DO ARTIGO 42, TODOS DA LEI N. 9.307, DE 23 DE SETEMBRO DE 1996. VOTOU O PRESIDENTE, O SENHOR MINISTRO MARCO AURÉLIO. PLENÁRIO, 12.12.2001.

10 "Na Administração Pública não há liberdade nem vontade pessoal. Enquanto na administração particular é lícito fazer tudo o que a lei não proíbe, na Administração Pública só é permitido fazer o que a lei autoriza. A lei para o particular significa 'pode fazer assim'; para o administrador público significa 'deve fazer assim'". MEIRELLES, Hely Lopes. *Direito Administrativo Brasileiro*. São Paulo: Malheiros, 2012, p. 89.

poderia fazer o que a lei permitia, situação contrária do particular, que pode fazer tudo o que a lei não proibisse.

Na doutrina, é conhecida a posição clássica de Celso Antônio Bandeira de Mello, contrário à possibilidade de a Administração se submeter à arbitragem por entender, embora comentando o art. 11 da Lei n. 11.079/04, mas coerente com toda a construção teórica que desenvolveu ao longo de décadas sobre o conceito de indisponibilidade do interesse público, que:

> Não é aceitável perante a Constituição que particulares, árbitros, como suposto no art. 11, III, possam solver contendas nas quais estejam em causa interesses concernentes a serviços públicos, os quais não se constituem em bens disponíveis, mas indisponíveis, coisas "extra *commercium*". Tudo que diz respeito ao serviço público, portanto, condições de prestação, instrumentos jurídicos compostos em vista deste desiderato, recursos necessários para bem desempenhá-lo, comprometimento destes mesmos recursos, são questões que ultrapassam por completo o âmbito decisório de particulares. Envolvem interesses de elevada estatura, pertinentes à Sociedade como um todo e, bem por isto, quando suscitarem algum quadro conflitivo entre as partes só podem ser solutos pelo Poder Judiciário. Permitir que simples árbitros disponham sobre matéria litigiosa que circunde um serviço público e que esteja dessarte com ele embricada ofenderia o papel constitucional do serviço público e a própria dignidade que o envolve.[11]

No mesmo sentido, a lição de Ricardo Marcondes Martins,[12] sustentando e criticando a doutrina de Alessi, que não haveria falar

---

11 BANDEIRA DE MELLO, Celso Antônio. "As parcerias Público-Privadas (PPPs)". *Migalhas*, 12 jan. 2006. Disponível em: https://www.migalhas.com.br/depeso/20266/as-parcerias-publico-privadas--ppps. Acessado em: 05.07.2022.

12 "Difundiu-se no país uma propaganda ardilosa: essas empresas estrangeiras seriam os reverenciados 'investidores'". O Brasil, pobre, miserável,

em direitos patrimoniais (secundários) porque estes só existiriam quando coincidentes com os próprios interesses primários e, portanto, seriam sempre indisponíveis:

> Sintetiza-se: a teoria que sustenta a possibilidade da utilização da arbitragem pela Administração para interesses disponíveis desta deve ser rechaçada, porque a Administração, conceitualmente, não possui interesses disponíveis. O chamado interesse público secundário só é juridicamente reconhecido quando for *coincidente* com o primário. Interesse público secundário não coincidente com o primário não é tutelado pelo Direito, não é interesse jurídico. Por isso, a Administração, ao contrário do sustentado por Alessi, jamais pode *dispor do interesse público secundário*, enquanto interesse juridicamente reconhecido. De duas, uma: ou o interesse secundário é um interesse primário, e, como tal, indisponível, ou não o é, e, pois, não pode ser perseguido pela Administração. Assim, a Administração não pode valer-se da *arbitragem* para perseguir interesses patrimoniais disponíveis, porque esses interesses "disponíveis", sendo não-coincidentes com o interesse primário, não são protegidos pelo Direito. Persegui-los, enfim, é atentar contra a ordem jurídica.

Outros autores não vislumbravam um óbice constitucional à utilização da arbitragem pela Administração, mas entendiam

---

necessitaria delas, ricas investidoras. Essas empresas estrangeiras afirmaram uma desconfiança em relação ao Judiciário brasileiro. Muito coerente: "Confiamos no governo brasileiro, notadamente corrupto, confiamos na doutrina, bem paga, mas não confiamos no Judiciário; o governo e a doutrina defenderão nossos interesses econômicos, não o Judiciário". Por conseguinte, propagaram a ideia: "Para que nós invistamos no país, para que tenhamos lucro que tanto almejamos, eventuais controvérsias não podem ser dirimidas pelo Poder Judiciário, mas por um árbitro de nossa confiança". MARTINS, Ricardo Marcondes. *Estudos de Direito Administrativo Neoconstitucional*. São Paulo: Malheiros, 2015, pp. 66 e 73.

que isso dependeria de autorização legal expressa sendo essa, por exemplo, a posição de Carlos Alberto Salles.[13]

Mas o tema não era pacífico. A discussão e a solução do problema caminhavam pela reconstrução do significado e alcance que se davam aos princípios da supremacia[14] e da indisponibilidade do interesse público que sofreram grande transformação ao longo do tempo.

De fato. Caminhamos de um modelo de Estado Liberal que tinha por finalidade precípua a garantia das liberdades individuais, vale dizer, um papel de garantidor de direitos existentes, especialmente os de natureza patrimonial, para um modelo de Estado que é moldado constitucionalmente como responsável pela construção de uma sociedade livre, justa e solidária, assumindo o papel de garantir o desenvolvimento nacional, erradicar a pobreza e a marginalização, reduzindo as desigualdades sociais e regionais, além de promover o bem de todos, sem preconceitos de origem, raça, sexo, cor, idade e quaisquer outras formas de discriminação (art. 3º, I a IV da Constituição Federal).

---

13 SALLES, Carlos Alberto de. *Arbitragem nos contratos administrativos*. Rio de Janeiro: Forense, 2011.

14 De acordo com Marçal Justen Filho, "*É necessário aprofundar essas concepções e adequá-las ao sistema constitucional democrático instaurado pela CF/88. Isso significa estabelecer que as chamadas prerrogativas extraordinárias são um instrumento a propiciar a realização de função imposta ao Estado realizar os direitos fundamentais dos cidadãos, mas debaixo de uma ordem jurídica caracterizada pela natureza democrática. A dita supremacia do interesse público não equivale a alguma superioridade intrínseca do Estado sobre o particular ou sobre a sociedade civil. Existem interesses que são indisponíveis, o que conduz a que o Direito atribua ao Estado a sua realização. Mas daí não se segue que o Estado seja investido de faculdades prepotentes, autoritárias.* Todas as competências atribuídas ao Estado, inclusive as prerrogativas extraordinárias, são manifestações do dever de promover os direitos fundamentais de todos, com observância e respeito aos valores a aos limites impostos pela ordem jurídica". (JUSTEN FILHO, Marçal. *Comentários à Lei de Licitações e Contratos Administrativos*. 13ª ed. São Paulo: Dialética, 2009, pp. 678/679).

Ministro do Supremo Tribunal Federal, o jurista Luís Roberto Barroso[15] sustenta que no quarto final do século XX, houve no Brasil um cenário de superação de concepções do pensamento jurídico clássico, o que se justificaria na mudança de três paradigmas que abalaram a interpretação constitucional tradicional, que seriam: a) *a superação do formalismo jurídico*, com a lógica de que a solução dos problemas jurídicos não se encontra pré-estabelecida no ordenamento jurídico, devendo ser construída argumentativamente pelo intérprete, com recurso a elementos externos ao sistema normativo; b) *advento de uma cultura jurídica pós-positivista*, que não retira a importância da lei, mas parte do pressuposto de que o Direito não cabe integralmente na norma jurídica; o Direito precisa se aproximar da filosofia moral, em busca da justiça e de outros valores, e da filosofia política, em busca da legitimidade e da realização dos fins públicos que promovam o bem comum e c) *a ascensão do Direito P*úblico e a centralidade da Constituição, é dizer, toda interpretação jurídica deve ser feita à luz da Constituição e seus valores e de seus princípios: como consequência, toda interpretação jurídica é, direta ou indiretamente, constitucional.

A leitura da maximização dos direitos fundamentais é sempre feita pela pauta de se impor ao Estado a obrigação de lhes dar concretude, implementando prestações na área de saúde, educação, segurança, moradia, transporte etc. Garantir a efetividade da atuação Estatal nesses serviços fundamentais é certamente ir ao encontro do que chamamos de interesse público primário na clássica distinção que Renato Alessi[16] fez entre interesses primários e secundários.

---

15 BARROSO, Luís Roberto. *O novo direito constitucional brasileiro*: contribuições para a construção teórica e prática da jurisdição constitucional no Brasil. Belo Horizonte: Fórum, 2013.

16 Celso Antônio Bandeira de Mello, fazendo a distinção entre interesses públicos primários e secundários, explica que "uma vez reconhecido que os interesses públicos correspondem à dimensão pública dos interesses individuais, ou seja, que consistem no plexo dos interesses dos indivíduos enquanto partícipes da

Todavia, a satisfação dos interesses públicos primários não dispensa a realização dos chamados interesses secundários na medida em que estes viabilizam a realização daqueles. Em outras palavras, não há como garantir a implementação de direitos fundamentais sem que o Estado tenha recursos suficientes para realizá-los.

Indicativo da evolução do tratamento legal sobre a indisponibilidade do interesse público, foi a regulamentação do art. 4º, VI, da Lei Complementar n. 73, de 10 de fevereiro de 1993, pela Lei n. 9.469/97, que permitiu ao Advogado Geral da União *desistir, transigir, acordar* e *firmar compromisso* nas ações de interesse da União. A mesma regulamentação também autorizou que autoridades competentes celebrassem acordos judiciais, estabelecendo parâmetros de valores para que isso ocorresse.

Sociedade (entificada juridicamente no Estado), nisto incluído o depósito intertemporal destes mesmos interesses, põe-se a nua a circunstância de que não existe coincidência necessária entre interesse público e interesse do Estado e demais pessoas de Direito Público. É que, além de subjetivar estes interesses, o Estado, tal como os demais particulares, é, também ele uma pessoa jurídica, que, pois, existe e convive no universo jurídico em concorrência com todos os demais sujeitos de direito. Assim, independentemente do fato de ser, por definição, encarregado dos interesses públicos, o Estado pode ter tanto quanto as demais pessoas, interesses que lhe são particulares, individuais, e que, tal como os interesses dela, concebidas em suas meras individualidades, se encarnam no Estado enquanto pessoa. Estes últimos não são interesses públicos, mas interesses individuais do Estado, similares, pois (sob prisma extrajurídico), aos interesses de qualquer outro sujeito (...). Esta distinção a que se acaba de aludir, entre interesses públicos propriamente ditos – isto é, interesses primários do Estado – e interesses secundários (que são os últimos a que se aludiu), é de trânsito corrente e moente na doutrina italiana, e a um ponto tal que, hoje, poucos doutrinadores daquele país se ocupam em explicá-los, limitando-se a fazer-lhes menção, como referência a algo óbvio, de conhecimento geral. Este discrímen, contudo, é exposto com exemplar clareza por Renato Alessi, colacionando lições de Carnelutti e Picardi, ao elucidar que os interesses secundários do Estado só podem ser por ele buscados quando coincidentes com os interesses primários, isto é, com os interesses públicos propriamente ditos". (BANDEIRA DE MELLO, Celso Antônio. *Curso de Direito Administrativo*. São Paulo: Malheiros, 2010, pp. 65/66).

No campo jurisprudencial, foi reconhecida a possibilidade da transação em matéria de interesse público, admitindo-se a atenuação dos rigores que informam a concepção tradicional da indisponibilidade desses interesses se demonstrado que a solução adotada pela Administração é a que efetiva a consecução desse interesse:

> Poder Público. Transação. Validade. Em regra, os bens e o interesse público são indisponíveis, porque pertencem à coletividade. É, por isso, o Administrador, mero gestor da coisa pública, não tem disponibilidade sobre os interesses confiados à sua guarda e realização. Todavia, há casos em que o princípio da indisponibilidade do interesse público deve ser atenuado, mormente quando se tem em vista que a solução adotada pela Administração é a que melhor atenderá à ultimação deste interesse. Assim, tendo o acórdão recorrido concluído pela não onerosidade do acordo celebrado, decidir de forma diversa implicaria o reexame da matéria fático-probatória, o que é vedado nesta instância recursal (Súm. 279/STF). Recurso extraordinário não conhecido.[17]

Nessa linha da interpretação evolutiva do Direito Administrativo em face dos novos parâmetros e valores constitucionais definidos pela Carta de 1988, alguns autores entendiam que a utilização da arbitragem prescindia de autorização legislativa geral.

Defendendo esse ponto de vista, Bruno Lopes Megna[18] lembra importante argumento ao dizer que:

> Na doutrina e na jurisprudência, passou praticamente despercebida a possibilidade que já existia, em tese, de firmar o compromisso arbitral judicial (art. 9, §2º, da Lei n. 9.307/96)

---

17 RE 253885, Relator(a): Min. ELLEN GRACIE, Primeira Turma, julgado em 04/06/2002, DJ 21-06-2002 PP-00118 EMENT VOL-02074-04 PP-00796.

18 MEGNA, Bruno Lopes. *Arbitragem e Administração Pública*: fundamentos teóricos e soluções práticas. Belo Horizonte: Fórum, 2020.

> no âmbito dos juizados especiais federais e das Fazenda dos Estados e Municípios, na medida em que as respectivas leis (Lei n. 10.259/2001, art. 1º, Lei n. 12.153/1995, art. 27) determinam a aplicação subsidiária, no que couber, da Lei n. 9.099/1995 (art. 24), que autoriza a instituição de arbitragem pelas partes. O pouco uso desse instituto fez com que estão não tenha ganhado relevância prática. No plano teórico, no entanto, vê-se que essas leis já continham uma expressa autorização genérica para que os entes públicos se valessem da arbitragem nas pequenas causas.

No mesmo sentido, entendendo que a inexistência de lei específica para autorizar a Administração Pública utilizar o instituto não poderia ser considerado impedimento para tanto, Lauro Gama Junior traz um importante argumento nesse sentido ao afirmar que a Lei n. 9.307/96 "sem distinguir entre pessoas de direito público ou de direito privado, estendeu a autorização legislativa a todas as pessoas capazes de contratar", razão pela qual "a existência de normas legislativas não específicas aliadas aos princípios constitucionais diretos da conduta administrativa revestem de juridicidade o recurso do Poder Público à arbitragem.[19]

Mas é certo que apesar do entendimento doutrinário favorável e a existência de precedentes jurisprudenciais admitindo a utilização da arbitragem pela Administração Pública estávamos no campo da incerteza e insegurança jurídica, especialmente porquanto o Tribunal de Contas da União vinha se posicionado contrariamente à *arbitrabilidade* dos contratos da Administração Pública.

Realmente. Muito embora normas especiais já previssem, de forma expressa, a utilização da arbitragem em alguns contratos da administração, do que são exemplos a Lei n. 8.666/93 (art. 54),

---

19 GAMA E SOUZA JUNIOR, Lauro da. "Sinal verde para a arbitragem nas parcerias público-privadas (a construção de um novo paradigma para os contratos entre o Estado e o investidor privado)". *Revista de Direito Administrativo*, nº 241, 2005, pp. 121-157.

a Lei n. 8.987/95 (art. 23, XV), a Lei n. 5.662/71 (art. 5º), Lei n. 8.693/93 (art.1º, § 8º), Lei n. 9.472/97 (art. 113), Lei n. 9.478/97 (art. 43, X), Lei n. 10.848/04 (art. 4º, § 6º) e Lei n. 11.079/04 (art. 11), o Tribunal de Contas da União vinha se manifestando contrariamente à utilização da arbitragem nos contratos da Administração Pública em geral por entender que essa autorização dependeria de previsão legal expressa, podendo ser citados como exemplos os dois acórdãos abaixo, o que fez também em diversas outras oportunidades:[20]

> Portanto, não havendo amparo legal para a previsão do instituto da arbitragem e tratando-se de direitos patrimoniais indisponíveis, não há como tolerar a manutenção da cláusula 47 nos contratos celebrados, sendo adequada a determinação de celebração de termo aditivo para sua exclusão (Acórdão n. 537/2006, 2ª C, rel. Min Walton Alencar Rodrigues).

Ou ainda:

> Primeiro, assiste razão à unidade técnica ao rejeita a previsão contratual do mecanismo da arbitragem em contratos administrativos. Este tem sido, de fato, o entendimento predominante nesta Corte de Contas, que fundamenta sua visão crítica à previsão de arbitragem nos contratos administrativos na inexistência de expressa autorização legal para tanto, sem a qual não pode o administrador público, por simples juízo de oportunidade e conveniência, adotar tão relevante inovação. Nesse sentido, foi a Decisão n. 286/1993, Plenário, proferida em sede de consulta a esta Corte, formulada pelo então Ministro das Minas e Energia (Acórdão n. 1.271/06, rel. Min. Marcos Bemquerer).

---

20 Decisão n. 286/93, DOU 4/8/93; Acórdão n. 587/03, DOU 10/06/03, Acórdão n. 906/03, DOU 24/07/03, Acórdão 1099/06, DOU 10/07/06.

Favorável à utilização da arbitragem pela Administração, Marçal Justen Filho[21] criticava esse posicionamento do TCU nele vendo, na verdade, uma preocupação do órgão com a redução de sua própria competência, uma vez que a solução dada pela arbitragem só poderia ser revista em sede jurisdicional:

> Com o devido respeito, discorda-se desse entendimento. A indisponibilidade dos interesses sob tutela estatal não significa a indisponibilidade dos direitos de que a Administração Pública é titular. Aliás, se prevalecer o entendimento contrário à arbitragem, a Administração Pública sequer poderia participar de contratos administrativos. Nem se lhe poderia reconhecer autonomia para produzir qualquer manifestação de disposição sobre bens e direitos. Veja-se que uma contratação importa a transferência de bens ou direitos da órbita da Administração para a esfera de terceiros. Talvez se possa reconhecer um certo temo dos órgãos de controle sobre a redução de sua competência em virtude da difusão da arbitragem. É que, difundida a solução da arbitragem, a decisão adotada pelos árbitros apenas poderia ser revista (eventualmente) pelo Poder Judiciário. (...) Mas ainda, se houvesse procedência da tese, então seria inconstitucional o art. 23º, da Lei n. 8.987/95, que faculta expressamente a adoção da arbitragem nos contratos de concessão. Do mesmo modo, considerar-se-ia inconstitucional o art. 11, inc. III, da Lei n. 11.079/04, o qual possibilita o uso da arbitragem para dirimir conflitos no âmbito dos contratos de parceria público-privada. Se o argumento invocado é o de natureza indisponível do chamado "interesse público" impede a consagração contratual de cláusula compromissória, então nenhuma lei que dispusesse sobre contratações com a Administração Pública poderia assim o faculta, sob pena de caracterização de sua inconstitucionalidade.

---

21 JUSTEN FILHO, Marçal. *Comentários à Lei de Licitações e Contratos Administrativos*. 13ª ed. São Paulo: Dialética, 2009, p. 539.

Em face da discussão que o tema gerava e da consequente insegurança jurídica que envolvia a utilização da arbitragem em outras espécies de contratos administrativos diversos daqueles para os quais havia previsão especial para a utilização, a questão somente foi pacificada quase 20 anos depois da matéria da arbitragem ter sido regulamentada no Brasil, o que aconteceu com a edição da Lei n. 13.129, que alterou o art. 1º da Lei n. 9.307/96, estabelecendo que:

> Art. 1º ....
>
> § 1º A administração pública direta e indireta poderá utilizar-se da arbitragem para dirimir conflitos relativos a direitos patrimoniais disponíveis.
>
> § 2º A autoridade ou o órgão competente da administração pública direta para a celebração de convenção de arbitragem é a mesma para a realização de acordos ou transações.

Em razão disso, neste pequeno ensaio, nossa preocupação não será tratar a compatibilidade do instituto da arbitragem como uma das possibilidades do sistema multiportas para solução de conflitos em que uma das partes seja a Administração Pública, tampouco as características e os requisitos para a sua utilização nos contratos da Administração.

Embora ainda exista no Brasil a resistência e o medo dos administradores públicos em utilizar a via da arbitragem para a solução de conflitos decorrentes de contratos da administração, é certo que a arbitragem já está há muito tempo consolidada como sendo a forma adequada para a solução de conflitos entre países soberanos.

Da mesma forma, cada vez mais vem sendo empregada em países como Estados Unidos, Chile, Peru, Colômbia e Portugal para a solução de conflitos entre a Administração e particulares que com ele contrataram.

Os motivos pelo quais ainda persistem esse receio e dúvida em relação à adoção desse método alternativo no Brasil, como vimos, tem relação direta com o **como**, ou seja, com a inexistência de uma regulamentação uniforme e nacional adequada que reduza a insegurança jurídica na matéria e sirva de estímulo para o seu emprego.

O ponto principal que este artigo pretende destacar é: "**por que** usar a arbitragem?"

2 Por que a Administração Pública deveria utilizar a Arbitragem?

Contratar com a Administração Pública sempre envolveu riscos. Isso não é um problema passado e atual. Tampouco será resolvido de forma definitiva no futuro. O caminho a ser percorrido é o de sempre buscar aprimorar os mecanismos de contratação e controle. Enquanto não avançarmos ainda mais nessa agenda, há e haverá o problema de como entrar no contrato da Administração Pública e, pior, de como dele sair.

O problema de como entrar no negócio é antigo e já produziu enormes escândalos, CPIs e operações policiais o que resultou em empresários e executivos presos, colaborações premiadas e pesadas multas ajustadas em acordos de leniência a todos que, de alguma forma, se envolveram em contratações irregulares com a Administração.

E quando se fala em como entrar no negócio, certamente está se pensando no processo de escolha do contratante pela Administração, que passa, necessariamente, pela forma pela qual o contrato é licitado.

O tema de como regulamentar esse processo de escolha do contratante, isso é a licitação, sempre provocou grandes debates.

Podemos dizer que tanto um procedimento muito simples como um extremamente complexo podem gerar inconvenientes e falhas na regulação que acabam, no primeiro caso, facilitando ou simplificando o direcionamento do processo para empresas previamente escolhidas ou, no segundo, criando um espaço propício para a corrupção, pois a complexidade do modelo por vezes permite a superposição de dificuldades que só serão superadas como algum tipo de, vamos colocar dessa forma, *incentivo,* para tornar o negócio possível. No jargão popular, a chamada criação de dificuldades para a venda de facilidades.

Embora acreditemos que seja de conhecimento de todos aqueles que minimamente se interessam pelo tema da contratação pela Administração Pública, para simplificar a compreensão desse cenário, e para mostrar que história nesse aspecto, infelizmente, se repete – e muito –, destaco um trecho da obra "A Organização: a Odebrecht e o Esquema de Corrupção que chocou o mundo"[22] da jornalista Malu Gaspar em que ela relata exatamente a preocupação, em 1993, ou seja, há quase 30 anos, dos grandes e pequenos empresários quanto ao modelo para as licitações no Brasil após a CPI do PC e que levou à edição da Lei n. 8.666/93:

> Na visão dos empreiteiros, os achaques só aconteciam porque a lei que regulava as licitações deixava muitas brechas para os acertos escusos. Primeiro porque as obras já eram licitadas com um preço-base sobre o qual as construtoras ofereciam descontos. Quem desse o maior abatimento ganhava – mas, se o preço-base viesse acima do mercado, ninguém ia reclamar. Outra questão eram os critérios técnicos, que poderiam variar demais. Sem exigência de auditoria ou comprovação de capacidade, era comum as propostas técnicas serem extensas e muito detalhadas, mas completamente fictícias. As brechas também permitiam que os burocratas segurassem as faturas das obras e só liberassem o pagamento mediante propina. Propor uma nova lei era imperioso, e em mais

22 GASPAR, Malu. *A Organização*: a Odebrecht e o esquema de corrupção que chocou o mundo. São Paulo: Companhia das Letras, 2020.

algumas reuniões os empreiteiros chegaram a um acordo sobre os pontos principais: trocar o preço-base pelo preço mínimo; associar as exigências técnicas à apresentação de certificados de comprovação de experiência; criar punições e multas para os Estados que não pagassem as faturas em dia; e, por último, exigir que os concorrentes apresentassem um seguro-garantia para 25% do valor das obras. (...) Nem todos os empresários, porém, concordavam com a proposta. O Presidente da Câmara Brasileira da Indústria da Construção, o deputado Luis Roberto Ponte, do PMDB do Rio Grande do Sul, era frontalmente contra: "Vocês querem dominar, acabar com as pequenas", dizia ele. A Câmara representava muitas pequenas e médias construtoras, e para Ponte a exigência de seguro e de atestados de experiência só poderiam ser atendidas pelas grandes empresas de engenharia. O deputado apresentou seu próprio projeto de lei sobre o assunto, adotando o preço mínimo, mas acabando com a obrigatoriedade de certificados. A proposta dos empreiteiros foi encampada pelo senador Fernando Henrique Cardoso. Coube ao senador Pedro Simon, do PMDB gaúcho, juntar os dois projetos e produzir um novo texto. Ao final, prevaleceu o projeto de Ponte, que recebeu várias emendas. O sistema de preço-base foi sepultado, mas o seguro-garantia não foi incluído. O atesto de experiência exigido passou a ser do engenheiro, e não o da empresa, e a obrigação de pagar as faturas foi condicionada a uma ordem de prioridades orçamentárias. A Lei n. 8.666 recebeu mais de duas dezenas de emendas e alterações e está em vigor até hoje.

Em 1º de abril foi sancionada e publicada a Lei n. 14.133/01 que substituiu a Lei das Licitações (n. 8.666/93), a Lei do Pregão (n. 10.520/02) e o regime diferenciado de contratações (12.462/11), modificando as normas referentes aos sistemas de contratação da Administração Pública.

Não há dúvida, da mesma forma, que a modificação desse regime de contratação com a Administração Pública da Lei n.

8.666/93, dentre outras coisas, visa tornar mais transparente,[23] segura e menos custosa para os Estados a celebração de contratos com particulares para a execução de obras e serviços em geral. A lei também inova a prever expressamente a arbitragem como um dos meios alternativos para a resolução de conflitos (art. 151 da Lei n. 14.133/19).

Se o aperfeiçoamento do modelo de contratação se traduz num mecanismo para trazer maior segurança e transparência para os contratos da Administração como forma de, diretamente, aumentar o número de interessados em contratar e, indiretamente, reduzir os custos dessas contratações, a criação de mecanismos que tornem mais previsíveis e ágeis a solução dos conflitos decorrentes dos contratos da Administração Pública é medida que também reflete diretamente na redução dos custos desses contratos.

23 Em entrevista ao site Consultor Jurídico, o advogado e especialista em Direto Público, Rafael Valim, ao comentar o aspecto da transparência com um dos pontos positivos da nova Lei n. 14.133 observou que: "Nosso problema com a corrupção vai muito além das contratações. Com esse modelo burocrático muito pesado, do jeito que foi colocado, me parece que não há um avanço tão expressivo em termos de burocracia. Agora, um ponto positivo que eu vejo na lei é que ela reforça a transparência. Ela obriga a gravação em áudio e vídeo das reuniões presenciais, reforça a publicidade do edital de contratação... São coisas pequenas, mas que fazem uma diferença enorme. Além disso, fica proibida aquela exigência de identificação para as pessoas que queiram acessar o edital de licitação. Era uma coisa muito comum: era publicado o edital de divulgação na internet, só que eles pediam um cadastro e depois iam monitorando quem tinha interesse na licitação. Isso a lei proibiu. E também foi criado um portal de contratações públicas, que é um incremento na transparência. São medidas estruturais que ajudam a combater a corrupção. Outra coisa importante: a lei reforça a ideia de planejamento, com um plano de contratações anual e a obrigatoriedade de projeto executivo nas obras. Nesses pontos, a lei avança". (ALVES, Mateus Silva. "'Poderíamos ter avançado mais com a nova lei', afirma especialista em licitações". *Conjur*, 04 abr. 2021. Disponível em: https://www.conjur.com.br/2021-abr-04/entrevista-rafael-valim-advogado-especialista-direito--publico. Acessado em: 05.07.2022).

Parece não haver dúvida de que a arbitragem é um mecanismo de atração para investimentos. Quando o empresário, nacional ou estrangeiro tem de tomar uma decisão de – como e onde – investir, normalmente ele faz duas perguntas básicas: quanto eu vou ganhar e, se tudo der errado, quem vai decidir que tem razão e em quanto tempo.

Em outras palavras, para entrar no negócio, investindo seu capital em um contrato com a Administração, ele não apenas vai querer saber quanto vai poder ganhar com o seu investimento, mas também vai querer saber quais são os riscos envolvidos e, principalmente, como vai sair do negócio se as coisas não derem certo. A definição de como se dará a saída passa necessariamente pela escolha de quem arbitrará, no sentido amplo, essa decisão final: o Poder Judiciário ou um Árbitro escolhido pelas partes.

Toda contratação com a Administração Pública envolve o que a doutrina chama de desconfiança, pois, nas palavras de Fernando Dias Menezes de Almeida,

> a desconfiança é inerente à ideia de que [a] Administração tenha, por força de lei e independentemente do prévio consentimento das partes, prerrogativas de ação unilateral que operem em sentido contrário do respeito ao que consensualmente foi estabelecido numa relação contratual.[24]

Ao se analisar o porquê da utilização da arbitragem nos contratos administrativos, teóricos da economia comportamental e da análise econômica do Direito apontam, dentre outras, duas grandes vantagens: a) a judicialização do conflito é considerada uma externalidade negativa que implica o aumento do preço a ser pago pelo Estado ao contrato e b) a escolha de um árbitro especialista

---

24 ALMEIDA, Fernando Dias Menezes de. *Contrato Administrativo*. São Paulo: Quartier, 2012.

na matéria é considerado fato inibitório para os chamados comportamentos oportunistas.

Grande referência mundial quanto ao tema da Análise Econômica do Direito, Richard Posner[25] ao analisar os incentivos que a escolhas de árbitros trazem quando comparados aos jurados do sistema judicial americano para a solução de conflitos contratuais escreveu:

> Jurors are not the only laymen used to adjudicate legal disputes. Most commercial arbitrators are nonlawyers (most labor arbitrator, however, are lawyers), and, by definition, none is a publicly employed judge. The difference between arbitrators and jurors is the former are chosen for their expertise in the area in dispute, and the latter for their lack of expertise! The difference can be explained, though. There is a tradeoff between expertise and impartiality. The more a person knows about some area of life, the less the arguments and evidence of two disputants will influence his resolution of the dispute the increment to his knowledge is less. The expert, then, is more powerful. If two disputants choose (usually in advance of dispute) to submit their dispute to an expert, there is no reason not to respect their choice.

Na mesma obra, ao escrever sobre a ótima solução de uma disputa contratual, mais uma vez reforçando as vantagens da escolha de um árbitro, Posner observou:

> Alternatives to judges as resolvers of contract disputes are jurors and arbitrators. A common reason for including an arbitration clause in a contract is to avoid the vagaries of determinations made by jurors, who rarely have commercial experience; that is one reason that even in jury trials the

25 POSNER, Richard A. *Economic Analysis of Law*. 7ª ed. Nova York: Aspen Publishers, 2007, pp. 628-630.

> meaning of a contract is ordinarily for the judge to determine rather than the jury. To the extent that arbitrators are considered more reliable interpreters than either judges or juries, we can expect contracts that contain arbitrations clauses to be shorter than contracts that do not.

Como se vê, pela lição de Posner, a opção pela arbitragem como meio de solução para uma disputa contratual não apenas tornaria a solução mais previsível como permitiria que o próprio contrato fosse mais objetivo e simples, eliminando a necessidade de cláusulas explicativas ou complementares que se destinassem apenas a facilitar a interpretação do acordo pelos leigos (jurados) ou necessariamente não especialistas na matéria (juízes).

Sob a perspectiva da análise econômica do Direito, tem se entendido que se houvesse o comportamento racional, em razões dos custos e riscos do caminho judicial, as ações de baixo valor não deveriam ser iniciadas e as ações de alto valor deveriam ser encerradas por acordo, antes do esgotamento da via jurisdicional. Mas, na verdade, o que explicaria a grande quantidade de ações existentes no sistema judicial não seria propriamente uma irracionalidade por parte de autores e réus, mas sim um *otimismo relativo*, que se dá tanto quanto à confiança de que o julgamento seja favorável ao interessado e quanto a de que gere um resultado positivo (expectativa de condenação grande, por parte do autor, e pequena, por parte do réu). Sobre o tema, Antônio Maristrello Porto e Nuno Garoupa observaram que:

> O problema que se coloca é o seguinte: se o valor esperado pelo autor for positivo, o custo esperado pelo réu deveria ser negativo. Ou um ou outro ganhará a ação judicial. Logo, se um autor racional esperar ganhar mais do que aquilo que o réu espera perder, a decisão racional do último deveria ser a de propor um acordo antes do ajuizamento da ação ou assim que fosse intimado a contestá-la ou mesmo reconhecer a procedência do pedido do autor. Da mesma maneira, se o valor esperado pelo autor da ação for negativo, a decisão mais

> coerente seria a de não a ajuizar. Isto é, comportando-se o autor e réu racionalmente, as ações com baixo valor esperado não deveriam sequer ser iniciadas. Além disso, as ações com alto valor esperado deveria ser encerradas por acordo, muito antes de chegarem à fase de sentenças e recursos. Se é assim, por que tantos processos judiciais chegam ao fim? Por que tantas ações chegam às fases de sentença e recursos? Uma resposta possível é a de que, nas ações que chegam às referidas fases, alguma das partes comportou-se de maneira irracional. Mesmo sabendo que perderia o processo, o autor, porque irracional naquele momento, optou para ajuizá-la; ou, ainda, o réu, mesmo sabendo que perderia a ação, porque irracional naquele momento, optou por contestá-la e levá-la até o fim. No entanto, os pesquisadores que trabalham com a AED sustentam que essa ideia – de comportamento irracional de uma das partes – está errada. Não se trata de um comportamento incoerente. A teoria dos jogos, a seu turno, oferece outra resposta. Segundo tal teoria, em regra o autor de uma ação espera ganhá-la, assim como espera uma condenação robusta do réu, enquanto o réu espera ou não ser condenado, ou sofrer uma condenação pequena (inferior àquela demandada na petição inicial). Dá-se a isso o nome de otimismo relativo. Ou seja, refere-se ao otimismo das partes em relação ao resultado do julgamento. Se há otimismo relativo, o autor postulará um acordo muito favorável aos seus interesses, ao passo que o réu proporá um acordo pequeno ou nenhum acordo. Segundo a teoria dos jogos, é o otimismo relativo que leva a que tantas ações cheguem às fases de sentença e recursos.

Embora uma das razões[26] apresentadas, pela ótica da análise econômica do Direito, para justificar a judicialização em massa e

---

26 Digo uma das razões porque há certamente outras. Em um país com quase 1 milhão de advogados, o litígio judicial acaba sendo uma necessidade de mercado. Da mesma forma, algumas distorções no modelo da atuação estatal acabaram estimulando o uso da via judicial na solução de conflitos. Exemplo disso se traduziu na expansão e interiorização que se fez necessária na Justiça Federal ante a necessidade de julgar milhares de causas de Execução Fiscal e em

a existência de quase 80 milhões de ações em trâmite atualmente no Poder Judiciário possam de alguma maneira passar pelo chamado *otimismo relativo* quanto a um resultado favorável da demanda, da mesma forma, esse mesmo método de análise legal busca alternativas e soluções para esse problema e vê na utilização da porta da arbitragem vantagens que justificariam, do ponto de vista econômico, o seu uso quando comparado com o caminho tradicional para a solução de conflitos que é a porta do Judiciário.

Escrevendo sobre as vantagens que decorrem da utilização da arbitragem como um meio alternativo de solução de conflitos sem a interferência direta do Poder Judiciário, Luciano Timm[27] observou que:

> (...) Entende-se que, sob uma análise econômica do direito, a arbitragem possui o condão de substituir a atividade jurisdicional estatal de modo a reduzir os custos de transação

matéria Previdenciária quando o racional seria que o próprio Poder Executivo, por seus órgãos, buscasse soluções que privilegiassem a solução extrajudicial para o conflito e não o seu estímulo ao caminho judicial, o que é um grande contrassenso. Estudo realizado pelo TCU sobre a judicialização dos benefícios concedidos pelo INSS, constatou que (...) *4.42 – item 129 – O INSS tem custo operacional 67% maior que o do sistema de judicialização, analisou seis vezes mais requerimentos e concedeu sete vezes mais benefícios em relação ao sistema de judicialização. Enquanto a tramitação de um requerimento administrativo custou, em média, cerca de R$ 894,00, um processo judicial em 1ª instância custou R$ 3.734,00, em média.* Outro fator a ser considerado é o relativo baixo valor das custas judiciais no Brasil, especialmente na Justiça Federal. Para se ter uma ideia, de acordo com o *Diagnósticos das Custas Processuais Praticadas nos Tribunais*, feito pelo Departamento de Pesquisas Judiciários do CNJ, de 2019, a Justiça Federal arrecada em custas apenas 1,2% do seu orçamento. Ou seja, constata-se que o funcionamento da Justiça Federal é financiado indiretamente por toda a sociedade, através do pagamento de impostos, quando deveria ser financiada, se não totalmente pelo menos na maior parte, pelas taxas que são pagas por seus usuários diretos.

27 TIMM, Luciano Benetti. *Análise Econômica da Arbitragem*. Disponível em: https://lawle2014.files.wordpress.com/2017/10/timm-10042016-aed-da-arbitragem-livro-tarcicc81sio-lmj.pdf. Acessado em: 05.07.2022.

> associados a solução de controvérsias, além de representar um ganho em celeridade e eficiência para as partes (acarretando ganhos de escala e ganhos em custos de oportunidade). (...) Nessa toada, diversas vantagens em arbitragem devem ser levadas em consideração, entre elas; (i) o sigilo, que costuma cercar a arbitragem; (ii) a celeridade, que deve caracterizar o procedimento; (iii) a ausência de formas solenes e: (iv) a possibilidade de julgar por equidade ou escolher livremente a lei aplicada, além de muitas outras.

É certo que quando se fala na arbitragem, até pelos custos que estão envolvidos nesse procedimento, está se falando das grandes questões e de discussões de tema complexos e que envolvam altos valores e não para as demandas de massa, para qual a solução também pode ser buscada em outras portas alternativas a do Judiciário, especialmente nos sistemas de Conciliação e Mediação de Conflitos, que são regulamentos pela Resolução n. 125/2010, do Conselho Nacional Justiça, que dispõe sobre a Política Judiciária Nacional de tratamento adequado dos conflitos de interesses no âmbito do Poder Judiciário e dá outras providências.

Se para as demandas complexas entre particulares os custos e os riscos do caminho judicial acabariam estimulando o uso da arbitragem, quando está em jogo o interesse público, parece não haver muita dúvida de que a racionalidade recomendaria a busca de caminhos alternativos ao da judicialização.

De fato. Se aquele que pretende contratar com a Administração tiver como claro, desde o início, que a solução de eventual controvérsia decorrente da avença dependerá do caminho longo e demorado que caracteriza a via do Poder Judiciário, tomará esse fator com externalidade negativa e fará com esse custo necessariamente reflita no preço a ser cobrado da Administração Pública. Em outras palavras, o interessado se disporá a contratar com a Administração já embutindo no preço a ser cobrado o custo de um processo judicial.

E veja que quando se fala no caminho longo e demorado do Judiciário não se está imputando toda responsabilidade pelo estado de coisas aos juízes e servidores do Judiciário. Há problemas estruturais no Judiciário que de alguma forma acabam atrasando a marcha processual. Mas a culpa não lhe é exclusiva. Longe disso. Trata-se de um problema muito maior, que decorre de um complexo sistema processual e recursal que ao fim e ao cabo estimula as partes, e praticamente obriga a Fazenda Pública, a esgotar todas as instâncias judiciais para que se tenha a solução definitiva, vale dizer, um caminho que começa pelo primeiro grau (Justiça Federal) ou primeira instância de jurisdição (Justiça Estadual), passa por um Tribunal de Apelação que julga a matéria de fato e de direito em grau recursal e segue, ainda, o caminho da uniformização do direito e de aplicação da lei federal, pelo Recurso Especial, podendo, finalmente, debater o controle de constitucionalidade da decisão, pela via do Recurso Extraordinário.

Daí a importância de se analisar a arbitragem como uma alternativa não apenas juridicamente possível, como vimos no item II deste artigo, mas como uma solução economicamente mais vantajosa porque poder levar a uma redução dos custos de transação por se traduzir numa opção que confira, ao mesmo tempo, maior celeridade e maior segurança jurídica (previsibilidade) quanto à solução a ser adotada.

Quando ainda se discutia a possibilidade do uso da arbitragem pela Administração em razão da falta de previsão expressa e geral nesse sentido, Marçal Justen Filho[28] já apontava que o mecanismo da arbitragem se se revelaria mecanismo não só fundamental para solução célere de conflitos, como também para reduzir a carga de trabalho dos órgãos estatais:

28 JUSTEN FILHO, Marçal. *Comentários à Lei de Licitações e Contratos Administrativos*. 13ª ed. São Paulo: Dialética, 2009, p. 539.

> O entendimento adotado é o de que a arbitragem é um instrumento indispensável para solução rápida de litígios dotados de grande complexidade, propiciando a superação de dificuldades clássicas no âmbito da Administração Pública. Aliás, propicia a redução da esmagadora carga de trabalho do Poder Judiciário e, talvez, dos próprios Tribunais de Contas.

O que se pode constatar é que a adoção da arbitragem para solução dos conflitos decorrentes dos contratos celebrados pela Administração pode consubstanciar, para a iniciativa privada, uma espécie de mecanismo compensatório dos riscos políticos e de um ambiente de incertezas regulatórias, externalidades que acabam influenciando negativamente a atividade empreendedora, especialmente a voltada à geração da infraestrutura pública e que tem nos contratos de concessões e parcerias público-privada os seus principais instrumentos.

Escrevendo sobre a adequação econômica da arbitragem na Administração Pública pela ótica da análise econômica, Bruno Lopes Megna observou que:

> Na perspectiva da parte privada, a judicialização dos conflitos contratuais pode ser considerada um risco, cujo custo deve ser antecipado no preço do serviço a ser prestado, com uma margem que compense esse fator de desestímulo à contratação. Entre outros aspectos, o contratado pode considerar que a tradição da Fazenda Pública em esgotar as vias recursais disponíveis em juízo é um sinal de eventual litígio com a administração não terá rápida conclusão. Se, por exemplo, o litígio levar à interrupção de uma obra, deixando máquinas e funcionários ociosos, isso implicará aumento de custos de oportunidade, e, se o contratante entender que essa circunstância é provável, repassará antecipadamente ao preço da contratação. Ao excluir esse fator de risco, a arbitragem pode funcionar como um "elemento importante na cesta de oportunidades com a qual se pretendeu atrair

o interesse privado", aumentando a oferta de fornecedores e diminuindo os preços dos contratos públicos.

3 O *nudge* para utilização da arbitragem pela Administração Pública

A visão neoclássica utilizada como paradigma pela Análise Econômica do Direito – AED – é a de que processo de tomada de decisão se caracteriza pela racionalidade, isto é, aquela que toma por pressuposto que as decisões se baseiam em um critério lógico e que sempre buscam a maximização da sua utilidade. Em outras palavras, o agente, em condições normais de temperatura e pressão, tomará a decisão que lhe proporcione maior utilidade.

Contudo, essa visão passou a ser, nos últimos anos, questionada pela chamada escola da economia comportamental que demonstrou que nem sempre as decisões são tomadas com base no critério da racionalidade e estamos longe de sequer se aproximar do padrão *homo economicus* criado pelos economistas. Somos seres humanos, sujeitos a fraquezas, influências do meio, paixões e convicções que nem sempre vão nos ajudar a fazer a escolha mais racional, a que nos traria mais utilidade em um processo decisório qualquer.

Richard H. Thaler e Cass R. Suntein[29] estudando a economia comportamental, defendem o chamado nudge, isto é, o *estímulo, o empurrãozinho, o cutucão* que, na arquitetura das escolhas, é capaz de mudar o comportamento das pessoas de forma previsível sem lhes tirar, contudo, o direito de livre opção, movimento que denominam de *paternalismo libertário*,[30] ensinam que:

---

29 SUNSTEIN, Cass; THALER, Richard. *Nudge*: como tomar melhores decisões sobre saúde, felicidade e dinheiro. Trad. Ângelo Lessa. São Paulo: Objetiva, 2019, p. 15.

30 "Temos plena consciência de que os leitores não vão adorar esse temo logo de cara. As duas palavras são desagradáveis e nos deixam com o pé atrás, têm

Quem é contra o paternalismo ou muitas vezes argumenta que os seres humanos fazem excelentes escolhas, ou, mesmo que não excelentes, muito melhores que qualquer outra pessoa faria por elas (sobretudo se essa outra pessoa trabalha para o governo). Quer tenham ou não estudado economia, muitas pessoas parecem, pelo menos implicitamente, concordar com o conceito de que a espécie humana é um *Homo economicus*, ou homem econômico. Esse conceito diz que cada indivíduo sempre pensa e toma decisões de forma correta, porquanto se enquadra na imagem teórica do ser humano criado por economistas. Se você ler livros teóricos de economia, vai descobrir que o *Homo economicus* pode pensar como Albert Einsten, ter tanta memória quanto um supercomputador e ter tanta força de vontade quanto Mahatma Gandhi. Mas as pessoas que conhecemos não são assim. Pessoas reais tem dificuldades de fazer divisões complexas sem calculadora, às vezes esquecem o aniversário

---

uma carga negativa criada pelos estereótipos da cultura popular e da política, que as tornaram pouco atraentes para a maioria da população. E o pior de tudo: parecem contraditórias. Por que combinar dois conceitos desprezados e contraditórios? Porque acreditamos que, se entendidos corretamente, esses termos refletem bom senso e são muito mais atraentes juntos que separados. O problema é que estão associados a dois grandes dogmas. O lado libertário das nossas estratégias se encontra na convicção de que as pessoas devem ter liberdade para o fazer o que quiserem, inclusive recusar acordos desvantajosos. Citando uma expressão do falecido economista Milton Friedman, os paternalistas libertários prezam a liberdade de escolha. Procuramos criar políticas que mantenham ou aumentem a liberdade de escolha. Quando o usamos o adjetivo 'libertário' para modificar o substantivo 'paternalismo', é apenas no sentido de preservar a liberdade. E estamos falando sério em relação a preservar a liberdade. Os paternalistas libertários querem que cada vez mais a pessoas sigam seu próprio caminho, e não impor obstáculos. Já o lado paternalista se encontra na ideia de que os arquitetos de escolha têm toda legitimidade para tentar influenciar o comportamento das pessoas, desde que seja para tornar a vida delas mais longa, mais saudável e melhor. Em outras palavras, somos a favor de que os setores público e privado direcionem de forma consciente as pessoas a fazerem escolhas que melhorem sua vida". SUNSTEIN, Cass; THALER, Richard. *Nudge*: como tomar melhores decisões sobre saúde, felicidade e dinheiro. Trad. Ângelo Lessa. São Paulo: Objetiva, 2019, pp. 13/14.

do parceiro e ficam de ressaca no Ano Novo. Esses não são *Homo economicus*; são *Homo sapiens.*

E por que ao falar no uso da arbitragem pela Administração Pública estamos nos valendo de conceitos como *nudge*, arquitetura das escolhas, paternalismo libertário entre outros que foram criados pelos teóricos da economia comportamental? Exatamente porque vemos a necessidade da criação de uma política pública que estimule o uso da arbitragem pela Administração esse empurrãozinho, esse cutucão que precisar ser dado para que o paradigma de contratação da Administração seja alterado para o fim de que se produzam resultados mais vantajosos para a sociedade.

A nosso sentir, o fato de a Administração Pública, desde a abertura do processo licitatório, deixar claro que resolverá os conflitos que surgirem do contrato por meio de arbitragem, dentro da chamada arquitetura das escolhas, produzirá um efeito positivo para a formação concorrência e consequente reflexo do preço do contrato licitado, na medida que retirará do cálculo o risco de levar a questão para a solução judicial estimulando a participação de mais licitantes no processo.

É certo que a doutrina e jurisprudência vem entendendo que, salvo nas hipóteses em que a lei estabeleça que não pode haver divergência do contrato em relação à minuta do edital, do que é exemplo o art. 43, X da Lei n. 9.478/97,[31] o fato da arbitragem não constar do edital como meio de solução de conflito

---

31 Art. 43. O contrato de concessão deverá refletir fielmente as condições do edital e da proposta vencedora e terá como cláusulas essenciais:

I - a definição do bloco objeto da concessão;

II - o prazo de duração da fase de exploração e as condições para sua prorrogação;

III - o programa de trabalho e o volume do investimento previsto;

IV - as obrigações do concessionário quanto às participações, conforme o disposto na Seção VI;

possível não acarreta qualquer impedimento para que o contrato seja assinado com a cláusula compromissória ou mesmo que seja feito o compromisso arbitral quando deflagrada a divergência da interpretação contratual. Nesse sentido, como já citado anteriormente neste trabalho, o Centro de Estudos Judiciários do Conselho da Justiça Federal realizou a "I Jornada de Prevenção e Solução Extrajudicial de Litígios", sobre a participação da Administração Pública em arbitragens e sobre o tema foi editado o Enunciado n. 02 que dispõe: "Ainda que não haja cláusula compromissória, a Administração Pública poderá celebrar compromisso arbitral".

Contudo, como dissemos, a sinalização de que a Administração, desde a licitação, pretende resolver as controvérsias do contrato por meio da arbitragem pode se traduzir em um incentivo à participação de empresas no certame e uma melhor disputa que trará reflexos no preço por proporcionar um melhor ambiente de negócios para a solução do conflito, com maior celeridade e previsibilidade.

V - a indicação das garantias a serem prestadas pelo concessionário quanto ao cumprimento do contrato, inclusive quanto à realização dos investimentos ajustados para cada fase;

VI - a especificação das regras sobre devolução e desocupação de áreas, inclusive retirada de equipamentos e instalações, e reversão de bens;

VII - os procedimentos para acompanhamento e fiscalização das atividades de exploração, desenvolvimento e produção, e para auditoria do contrato;

VIII - a obrigatoriedade de o concessionário fornecer à ANP relatórios, dados e informações relativos às atividades desenvolvidas;

IX - os procedimentos relacionados com a transferência do contrato, conforme o disposto no art. 29;

X - as regras sobre solução de controvérsias, relacionadas com o contrato e sua execução, inclusive a conciliação e a arbitragem internacional;

XI - os casos de rescisão e extinção do contrato;

XII - as penalidades aplicáveis na hipótese de descumprimento pelo concessionário das obrigações contratuais.

É certo que a matéria pode provocar alguma leitura diferente. Bruno Lopes Megna[32] ao analisar que a previsão da arbitragem no edital não seria obrigatória, mas apenas adequada, pondera que:

> Com efeito, do ponto de vista imediato, é recorrente a percepção de que a opção pela arbitragem nem sempre é vantajosa para o candidato a licitação: "por vezes, o alto custo do procedimento arbitral, associado aos honorários dos árbitros, peritos e principalmente dos advogados especializados, acaba por dificultar e, em determinadas ocasiões, até mesmo inviabilizar o acesso à justiça para inúmeras empresas de pequeno e médio porte.

A preocupação pode fazer sentido em relação aos contratos de menor valor e que envolvam a participação de pequenas e média empresas. Mas não faz qualquer sentido para as grandes empresas que sempre reclamam do fator risco judicial e agregam, ao preço de suas propostas, essa externalidade negativa.

E a preocupação, de outro lado, revela também um pouco desse estado de coisas que envolvem as críticas ao Poder Judiciário. Ao tempo que se condena a solução demorada e incerta que pode derivar da opção da solução da controvérsia na via judicial, reconhece-se que ela é muito mais barata e simples do que a solução arbitral. Em outras palavras, o acesso facilitado e barato ao Poder

---

32 "Embora adequada, não se pode afirmar que seja obrigatória a previsão editalícia da convenção arbitral – exceção feita à expressa previsão legislativa para o setor petroleiro, de transporte de gás e de transporte aquaviário e terrestre – pois não é lícito presumir que a ausência de menção a um método (*e.g.*, negociação, mediação, arbitragem, judicialização etc.) signifique a impossibilidade de solucionar conflitos por ele. Ao contrário, o que se presume é o sistema multiportas sempre terá mais portas abertas enquanto, por consenso dos pares, não sejam expressamente fechadas (*e.g.*, efeito negativo da convecção arbitral em relação ao processo estatal)". MEGNA, Bruno Lopes. *Arbitragem e Administração Pública*: fundamentos teóricos e soluções práticas. Belo Horizonte: Fórum, 2020, p. 197.

Judiciário, mesmo para os grandes litigantes, acaba servindo de estímulo à judicialização que posteriormente é criticada como uma anomalia a ser resolvida para que se tenha um ambiente de negócios mais favorável aos investimentos e mais segurança jurídica.

Na verdade, todos querem segurança jurídica, mas nem todos estão dispostos a pagar o preço justo para obtê-la.

Reforçarmos a nossa percepção de que a previsão no edital de que a solução das controvérsias derivadas do contrato licitado seguirá o caminho da arbitragem tem natureza de estimular a competição na licitação e diminuir o preço dos contratos, por refletir favoravelmente nos chamados custos de transação.

Nesse sentido, discordamos do entendimento adotado pelo Superior Tribunal de Justiça, no julgamento do **REsp 904.813-PR**, em acórdão relatado pela Min. Nancy Andrighi, que afirmou que o fato de a solução arbitral não estar prevista no edital não teria efeitos na maior ou menor participação de interessados no certamente, de forma que o estabelecimento do compromisso arbitral após a celebração do contrato não seria irregular. Em seu voto, a Min. Nancy Andrighi assim se manifestou:

> A peculiaridade da hipótese analisada reside no fato de que, no contrato celebrado entre as partes, não foi estabelecida a arbitragem como meio de solução de controvérsias (cláusula compromissória). O compromisso arbitral foi firmado posteriormente pela concessionária recorrente. Importante esclarecer que há uma clara distinção feita pela Lei n. 9.307/96 entre as duas figuras jurídicas. Depreende-se da leitura dos seus arts. 8º e 9º que, enquanto a cláusula compromissória, inserida previamente nos contratos, é genérica e refere-se a eventuais futuros litígios, o compromisso arbitral é firmado posteriormente e pressupõe a existência de uma determinada controvérsia, sendo que as partes resolvem submetê-la ao juízo arbitral, firmando o compromisso em sede do próprio juízo ou Tribunal arbitral ou por meio de

> instrumento particular, como ocorreu na hipótese. **Todavia, o fato de não haver previsão da arbitragem no edital de licitação ou no contrato celebrado entre as partes, não invalida o compromisso arbitral firmado posteriormente.** O princípio da vinculação das partes ao edital de licitação (arts. 3º e 41 da Lei n. 8.666/93) tem por finalidade precípua estabelecer as regras do certame, assegurando a todos os participantes o prévio conhecimento acerca do objeto em disputa com precisão e clareza, possibilitando-lhes iguais condições no oferecimento e análise de suas propostas. Nas palavras de HELI LOPES MEIRELES, *"o edital é a lei interna na licitação"* (Licitação e Contrato Administrativo. 15ª Ed. São Paulo: Malheiros, 2010, p. 50-51), ou seja, visa-se garantir a lisura da licitação, no que respeita ao seu próprio conteúdo. A previsão do juízo arbitral, em vez do foro da sede da administração (jurisdição estatal), para a solução de determinada controvérsia, não vulnera o conteúdo ou as regras do certame. **Com efeito, não se pode dizer que a licitação teria outro resultado ou dela participariam mais ou menos concorrentes unicamente pelo fato de estar ou não previsto determinado foro para solução de controvérsias.** – *destacamos* - (j. 20.10.2011, DJE 28.2.2012 – disponível em www.stj.jus.br. Acessado em: 09.04.2021).

Não nos parece, realmente, que essa sinalização seja neutra e não tenha qualquer efeito positivo para a contratação, dado todo o histórico de críticas e preocupação da classe empresarial com o externalidade negativa para contratação com a Administração Pública representada pela judicialização da questão.

Como dito por Posner na lição aqui já citada, o fato de a arbitragem pressupor que o contrato será interpretado por especialistas em caso de divergência na sua aplicação tem efeitos positivos inclusive para o efeito da simplificação do contrato e redação de suas cláusulas, que podem ser mais objetivas.

A previsão antecipada no contrato de que as divergências serão resolvidas por árbitros, que em regra serão especialistas na matéria, evitando, assim, os chamados *comportamentos oportunistas* dos litigantes que decorrem da existência de assimetria informacional.

Como ensinam Antônio Maristrello Porto e Nuno Garoupa:[33]

> As partes de um contrato podem escolher submeter controvérsias futuras à arbitragem, em virtude da especialização dos árbitros. Determinados setores da economia, além de regidos pelas regras civis e comerciais comuns a todos, regulam-se também por normas sociais, escritas ou não, que são do conhecimento apenas daqueles que trabalham nesses setores específicos. Há, portanto, assimetria informacional entre o Estado, com o seu aparato judicial público (juízes, tribunais e servidores), e as partes que firmam contratos nesses setores da economia. Isso porque, os juízes e os tribunais não tem condições de conhecer todas as regras do comércio (as normas sociais) que regem cada um dos setores da economia. Em determinados casos, a aplicação das regras civis e comerciais legisladas pode ser indesejada. As partes que firmam contratos sobre determinados setores da economia podem desejar ter os seus conflitos resolvidos com base em práticas comerciais, costumes e usos do comércio.

É certo que para a Administração Pública as arbitragens serão sempre de direito,[34] vedada a solução por equidade, mas o problema da assimetria informacional mencionada pelos autores é realidade que se repete mesmo quando em discussão judicial se tem um contrato administrativo, de forma que a busca da solução pelo intérprete especializado é medida que acaba conferindo não

33 PORTO, Antônio Maristrello; GAROUPA, Nuno. *Curso de Análise Econômica do Direito*. São Paulo: FGV, 2020, p. 339.

34 Art. 2º, § 3º da Lei n. 13.129/15 e art. 152 da Lei n. 14.133/19.

apenas maior celeridade como uma maior previsibilidade quanto ao resultado esperado.

É necessário, contudo, que a escolha da arbitragem para a solução de controvérsias derivadas não seja acompanhada de medidas que, longe de se traduzir em incentivo, potencialmente criem ainda mais riscos ou insegurança para a sua utilização.

Comentando a medida que se revela contraproducente em uma arbitragem, por exemplo, Gustavo da Rocha Schmidt[35] dá o exemplo de uma cláusula compromissória prevista nos contratos de concessão firmados com a ANATEL para a prestação dos serviços públicos de telefonia fixa em que, além da previsão de um Tribunal com cinco árbitros (o que encarece o procedimento), estabelece que a escolha do Presidente do Tribunal Arbitral seria de atribuição da Agência Reguladora:

> Não bastasse isso, a cláusula 33.3 do aludido contrato cria a figura do tribunal arbitral de cinco árbitros, o que é perfeitamente admissível, juridicamente, porém absolutamente contraproducente. Gera custos excessivos, adicionais e desnecessários para a arbitragem, sem qualificar mais a decisão arbitral. Não há qualquer evidência de que uma decisão tomada por um colegiado de cinco árbitros seja melhor do que aquela prolatada por um tribunal formado por três julgadores.
>
> O problema mais grave nesta cláusula, todavia, não é propriamente a previsão de um tribunal com cinco árbitros. Muito mais problemático do que isso é a previsão de que o presidente do tribunal arbitral será indicado pela ANATEL. Com efeito, reza a referida disposição contratual:

---

35 SCHMIDT, Gustavo da Rocha. "Arbitragem Administrativa à Brasileira". *Migalhas*, 30 jul. 2020. Disponível em: https://www.migalhas.com.br/depeso/331362/arbitragem-administrativa-a-brasileira. Acessado em: 05.07.2022.

> "Cláusula 33.3. O Tribunal Arbitral será composto por 5 (cinco) membros, assim nomeados:
>
> I - 2 (dois) membros efetivos e respectivos suplentes indicados pelo Conselho Diretor da Anatel entre especialistas nas áreas afetas à matéria controvertida, não pertencentes aos seus quadros, sendo pelo menos um, que o presidirá, detentor de conhecimentos específicos em regulamentação jurídica de telecomunicações;
>
> II - 2 (dois) membros efetivos e respectivos suplentes indicados pela Concessionária entre especialistas nas áreas afetas à matéria controvertida, que não sejam seus empregados, sendo pelo menos um detentor de conhecimentos específicos em regulamentação jurídica de telecomunicações;
>
> III - 1 (um) membro efetivo e respectivo suplente indicado pelos membros referidos nos incisos anteriores".
>
> Isso (a escolha do presidente do tribunal pela ANATEL) foge de todas as melhores práticas internacionais e rompe com a igualdade processual, que é um dos pilares da arbitragem, sendo fundamento, inclusive, para a ação anulatória de sentença arbitral, na forma do art. 32, VII,[6] conjugado com o art. 21, § 2º,[7] ambos da Lei de Arbitragem.

Ao contrário do exemplo acima, podemos interpretar como um verdadeiro ***nudge***, se assim podemos chamar esse incentivo para a solução arbitral dentro do marco legal brasileiro, a Lei n. 13.448, de 05 de junho de 2017 – que alterou a Lei n. 13.334/16 (que criou o Programa de Parcerias de Investimentos – PPI) – que, em seu artigo 31§ 1º, estabeleceu:

> Art. 31. As controvérsias surgidas em decorrência dos contratos nos setores de que trata esta Lei após decisão definitiva da autoridade competente, no que se refere aos direitos patrimoniais disponíveis, **podem ser submetidas a arbitragem ou a outros mecanismos alternativos de solução de controvérsias.**

> § 1º Os contratos que não tenham cláusula arbitral, inclusive aqueles em vigor, poderão ser aditados a fim de se adequar ao disposto no *caput* deste artigo.

Outro exemplo importante daquilo que estamos chamando de ***nudge*** pode ser encontrado no Decreto n. 10.025/19, que estabelece a possibilidade do cumprimento da sentença arbitral se dar por instrumentos previstos no contrato que substituam a indenização pecuniária, incluídos os mecanismos de reequilíbrio econômico-financeiro, pela possibilidade de compensação de haveres e deveres de natureza não tributária ou pela atribuição do pagamento a terceiro (art. 15, §2º, I a III). Ao prever mecanismos que permitam que o beneficiário não se sujeite, especialmente, ao regime de precatório, que se sabe demorado, esse decreto setorial cria mais um incentivo para a utilização da arbitragem e que pode trazer reflexos positivos para o custo de transação.

Na mesma linha institucional de avanço na regulamentação da matéria, podemos trazer a nova Lei de Licitações e Contratos Administrativos, a Lei n. 14.133/19, que, em seus artigos 151 a 154, prevê:

> Art. 151. Nas contratações regidas por esta Lei, poderão ser utilizados meios alternativos de prevenção e resolução de controvérsias, notadamente a conciliação, a mediação, o comitê de resolução de disputas e a arbitragem.
>
> Parágrafo único. Será aplicado o disposto no *caput* deste artigo às controvérsias relacionadas a direitos patrimoniais disponíveis, como as questões relacionadas ao restabelecimento do equilíbrio econômico-financeiro do contrato, ao inadimplemento de obrigações contratuais por quaisquer das partes e ao cálculo de indenizações.
>
> Art. 152. A arbitragem será sempre de direito e observará o princípio da publicidade.
>
> Art. 153. Os contratos poderão ser aditados para permitir a adoção dos meios alternativos de resolução de controvérsias.

> Art. 154. O processo de escolha dos árbitros, dos colegiados arbitrais e dos comitês de resolução de disputas observará critérios isonômicos, técnicos e transparentes.

Trata-se de inovação importante na matéria que ao sistematizar o regime, licitação e contratação da Administração Pública, já previu que poderão ser utilizados os meios alternativos para prevenção e resolução de conflitos, dentre os quais a arbitragem.

Tornando a arbitragem uma política contratual da Administração, ou nas palavras da economia comportamental, utilizando da arquitetura das escolhas para se optar pela arbitragem como meio ótimo para solução dos conflitos derivados dos contratos administrativos, tem-se um ganho institucional porquanto, como ensina Bruno Lopes Megna:[36]

> Deve-se ter em conta também que a opção estatal pela arbitragem pode fazer parte de um contexto maior, na qual aquele ente público está preocupado não só com o litigio atual ou potencial, mas também com a diminuição de comportamentos oportunistas de quem com ele contrato, certos que estão de que não podem mais contar com a chance de protelar seu inadimplemento com manobras processuais ou de se aproveitar do excesso de trabalho e da atuação generalista do juiz estatal para fugir à detida discussão do mérito, por um julgador especializado, familiarizado com os meandros daquela relação e com tempo reservado para se dedicar exclusivamente àquele caso.

Assim, defendemos que a Administração Pública deva adotar a arbitragem como uma política pública contratual, como forma de estimular o ambiente de negócios, conferindo maior previsibilidade

---

36 MEGNA, Bruno Lopes. *Arbitragem e Administração Pública*: fundamentos teóricos e soluções práticas. Belo Horizonte: Fórum, 2020, p. 201.

e segurança jurídica e diminuindo os custos de transação, tudo como meio de concretizar o interesse público a um custo menor.

Valendo-nos da conhecida e sempre citada – e às vezes criticada – lição de Renato Alessi, quando se fala em interesse estatal primário e secundário, a arbitragem pode se traduzir no meio do primeiro ser melhor atendido pela satisfação direta do segundo, o que se faz pela criação de um ambiente de negócios mais favorável e que ofereça maior previsibilidade e celeridade para a solução das controvérsias contratuais administrativas, e consequente maior segurança jurídica, o que refletirá mediatamente nos custos de transações para Administração Pública e economia de recursos públicos.

Conclusão

Quando fui convidado e aceitei o honroso convite para participar dessa obra coletiva sobre a arbitragem na Administração Pública, a preocupação que tive foi a de definir de que maneira poderia contribuir para o debate sobre um tema já tão explorado na jurisprudência e doutrina, com grandes livros, teses e dissertações publicados. Haveria algo novo a destacar nesse cenário sem correr o risco de ficar repetitivo?

As discussões que envolvem a matéria da arbitragem normalmente se dão em relação à dúvida quanto à legitimidade de a Administração Pública poder realizá-la para a solução das controvérsias decorrentes de seus contratos administrativos e quanto à maneira de realizá-la.

Pareceu-me importante, contudo, focar em outro aspecto nem sempre destacado nesses debates doutrinários: por que a Administração Pública deve realizar a arbitragem abrindo mão da solução pelo sistema de jurisdição estatal oficia?

Em outras palavras, não discutir **se** a administração pode realizar, nem **como** realizar, mas **por que** realizar a arbitragem.

Ao dar enfoque ao **por que**, busquei fomentar a discussão sobre o tema e incentivar a sua utilização dentro da perspectiva que me parece hoje ser a correta, na linha do que especialistas em economia comportamental definem com um ***nudge***, isto é, um incentivo, um empurrão que o Estado pode, dentro da chamada da arquitetura da escolhas, dar ao mercado e investidores ao defini-la como meio adequado para a solução dos seus conflitos contratuais.

Sabemos que a opção não é e nem será isenta de críticas, e por isso entendemos que é importante destacar um pouco do histórico que envolveu a discussão da compatibilidade do sistema de arbitragem no modelo constitucional brasileiro e, especialmente, como forma possível de solução das controvérsias dos contratos administrativos, na medida que esse debate doutrinário retrata a própria evolução de conceitos que sempre foram muito caros ao Direito Administrativo, como o de supremacia e de indisponibilidade do interesse público.

Esse debate sofreu, não há dúvida, além do componente teórico-científico, e nem poderia ser diferente como em qualquer discussão jurídica, uma grande influência ideológica e que passam pelos pressupostos que são adotados de quais seriam as funções estatais essenciais e o papel que a Constituição Federal lhes conformou.

Como a Constituição Federal é consagrada em um só texto, são as visões de mundo e o contexto que o definem o alcance das normas que são extraídas de sua interpretação.

Assim, encontramos na doutrina tanto a posição daqueles tem na perspectiva da necessidade da diminuição da interferência e da atuação do Estado na economia, a arbitragem como a solução para todos os problemas dos contratos administrativos, como a visão completamente oposta daqueles que tem na defesa de uma maior atuação estatal no sistema produtivo e, por conseguinte, longe de ver a arbitragem como solução, a considera um grande problema por entender que se trata de instituto incompatível com a Constituição Federal.

Respeitada as posições divergentes, não a vemos como sendo a panaceia, tampouco como o mal do Estado brasileiro. A partir do momento que a utilização da arbitragem pela Administração Pública foi autorizada por diploma legal – Lei n. 13.129/15 – parece-me que o mais importante é tentar explorar os pontos positivos que decorrem dessa regulamentação.

E por isso, procuramos defender neste pequeno artigo a sua utilização como meio de incentivar a competição entre interessados de realizar negócios com a Administração Pública e diminuir os custos de transação dos contratos administrativos, como forma de reduzir os preços das grandes obras e serviços públicos que tenham a execução e gestão transferida para a iniciativa privada.

O tema ganha maior importância no momento atual. A economia mundial entrou em grave crise em razão da pandemia do coronavírus e o cenário que se desenha é de uma nova perspectiva do próprio papel do Estado, o que já vem sendo chamado de *Novo Consenso de Washington*,[37] que terá que investir cada vez mais como forma de retomar o crescimento econômico e diminuir as diferenças e desigualdades sociais que se já eram imensas há muito tempo agora atingiram o patamar do inaceitável.

Nesse contexto, em que o Estado brasileiro precisa, além de sedimentar o seu papel de regulador da economia, retomar o de indutor do crescimento econômico, será cada vez mais importante que as regras do jogo sejam claras para que se permita a criação de um ambiente de negócio que confira o mínimo de previsibilidade e de segurança jurídica para os contratos a serem celebrados, como política necessária para atração de investimentos.

E para nós utilização da arbitragem pela Administração Pública, como meio alternativo para a solução de suas discussões

---

37 A new Washington consensus is born | Financial Times (ft.com) https://www.ft.com/. Acessado em: 12.04.2021.

contratuais, pode ser esse fator positivo, esse incentivo, esse ***nudge*** que permitirá que o Estado atraia cada vez mais o capital privado e permita que sejam formadas parcerias que invistam mais e melhor para a consecução dos objetivos fundamentais da nossa República, que são a construção de uma sociedade livre, justa e solidária, a garantia do desenvolvimento nacional e a erradicação da pobreza e da marginalização, bem como necessária redução das desigualdades sociais e regionais.

Referências bibliográficas

ALMEIDA, Fernando Dias Menezes de. *Contrato Administrativo*. São Paulo: Quartier, 2012.

ALVES, Mateus Silva. "'Poderíamos ter avançado mais com a nova lei', afirma especialista em licitações". *Conjur*, 04 abr. 2021. Disponível em: https://www.conjur.com.br/2021-abr-04/entrevista-rafael-valim-advogado-especialista-direito-publico. Acessado em: 05.07.2022.

BANDEIRA DE MELLO, Celso Antônio. "As parcerias Público-Privadas (PPPs)". *Migalhas*, 12 jan. 2006. Disponível em: https://www.migalhas.com.br/depeso/20266/as-parcerias-publico-privadas--ppps. Acessado em: 05.07.2022.

______. *Curso de Direito Administrativo*. São Paulo: Malheiros, 2010.

BARROSO, Luís Roberto. *O novo direito constitucional brasileiro*: contribuições para a construção teórica e prática da jurisdição constitucional no Brasil. Belo Horizonte: Fórum, 2013.

BINENBOJM, Gustavo. *Uma Teoria do Direito Administrativo*: direitos fundamentais, democracia e constitucionalização. Rio de Janeiro: Renovar, 2006.

JUSTEN FILHO, Marçal. *Comentários à Lei de Licitações e Contratos Administrativos*. 13ª ed. São Paulo: Dialética, 2009.

GASPAR, Malu. *A Organização*: a Odebrecht e o esquema de corrupção que chocou o mundo. São Paulo: Companhia das Letras, 2020.

GORDILLO, Agustín. *Tratado de Derecho Administrativo*. Belo Horizonte: Del Rey, 2003.

GAMA E SOUZA JUNIOR, Lauro da. "Sinal verde para a arbitragem nas parcerias público-privadas (a construção de um novo paradigma para os contratos entre o Estado e o investidor privado)". *Revista de Direito Administrativo*, nº 241, 2005.

MARTINS, Ricardo Marcondes. *Estudos de Direito Administrativo Neoconstitucional*. São Paulo: Malheiros, 2015.

MEGNA, Bruno Lopes. *Arbitragem e Administração Pública*: fundamentos teóricos e soluções práticas. Belo Horizonte: Fórum, 2020.

MENDES, Fernando; MALTA, Alberto; ALMEIDA, Lazarini de. "Um debate qualificado sobre os custos do Judiciário". *Conjur*, 06 jun. 2020. Disponível em: https://www.conjur.com.br/2020-jun-06/opiniao-debate-qualificado-custos-justica. Acessado: 01.07.2022.

MEIRELLES, Hely Lopes. *Direito Administrativo Brasileiro*. São Paulo: Malheiros, 2012.

PORTO, Antônio Maristrello; GAROUPA, Nuno. *Curso de Análise Econômica do Direito*. São Paulo: FGV, 2020.

POSNER, Richard A. *Economic Analysis of Law*. 7ª ed. Nova York: Aspen Publishers, 2007.

SALLES, Carlos Alberto de. *Arbitragem nos contratos administrativos*. Rio de Janeiro: Forense, 2011.

SCHMIDT, Gustavo da Rocha. "Arbitragem Administrativa à Brasileira". *Migalhas*, 30 jul. 2020. Disponível em: https://www.migalhas.com.br/depeso/331362/arbitragem-administrativa-a-brasileira. Acessado em: 05.07.2022.

SCHMIDT, Gustavo da Rocha. *Arbitragem na Administração Pública*. Curitba: FGV, 2018.

SUNSTEIN, Cass; THALER, Richard. *Nudge*: como tomar melhores decisões sobre saúde, felicidade e dinheiro. Trad. Ângelo Lessa. São Paulo: Objetiva, 2019.

TIMM, Luciano Benetti. *Análise Econômica da Arbitragem*. Disponível em: https://lawle2014.files.wordpress.com/2017/10/timm-10042016-aed-da-arbitragem-livro-tarcicc81sio-lmj.pdf. Acessado em: 05.07.2022.

CAPÍTULO III

L'ARBITRABILITÉ DES PROCÉDURES ARBITRALES IMPLIQUANT UNE AUTORITÉ ADMINISTRATIVE DU POINT DE VUE DU DROIT BELGE[1]

David Renders

Introduction

Est-il est possible, en droit belge, qu'une autorité publique puisse prendre part à un arbitrage?

Dans le cadre de cette contribution, c'est en droit interne belge que l'on se borne à traiter la question, étant entendu qu'il s'agit de l'angle qui nous est le plus connu, étant praticien du droit

1 Le texte fut présenté à Bruxelles, le 11 mai 2017, dans le cadre d'une Conférence organisée par le CEPANI 40, avec Monsieur Kevin POLET, assistant à l'Université catholique de Louvain, avocat au barreau du Brabant wallon.

public belge, non praticien du droit international, encore moins du droit brésilien.[2]

D'entrée de jeu, une disposition législative retient l'attention: il s'agit de l'article 1676 du Code belge de procédure civile, dénommé "Code judiciaire".[3]

Dans un premier temps, seuls les trois premiers paragraphes de la disposition retiennent l'attention:

- Au *paragraphe premier* de l'article 1676, le législateur belge dispose:

- D'une part, que "Toute cause de nature patrimoniale peut faire l'objet d'un arbitrage";
- Et, d'autre part, que "Les causes de nature non-patrimoniale sur lesquels il est permis de transiger peuvent aussi faire l'objet d'un arbitrage".

Jusqu'ici, il faut souligner que le législateur raisonne sans se placer dans le champ spécifique du droit public.

- Au *paragraphe* 2 de l'article 1676, le législateur belge poursuit en précisant que: "Quiconque a la capacité ou le pouvoir de transiger, peut conclure une convention d'arbitrage".

Ce faisant, le législateur belge ne se place toujours pas dans le champ spécifique du droit public.

---

2 Sur l'arbitrage en droit public, voy. not. RENDERS, David; DELVOLVE, Pierre; TANQUEREL, Thierry. *L'arbitrage en droit public*. Bruxelas: Bruylant, 2010, p. 420.

3 L'article 1676 nouveau du Code judiciaire a été inséré à la faveur d'une loi du 24 juin 2013 "modifiant la sixième partie du Code judiciaire relative à l'arbitrage", *Moniteur belge* du 28 juin 2013. Les références aux travaux préparatoires sont les suivantes: *Documents parlementaires*, Chambre des représentants, session ordinaire 2012-2013, n° 53-2743/1-5; *Documents parlementaires*, Sénat, session ordinaire 2012-2013, n° 5-2089/1.

- Mais voilà que surgit le *paragraphe 3*. Si ce dernier ne peut se comprendre sans avoir à l'esprit les deux premiers paragraphes évoqués, l'article 1676, §3, se positionne, cette fois, dans le domaine du droit public.

Entre autres choses, l'article 1676, §3, du Code judiciaire dispose:

- Que, sans préjudice de lois particulières, les personnes morales de droit public ne peuvent conclure une convention d'arbitrage que lorsque cette convention a pour objet le règlement de différends relatifs à une convention;
- Et que les personnes morales de droit public peuvent conclure une convention d'arbitrage en toute autre matière déterminée par la loi ou par arrêté royal délibéré en Conseil des ministres.

Des considérations qui précèdent, il résulte que l'article 1676, §3, du Code judiciaire belge se présente comme le siège du régime général afférent à l'arbitrage en droit public belge.

Toutefois, cette disposition tolère – et même autorise – une certaine forme de concurrence, puisqu'elle s'adresse au législateur et au Roi en les invitant, s'ils le souhaitent, à compléter le tableau qui vient d'être brossé et qui permet, à minima, aux personnes morales de droit public de pratiquer l'arbitrage dans les matières conventionnelles.

1 Une personne de droit public

L'examen de l'article 1676 du Code judiciaire belge impose, pour en comprendre la portée, de se demander ce qu'est une "personne morale de droit public".

La question est importante car si on comprend l'économie de l'article 1676, soit on est une "personne morale de droit public" et l'arbitrage se confine aux questions conventionnelles, soit on est une autre personne, donc une personne de droit privé, et l'arbitrage ne connaît pas cette limite.

La réponse à la question de savoir ce qu'est une "personne morale de droit public", au sens de l'article 1676, §3, du Code judiciaire, n'est pas aisée. Les travaux préparatoires aux versions successives qu'a connu l'article 1676 sont muets sur le sujet. En l'absence de précision quant à la volonté du législateur, on peut se demander ce que l'expression "personne morale de droit public" vise exactement.

Probablement s'agit-il des personnes juridiques qui émargent au droit public, à savoir l'État, les Régions, les Communautés, les Provinces, les Communes, mais aussi les établissements publics – tels que les centres publics d'action sociale –, les associations de droit public, – telles que les intercommunales –, ou encore les régies autonomes, à l'exclusion des personnes privées, même lorsque ces personnes privées exercent des missions de service public.[4]

2 Une convention

En permettant d'arbitrer des litiges afférents à une personne morale de droit public relatifs à une convention, l'article 1676 du Code judiciaire pose, par ailleurs, la question de savoir ce qu'il faut entendre par "convention".

À ce sujet, l'intervention du législateur belge, en 2013, est sans doute heureuse, car elle lève sinon un doute, à tout le moins des inquiétudes qui, en matière économique, sont parfois de nature à réfréner la confiance.

Aujourd'hui, il n'est plus question que le litige porte sur l'élaboration ou l'exécution d'une convention, mais, plus simplement, sur une "convention", qu'il s'agisse d'un litige en lien avec

---

4 Sur l'organisation de l'administration en Belgique, voy. not. RENDERS, David. *Droit administratif général*. 3ª ed. Bruxelas: Larcier, 2019, pp. 17-166.

le processus de conclusion de la convention ou avec l'exécution proprement dite de la convention, ou encore avec la validité ou l'interprétation de la convention, ou encore avec la responsabilité contractuelle. Bref la condition d'application de l'article 1676 est, de ce point de vue, très ouverte.

Mais tout ne s'arrête pas là en droit public... De quelles conventions "publiques" est-il question, puisqu'il s'agit, par essence, d'associer une personne morale de droit public?

Vise-t-on les contrats dits de l'administration, à savoir les contrats usuels, ceux dans lesquels le pouvoir public ne dispose pas de pouvoirs particuliers dans la relation contractuelle, tel le contrat de vente ou le contrat de bail? Ou vise-t-on les contrats administratifs, c'est-à-dire les contrats dans lesquels la personne publique dispose de pouvoirs particuliers dans la relation contractuelle, tel le contrat de marché public ou le contrat de concession? Ou vise-t-on tant les contrats de l'administration que les contrats administratifs?

À cette question, la réponse est que le législateur belge n'a pas établi de distinction en la matière. Sans doute faut-il, dès lors, considérer – toutes autres conditions d'application de l'article 1676, §3, égales par ailleurs – que tant les contrats de l'administration que les contrats administratifs entrent dans le champ d'application de l'article 1676, §3, du Code judiciaire.

Parce que l'on se situe dans le champ du droit public, une difficulté nouvelle surgit hélas.

L'on sait que la personne publique a, d'abord et avant tout, recours à l'acte administratif unilatéral plutôt qu'au contrat. C'est écrire – en passant – que l'article 1676, paragraphe 3, du Code judiciaire a, pour ce qui le concerne, écarté la majorité, sinon la grande majorité, des litiges de droit public du champ de l'arbitrage.

Mais il faut se rappeler que, même en matière de contrats publics, l'acte administratif unilatéral n'est pas absent par le biais d'une théorie, la théorie de l'acte détachable du contrat. Cette théorie permet – l'on s'en souviendra – d'isoler la volonté unilatérale de l'autorité de la rencontre de volonté qui constitue, par nature, le contrat.

D'où cette question: faut-il considérer que l'article 1676, §3, du Code judiciaire exclut tout ce qui n'est pas "purement" conventionnel de son champ d'application ou, au contraire, que cette disposition fait fi de la théorie de l'acte détachable?

À notre estime, l'article 1676, §3, fait fi de cette théorie – qui a, du reste, été inventée à des fins d'organisation contentieuse très précises –, sous peine de réduire l'arbitrabilité des litiges conventionnels d'une personne morale de droit public à peau de chagrin, ce qui n'a manifestement pas été la volonté du législateur.

3 Une cause patrimoniale

Il faut encore, précise l'article 1676 – paragraphe premier, cette fois –, que la cause, pour faire l'objet d'un arbitrage, soit de nature "patrimoniale". Les causes de nature non patrimoniale peuvent aussi faire l'objet d'un arbitrage, mais c'est dans l'hypothèse, selon l'article 1676, où il est permis, à leur égard, de transiger.

Inspiré par les droits suisse et allemand, affirme-t-on dans les travaux préparatoires, le dispositif dont on rend compte, ici, est encore assez récent, puisqu'il date de 2013. À bien comprendre l'intention des auteurs du texte, il s'est agi de remplacer une formule qui faisait querelle et qui était celle suivant laquelle il était possible d'arbitrer les seuls litiges dans lesquels la transaction est possible.

La transaction, point d'attention obligé pour savoir si un litige est, ou non, arbitrable, quel que soit le domaine – de droit privé ou de droit public – dans lequel on se situe, tel est ce que le législateur veut désormais éviter lorsque des questions patrimoniales sont en jeu, mais que le législateur n'a pas évacué s'agissant des litiges non patrimoniaux.

L'on se demande si, derrière le concept de transaction, ce n'est pas celui d'ordre public qui était visé. L'on sait bien que la transaction, qui implique la renonciation à des droits, impose que l'on puisse renoncer à ces droits, donc que ces droits ne ressortissent pas à... l'ordre public.[5]

Mais l'ordre public est susceptible d'intervenir dans l'arbitrage à deux moments: au moment où l'on se demande si le litige peut, en soi, faire l'objet d'un arbitrage et, à notre estime, de ce point de vue, tout litige est arbitrable; mais aussi au moment où l'on se demande si la sentence arbitrale peut contrevenir à l'ordre public et l'on sait, à cet égard – c'est même la loi qui le précise – que cela n'est, en aucun cas, possible, puisque la reconnaissance de la sentence par le tribunal de première instance ne peut intervenir si cette sentence contrevient à l'ordre public.

En clair, le rapport qui n'existe plus entre le caractère arbitrable des litiges patrimoniaux et la transaction, et le rapport qui existe encore entre le caractère arbitrable des litiges non patrimoniaux et la transaction, peut, en soi, avoir un sens en droit: la transaction n'est pas l'arbitrage et l'arbitrage n'est pas la transaction.

Mais en aucun cas inscrire ou non cette équation dans la loi n'élude la question de l'ordre public qui demeure, en quelque sorte, une question inoffensive au stade de l'arbitrabilité – tout litige étant arbitrable aux yeux de l'ordre public – et particulièrement offensive au stade de la sentence – puisqu'une contravention à l'ordre public est une cause de nullité absolue de la sentence –.

Ce qui peut, il est vrai, inquiéter en droit public – et c'est sans doute pourquoi le législateur s'est montré prudent en la matière –, c'est que le nombre de règles d'ordre public est plus important

5 Sur la transaction en droit public belge, voy. not. ABBA, Pauline. "Le contrat de transaction en droit public". *Administration publique*, Bruylant, 2017, pp. 345-363.

qu'en droit privé, en sorte que, dans la sentence arbitrale, le risque statistique de violer une règle d'ordre public est plus élevée en droit public qu'en droit privé.

4 Au-delà la liberté?

Au-delà du risque de porter atteinte à l'ordre public – risque qui est plus élevé en droit public qu'ailleurs – et au-delà du fait que le législateur ait circonscrit l'arbitrage dans les seuls litiges relatifs aux conventions, la liberté est-elle de mise?

Las, la réponse est non, et l'on prendra quelques exemples pour s'en convaincre.

Premier exemple: les contrats de travail

La personne morale de droit public engage des agents statutaires, mais aussi des agents contractuels, dont on dit qu'ils constituent environ la moitié du nombre d'agents, tous niveaux de pouvoirs confondus, dans la fonction publique belge.

Le contrat dont il est question est le contrat de travail au sens de la loi sur les contrats de travail, applicable dans le secteur public autant que dans le secteur privé.[6]

Mais voici que l'article 13 de la loi sur les contrats de travail interdit, purement et simplement, de fixer une clause compromissoire dans le contrat de travail. Face à un tel contrat, l'arbitre ne peut être saisi qu'après la naissance du différend, sauf exception, mais tel n'est pas l'essentiel du propos.

---

6 Loi du 3 juillet 1978 "relative aux contrats de travail", Moniteur belge du 22 août 1978. Voy. not., à cet égard, RENDERS, David; BOMBOIS, Thomas. "L'arbitrage en droit public belge". *In*: RENDERS, David; DELVOLVE, Pierre; TANQUEREL, Thierry. *L'arbitrage en droit public*. Bruxelas: Bruylant, 2010, p. 76.

L'essentiel est, ici, de pointer que s'agissant d'une catégorie de contrats mettant aux prises une personne morale de droit public, l'arbitrage est, avant que le litige n'éclate, catégoriquement impossible...

...Et seuls les arbitres pourront dire si, une fois que le litige a éclaté, il est facile ou non de se mettre d'accord sur le fait que le litige sera réglé par un arbitre plutôt que par le service public de la justice.

Deuxième exemple: l'accord de coopération

Il s'agit d'un contrat – belgo-belge – entre certaines personnes morales de droit public. Il s'agit potentiellement de l'autorité fédérale et/ou des entités fédérées – les Régions et les Communautés – qui entendent régler une question ou créer une institution qui implique de mobiliser les compétences des uns et des autres.[7]

Mais la loi spéciale de réformes institutionnelles, qui institue ce mécanisme contractuel intimement lié au fédéralisme belge, prévoit que les litiges relatifs à l'interprétation et à l'exécution des accords de coopération ressortissent – tout au moins certains – à la compétence d'une juridiction spécialisée, dont le mode de fonctionnement n'est, du reste, pas sans rappeler celui de... l'arbitrage.

Troisième exemple: la passation du contrat de marché public, à l'exclusion de son exécution[8]

Pour faire simple, le droit européen se mêle de la problématique et exige un standard de contrôle de l'attribution des marchés publics

---

7 Articles 92*bis* et suivants de la loi spéciale du 8 août 1980 "de réformes institutionnelles", *Moniteur belge* du 15 août 1980. Voy. not., à cet égard, RENDERS, David; BOMBOIS, Thomas. "L'arbitrage en droit public belge". *In*: RENDERS, David; DELVOLVE, Pierre; TANQUEREL, Thierry. *L'arbitrage en droit public*. Bruxelas: Bruylant, 2010, pp. 76/77.

8 Voy. not., à cet égard, RENDERS, David; BOMBOIS, Thomas. "L'arbitrage en droit public belge". *In*: RENDERS, David; DELVOLVE, Pierre;

qui impose soit directement l'intervention d'un juge étatique, soit un plein contrôle, de la part du juge étatique, après qu'une autre instance, par exemple un arbitre, se soit prononcé.

Or, on sait que le juge étatique n'annule pas la sentence arbitrale pour n'importe quelle raison. Certes, il prononce l'annulation de la sentence quand celle-ci contrevient à l'ordre public. Mais il n'est pas aisé de soutenir que l'ensemble du droit des marchés publics serait d'ordre public, en sorte que le juge étatique pourrait couvrir, par son contrôle, l'ensemble de l'œuvre arbitrale.

Le constat qui doit être tiré, au regard de ce qui précède, est que l'arbitrage et la passation des marchés publics ne font pas nécessairement bon ménage. Et ce qui vaut à propos de la passation des marchés est tout aussi applicable à propos de la passation des contrats de concession, qui connaissent une autre directive européenne, directive qui émet les mêmes exigences en matière de contrôle de l'attribution des concessions qu'en matière de contrôle des contrats de marchés publics.

Certes, le droit européen ne couvre pas tous les marchés et toutes les concessions, en sorte que, sous les seuils européens, le raisonnement qui vient d'être tenu, pris de la confrontation du droit européen avec le droit belge, n'est pas de nature à s'imposer. Mais, sous ces seuils, un raisonnement analogue paraît pouvoir se défendre, qui est que la loi belge sur les marchés publics, comme la loi belge sur les concessions, confie à des instances de recours très précises le soin du juger du contentieux de l'attribution des marchés publics et des concessions. Exit, donc, l'arbitre!

Au regard de ce qui précède, il faut ainsi conclure que tant les contrats de travail avant litige, que les accords de coopération, le contentieux de la passation des marchés publics et le contentieux de

---

TANQUEREL, Thierry. *L'arbitrage en droit public*. Bruxelas: Bruylant, 2010, pp. 82-87.

la passation des concessions, sont autant de catégories importantes de conventions qui échappent, en pratique, au champ d'application de l'article 1676, §3, du Code judiciaire belge.

5 Rêvons un peu!

En mettant de côté l'article 1676, §3, du Code judiciaire belge et l'affirmation qu'il contient selon laquelle cette disposition limite l'arbitrage en droit public au domaine des conventions et en imaginant, dès lors, qu'il soit permis aux personnes morales de droit public de recourir à l'arbitrage pour résoudre des différends relatifs à l'action unilatérale qu'elles déploient, des limites sont-elles de nature à se présenter qui seraient inhérentes au droit public?

À cet égard, il faut d'abord observer que différentes catégories de litiges portant sur l'action administrative unilatérale de l'administration échappent à l'arbitrage, dès lors qu'une règle de droit égale ou supérieure au Code judiciaire a, pour l'heure, confié à une autre autorité le soin de régler ce contentieux.

C'est, d'abord, le cas en matière d'aides d'État, où la Commission européenne est seule autorisée à statuer sur la compatibilité d'une aide d'État avec l'article 107 du Traité sur le Fonctionnement de l'Union européenne.[9]

Au passage, soulignons que l'aide peut prendre la forme d'un acte administratif unilatéral, mais aussi la forme d'un contrat qui ne rend pas ce contrat plus arbitrable, la compétence de la Commission étant exclusive, tant en matière d'aides d'État allouées par acte unilatéral que par contrat.

---

9 Voy. not., à cet égard, RENDERS, David; BOMBOIS, Thomas. "L'arbitrage en droit public belge". *In*: RENDERS, David; DELVOLVE, Pierre; TANQUEREL, Thierry. *L'arbitrage en droit public*. Bruxelas: Bruylant, 2010, pp. 77/78.

Pour sa part, l'article 1676, §5, du Code judiciaire lui-même frappe de nullité, sauf les exceptions prévues par la loi, toute convention d'arbitrage qui aurait été conclue avant la naissance d'un litige dont le tribunal du travail doit connaître, en vertu du Code judiciaire.

Parmi les contestations soumises au tribunal du travail figurent notamment des litiges – nombreux – qui intéressent les personnes morales de droit public, notamment en matière d'allocations sociales et de sanctions administratives.

Peut-on – il s'agit d'une question importante – concevoir qu'un arbitre soit saisi d'un litige qui devrait être porté devant la section du contentieux administratif du Conseil d'État?[10]

À notre estime, la réponse est affirmative, ce pour deux raisons:

- Un, dans les litiges qui touchent à l'action administrative unilatérale, des droits subjectifs sont en jeu, lesquels droits subjectifs, civils comme politiques, n'interdisent pas la voie compromissoire;

- Deux, au-delà du fait que des droits subjectifs sont en jeu comme dans tous litiges, l'on n'aperçoit pas quelle règle d'ordre public interdirait à l'arbitre de constater l'irrégularité d'un acte administratif unilatéral.

Raisonner autrement reviendrait, du reste, à empêcher l'arbitrage de manière pour ainsi dire absolue lorsqu'une personne morale de droit public est en cause. Cela voudrait, en effet, dire aussi que, dans le domaine des contrats, pourtant explicitement ouvert à l'arbitrage, l'arbitrage serait, *de facto*, rendu inopérant, puisque

---

10 Voy. not., à cet égard, RENDERS, David; BOMBOIS, Thomas. "L'arbitrage en droit public belge". *In*: RENDERS, David; DELVOLVE, Pierre; TANQUEREL, Thierry. *L'arbitrage en droit public*. Bruxelas: Bruylant, 2010, pp. 91-94.

le domaine des contrats publics est criblé d'actes unilatéraux, eu égard à la théorie de l'acte détachable déjà évoquée. Et l'arbitrage serait tout aussi inopérant si l'on envisageait le champ particulièrement fondamental de la responsabilité civile extracontractuelle des pouvoirs publics, puisqu'on sait que, dans ce domaine, le constat de la faute passe très souvent par l'obligation de vérifier si l'action administrative unilatérale en cause n'est pas irrégulière.

Ce n'est pas à dire que l'arbitre pourrait statuer sur le litige de la même manière que le ferait la section du contentieux administratif du Conseil d'État. On sait que le Conseil d'État est en mesure d'annuler un acte administratif unilatéral s'il le juge illégal, de même qu'il peut en suspendre, au provisoire, l'exécution.

Or, annuler un acte de la puissance public – ou en suspendre l'exécution – est, à notre estime, un attribut tout à fait exceptionnel qui est reconnu surtout au Conseil d'État, parfois aussi à certaines juridictions judiciaires, alors dans des litiges très spécifiques.

En d'autres termes, l'attribution exclusive de cette compétence d'annulation, et la circonstance qu'un tel recours ne puisse valablement donner lieu à une renonciation conventionnelle, témoigne, en l'état actuel du droit, de la dimension d'ordre public que revêt l'annulation d'un acte administratif unilatéral et son accessoire, la suspension.

En conséquence, si l'on peut envisager un contrôle de la légalité de l'acte administratif unilatéral de la part de l'arbitre, on voit plus difficilement que le résultat de ce contrôle puisse mener à l'annulation, par l'arbitre, d'un tel acte.

6 Rêvons encore!

Si l'arbitrage devait être, sur le principe, plus ouvert qu'il ne l'est au travers de l'article 1676, §3, du Code judiciaire, l'on considère traditionnellement que certaines matières sont exclues de la sphère de l'arbitrage en raison de leur caractère d'ordre public.

Ainsi en va-t-il, sans que l'on puisse entrer dans le détail, de l'état des personnes – exception faite des conséquences patrimoniales y afférentes –, de la fonction publique – sous la réserve de ce que l'on a écrit à propos des contrats de travail –, des questions répressives – avec, peut-être là aussi, des nuances –, ainsi que de l'impôt – à nuancer également – qui sont autant de matières qui impliquent une intervention de la part de personnes morales de droit public.[11]

Même si, demain, l'on devait autoriser l'arbitrage au-delà du domaine des conventions, ces domaines du droit public envisagé au sens large ne pourraient, à notre estime, être conquises, qu'avec l'appui d'un texte législatif autorisant expressément l'arbitrage dans ces matières.

7 Retour sur Terre!

L'on mentionne encore – en revenant sur Terre et en ne rêvant donc plus – quelques dispositions qui permettent à la personne morale de droit public de recourir à l'arbitrage, dès à présent, au nom de la clause figurant dans l'article 1676, §3, du Code judiciaire, qui permet que le législateur ou le Roi ouvre l'arbitrage des personnes morales de droit public à d'autres domaines que le domaine conventionnel.

En tous domaines, l'on peut citer le cas de l'Office national du Ducroire, du Palais des Beaux-Arts, mais aussi de l'ONSS et de la Société régionale wallonne des transports.[12]

---

11 Voy. not., à cet égard, RENDERS, David; BOMBOIS, Thomas. "L'arbitrage en droit public belge". *In*: RENDERS, David; DELVOLVE, Pierre; TANQUEREL, Thierry. *L'arbitrage en droit public*. Bruxelas: Bruylant, 2010, pp. 94-101.

12 Voy. not., à cet égard, RENDERS, David; BOMBOIS, Thomas. "L'arbitrage en droit public belge". *In*: RENDERS, David; DELVOLVE, Pierre; TANQUEREL, Thierry. *L'arbitrage en droit public*. Bruxelas: Bruylant, 2010, pp. 103-105.

En certains domaines, l'on peut citer l'exemple le plus connu qui est sans doute celui des entreprises publiques économiques, lesquelles sont autorisées à compromettre, mais pas avant la naissance du différend lorsque ce différend oppose l'entreprise publique économique et une personne physique.[13]

En conclusion

En conclusion, l'on observe que, dans son principe, l'arbitrage et le droit public ne s'excluent ni en théorie, ni en pratique, mais qu'à divers égards, les choses ne sont pas aussi aisées qu'on pourrait le penser.

L'on peut former un vœu: celui que l'arbitrage, qui est un mode de résolution des différends parmi d'autres, puisse se trouver plus souvent et plus simplement marié avec le droit public. Rien n'empêche le mariage de l'arbitrage et du droit public, dans une plus large mesure que la mesure que l'on connaît, aujourd'hui, en droit belge.

Mais une question de culture doit sans doute être dépassée. Et l'on sait que la culture est bien souvent l'un des plus grands obstacles qui se présente sur la route du changement car elle est impalpable et, en même temps, très présente.

La circonstance que la doctrine brésilienne s'interroge, elle aussi, sur l'arbitrage et le droit public est peut-être un bon présage...

Referências bibliográficas

ABBA, Pauline. "Le contrat de transaction en droit public". *Administration publique*, Bruylant, 2017.

---

13 Voy. not., à cet égard, RENDERS, David; BOMBOIS, Thomas. "L'arbitrage en droit public belge". *In*: RENDERS, David; DELVOLVE, Pierre; TANQUEREL, Thierry. *L'arbitrage en droit public*. Bruxelas: Bruylant, 2010, p. 106.

RENDERS, David. *Droit administratif général*. 3ª ed. Bruxelas: Larcier, 2019.

RENDERS, David; BOMBOIS, Thomas. "L'arbitrage en droit public belge". *In*: RENDERS, David; DELVOLVE, Pierre; TANQUEREL, Thierry. *L'arbitrage en droit public*. Bruxelas: Bruylant, 2010.

RENDERS, David; DELVOLVE, Pierre; TANQUEREL, Thierry. *L'arbitrage en droit public*. Bruxelas: Bruylant, 2010.

CAPÍTULO IV

CONTESTING THE CONCEPT OF LEGITIMATE EXPECTATION IN INVESTMENT ARBITRATION

Yenkong Ngangjoh-Hodu
Collins C. Ajibo

Introduction

Legitimate expectations as a concept has been widely used in different adjudicatory processes. Evolving from domestic jurisprudence,[1] it has been applied across broad spectrums of issues in domestic law such as the balancing expectations of the constitutional rights to privacy vis-a-vis the responsibility of the police to conduct searches to prevent and combat crimes as well as expectations of

1 See *Schmidt v Secretary of State for Home Affairs* [1969] 2 Ch. 149. See also *Ridge v Baldwin* [1964] App. Cas. 40 (1963). Note also that the concept of legitimate expectation originated from the law of private contract before its permeation to other disciplines of law. See LEVINSON, L Harold. "The Legitimate Expectation that Public Officials will Act Consistently". *The American Journal of Comparative Law*, vol. 46, 1988, p. 549.

citizens that administrative officers will do their job in accordance with the requirements of their office.[2] Furthermore, in domestic jurisdictions like England[3] and Australia, legitimate expectation has been popularly employed in the area of administrative law and more precisely, when issues of judicial review arise that require a level of protection by a public authority.[4] Similarly, in German law the doctrine is connected to the protection of trust.[5] The diversity of its application reflects different but closely related perspectives inherent in its meaning.[6]

---

2 ASHDOWN, Gerald G. "The Fourth Amendment and the 'Legitimate Expectation of Privacy'". *Vanderbilt Law Review*, vol. 34, 1981, p. 1289; CROWLEY, Donald; JOHNSON, Jeffrey L. "Balancing and Legitimate expectation of privacy". *Saint Louis University Public Law Review*, vol. 7, 1988, p. 337. See also in the context of EU law where the European Court of Justice has also applied the concept of legitimate expectation; SHARPSTON, Eleanor. "European community law and the doctrine of legitimate expectations: how legitimate, and for whom". *Northwestern Journal of International Law & Business*, vol. 11, nº 1, 1990; AHMETAJ, Hysni. "Legal Certainty and Legitimate Expectation in the EU Law". *Interdisciplinary Journal of Research and Development*, vol. 1, nº 2, 2014, pp. 20-25.

3 Although the doctrine is not par excellence a doctrine of English private law, it is currently fast evolving under public law.

4 See *Wheeler v Office of the Prime Minister* [2008] EWHC 1409. See also LINGYUN, Yu. "Protection of Legitimate Expectations in Administrative Law". *Social Sciences in China*, vol. 3, 2003; LEVINSON, L Harold. "The Legitimate Expectation that Public Officials will Act Consistently". *The American Journal of Comparative Law*, vol. 46, 1988, p. 549; SKOK, Gavin. "Establishing a Legitimate Expectation of Privacy in Clickstream Data". *Michigan Technology Law Review*, vol. 6, 1999-2000, p. 61.

5 See, for instance, Article 38 of the German code on Administrative Procedure.

6 See RIGGS, Robert E. "Legitimate expectation and procedural fairness in English Law". *The American Journal of Comparative Law*, vol. 36, 1988, p. 395; MASCOLO, Edward G. "Arresting a Suspect in the Home of a Third Party: The Issue of Standing or Legitimate Expectations of Privacy". *Western New England Law Review*, vol. 4, 1981-1982, p. 381; FORSYTH, C. F. "The Provenance and Protection of Legitimate Expectation". *Cambridge Law Journal*, vol. 47, nº 2, 1988, p. 238.

Moreover, in the context of natural justice, the concept entails that a party legitimately expects to be heard before a decision is made against her.[7] In this regard, legitimate expectations in the domain of public law equates to the principle of consistency.[8] Thus, "... if a public body has led an individual to believe that he will have a particular procedural right, over and above that generally required by the principles of fairness and natural justice, then he is said to have *procedural legitimate expectations* that can be protected".[9] It is equally sometimes classified as substantive legitimate expectations[10] and applies as well to domestic taking doctrine.[11] However, substantive legitimate expectation is not applied in all jurisdictions.[12]

The objective of this paper is not to review the whole context in which legitimate expectations may be applied. The aim of the paper is rather to revisit the operation of the doctrine in the area

---

7 HLOPHE, John. "Legitimate expectation and natural justice: English, Australian and South African Law". *The South African Law Journal*, vol. 104, 1987, p. 165.

8 LEVINSON, L Harold. "The Legitimate Expectation that Public Officials will Act Consistently". *The American Journal of Comparative Law*, vol. 46, 1988, p. 549.

9 See CARTWRIGHT, John. "Protecting Legitimate Expectations and Estoppel in English Law: Report to the XVIIth International Congress of Comparative Law, july 2006". *Electronic Journal of Comparative Law*, vol. 10, nº 3, 2006, p. 6, citing CRAIG, Paul P. *Administrative Law*. 5ª ed. Londres: Sweet & Maxwell, 2003.

10 CRAIG, Paul P. "Substantive Legitimate Expectation in the Domestic and Community Law". *Cambridge Law Journal*, vol. 55, nº 2, 1996, pp. 289/290.

11 See EPSTEIN, Richard A. "Lucas v. South Carolina Coastal Council: a Tangled Web of Expectations". *Stanford Law Review*, vol. 45, nº 5, 1993, p. 1369.

12 Recent UK Supreme Court cases have somehow confirmed that the UK and most Commonwealth jurisdictions will be willing to entertain substantive legitimate expectations. See, for instance, Lord Neuberger's dictum in *The United Policyholders Group and others (Appellants) v The Attorney General of Trinidad and Tobago (Respondent) (Trinidad and Tobago)*, Privy Council Appeal No 0017 of 2015, (28 June 2016), para. 39.

of investor-state arbitration. Viewed from this perspective, it has become very common for a foreign investor to expect the host state to maintain consistency and regularity 'on the legal rights granted to him by the law as it stands at the time of the investment'.[13] In other words, as a concept emanating from the doctrine of "fair and equitable standard, legitimate expectations require the host state among other things to act in good faith and without arbitrariness towards foreign investors".[14] The responsibility of the arbitral tribunal is to examine whether and how the application of the pre-existing legislation and regulations prejudices the foreign investor.[15] This is done without any reflection on the original context in which the treaty guiding the investment in question was concluded. Going by the traditional view of legitimate expectation, foreign investors would normally expect host states to act consistently with the letter of the bilateral investment treaty as well as in good faith.[16] As is argued in this paper, the conduct of the claimant as well as the overall objective of the investment treaty ought not to be irrelevant when deciding whether the legitimate expectation of a particular investor has been frustrated by a relevant host state. Moreover, the developmental or public interest regulation of the host state ought to be taken into account.

---

13 DOLZER, Rudolf. "The Impact of International Investment Treaties on Domestic Administrative Law". *New York University Journal of International Law and Politics*, vol. 37, 2004-2005, p. 968.

14 See HODU, Yenkong Ngangjoh. "Legitimate Expectations in Investment Disputes: a Reply to Sadie Blanchard". *EJIL Talk*, 17 set. de 2013. The doctrine of legitimate expectation is closely similar to the principle of estoppel in private law. Both legitimate expectations and estoppel involved a promise that has been made and has not been respected. On the similarity between legitimate expectations and estoppel, see John Cartwright, (2006).

15 See *Gami Investments v Mexico*, Final Award, NAFTA Tribunal, 2004, 93.

16 See *ICSID Arbitral Award in Tecnicas Medioambientales Tecmed S.A. v The United Mexican States*, Case No. ARB (AF)/00/2, (29 May 2003). Available at: https://icsid.worldbank.org/ICSID/FrontServlet ?requestType=CasesRH&actionVal=showDoc&docId=DC602_En&caseId=C186. Last visited: 11.08.2015.

Legitimate Expectation as a Substantive Element of Fair and Equitable Treatment

The concept of legitimate expectation, otherwise called reasonable expectation, investment-backed expectation, justifiable expectation or basic expectation, is classified as one of the substantive contents of fair and equitable treatment (FET).[17] Legitimate expectation in the last few years has indeed, become a concept 'in vogue'[18] as it has routinely been invoked by claimants and endorsed by some arbitrators.[19] Fair and equitable treatment from which the concept of legitimate expectation seems to emanate, does not seem to have an objective definition universally accepted by commentators and tribunals.[20] On the one hand, it has been likened to the controversial international minimum standard of treatment of aliens.[21] On the other hand, it has been contended that it incorporates standards beyond that required by

---

17 WESTCOTT, Thomas J. "Recent Practice on Fair and Equitable Treatment". *Journal of World Investment Trade*, vol. 8, 2007, p. 414. See also the cases of *Tecmed v United Mexican States*, ICSID Case No. ARB(AF)/00/2, Award of May 29, 2003, para. 154; *LG&E Energy Corp. & anor. v Argentina*, ICSID Case No. ARB/02/1, Decision on liability, October 6, 2006; *Duke Energy & anor. v Ecuador*, ICSID Case No. ARB/04/19, Award of August of 18, 2008, para. 340).

18 See Lord Scott in the context of Human Rights law before the English House of Lords in *EB (Kosovo) v. Secretary of State for Home Department* [2008] UKHL 41, para. 31.

19 See Separate Opinion of Thomas Wälde, *International Thunderbird Corporation v United Mexican States*, NAFTA Arbitration under UNCITRAL, (2005), Para. 37.

20 DOLZER, Rodolf; STEVENS, Margrete. *Bilateral Investment Treaties*. Hague: Kluwer, 1995, p. 58.

21 Article 5(1) (2) 2012 US Model BIT equates the concept of fair and equitable treatment with the doctrine of international minimum standard of treatment of foreign investors. However, contrary argument against such convergence is illustrated in KILL, Theodore. "Don't cross the streams: past and present overstatement of customary international law in connection with conventional fair and equitable treatment obligations". *Michigan Law Review*, vol. 106, nº 5, 2007-2008, pp. 857/858.

the minimum standard of treatment of aliens.[22] While the notion of legitimate expectation is undoubtedly linked to an alteration or a change in circumstances and or the original position of the host state, the relevant standard for assessing such expectation that is allegedly frustrated depends on the circumstance of each treaty.[23] Moreover, although legitimate expectation can be pleaded as part of FET nothing precludes the autonomous reliance on the doctrine independent of FET.[24] In fact, "a breach of an investor's legitimate expectations does not ipso facto amount to a breach of the fair and equitable treatment obligation".[25] The Organisation for Economic Cooperation and Development (OECD) notes that the construction of the term may depend on the circumstance of each case. Accordingly, it acknowledges that the wording of each treaty, the context, 'the object and purpose', the 'negotiating history' as well as 'other indications of parties' intent would have to be considered before drawing a conclusion on its meaning in

---

22 DOLZER, Rodolf; STEVENS, Margrete. *Bilateral Investment Treaties*. Hague: Kluwer, 1995, p. 60.

23 UNCTAD, 'Fair and Equitable Treatment', UNCTAD Series on Issues in International Investment Agreements (II, 2012) pp. 61-64. Note also the divergence underpinning FET vis-a-vis denial of justice under international law. Thus, in *Rumeli v Kazakhstan*, ICSID Case No. ARB/05/16, Award of July29, 2008, para. 654, the tribunal considered that there is basically no distinction between FET and denial of justice under international law. On the other hand, in the case of *Loewen v USA*, ICSID Case No. ARB (AF)/98/3, Award of June 26, 2003, para. 242, the tribunal acknowledges the distinction between FET and much broader aspect of denial of justice. See also PAULSSON, Jan. *Denial of Justice in International Law*. Cambridge: Cambridge University Press, 2005, pp. 72 e 84 (noting the distinction between breach of international obligation and that of denial of justice under international law).

24 *International Thunderbird Gaming Corporation v. United Mexican States*, UNCITRAL, Award of 26 January, 2006.

25 *Arif v Republic of Moldova* ICSID Case No. ARB/11/23, Award of 08 April 2013, para. 536

a particular circumstance.[26] The United Nations Conference on Trade and Development (UNCTAD) publication appears to view the standard based on the circumstance of each treaty[27] noting that the "... contemporary meaning of the FET standard rests on interpretations by individual ad hoc arbitral..."[28] tribunal.

Indeed, the fair and equitable treatment standard has been a regular feature of a significant number of international trade and investment instruments[29] namely Abs-Shawcross Draft Convention on Investment Abroad 1959;[30] the Draft Convention on the Protection of Foreign Property initiated by the OECD in 1967;[31] the United Nations Code of Conduct on Transnational Corporations 1983;[32] the Guidelines on the Treatment of Foreign Direct Investment 1992;[33] the Multilateral Investment Guarantee Agency 1985

---

26 See OECD, 'Fair and Equitable Treatment Standard in International Investment Law', OECD Working Papers Series on International Investment (2004/3, 2004) p. 40; Tudor, The Fair and Equitable Treatment Standard in the International Law of Foreign Investment, pp. 66-68 (noting that FET has a different normative content from the minimum standard, and that the meaning of FET depends on the peculiarity of a particular IIAs).

27 UNCTAD. *Fair and Equitable Treatment*: UNCTAD Series on Issues in International Investment Agreements. Nova York: United Nations, 1999, p. 40.

28 UNCTAD. *Fair and Equitable Treatment*: UNCTAD Series on Issues in International Investment Agreement II. Nova York: United Nations, 2012, p. 6.

29 After its early inception in the Havana Charter for an International Trade Organisation in 1948.

30 See Article 1 of the Draft Convention on Investment Abroad at: https://www.international-arbitration-attorney.com/wp-content/uploads/137-volume-5.pdf. Last visited: 13.08.2015.

31 See Article 1 of the OECD Draft Convention on the Protection of Foreign Property 1967 at: https://www.oecd.org/investment/internationalinvestmentagreements/39286571.pdf. Last visited: 02.12.2016.

32 See Paragraph 48 of the UN Code of Conduct on Transnational Corporations 198, at: http://investmentpolicyhub.unctad.org/Download/TreatyFile/2891. Last visited: 02.12.2016.

33 See Section III.3(a) of the World Bank Guidelines on the Treatment of Foreign Direct Investment, 1992, at: http://www.italaw.com/documents/WorldBank.pdf. Last visited: 02.12.2016.

(MIGA);[34] the North American Free Trade Agreement 1992;[35] the Energy Charter Treaty 1994; the OECD Draft Multilateral Agreement on Investment 1995;[36] and other plurilateral, bilateral free trade and investment agreements.[37]

In any event, it looks like that certain arbitral tribunals have understood "legitimate expectations" as a general principle developed in domestic legal systems. Although existing BIT is usually the starting point when tribunals try to make sense of the concept of legitimate expectations, the way the concept is ascertained in certain domestic administrative law has not been without consequence on how some tribunals have viewed legitimate expectations. In *Gold Reserve Inc.* v. *Bolivarian Republic of Venezuela*,[38] for instance, the Tribunal held that;

"Based on converging considerations of good faith and legal security, the concept of legitimate expectations is found in different legal traditions according to which some expectations may be reasonably or legitimately created for a private person by the constant behaviour and/or promises of its legal partner, in

---

34 Article 12.d(iv) of the Convention Establishing the Multilateral Investment Guarantee, 1985, at: http://investmentpolicyhub.unctad.org/Download/TreatyFile/2805. Last visited: 02.12.2016.

35 See NAFTA Investment Chapter.

36 See Paragraph IV.1 of the OECD Draft Multilateral Agreement on Investment 1995. Available at: http://www1.oecd.org/daf/mai/pdf/ng/ng987r1e.pdf. Last visited: 02.12.2016.

37 See HANSEN, Peter; ARANDA, Victoria. "An emerging international framework for transnational corporations". *Fordham International Law Journal*, vol. 14, 1990-1991, p. 881; SCHREUER, Christoph. "Fair and Equitable Treatment in Arbitral Practice". *Journal of World Investment and Trade*, vol. 6, 2005, pp. 357-359.

38 See ICSID ARB(AF)/09/1, Award, 2014, para. 576.

particular when this Partner is the public administration on which this private person is dependente".[39]

Similarly, in searching for the content of legitimate expectations, tribunals have found it to be inherent in the doctrine of FET, or, in other words, as one of the concrete principles contributing to the definition of FET. In *Rumeli Telekom* the Tribunal found that "[t]he fair and equitable treatment standard encompasses inter alia the following concrete principles; the State must act in a transparent manner; the State is obliged to act in good faith; the State's conduct cannot be arbitrary, grossly unfair, unjust, idiosyncratic, discriminatory, or lacking in due process; the State must respect procedural propriety and due process. The case law also confirms that to comply with the standard, the State must respect the investor's reasonable and legitimate expectations".[40]

Despite the uncertainties characterising the normative content of the fair and equitable treatment standard,[41] it has been established that some of the situations that would lead to expectations by investors to be treated as unfair and inequitable may include; inconsistent governmental action that affects investment;[42] arbitrary changes to regulatory framework;[43] lack of stable legal

---

39 It is important to point out that there is no uniformity of approach to the concept even in advanced legal system like those of EU member states. See, for instance, POTESTA, Michele. "Legitimate Expectations in Investment Treaty Law: understanding the Roots and the Limits of a Controversial Concept". *ICSID Review*, vol. 28, 2013.

40 See *Rumeli Telekom A.S. v Kazakhstan*, ICSID ARB/05/16, Award, 2008, para 609.

41 See BROWER, Charles H. "Investor-State Disputes Under NAFTA: the Empire Strikes Back". *Columbia journal of transnational law*, vol. 40, 2001-2002, p. 54.

42 *MTD Equity Sdn. Bhd. & MTD Chile S.A. v Republic of Chile* (ICSID Case No. ARB/01/7) Award of May 25, 2004, para. 164.

43 *Tecmed, S.A. v United Mexican States* (ICSID Case No. ARB (AF)/00/2), Award of May 29, 2003, para. 154.

climate for operation of investment;[44] lack of transparency and administrative negligence.[45] Accordingly, the inclusion of fair and equitable treatment in investment treaties is an 'exemplification of intentionally vague term,' designed by the drafters 'to give the adjudicators a quasi-legislative authority to articulate a variety of rules necessary to achieve the treaty's object and purpose'.[46] Thus, legitimate expectations is pleaded whenever there is a possibility of a host state's breach of indirect expropriation standard, violation of umbrella clause, or any other violation of the terms of investment treaties and contracts.[47] In other words, a breach of fair and equitable treatment standard is pleaded by foreign investors whenever and wherever there are perceived breaches of the terms of investment treaties.[48] It is likened to overarching principle that

---

44 *Metaclad Corporation v United Mexican States* (ICSID Case No. ARB (AF) 97/1), Award of August 30, 2000, para 99. (lack of transparency and unpredictable regulatory framework constituted breach of FET). See, on the contrary, *AES Summit Generation Ltd. v Hungary* ICSID Case No. ARB/07/22, Award of September 23, 2010, para. 9.3.39, 9.3.30 & 9.3.34, p. 61 (noting the sovereign right of state to adjust its regulatory framework to meet changing circumstances, and the inviolability of sovereign legislative rights).

45 *PSEG Global Inc. & anor. v Republic of Turkey*, (ICSID Case No ARB./02/5) Award of January 19, 2007, para. 246-255, pp. 64-66. Available at: http://www.italaw.com/documents/PSEGGlobal-Turkey-Award.pdf. Last visited: 11.08.2015.

46 BROWER, Charles H. "Investor-State Disputes Under NAFTA: the Empire Strikes Back". *Columbia journal of transnational law*, vol. 40, 2001-2002, p. 56.

47 DOLZER, Rudolf. "Fair and Equitable Treatment: a Key Standard in Investment Treaties". *International Lawyer*, vol. 39, 2005, p. 87. In the case of *El Paso Energy International Company v. Argentina*, ICSID Case No. ARB/03/15, Award of October 31, 2011, para. 227, the tribunal noted that 'there is not always a clear distinction between indirect expropriation and violation of the legitimate expectation' and that the concept of legitimate expectation should rather be protected under fair and equitable treatment standard.

48 Note that there appears to be emerging consensus that an allegation of a breach of fair and equitable treatment be underpinned by a corresponding jurisdictional test requiring the investor claimant to prove four ingredients – existence of alleged state action or omission; damage to the foreign investor;

embraces other standards of treatment in trade and investment relations, of which the concept of legitimate expectation of investor is critical to its operation.[49]

For investors to claim legitimate expectations, such expectations ought to be engrained in the host state's legal order at the time the investment was made[50] or is of a manner that will be seen as being reasonable subjectively or objectively.[51] A claim of legitimate expectation will hardly stand if the nature of such claims is perceived by a tribunal as lacking reasonableness. Although the idea of 'reasonableness' is somewhat pervasive and contested in international law, it is nonetheless, important in the operation of the law.[52] Addressing the issue of reasonableness with regards to

---

causal link between the act or omission and the damage; and finally, discharge of the traditional burden of proof by the investor. See TUDOR, Ioana. *The fair and equitable treatment standard in the international law of foreign investment*. Oxford: Oxford University Press, 2008, pp. 135-139; MUCHLINSKI, Peter. "'Caveat Investor'? the Relevance of the Conduct of the Investor under the Fair and Equitable Treatment Standard". *International and Comparatively Law Quarterly*, vol. 55, nº 3, 2006, p. 530.

49 SCHREUER, Christoph. "Fair and Equitable Treatment (FET): Interactions with other Standards". *Transnational Dispute Management*, vol. 4 nº 5, 2007, pp. 1/2.

50 See DOLZER, Rudolf; SCHREUER, Christopher. *Principles of international investment law*. 2ª ed. Oxford: Oxford University Press, 2012, p. 145. On the application of the doctrine in cases, see, for instance, *International Thunderbird Gaming Corporation v United Mexican States*, Separate Opinion of T. Walde, *Sempra Energy International v Argentine Republic*, pp. 87/88, para. 298.

51 See SNODGRASS, Elizabeth. "Protecting Investors' Legitimate Expectations: Recognizing and Delimiting a General Principle". *ICSID Review of Foreign Investment Law Journal*, vol. 21, nº 1, 2006, p. 57.

52 Reasonableness is a useful tool in the characterization of the expectations of parties in a contractual or treaty relations. For some of the growing body of writing in this area see SARTOR, Giovanni. *et al.* "Reasonableness in International Law". *In*: CARTY, Tony (Coord.). *Oxford bibliographies in international law*. Oxford: Oxford University Press, 2016; VADI, Valentina. *Proportionality, reasonableness and standards of review in international investment law and arbitration*. Cheltenham: Edward Elgar, 2018.

claims brought before an arbitral tribunal, in the case of *GAMI v Mexico*, a NAFTA Chapter 11 tribunal declined jurisdiction as requested by the claimant to assess legislation that was in place before the decision to invest.[53] Despite the fact that, arbitral tribunals have reiterated the importance of reasonableness in legitimate expectations, the exact meaning of the term 'reasonableness' is generally uncertain, as it is mostly used as a synonym to 'legitimate'.[54] Because legitimate expectation presupposes that an agreement or a promise generate certain level of expectations, a claim of a breach of legitimate expectation implies that there is a breach of fair and equitable treatment standard on which such expectations seem to rest.[55] Consistent with the principle of good faith, a host state will be disallowed from acting in a manner that breaches legitimate expectation that was created when a BIT was signed. Although legitimate expectation is usually not specifically incorporated in BITs, it seems as investors may still plead the concept autonomously.[56] As noted in the case of *International Thunderbird Gaming Corporation v. United Mexican States*,[57] the concept of

---

53 See Final Award, *GAMI Investment Inc v The United Mexican State*, (15 November, 2004), para. 93.

54 See *International Thunderbird Gaming Corporation v United Mexican States*, NAFTA and UNCITRAL Award, 26 January, 2006, p. 49, para. 147.

55 See *CMS v Argentina*, ICSID Case No. ARB/01/8, Award of May 12, 2005, para. 276; *Alex Genin v Republic of Estonia, Case No. ARB/99/2, Award of June 25, 2001.*

56 With the exception of certain US and Canadian BIT that contain the phrase 'investment backed expectations' when determining whether state measures may amount to indirect expropriation, BITS would hardly contain legitimate expectations as ground for a claim. See 2012 US Model BIT Annex B(4)(a)(ii) (Available at: https://ustr.gov/sites/default/files/BIT%20text%20for%20ACIEP%20Meeting.pdf. Last visited: 13.08.2015) as well as 2003 Canada Model BIT Annex B(13)(1)(B)(ii) (Available at: http://www.italaw.com/documents/Canadian2004-FIPA-model-en.pdf. Last visited: 13.08.2015).

57 *International Thunderbird Gaming Corporation v. United Mexican States*, UNCITRAL, Award of 26 January, 2006. Available at: http://www.iisd.org/pdf/2006/itn_award.pdf. Last visited: 12.08.2015.

the protection of legitimate expectations of investors seems to have moved from being a subsidiary interpretative principle to become a 'self-standing subcategory and independent basis for a claim' from fair and equitable treatment.[58] The presumption in a significant number of cases seems to be that both fair and equitable treatment and legitimate expectations are linked.

Nonetheless, to rely on 'legitimate expectation' that has been frustrated as a ground for awards seems indeed troubling. Such reliance will undoubtedly "suggest a radical departure from the traditional model of international responsibility", and may even be tantamount to deciding *ex aequo et bono*.[59] Rather than making decisions based on a meaningful substantive content grounded in a particular BIT, the recurrent application of the concept of legitimate expectation by arbitral tribunal seems to be based on their prioritisation of precedent and preoccupation with investment protection consistency than substantive treaty provisions. Moreover, there is undeniably a common-sensical view that even if a host state is accused of failing to honour its promise at the time of investment by changing its legislation, it is only utopic to hope that a particular piece of legislation will never be changed.

---

58 *International Thunderbird Gaming Corporation v. United Mexican States*, Separate Opinion of Thomas Wälde, December 2005, para. 37. More precisely, Wälde stated that, "[O]ne can observe over the last years a significant growth in the role and scope of the legitimate expectation principle, from an earlier function as a subsidiary interpretative principle to reinforce a particular interpretative approach chosen, to its current role as a self-standing subcategory and independent basis for a claim under the 'fair and equitable standard' as under Art. 1105 of the NAFTA. This is possibly related to the fact that it provides a more supple way of providing a remedy appropriate to the particular situation". Available at: http://www.italaw.com/sites/default/files/case-documents/ita0432.pdf. Last visited: 13.08.2015.

59 See PAPARINSKI, Martins. "Investment treaty arbitration and the (new) law of state responsibility". *EJIL*, vol. 24, nº 2, 2013, p. 628. See also HODU, Yenkong Ngangjoh. "A Critique of Legitimate Expectation Doctrine in Investment Treaty Arbitration". *EJIL Talk*, 16 set. de 2013.

After all, sensible governance is based on change and adaptation of legislations and policies of a state to the changing world.

Nature of Expectation

Although it is difficult to find any BIT with clear guidelines on the province of legitimate expectations, the progressive development of jurisprudence in investment arbitration seems to suggest that legitimate expectations cannot be a welcome aspect of a claim if such expectations did not exist at the time when investment was made.[60] In this regard, foreign investors expect that representations made by the host state prior to and/or at the time of investment be maintained.[61] A breach of investors' expectation would occur where the host state acts contrary to fact and representations.[62] In this respect, its action would be seen as inconsistent with earlier assurances and promises made to an investor on which the foreign investor relied upon to commit the investment.[63] Such investors' expectation could be derived from investment contract or rooted in investment treaty.[64] Inconsistent action of the host state that breaches the doctrine of legitimate expectations can be

---

60 On this, see *Southern Pacific Properties Ltd. v. Arab Republic of Egypt*, ICSID Case No. ARB/84/3, Award of May 20, 1992, para. 82-83 and *Duke Energy & anor.v Ecuador*, ICSID Case No. ARB/04/19, Award of August of 18, 2008.

61 *Duke Energy & anor. v Ecuador*, ICSID Case No. ARB/04/19, Award of August of 18, 2008, para. 340.

62 *Técnicas Medioambientales Tecmed, S.A. v. The United Mexican States* (ICSID Case No. ARB(AF)/00/2), Award of May 29, 2003, para. 154.

63 VANDEVELDE, Kenneth J. "A unified theory of fair and equitable treatment". *New York University Journal of International Law and Politics*, vol. 43, 2010-2011, p. 68.

64 See *Continental Casualty Company v. Argentina*, ICSID Case No. ARB/03/9, Award of September 5, 2008, para. 261, where the tribunal observed that unilateral modification of contractual commitments by host government calls for scrutiny in view of the legal rights and legitimate expectation of compliance generated in favour of the investors.

damaging over time. Broadly speaking, it seems plausible that the host state will be seen as acting inconsistently with the principle of legitimate expectations if there is a breach of contractual commitments, breach of unilateral declarations (assurances, promises, and representations),[65] and change to regulatory framework that adversely affect investors.[66]

In the *Thunderbird V Mexico* arbitration, the tribunal stated that "a Contracting Party's conduct creates reasonable and justifiable expectations on the part of an investor...to act in reliance on said conduct, such that a failure by the NAFTA party to honour those expectations could cause the investor... to suffer damages".[67] Consequently, the assurances relied on by an investor could be in the form of an undertaking by the host state that certain existing legal framework would not be tampered with; or that certain legislations would be introduced once the investment has been made.[68] The host state may also make assurances in the form of an undertaking to strengthen existing framework of investment protection. Certainly, a breach of those commitments in certain circumstances by the host states necessitates arbitral protection of the expectations of the investors. As

65 *Continental Casualty Company v. Argentina*, ICSID Case No. ARB/03/9, Award of September 5, 2008, para. 261.

66 POTESTA, Michele. "Legitimate Expectations in Investment Treaty Law: understanding the Roots and the Limits of a Controversial Concept". *ICSID Review*, vol. 28, 2013, pp. 88-90. On the need to exercise caution on the application of the doctrine of legitimate expectation in view of host competencies, see ZEYL, Trevor. "Charting the Wrong Course: the Doctrine of Legitimate Expectations in Investment Treaty Law". *Alberta Law Review*, vol. 49, nº 1, 2011, p. 203.

67 *International Thunderbird Gaming Corporation v. United Mexican States*, UNCITRAL, Award of 26 January, 2006, para. 147; see also McLACHLAN, Campbell. *et al. International investment arbitration*: substantive principles. Oxford: Oxford University Press, 2008, p. 237.

68 *Técnicas Medioambientales Tecmed, S.A. v. The United Mexican States* (ICSID Case No. ARB(AF)/00/2), Award of May 29, 2003, para. 154.

noted by Thomas Wälde, in a separate opinion, in the case of *International Thunderbird Gaming* arbitration, the principle of legitimate expectations has become for tribunals 'a preferred way of providing protection' to investors where the tests of a breach appear 'too difficult, complex and too easily assailable for reliance'.[69] This approach by arbitral tribunals is premised on the idea that an investor in a state-investor contract is a weaker side and ought to be protected almost at all times. Thus, the concept of legitimate expectations appears to operate in similar manner as the principle of *pacta sunt servanda* that freezes the legislative and executive actions of the host government that breaches the investors' rights.[70] Yet *pacta sunt servanda* does not exist without limitation. The Vienna Convention on the Law of Treaties Article 46 qualifies the application of the principle of *Pacta Sunt Servanda*.[71] Hence, supervening impossibility of performance and fundamental change of circumstances generally constitute grounds for limitation of the operation of the principle.[72]

However, an extrapolation of what is expected of the host state by the concept of legitimate expectation was laid down in the case of *Tecmed v United Mexican States,* and reaffirmed in

---

69 Para. 37

70 See *Noble ventures, Inc. v Romania*, ICSID Case No. ARB/01/11, Award October 13, 2005, para. 182. Available at: http://www.italaw.com/sites/default/files/case-documents/ita0565.pdf. Last visited: 03.07.02-14; *Mondev Int'l. Ltd. v United States of America*, ICSID Case No. ARB(AF/99/2), Award of October 11, 2002, 42 ILM 85 (2003).

71 Article 46(1) of the 1969 Vienna Convention on the Law of Treaties states that "A State may not invoke the fact that its consent to be bound by a treaty has been expressed in violation of a provision of its internal law regarding competence to conclude treaties as invalidating its consent unless that violation was manifest and concerned a rule of its internal law of fundamental importance".

72 See Articles 61 & 62 of VCLT 1969. Moreover, it is also important to note that further limits to the principle of Pacta Sunt Servanda may find support in the principle of *Jus Cogens*. See Article 53 of the VCLT.

Alpha Projektholding GMBH v Ukraine.[73] The arbitral tribunal put forward an elaborate number of propositions with regard to the obligations of host states vis-à-vis investors. Essentially, the tribunal in these cases reiterated the importance of good faith in the way the host state interact with the investor so as to ensure that legitimate expectations of foreign investors duly ascertained at the time of the investment are not frustrated.[74] From the perspective of the reasoning of arbitration tribunal in these cases, the host state is not only required to honour commitments made to foreign investors but is also expected to desist from acting in a manner that undermines investors' expectations.[75] It is immaterial that impugned acts of the host state in question arise under the municipal law, legal or illegal under the municipal law.[76] This can be illustrated with reference to the case of *Southern Pacific Properties Ltd. v. Arab Republic of Egypt*,[77] where it was stated that,

> It is possible that under Egyptian law certain acts of Egyptian officials including even Presidential Decree No. 75

73 *Alpha GMBH v Ukraine*, ICSID Case No. ARB/07/16, Award of November 08, 2010, para. 420, p. 147.

74 See *Tecnicas Medioambientales Tecmed S.A. v The United Mexican States*, ICSID, Case No. ARB (AF)/00/2 (2003), p. 61, para. 154.

75 See *Occidental Exploration and Production Company (OEPC) v. Ecuador*, 1 July 2004, para. 183. As was stated by the tribunal in the Saluka case, the host state equally has expectation that it would continue to exercise the right of regulation and protection of public interests. Therefore, legitimate expectations cannot be interpreted literally so as give investors an unrealistic expectation from host states. Host states also have expectations from investors. See *Saluka Investments B.V. v Czech Republic*, UNCITRAL, Partial Award of March 17, 2006, para. 304.

76 See *Southern Pacific Properties Ltd. v. Arab Republic of Egypt*, ICSID Case No. ARB/84/3, Award of May 20, 1992, para. 82-83, where the tribunal noted that the investor is entitled to rely on the decisions of high-ranking officials of host government, whether legal or not under municipal law, so long as it created expectations on the part of the investor.

77 Southern *Pacific Properties Ltd. v. Arab Republic of Egypt*, ICSID Case No. ARB/84/3, Award of May 20, 1992, para. 82-83.

> may be considered legally non-existent or null and void or susceptible to invalidation. However, these acts were cloaked with the mantle of Government authority and communicated as such to foreign investors who relied on them in making their investments. Whether legal under Egyptian law or not, the acts in question were the acts of Egyptian authorities, including the highest executive authority of the Government. These acts, which are now alleged to have been in violation of the Egyptian municipal legal system, created expectations protected by established principles of international law. A determination that these acts are null and void under municipal law would not resolve the ultimate question of liability for damages suffered by the victims who relied on the acts.[78]

The implication of this kind of ruling is that the concept of legitimate expectation could be protected even in the absence of the usual guarantee of fair and equitable treatment standard.[79] However, this totally ignores the legitimate expectation of the host state in concluding investment agreements. Indeed, the host state could not have intended to conclude an agreement that would totally weaken its governance responsibilities. Moreover, sensible governance is based on change and adaptation of legislations and policies of a state to the changing world.

What is not sufficiently clear however, despite investment arbitration jurisprudence, is the limit of the application of the

---

78 *Southern Pacific Properties Ltd. v. Arab Republic of Egypt*, ICSID Case No. ARB/84/3, Award of May 20, 1992, para. 82-83. See also the case of *Parkering-Compagniet AS v. Lithuania*, ICSID Case No. ARB/05/8, Award of September 11, 2007, para. 331, where it was noted that expectation would be legitimate 'if the investor received explicit promise or guaranty from the host-State', or implicit assurances or representation from the host state which the investor 'took into account in making the investment'.

79 See DOLZER, Rudolf; SCHREUER, Christopher. *Principles of international investment law*. 2ª ed. Oxford: Oxford University Press, 2012, pp. 137-140.

concept of legitimate expectations. Does it operate ad infinitum? Or are there circumstances that legitimate expectations will not be acceptable?[80] As an implicit acknowledgement of the extensive use of legitimate expectation, Snodgrass noted that an important open question is how the principle of legitimate expectations of investor should be applied and refined in order to balance the reasonableness of investors' expectations with the host state conduct, as well as engender the balance between individual expectation and public purpose imperatives of a state.[81] As was pointed out by the arbitrators in the Saluka case, legitimate expectations cannot be interpreted literally so as give investors an unrealistic expectations from host states. Host states also have expectations from investors.[82] As shown by the tribunal rulings in the *Saluka* case, some tribunals do adopt a considerate position that balances the expectation of the investors and that of the host state.[83] In the *Glamis Gold v United States of America*, the tribunal noted that "[m]erely not living up to expectations cannot be sufficient to find a breach". To amount to a breach a state must make "specific assurance or commitment to the investor so as to induce its expectations".[84] Further, in EDF

---

80 It has been argued that interpretation of legitimate expectation in the context of fair and equitable treatment that would tend to link its meaning to umbrella clause is not tenable as it undermines the operation of latter. See SCHREUER, Christoph. "Fair and Equitable Treatment (FET): Interactions with other Standards". *Transnational Dispute Management*, vol. 4, nº 5, 2007, p. 18.

81 SNODGRASS, Elizabeth. "Protecting Investors' Legitimate Expectations: Recognizing and Delimiting a General Principle". *ICSID Review of Foreign Investment Law Journal*, vol. 21, nº 1, 2006, pp. 1-4.

82 See *Saluka Investments B.V. v Czech Republic*, UNCITRAL, Partial Award of March 17, 2006, para. 304.

83 *Saluka Investment v Czech Republic*, para. 304; *Bayindir v Pakistan* ICSID Case No. ARB/03/29 para. 238; *Total S.A. v Argentine Republic* (ICSID Case No. ARB/04/1), Decision on Liability, 27 December 2010, para. 309-310; *Plama Consortium Limited v Republic of Bulgaria* (ICSID Case No. ARB/03/24), Award of 27 August 2008, para. 176-177.

84 *Glamis Gold Ltd v USA*, UNCITRAL Award of 08 June 2009, para. 620.

Services Ltd v Romania, the tribunal emphasized a balance in application of legitimate expectation the following way:[85]

> The idea that legitimate expectations, and therefore FET, imply the stability of the legal and business framework, may not be correct if stated in an overly-broad and unqualified formulation. The FET might then mean the virtual freezing of the legal regulation of economic activities, in contrast with the State's normal regulatory power and the evolutionary character of economic life. Except where specific promises or representations are made by the State to the investor, the latter may not rely on a bilateral investment treaty as a kind of insurance policy against the risk of any changes in the host State's legal and economic framework. Such expectation would indeed, neither be legitimate nor reasonable.[86]

As has been argued in this paper, legitimate expectation should not be based on subjective hopes and aspirations. Legitimate expectation ought to be grounded on 'verifiable facts' and reasonableness.[87] Under Article 62 of the VCLT, a fundamental change of circumstances can in certain situations justify the modification of obligations assumed by a party to a treaty.[88] Consequently, a host state may, in certain circumstances, deviate from the concept of legitimate expectation of the investor. An example

---

85 In El Paso Energy Int'l Company v Argentine Republic, ICSID Case No. ARB/03/15, Award of 31 October 2011, para. 358 the tribunal noted that a "balance should be established between the legitimate expectation of the foreign investor to make a fair return on its investment and the right of the host State to regulate its economy in the public interest".

86 *EDF v Romania* (ICSID CASE NO. ARB/05/13), Award of 08 October 2009, para. 217.

87 See DOLZER, Rudolf; SCHREUER, Christopher. *Principles of international investment law*. 2ª ed. Oxford: Oxford University Press, 2012, p. 148.

88 Similarly, the doctrine of *re buc sic stantibus* or commercially impracticable also tells us that a change of circumstances may influence the implementation of a BIT.

of such circumstances may arise when a country for instance, has to fulfil an urgent national development priority or when there is a public policy imperative.[89] In other words, it is certain that when the premises upon which a treaty negotiations were made become unsustainable or somewhat 'prove wrong'[90] leading to prohibitively high cost of compliance with such a treaty, the notion of legitimate expectations when such a treaty is breached should be reduced.[91]

Legitimate Expectation in Other Contexts

A reading of the jurisprudence of the EU Law indicates that the operation of the doctrine of legitimate expectation is well-recognised, though somewhat circumscribed. Thus, in the case of *Van den Bergh en Jurgens BV & Van Dijk Food Products (Lopik) BV v Commission*,[92] it was held that an investor whom an institution

---

89 The International Law Commission Articles on Responsibility of States for International Wrongful Acts clearly in Article 21 recognises necessity as a defence and circumstances precluding wrongfulness under the law of state responsibility. See ILC's Articles with commentaries, (A/56/10).

90 This is somehow akin to the doctrine of *Clausula rebus sic stantibus* or commercially impracticable under which the performance of a contractual obligations 'may be shaped by to continuance of the surrounding circumstances at the time of its formation'. See HODU, Yenkong Ngangjoh. "World Trade Organization Dispute Settlement Retaliatory Regime at the Tenth Anniversary of the Organization: Reshaping the 'Last Resort' Against Non-Compliance". *Journal of World Trade*, vol. 40, nº 2, 2006, pp. 376-777. In contract law such an action would be characterised in terms of efficient and inefficient breach. See POSNER, Eric A.; SYKES, Alan. "Efficient breach of international law: optimal remedies, 'legalized noncompliance', and related issues". *Michigan Law Review*, vol. 110, nº 2, 2011, pp. 243-294.

91 However, the problem with applying the principle of *Clausula rebus sic stantibus* is that such circumstances should not have been foreseen at the time of conclusion of the treaty in question. Although in a different context, the issue of obligations to perform a treaty commitment was extensively discussed in a WTO case. See WORLD TRADE ORGANIZATION. *United States – Continued Dumping and Subsidy Offset Act of 2000* (Byrd Amendment). WT/DS217/AB/R, WT/DS234/AB/R, 27 January, 2003.

92 Case 265/85, 1987, E. Comm. Ct. J. Rep. 1155.

has given justified hopes is entitled to rely on the 'principle of the protection of legitimate expectations'.[93] Conversely, where it can be reasonably deduced that an investor could have foreseen the measures complained of, reliance might not be placed on the doctrine. In other words, if the prevailing market is structured in such a way that an investor can clearly make a choice between security of investment and speculative investment, and the investor decides to choose the latter, the European Court would normally refuse to recognise the legitimate expectations of the investor.[94] Similarly, the European Court of Human Rights (ECHR) jurisprudence has also clarified the concept of legitimate expectations in the context of individual rights to property.[95]

With regard to the US, under the US Fifth Amendment jurisprudence, it is possible to refuse legitimate expectations claim of an investor where such investor should have foreseen that the investment would be caught up by governmental policies or regulations.[96] On the other hand, once there is evidence of prudent behaviour on the part of an investor, the claim of legitimate expectation would be upheld by the court.[97] This is more so when the host state is found to have indulged in retroactive legislation after the investor

93 Case 265/85, 1987, E. Comm. Ct. J. Rep. 1155, para. 44.

94 SHARPSTON, Eleanor. "European community law and the doctrine of legitimate expectations: how legitimate, and for whom". *Northwestern Journal of International Law & Business*, vol. 11, nº 1, 1990, p. 92.

95 See the ECHR cases of *Kopecký v. Slovakia*, Application No. 44912/98 (Judgement, 28 September 2004); *Petrushko v. Russia*, Application no. 36494/02 (Judgement, 24 May 2005) para. 27; *Saghinadze and Others v. Georgia*, Application No. 18768/05 (Judgement, 27 August, 2010) para. 103 etc.

96 See *Lucas v South Carolina Coastal Commission* 505 U.S. 1003, 1027-28 (1992); *Penn Central Transportation v New York City* 438 U.S. 104 (1978).

97 See *Comptoir National Technique Agricole (CNTA) v Commission*, Case 74/74, 1975, E. Comm. Ct. J. Rep. 533.

must have committed funds.[98] As has been argued in this paper, public interest consideration is essential in any arbitral decision relating to a legislation that has been altered by a host state. Thus, the doctrine of legitimate expectation emphasises certainty and stability of regulatory framework in similar fashion as the doctrine of *pacta sunt servanda*. This is discussed in the next section.

Pacta Sunt Servandaand Legitimate Expectation

The concept of legitimate expectation highlighted in *Tecmed Case* seemingly echoes the theoretical precept of the age long *pacta sunt servanda* or stabilisation clauses traditionally employed in investment contracts and treaties.[99] Although closely related to the international law principle of good faith derived from *pacta sunt servanda*,[100] the concept of legitimate expectations maybe capable of operating autonomously. Such autonomy from *pacta sunt servanda* can inescapably be seen as providing an added layer of protection to investors.[101] In spite of the grounds for legitimate expectation

98 SHARPSTON, Eleanor. "European community law and the doctrine of legitimate expectations: how legitimate, and for whom". *Northwestern Journal of International Law & Business*, vol. 11, nº 1, 1990, p. 94.

99 See WAELDE, Thomas W.; NDI, George. "Stabilizing international investment commitments: international law versus contract interpretation". *Texas International Law Journal*, vol. 31, 1996, p. 215.

100 Contemporary international economic law scholarship is very clear on the fact that "the requirement of good faith in the performance of a treaty creates an obligation that limits the rights of States to over-stretch their sovereign power. [Moreover] while *Pacta Sunt Servanda* serves as a guardian of consent to international treaty, it at the same time ensures security and predictability of such international treaties". See HODU, Yenkong Ngangjoh. *Theories and Practices of Compliance with WTO Law*. Alphen aan den Rijn: Kluwer Law International, 2012, p. 72.

101 POTESTA, Michele. "Legitimate Expectations in Investment Treaty Law: understanding the Roots and the Limits of a Controversial Concept". *ICSID Review*, vol. 28, 2013, p. 16.

highlighted by the tribunal in *Tecmed Case* the tribunal emphasises on the 'consistency' of governmental actions. The tribunal's position in this case somehow evokes the principle of stabilisation clause. Stabilisation clauses could be in the form of freezing clauses that ensure the application of the law in force at the conclusion of the contract, but freeze application of subsequent legislation; or consistency clauses which stipulate the application of only the host state legislation consistent with the investment contract); or economic equilibrium clause which seeks to stabilise the economic equilibrium underpinning the contract (otherwise pay compensation) even if regulatory changes or renegotiation is allowed.[102] The essence of such clauses is to commit the host state not to embark on legislative and/or executive acts that may abrogate or modify the terms agreed upon in the investment contracts or treaties. As noted in the case of *SGS Société Générale de Surveillance SA v Philippines*,[103] a breach of an independent contractual commitment with a foreign investor even under national laws equates to a breach of international obligation by the host state.[104] However,

102 See COTULA, Lorenzo. "Reconciling regulatory stability and evolution of environmental standards in investment contracts: towards a rethink of stabilisation clauses". *Journal of World Energy Law and Business*, vol. 1, 2008, pp. 160-162; COALE, Margarita T. B. "Stabilisation Clauses in International Petroleum Transactions". *Denver Journal of International Law and Policy*, vol. 30, 2001-2002, p. 223 (classifying the types of stabilization clauses into intangibility clauses and stabilization clause *stricto sensu* as well as chronicling various arbitral cases in which stabilization clauses were in issue).

103 SGS Societe Generale de Surveillance SA v Republic of the Philippines, ICSID Case No. ARB/02/6, Decision on Objections to Jurisdiction, January 29, 2004.

104 SGS Societe Generale de Surveillance SA v Republic of the Philippines, ICSID Case No. ARB/02/6, Decision on Objections to Jurisdiction, January 29, 2004, 1-68, para. 127, p. 48. For contrary position, see the case of *SGS Societe Generale de Surveillance SA v Islamic Republic of Pakistan*, ICSID Case No. ARB/01/13, Decision of the Tribunal on Objections to Jurisdiction, August 06, 2003, para. 167, p. 364 (which had similar facts with *SGS v Philppines*, but the tribunal ruled that a breach of contractual obligation does not equate to treaty breaches under international law except where the parties unequivocally and unambiguously indicated as such in the relevant treaty).

it could be argued that to the extent that a host state's action is motivated by public interest such action would be consistent with its sovereign regulatory rights. Therefore, the concept of legitimate expectation ought not to trump the legal norms upon which the duty of the executive to enter into international treaties rest. Such duty is grounded in both constitutional law and international law. Although non-discrimination and due process are at the core of legitimate expectation, international law recognises the sovereign power of a state to limit its authority for the purpose attracting investment[105] as well as regulating on public interest grounds.

Legitimate Expectation and Non-Precluded Measures (NPM)

Given the nexus between the principle of *pacta sunt servanda* and the doctrine of legitimate expectation there seems to be suggestions that the latter doctrine may not even be undermined by the insertion of non-precluded measures (NPM) into the investment treaties and contracts or the doctrine of necessity under customary international law particularly where the losses incurred by the foreign investors are significant, and actions of the host state questionable.[106] To argue that NPM and customary international law defence of necessity can never be pleaded because of the

105 CURTIS, Christopher T. "The legal security of economic development agreements". *Harvard International Law Journal*, vol. 29, 1988, p. 318. Note the synthesis of the features of fair and equitable treatment and by implication legitimate expectation: stability of regulatory framework; representation to an investor or lack thereof is material; non-compensation for loss attributable to the investor; state is not an insurer to investors; investor must take the host state as it finds it; balancing of legitimate expectation with regulatory prerogatives of the host state. For details of theses see: MARSHALL, Fiona. "Fair and Equitable Treatment in International Investment Agreements". *International Institute for Sustainable Development*, 2007, pp. 11/12. Availabe at: http://search.iisd.org/pdf/2007/inv_fair_treatment.pdf. Last access: 03.07.14.

106 BURKE-WHITE, William W. "The Argentine Financial Crisis: State Liability Under BITs and the Legitimacy of the ICSID System". *Faculty Scholarship*

doctrine of legitimate expectation is not entirely correct. Rather, high threshold of proof may be required to plead NPM or necessity. NPM allow a state to take actions otherwise inconsistent with the treaty, if the actions are necessary on the ground of protection of essential security interest, maintenance of public order, public interest, and public welfare.[107] Similarly, the customary international law doctrine of necessity states that a state would not be liable for actions to 'safeguard an essential interest against a grave and imminent' danger.[108]

From the investors' perspective, the host state is therefore, estopped from reneging on the promise forming the condition for the investment. Failing that, the host state must be prepared to pay reparation in the form of compensation that would as far as possible wipe out all the consequences of the illegal action and 're-establish the situation which would, in all probability, have existed if that act had not been committed'.[109] Where reversion to status quo ante is impossible, compensation should be paid to the foreign investor.[110] The quantum of compensation ought to cover

---

at Penn Law, 2008. Available at: http://scholarship.law.upenn.edu/faculty_scholarship/193. Last visited: 05.07.2022.

107 BURKE-WHITE, William W. "The Argentine Financial Crisis: State Liability Under BITs and the Legitimacy of the ICSID System". *Faculty Scholarship at Penn Law*, 2008, p. 205. Available at: http://scholarship.law.upenn.edu/faculty_scholarship/193. Last visited: 05.07.2022.

108 See article 25, International Law Commission, *Draft Articles on the Responsibility of States for Internationally Wrongful Acts with Commentaries'*, U.N. Doc. A/56/10 (2001). Hereinafter called ILC Articles on the State Responsibility.

109 *Chorzow Factory case, (Germany v Poland)*, (1928) PCIJ Rep Series, A No. 13, p. 47 (Sept. 13).

110 See article 36(1) of the ILC Articles on the State Responsibility. On how the law of state responsibility has influenced investment arbitration see Martins Paparinskis. "Investment Treaty Arbitration and and the (New) Law of State Responsibility". *The European Journal of International Law*, 24/2, 2013, p. 617.

'any financially assessable damage including loss of profits' as long as the claimants could establish it.[111]

Re-thinking the Concept of Legitimate Expectation

We now turn our attention to the concept of legitimate expectation not just as a tool to promote the interests of investors but as a standard that can be relied upon by the host state. As pointed out by one of the arbitrators in *International Thunderbird Gaming*, the principle of legitimate expectations has become for tribunals 'a preferred way of providing protection' to investors where it is too difficult or complex to find a breach.[112] The case for predictability and stability of the legal environment in the host state is always based on the assumption that the socio-cultural, economic and political situation at the time of the conclusion of the investment treaty in question would not change. Because of the nature and changing fundamentals of governance, finding a breach of legitimate expectation based on an alteration of a host state's law as a consequence of an alteration of any of these situations is neither reasonable nor justifiable. To the extent that this somewhat empty concept is even remotely taken into account by arbitrators, it must be done so bearing in mind the interests of both parties to arbitration.[113] In this regard, the case is made in this section as to why the doctrine of legitimate expectation should never be seen only as a tool to protect foreign investment.

111 See article 36(2) of the ILC Articles on the State Responsibility.

112 See the Separate Opinion of Thomas Walde in the *International Thunderbird Gaming* case at para. 37.

113 It is important to note here that to the extent that a concept like legitimate expectation which has little or no grounding in investment treaty should not be a subject of investment arbitration.

In spite of the manner in which the doctrine has been interpreted over the years, there is no doubt that host states also expect investors to act in a manner that would legitimately contribute to their development trajectory.[114] Although the multiplicity of BITS have somehow led to the believe that there is an emerging customary international law requiring host states to ensure at all cost the protection of foreign investment, it is difficult to find a common denominator in the way most existing BITS are formulated, let alone a common principle emerging from the interpretation of those treaties by arbitral tribunals.[115] The argument that has oft been put forward in support of the doctrine of fair and equitable treatment from which the notion of legitimate expectation is derived needs serious rethinking. As was pointed out by the tribunal in *EDF (Services) Limited v. Romania*, "legitimate expectations cannot be solely expectations of the investor".[116]

While it is now clear from the discussions above that disappointed expectations may in some circumstances form the basis of a claim by an investor it is also a truism that as a consequence of economic development needs host states are willing to relinquish aspects of their sovereignty[117] for the purpose of attracting

114 See SAUVANT, Karl P.; ÜNÜVAR, Güneş. "Can Host Countries have legitimate expectations?" *Columbia FDI Perspectives*, nº 183, 2016.

115 See SORNARAJAH, M. *The International Law on Foreign Investment*. 3ª ed. Cambridge: Cambridge University Press, 2010; SUBEDI, Surya. *International Investment Law*: reconciling Policy and Principle. 3ª ed. Oxford: Hart, 2016; GAZZINI, Tarcisio. *The Interpretation of International Investment Treaties*. Oxford: Hart, 2016.

116 *EDF (Services) Limited v. Romania* (ICSID Case No. ARB/05/13), Award Merits, (8 October 2009), para. 219.

117 The concept is one of the most controversial subjects in international law scholarships as exemplified in some of these writings; KREIJEN, Gerard *et al.* (Coord.). *State Sovereignty, and International Governance*. Oxford: Oxford University Press, 2002, pp. 282/283; KRASNER, Stephen D. *Sovereignty*: organized hypocrisy. Princeton: Princeton University Press, 1999; FOWLER,

investments.[118] Controversies over development as a criterion protected by international law of investment have reigned over the years. However, the underlining premise on which BITS are made has always been that such BIT will bring in more investment and thereby economic development even if there is no provision in such BIT effectively guaranteeing such economic development.[119] Whatever objectives states may have in attracting FDI, development as a centre element of those objectives is uncontested.[120] These uncontested objectives are clearly not foreign to the preambles of some BITS and are clearly emerging as standard provisions in BITS.[121] Consequently, most developing countries attract foreign investments not only to enhance their technological development but also as an insurance to 'balance their financial accounts'.[122] Moreover, the policy argument for employing international law to

---

Michael Ross; BUNCK, Julie Marie. *Law, Power, and the Sovereign State*. Pennsylvania: The Pennsylvania State University Press, 1995.

118 The nexus between international investment law and development is well covered in SORNARAJAH, M. *The International Law on Foreign Investment*. 3ª ed. Cambridge: Cambridge University Press, 2010; SUBEDI, Surya. *International Investment Law*: reconciling Policy and Principle. 3ª ed. Oxford: Hart, 2016.

119 Although this trend is gradually changing as recent BIT such as the SADC model BIT have decided to include development as a criterion to be protected in their BIT.

120 Over the past decades many developing countries had looked for FDI as a means to balance their financial accounts. Apart from creating jobs for citizens of host states, most of the FDIs with developing countries have been based on a promise of positive spill-overs as well as technological transfer.

121 See, for instance, *Brazil – Mozambique CIFA*, art. 10, available at http://www.iisd.org/sites/default/files/publications/comparison-cooperation-investment-facilitationagreements.pdf; *United States – Senegal Bilateral Investment Treaty*, the Preamble, available at http://investmentpolicyhub.unctad.org/Download/TreatyFile/2249.

122 See GALLAGHER, Kevin P.; BIRCH, Melissa. "Do investment agreements attract investment? Evidence from Latin America". *Journal of World Investment & Trade*, vol. 7, nº 6, 2006, pp. 961-974.

protect foreign investment in most developing countries has often been framed on the basis of economic development.[123]

It is important to contextualise the interpretation of fair and equitable treatment when considering whether the legitimate expectations of an investor have been frustrated. Doing so will take into account the conduct of the investor as well as the object and purpose of the investment treaty on which the claim is based.[124] In this regard, legitimate expectation ought not only be a standard on which the obligation of the host state is ascertained. Irrespective of a lack of consensus on the advancement of economic development as a customary international law obligation in BIT, many developing countries have for the past few decades acted as if though such a requirement should be self-evident in the operationalization of BIT.

For far too long, reasonable policies that enhance economic development have only been at the margin on the debate on what ought to be legitimately protected by international investment law.[125] This is notwithstanding the fact that the right to development in international law is nothing new.[126] Although the nexus between

---

123 See SORNARAJAH, M. *The International Law on Foreign Investment*. 3ª ed. Cambridge: Cambridge University Press, 2010.

124 On this, see MUCHLINSKI, Peter. "'Caveat Investor'? the Relevance of the Conduct of the Investor under the Fair and Equitable Treatment Standard". *International and Comparatively Law Quarterly*, vol. 55, nº 3, 2006, pp. 527-558 and Garcia-Bolivar, CUP, (2011).

125 Lack of inclusion of development in the debate on the issue of legitimate expectation is somehow tantamount to what would otherwise be clearly seen as objectives of BIT clearly spelt out in the preamble of many investment treaties. See, for instance, the preamble to the *July 2012 Southern Africa Development Community (SADC) Model Bilateral Investment Treaty*. Available at: http://www.iisd.org/itn/wp-content/uploads/2012/10/sadc-model-bit-template-final.pdf. Last visited: 02.06.2016. See also the *2014 Canada – Senegal BIT* and many others at http://investmentpolicyhub.unctad.org/IIA/MostRecentTreaties#iiaInnerMenu. Last visited: 02.06.2016.

126 See for instance, the December 1986 UN Declarations on the Right to Development at UN Doc. A/RES/41/128, adopted on 4 December 1986,

investment and economic development is well documented, the discussion of this relationship is often based on the impact of investment on development rather than on how development concerns inform the formation and interpretation of investment treaties.[127] The focus on development concerns in the crafting and interpretation of investment treaties do not necessarily preclude discussions on the impacts of investment on the development of a country, rather, it places economic development as an objective criterion of the normative framework of international investment law while at the same time not ignoring the impact of investment on development.

Thus, with the changing fundamentals in international economic relations it is indeed, necessary to approach the concept of legitimate expectations from a rather holistic perspective. This view is by no means ignoring the fact that as a party to investment

---

for its text see http://www.un.org/documents/ ga/res/41/a41r128.htm (last visited: 14.02.2018); International Covenant on Economic, Social and Cultural Rights, General Assembly Resolution 2200A (XXI), 993 U.N.T.S. 3, December 16, 1966, entered into force January 3, 1976 (last visited: 14.02.2018). See also BUNN, Isabella. "The right to development: implications for international economic law". *American University International Law Review*, vol. 15, nº 6, 2000, pp. 1425-1467; MEIER, Benjamin Mason. "Advancing health rights in a globalised world: responding to globalisation through a collective human right to public health". *Global Health Law, Ethics and Policy*, 2007, pp. 545-555; ARTS, Karin; ATABONGAWUNG, Tamo. "The Right to Development in International Law: New Momentum Thirty Years Down the Line?" *Netherland International Law Review*, vol. 63, nº 3, 2016, pp. 221-249.

127 There is also a growing recognition that countries do not need investment treaties to be able to attract foreign direct investment. According to this view, in some developing countries, investment treaty may even be a threat 'to state progress and development'. See, for instance, DAGBANJA, Dominic. "The limitation on sovereign regulatory autonomy and internationalization of investment protection by treaty: an African perspective". *Journal of African Law*, vol. 60, nº 1, 2016, pp. 56-82; SORNARAJAH, M. *The International Law on Foreign Investment*. 3ª ed. Cambridge: Cambridge University Press, 2010; SUBEDI, Surya. *International Investment Law*: reconciling Policy and Principle. 3ª ed. Oxford: Hart, 2016; GAZZINI, Tarcisio. *The Interpretation of International Investment Treaties*. Oxford: Hart, 2016.

treaties, states must also refrain from 'illegitimate interference' with protected investment activities.[128] Rather, as has been discussed in this paper, there needs to be a careful balance between the interest of investors and that of host states. In this regard, if economic development is seen as an objective in the formation and interpretation of investment treaties, it ought to be legitimately expected from any investment project. It is therefore, important to move away from the distinction between investment in developing and least developed countries that ought to be entirely governed by supranational law and those in the developed countries that are to be governed by national law. Flexibility and availability of public policy space ought to be ingrained in any investment arrangements. In other words, to the extent that the expectations of foreign investors are integral parts of investment arrangements as well as interpretations by arbitrators, citizens expectations that governments properly exercise sovereign rights to protect public interests ought also be taken into account.

Conclusion

As a consequence of the implication of the concept of legitimate expectation to the ability of states to exercise domestic policy space, many developing countries have started reacting very negatively to existing investment treaties. More recently, many Latin American countries have been at the forefront of renegotiation, denouncing existing investment treaties and the jurisdiction of ICSID or simply refusing to enter into new investment treaties.[129] With the changing

---

128 On the balancing of host states and investors interest in the context of ISDS, see SCHILL, Stephen W. "Reforming Investor-State Dispute Settlement: a (Comparative and International) Constitutional Law Framework". *Journal of International Economic Law*, vol. 20, 2017, pp. 649-672.

129 SPEARS, Suzanne A. "The Quest for Policy Space in a new Generation of International Investment Agreements". *Journal of International Economic Law*, vol. 13, nº 4, 2010, pp. 1037-1075; DAGBANJA, Dominic. "The

fundamentals in international economic relations, some capital exporting states like the United States and Norway have also been revisiting their existing investment treaties with a view to ensuring the obligations enshrined in them balance the needs of hosts states and investors.[130] Therefore in order to balance the interests of the host states whether in developing or developed countries, the concept of legitimate expectations as it has been applied solely in the interest of the investors over the years is not sustainable. To the extent that the object and purpose of investment/investment treaty is to support states in their long road to development while also benefiting investors, freedom of actions by states under municipal law to safeguard public interests must at all times be taken into account in any investment arrangement.

Referências bibliográficas

AHMETAJ, Hysni. "Legal Certainty and Legitimate Expectation in the EU Law". *Interdisciplinary Journal of Research and Development*, vol. 1, nº 2, 2014.

ARTS, Karin; ATABONGAWUNG, Tamo. "The Right to Development in International Law: New Momentum Thirty Years Down the Line?" *Netherland International Law Review*, vol. 63, nº 3, 2016.

ASHDOWN, Gerald G. "The Fourth Amendment and the 'Legitimate expectation of privacy'". *Vanderbilt Law Review*, vol. 34, 1981.

BROWER, Charles H. "Investor-State Disputes Under NAFTA: the Empire Strikes Back". *Columbia journal of transnational law*, vol. 40, 2001-2002.

BUNN, Isabella. "The right to development: implications for international economic law". *American University International Law Review*, vol. 15, nº 6, 2000.

---

limitation on sovereign regulatory autonomy and internationalization of investment protection by treaty: an African perspective". *Journal of African Law*, vol. 60, nº 1, 2016, pp. 56-82.

130 Ibid, pp. 1043/1044.

BURKE-WHITE, William W. "The Argentine Financial Crisis: State Liability Under BITs and the Legitimacy of the ICSID System". *Faculty Scholarship at Penn Law*, 2008. Disponível em: http://scholarship.law.upenn.edu/faculty_scholarship/193. Acessado em: 05.07.2022.

CARTWRIGHT, John. "Protecting Legitimate Expectations and Estoppel in English Law: Report to the XVIIth International Congress of Comparative Law, july 2006". *Electronic Journal of Comparative Law*, vol. 10, nº 3, 2006.

COALE, Margarita T. B. "Stabilisation Clauses in International Petroleum Transactions". *Denver Journal of International Law and Policy*, vol. 30, 2001-2002.

COTULA, Lorenzo. "Reconciling regulatory stability and evolution of environmental standards in investment contracts: towards a rethink of stabilisation clauses". *Journal of World Energy Law and Business*, vol. 1, 2008.

CRAIG, Paul P. "Substantive Legitimate Expectation in the Domestic and Community Law". *Cambridge Law Journal*, vol. 55, nº 2, 1996.

______. *Administrative Law*. 5ª ed. Londres: Sweet & Maxwell, 2003.

CROWLEY, Donald; JOHNSON, Jeffrey L. "Balancing and Legitimate expectation of privacy". *Saint Louis University Public Law Review*, vol. 7, 1988.

CURTIS, Christopher T. "The legal security of economic development agreements". *Harvard International Law Journal*, vol. 29, 1988.

DAGBANJA, Dominic. "The limitation on sovereign regulatory autonomy and internationalization of investment protection by treaty: an African perspective". *Journal of African Law*, vol. 60, nº 1, 2016.

DOLZER, Rudolf. "Fair and Equitable Treatment: a Key Standard in Investment Treaties". *International Lawyer*, vol. 39, 2005.

______. "The Impact of International Investment Treaties on Domestic Administrative Law". *New York University Journal of International Law and Politics*, vol. 37, 2004-2005.

DOLZER, Rudolf; SCHREUER, Christopher. *Principles of international investment law*. 2ª ed. Oxford: Oxford University Press, 2012.

DOLZER, Rodolf; STEVENS, Margrete. *Bilateral Investment Treaties*. Hague: Kluwer, 1995.

EPSTEIN, Richard A. "Lucas v. South Carolina Coastal Council: a Tangled Web of Expectations". *Stanford Law Review*, vol. 45, nº 5, 1993.

FORSYTH, C. F. "The Provenance and Protection of Legitimate Expectation". *Cambridge Law Journal*, vol. 47, nº 2, 1988.

FOWLER, Michael Ross; BUNCK, Julie Marie. *Law, Power, and the Sovereign State*. Pennsylvania: The Pennsylvania State University Press, 1995.

GALLAGHER, Kevin P.; BIRCH, Melissa. "Do investment agreements attract investment? evidence from Latin America". *Journal of World Investment & Trade*, vol. 7, nº 6, 2006.

GAZZINI, Tarcisio. *The Interpretation of International Investment Treaties*. Oxford: Hart, 2016.

HANSEN, Peter; ARANDA, Victoria. "An emerging international framework for transnational corporations". *Fordham International Law Journal*, vol. 14, 1990-1991.

HLOPHE, John. "Legitimate expectation and natural justice: English, Australian and South African Law". *The South African Law Journal*, vol. 104, 1987.

HODU, Yenkong Ngangjoh. "A Critique of Legitimate Expectation Doctrine in Investment Treaty Arbitration". *EJIL Talk*, 16 set. 2013. Disponível em: https://www.ejiltalk.org/a-critique-of-the-legitimate-expectations-doctrine-in-investment-treaty-arbitration/. Acessado em: 05.07.2022.

______. "Legitimate Expectations in Investment Disputes: a Reply to Sadie Blanchard". *EJIL Talk*, 17 set. 2013. Disponível em: https://www.ejiltalk.org/legitimate-expectations-in-investment-disputes-a-response-to-sadie-blanchard/. Acessado em: 05.07.2022.

______. "World Trade Organization Dispute Settlement Retaliatory Regime at the Tenth Anniversary of the Organization: Reshaping the 'Last Resort' Against Non-Compliance". *Journal of World Trade*, vol. 40, nº 2, 2006.

______. *Theories and Practices of Compliance with WTO Law*. Alphen aan den Rijn: Kluwer Law International, 2012.

KILL, Theodore. "Don't cross the streams: past and present overstatement of customary international law in connection with conventional fair and equitable treatment obligations". *Michigan Law Review*, vol. 106, nº 5, 2007-2008.

KRASNER, Stephen D. *Sovereignty*: organized hypocrisy. Princeton: Princeton University Press, 1999.

KREIJEN, Gerard *et al.* (Coord.). *State Sovereignty, and International Governance*. Oxford: Oxford University Press, 2002.

LEVINSON, L Harold. "The Legitimate Expectation that Public Officials will Act Consistently". *The American Journal of Comparative Law*, vol. 46, 1988.

LINGYUN, Yu. "Protection of Legitimate Expectations in Administrative Law". *Social Sciences in China*, vol. 3, 2003.

MARSHALL, Fiona. "Fair and Equitable Treatment in International Investment Agreements". *International Institute for Sustainable Development*, 2007. Disponível em: http://search.iisd.org/pdf/2007/inv_fair_treatment.pdf. Acessado em: 03.07.2014.

MASCOLO, Edward G. "Arresting a Suspect in the Home of a Third Party: The Issue of Standing or Legitimate Expectations of Privacy". *Western New England Law Review*, vol. 4, 1981-1982.

McLACHLAN, Campbell. *et al. International investment arbitration*: substantive principles. Oxford: Oxford University Press, 2008.

MEIER, Benjamin Mason. "Advancing health rights in a globalised world: responding to globalisation through a collective human right to public health". *Global Health Law, Ethics and Policy*, 2007.

MUCHLINSKI, Peter. "'Caveat Investor'? the Relevance of the Conduct of the Investor under the Fair and Equitable Treatment Standard". *International and Comparatively Law Quarterly*, vol. 55, nº 3, 2006.

PAPARINSKI, Martins. "Investment treaty arbitration and the (new) law of state responsibility". *EJIL*, vol. 24, nº 2, 2013.

PAULSSON, Jan. *Denial of Justice in International Law*. Cambridge: Cambridge University Press, 2005.

POSNER, Eric A.; SYKES, Alan. "Efficient breach of international law: optimal remedies, 'legalized noncompliance', and related issues". *Michigan Law Review*, vol. 110, nº 2, 2011.

POTESTA, Michele. "Legitimate Expectations in Investment Treaty Law: understanding the Roots and the Limits of a Controversial Concept". *ICSID Review*, vol. 28, 2013.

RIGGS, Robert E. "Legitimate expectation and procedural fairness in English Law". *The American Journal of Comparative Law*, vol. 36, 1988.

SARTOR, Giovanni. *et al.* "Reasonableness in International Law". *In*: CARTY, Tony (Coord.). *Oxford bibliographies in international law*. Oxford: Oxford University Press, 2016.

SAUVANT, Karl P.; ÜNÜVAR, Güneş. "Can Host Countries have legitimate expectations?" *Columbia FDI Perspectives*, nº 183, 2016.

SCHILL, Stephen W. "Reforming Investor-State Dispute Settlement: a (Comparative and International) Constitutional Law Framework". *Journal of International Economic Law*, vol. 20, 2017.

SCHREUER, Christoph. "Fair and Equitable Treatment (FET): Interactions with other Standards". *Transnational Dispute Management*, vol. 4, nº 5, 2007.

______. "Fair and Equitable Treatment in Arbitral Practice". *Journal of World Investment and Trade*, vol. 6, 2005.

SHARPSTON, Eleanor. "European community law and the doctrine of legitimate expectations: how legitimate, and for whom". *Northwestern Journal of International Law & Business*, vol. 11, nº 1, 1990.

SKOK, Gavin. "Establishing a Legitimate Expectation of Privacy in Clickstream Data". *Michigan Technology Law Review*, vol. 6, 1999-2000.

SNODGRASS, Elizabeth. "Protecting Investors' Legitimate Expectations: Recognizing and Delimiting a General Principle". *ICSID Review of Foreign Investment Law Journal*, vol. 21, nº 1, 2006.

SORNARAJAH, M. *The International Law on Foreign Investment*. 3ª ed. Cambridge: Cambridge University Press, 2010.

SPEARS, Suzanne A. "The Quest for Policy Space in a new Generation of International Investment Agreements". *Journal of International Economic Law*, vol. 13, nº 4, 2010.

SUBEDI, Surya. *International Investment Law*: reconciling Policy and Principle. 3ª ed. Oxford: Hart, 2016.

TUDOR, Ioana. *The fair and equitable treatment standard in the international law of foreign investment*. Oxford: Oxford University Press, 2008.

VADI, Valentina. *Proportionality, reasonableness and standards of review in international investment law and arbitration*. Cheltenham: Edward Elgar, 2018.

VANDEVELDE, Kenneth J. "A unified theory of fair and equitable treatment". *New York University Journal of International Law and Politics*, vol. 43, 2010-2011.

WAELDE, Thomas W.; NDI, George. "Stabilizing international investment commitments: international law versus contract interpretation". *Texas International Law Journal*, vol. 31, 1996.

WESTCOTT, Thomas J. "Recent Practice on Fair and Equitable Treatment". *Journal of World Investment Trade*, vol. 8, 2007.

ZEYL, Trevor. "Charting the Wrong Course: the Doctrine of Legitimate Expectations in Investment Treaty Law". *Alberta Law Review*, vol. 49, nº 1, 2011.

CAPÍTULO V

SOBRE OS PODERES JURISDICIONAIS DOS ÁRBITROS, EM PARTICULAR NA ARBITRAGEM ADMINISTRATIVA EM PORTUGAL

Raquel Carvalho[1]

1 A admissibilidade constitucional de poderes jurisdicionais privados

A Constituição Portuguesa (CRP), no nº 2 do artigo 209º, admite a possibilidade de tribunais arbitrais, "não se pronunciando sobre o âmbito e natureza dos litígios que podem ser submetidos à jurisdição desses tribunais".[2] [3] Não integram a jurisdição estadual,

---

1 A Autora agradece o amável convite que lhe foi dirigido pela organização, na pessoa do Senhor Prof. Doutor Rafael Valim.

2 CADILHA, Carlos Alberto. "Reserva de jurisdição estadual e limites à arbitragem administrativa". *Revista Internacional de Arbitragem e Conciliação*, 2017, p. 99.

3 Referindo-se a esta abertura, tratando especificando o assunto (MEDEIROS, Rui; PORTOCARRERO, Marta. "Administrative Arbitration". *In*:

mas atendendo a que se trata da previsão de administração da justiça por privados,[4] existe relevância jurídico-constitucional.[5]

FONSECA, André Pereira da *et al.* (Coord.). *International Arbitration in Portugal*. Alphen aan den Rijn: Kluwer Law International, 2020, pp. 371-373), desde a revisão de 1982 da CRP. Sobre outras soluções em ordenamentos próximos do português (ALMEIDA, Mário Aroso de. "Arbitragem e Tribunais Administrativos". *Revista Internacional de Arbitragem e Conciliação*, 2014, pp. 48, nota 2).

4 Os demais artigos da CRP, relevantes para a questão da admissibilidade de tribunais arbitrais, como sejam o nº 1 do artigo 211º, e nº 3 do artigo 212º não limitam esta admissibilidade. Neste sentido, MEDEIROS, Rui; PORTOCARRERO, Marta. "Administrative Arbitration". *In*: FONSECA, André Pereira da *et al.* (Coord.). *International Arbitration in Portugal*. Alphen aan den Rijn: Kluwer Law International, 2020, p. 371; GONÇALVES, Pedro. *Entidades privadas com poderes públicos*. Coimbra: Almedina, 2005, p. 565; PORTOCARRERO, Marta. *Contratos sobre o exercício de poderes públicos, transação e arbitragem*: ensaio sobre a disponibilidade do poder administrativo. Porto: UCEditora, 2015, pp. 285 e ss.

5 Está em causa uma das dimensões de acesso ao Direito, na vertente de acesso à justiça, interfere com os direitos, liberdade e garantias dos cidadãos, com a competência dos tribunais estaduais, com o estatuto dos árbitros. Todas estas vertentes estão salvaguardadas, quanto à intervenção legislativa, à Assembleia da República (ainda que esta possa conceder autorização legislativa ao governo, nos termos da previsão constitucional). Mesmo não sendo os tribunais arbitrais integrantes do acervo dos Tribunais, enquanto órgão de soberania (MONTEIRO, Antônio Pedro; SILVA, Artur Flamínio da; MIRANTE, Daniela. *Manual de Arbitragem*. Coimbra: Almedina, 2019, p. 66), caso em que o seu estatuto constaria da própria Constituição (cfr. o disposto nos artigos 110º e ss. da CRP). Sobre este aspeto, Acórdãos do TC nº 230/86 e 52/92 ("a arbitragem representa atividade jurisdicional e os tribunais arbitrais são tribunais em sentido constitucional"), 230/2013; TELES, Miguel Galvão. "Recurso para Tribunal Constitucional das decisões dos tribunais arbitrais". *In*: MIRANDA, Jorge (Coord.). *Estudos em Homenagem ao Prof. Doutor Sérvulo Correia*. Coimbra: Coimbra Editora, 2010, p. 647; CADILHA, Carlos Alberto. "Reserva de jurisdição estadual e limites à arbitragem administrativa". *Revista Internacional de Arbitragem e Conciliação*, 2017, p. 99; BARROCAS, Manuel Pereira. "Poderes do Árbitro. Extensão e Limites". *In*: MIRANDA, Agostinho Pereira de. *Estudos de Direito da Arbitragem em Homenagem a Mário Raposo*. Lisboa: UCEditora, 2015, p. 150; MARTINS, Licínio Lopes; CORREIA, Jorge Alves. *Justiça Administrativa - Textos e casos práticos resolvidos*. 2ª ed. Braga: Gestlegal, 2019, p. 98. Sobre a distribuição de competências legislativas, a nível da CRP,

Não existe, por conseguinte, uma reserva de jurisdição estadual quanto "aos litígios que envolvam a Administração Pública", assim devendo ser interpretado o artigo 212º da CRP.[6] Mário Aroso de Almeida sustenta que os tribunais (administrativos) arbitrais devem portanto ser considerados tribunais administrativos.[7]

---

entre muitas outras obras *vide* VAZ, Manuel Afonso; BOTELHO, Catarina Santos. *et al. Direito Constitucional - O Sistema Constitucional Português*. 2ª ed. Porto: Universidade Católica Portuguesa, 2015; CANOTILHO, José Joaquim. *Direito Constitucional e Teoria da Constituição*. 7ª ed. Coimbra: Almedina, 2003; CANOTILHO, José Joaquim; MOREIRA, Vital. *Constituição da República Portuguesa Anotada*. 4ª ed. revista, vol. II. Coimbra: Coimbra Editora, 2010; MIRANDA, Jorge; MEDEIROS, Rui. *Constituição Portuguesa Anotada*. 2ª ed. revista, atualizada e ampliada, vol. III. Lisboa: UCEditora, 2020.

6 ALMEIDA, Mário Aroso de. "Arbitragem e Tribunais Administrativos". *Revista Internacional de Arbitragem e Conciliação*, 2014, p. 47; ALMEIDA, Mário Aroso de. *Manual de Processo Administrativo*. 4ª ed. Coimbra: Almedina, 2020, p. 530; MEDEIROS, Rui; PORTOCARRERO, Marta. "Administrative Arbitration". *In*: FONSECA, André Pereira da *et al*. (Coord.). *International Arbitration in Portugal*. Alphen aan den Rijn: Kluwer Law International, 2020, p. 371. Como sustenta Carlos Cadilha, "ainda que pretendendo consagrar o princípio de reserva da função jurisdicional aos tribunais, a Constituição abre, entretanto, a possibilidade de serem institucionalizados instrumentos e formas de composição não jurisdicional de conflitos (artigo 202º, nº 4), e faz expressa referência aos tribunais arbitrais como uma categoria autónoma de tribunais (artigo 209º, nº 2)". CADILHA, Carlos Alberto. "Reserva de jurisdição estadual e limites à arbitragem administrativa". *Revista Internacional de Arbitragem e Conciliação*, 2017, pp. 99-100; GONÇALVES, Pedro. "Administração Pública e arbitragem - em especial, o princípio legal da irrecorribilidade de sentenças arbitrais". *In*: CORREIA, Fernando Alves. *Estudos em Homenagem a António Barbosa de Melo*. Coimbra: Almedina, 2013, p. 779; PORTOCARRERO, Marta. "Arbitration in Administrative Affairs: the Enlargement Scope of Ratione The Enlargement Scope of Ratione". *Central European Public Administration Review*, vol. 18, nº 1, 2020, pp. 206/207.

7 ALMEIDA, Mário Aroso de. "Arbitragem e Tribunais Administrativos". *Revista Internacional de Arbitragem e Conciliação*, 2014, pp. 97 e 99; MIRANDA, Jorge; MEDEIROS, Rui. *Constituição Portuguesa Anotada*. 2ª ed. revista, atualizada e ampliada, vol. III. Lisboa: UCEditora, 2020, pp. 97 e 99; MEDEIROS, Rui. "Arbitragem administrativa e Constituição". *In*: VASCONCELOS, Joana *et al. Estudos em Homenagem a Agostinho*

Rui Medeiros e Marta Portocarrero entendem igualmente que não existe na Constituição atual nenhuma norma que permita concluir que a arbitragem tem uma natureza excecional quanto às questões das relações jurídico-administrativas que sejam arbitráveis.[8] Por outro lado, são igualmente de opinião de que não existe um direito constitucionalmente garantido à arbitragem administrativa.

Quanto ao fundamento concreto destes tribunais, Pedro Gonçalves adiante que "o fundamento imediato da *potestas* dos árbitros para resolver um *caso específico* reside sempre num ato jurídico, de carácter negocial",[9] podendo ser uma convenção de arbitragem ou a adesão a um centro de arbitragem. É, por conseguinte, a vontade das partes, a autonomia privada, ainda que o fundamento primeiro resida na admissibilidade constitucional e na

---

Pereira de Miranda. Coimbra: Almedina, 2019. A jurisprudência do Tribunal constitucional é constante neste sentido – Acórdãos nºs 230/86 (fiscalização sucessiva abstrata) e nº 543/2018 (fiscalização sucessiva concreta).

8 MEDEIROS, Rui; PORTOCARRERO, Marta. "Administrative Arbitration". *In*: FONSECA, André Pereira da *et al.* (Coord.). *International Arbitration in Portugal*. Alphen aan den Rijn: Kluwer Law International, 2020, p. 372; MEDEIROS, Rui. "Arbitragem administrativa e Constituição". *In*: VASCONCELOS, Joana *et al. Estudos em Homenagem a Agostinho Pereira de Miranda*. Coimbra: Almedina, 2019, pp. 462/463. Obviamente, sem prejuízo da delimitação de competência jurisdicional que a própria Constituição estabelece.

9 GONÇALVES, Pedro. *Entidades privadas com poderes públicos*. Coimbra: Almedina, 2005, p. 566. Sérvulo Correia e José Duarte Coimbra sustentam que, apesar da génese privada do Tribunal Arbitral, a função jurisdicional permanece pública, afastando-se assim da posição de Pedro Gonçalves (CORREIA, José Manuel; COIMBRA, José Duarte. "O dever de fundamentar e a anulação de decisões arbitrais". *Revista Internacional de Arbitragem e Conciliação*, 2020, p. 186, nota 30). Na linha de Pedro Gonçalves quanto ao exercício a título privado da função jurisdicional (MONTEIRO, Antônio Pedro; SILVA, Artur Flamínio da; MIRANTE, Daniela. *Manual de Arbitragem*. Coimbra: Almedina, 2019, p. 66).

previsão legal.[10] Mas o fundamento pode igualmente ter origem na lei que impõe arbitragem necessária.[11]

2 A arbitragem administrativa: a arbitrabilidade de questões de Direito Administrativo e seus limites

1. O ponto de partida para se analisarem os poderes dos árbitros em arbitragem administrativa, após determinarmos que a mesma é admissível no contexto do ordenamento jurídico português, é compreender o âmbito objetivo das questões que lhe podem ser submetidas.

2. Ainda que não pretendamos maçar o leitor com a descrição pormenorizada sobre a evolução do referido âmbito objetivo,

10 Sendo uma das partes um ente público, como já sustentamos, entendemos não dever falar-se em "autonomia privada", mas em autonomia pública, i.e., discricionariedade administrativa. Talvez por essa razão, há quem sustente que, por ser a lei a prever que possa haver arbitragem, o fundamento da mesma ainda se liga ao princípio da legalidade. Neste sentido, GONÇALVES, Pedro. "Administração Pública e arbitragem - em especial, o princípio legal da irrecorribilidade de sentenças arbitrais". *In*: CORREIA, Fernando Alves. *Estudos em Homenagem a António Barbosa de Melo*. Coimbra: Almedina, 2013, p. 781, e Acórdão do TC 311/08 (referindo-se à dimensão institucional dos tribunais arbitrais).

11 Sobre as várias e complexas questões a propósito da designada arbitragem necessária, a título meramente exemplificativo, *vide* GONÇALVES, Pedro. *Entidades privadas com poderes públicos*. Coimbra: Almedina, 2005, pp. 570 e ss.

até porque há descrições detalhadas bastante mais competentes, importa, todavia, dar o contexto do atual âmbito objetivo.[12] [13]

Ainda antes da Constituição atual, ou seja, em termos históricos, a arbitragem em matéria administrativa não era uma evidência. Designadamente por causa do critério inicial de disponibilidade de direitos (que, nos ordenamentos jurídicos de matriz francesa, teve um peso significativo).[14] Contudo, a própria jurisprudência estadual superior, designadamente o Supremo Tribunal Administrativo (STA), nos anos 50, começou por admitir a arbitragem em relação a contratos de concessão (que, em Portugal, são contratos administrativos). A admissibilidade consolidou-se com a Constituição

---

12 Para um completo e mais profundo retrato da evolução, em termos infraconstitucionais, CORREIA, José Manuel. "A Arbitragem dos Litígios entre Particulares e a Administração Pública sobre situações regidas pelo Direito Administrativo". *In*: ANTUNES, Maria João *et al.* (Coord.). *Estudos em Memória do Conselheiro Artur Maurício*. Coimbra: Coimbra Editora, 2014; CADILHA, Carlos Alberto. "Reserva de jurisdição estadual e limites à arbitragem administrativa". *Revista Internacional de Arbitragem e Conciliação*, 2017; GONÇALVES, Pedro. *Entidades privadas com poderes públicos*. Coimbra: Almedina, 2005, pp. 574 e ss.; VIEIRA, Pedro Siza. "A Arbitrabilidade de Direito Público em Portugal: um Ponto de Situação". *Revista Internacional de Arbitragem e Conciliação*, 2019; PORTOCARRERO, Marta. "Arbitration in Administrative Affairs: the Enlargement Scope of Ratione The Enlargement Scope of Ratione". *Central European Public Administration Review*, vol. 18, nº 1, 2020, pp. 207-209.

13 Sobre o alcance das questões que podem ser alvo de arbitragem (CORREIA, José Manuel. "A Arbitragem dos Litígios entre Particulares e a Administração Pública sobre situações regidas pelo Direito Administrativo". *In*: ANTUNES, Maria João *et al.* (Coord.). *Estudos em Memória do Conselheiro Artur Maurício*. Coimbra: Coimbra Editora, 2014, pp. 690 e ss.; ALMEIDA, Mário Aroso de. "Arbitragem e Tribunais Administrativos". *Revista Internacional de Arbitragem e Conciliação*, 2014; ALMEIDA, Mário Aroso de. "Apontamento sobre o regime da arbitragem respeitante a litígios relativos à formação de contratos públicos". *In*: AMARAL, Maria Lúcia (Coord.). *Estudos em Homenagem ao Conselheiro Presidente Rui Moura Ramos*. Coimbra: Almedina, 2016).

14 Foi este o critério inscrito na Lei de Arbitragem Voluntária de 1986, para a arbitragem voluntária em Direito Privado, já após a Constituição de 1976.

de 1976, admitindo-se a arbitragem administrativa relativamente a contratos administrativos e a questões de responsabilidade civil extracontratual por atos de gestão pública. Em 1986, surge a primeira lei sobre arbitragem voluntária (LAV 1986) que, quanto à arbitragem administrativa, remetia para a lei especial (o ETAF de então). O então critério da disponibilidade do direito cruzou-se depois com o critério da patrimonialidade, o qual, basicamente se identificava com o da disponibilidade. Entretanto, sobreveio uma outra LAV, de 2011, que segue a linha, no que às arbitragens administrativas diz respeito, da LAV de 1986. Ambas remetiam para lei especial, o que significa que o legislador optou por não estabelecer aí um critério de arbitrabilidade das questões associadas às relações jurídico-administrativas.[15] Na verdade, o critério disponibilidade/patrimonialidade é imprestável para o domínio do Direito Administrativo porquanto nesta sede se afirmam outros valores: a obrigação de prossecução do interesse público e a existência de regimes jurídicos específicos determinados por aquela diretriz.

Com o Código do Processo dos Tribunais Administrativos de 2002 (CPTA), consolidou-se a arbitragem administrativa e respetivos critérios, ainda que com discutibilidade quanto a arbitrabilidade dos atos administrativos.[16] Distinguiu-se entre a matéria dos contratos e atos administrativos que se relacionassem com a

---

15 Cfr. o disposto no nº 5 do artigo 1º da LAV de 2011. Mário Aroso de Almeida conclui, devido às normas existentes, que "não existe na ordem jurídica portuguesa uma norma de permissão geral de arbitragem em matéria administrativa", sendo necessária a sua concretização através de uma convenção arbitral (ALMEIDA, Mário Aroso de. "Arbitragem e Tribunais Administrativos". *Revista Internacional de Arbitragem e Conciliação*, 2014, p. 49; ALMEIDA, Mário Aroso de. *Manual de Processo Administrativo*. 4ª ed. Coimbra: Almedina, 2020, p. 531).

16 "A fiscalização da legalidade dos poderes de autoridade da Administração era (...) uma prerrogativa reservada aos tribunais estaduais", ainda que se admitisse que a verificação incidental de atos administrativos para efeitos indemnizatórios (ALMEIDA, Mário Aroso de; CADILHA, Carlos Alberto. *Comentário ao Código de Processo dos Tribunais Administrativos*. 4ª ed. Coimbra: Almedina, 2017, p. 1314).

execução dos mesmos (artigo 182º). Contudo, com o artigo 180º, ficou clarificado que também se incluíam os atos administrativos praticados fora daquele contexto. Todavia, a fórmula legal consagrada levantava algumas questões importantes em termos das relações que se podem estabelecer entre poder jurisdicional e poder administrativo, designadamente no que respeita ao exercício de poderes discricionários e aos limites a que estão sujeitos todos os tribunais quando apreciam atos administrativos discricionários. O julgamento e apreciação de mérito estão arredados do poder jurisdicional e a discricionariedade é a marca identitária da autonomia do poder administrativo. A formulação da previsão legal associada ao conceito de "disponibilidade" parecia associar os atos administrativos ao exercício daquele poder. O que, em rigor, impediria a atuação do poder jurisdicional e pelos privados a exercer poder jurisdicional.[17] O sentido útil que era possível retirar da previsão normativa era a possibilidade de impugnação da ilegalidade em tribunais arbitrais em relação a atos que podiam ser revogados. Assim, o artigo 180º do CPTA foi no sentido de alargar o âmbito objetivo da arbitragem. Quanto aos atos pré-contratuais, os mesmos estavam já previstos no nº 3 do artigo 180º do CPTA, tendo sido reforçada a sua inclusão no Código dos Contratos Públicos (CCP), em 2017. Com a revisão do CCP, foi incluído o artigo 476º relativo à resolução alternativa de litígios, designadamente a arbitragem (e institucionalizada, como regra),[18] aí se prevendo o âmbito de

---

17 Referindo-se ao equívoco que constituía fazer a equivalência entre disponibilidade e discricionariedade (ALMEIDA, Mário Aroso de; CADILHA, Carlos Alberto. *Comentário ao Código de Processo dos Tribunais Administrativos*. 4ª ed. Coimbra: Almedina, 2017, p. 1316).

18 Cfr. o disposto no nº 3 do artigo 476º: "A resolução de litígios por meio de arbitragem em tribunais arbitrais não integrados em centros de arbitragem institucionalizados só pode ser determinada numa das seguintes situações: a) Quando, face à elevada complexidade das questões jurídicas ou técnicas envolvidas, ao elevado valor económico das questões a resolver, ou à inexistência de centro de arbitragem institucionalizado competente na matéria, seja aconselhável a submissão de eventuais litígios à jurisdição de tribunal arbitral não integrado em centro de arbitragem institucionalizado; b) Quando

"resolução de litígios emergentes de procedimentos ou contratos aos quais se aplique o presente Código" (nº 1). Posteriormente, em 2018, o nº 3 do artigo 180º foi revisto, alinhando-se com as normas do CCP sobre esta matéria.

3. São, assim, arbitráveis as questões emergentes de relações jurídico-administrativas, nos termos do disposto do nº 1 do artigo 180º do CPTA, respeitantes a:

a) a contratos, incluindo a anulação ou declaração de nulidade de atos administrativos relativos à respetiva execução;[19]

b) a responsabilidade civil extracontratual, incluindo a efetivação do direito de regresso, ou indemnizações devidas nos termos da lei, no âmbito das relações jurídicas administrativas;[20]

---

o processo arbitral previsto nos regulamentos do respetivo centro de arbitragem institucionalizado não se conforme com o regime de urgência previsto no Código do Processo nos Tribunais Administrativos para os contratos por ele abrangidos; c) Quando se demonstre que a utilização de um centro de arbitragem institucionalizado teria como consequência uma resolução mais morosa do litígio; d) Quando se demonstre que a utilização de um centro de arbitragem institucionalizado teria como consequência um custo mais elevado para as entidades adjudicantes ou contraentes públicos". No sentido de que o legislador prefere a arbitragem necessária neste contexto". SERRÃO, Tiago. "A arbitragem no CCP revisto". *In*: GOMES, Carla Amado *et al. Comentários à Revisão do Código dos Contratos Públicos*. Lisboa: AAFDL, 2019, p. 1347.

19 Implica a "delimitação do âmbito de jurisdição administrativa", como resulta do artigo 4º do ETAF – Lei n. 13/2002, de 19 de fevereiro, designadamente perante a alínea e) do referido artigo ("Validade de atos pré-contratuais e interpretação, validade e execução de contratos administrativos ou de quaisquer outros contratos celebrados nos termos da legislação sobre contratação pública, por pessoas coletivas de Direito Público ou outras entidades adjudicantes"). ALMEIDA, Mário Aroso de; CADILHA, Carlos Alberto. *Comentário ao Código de Processo dos Tribunais Administrativos*. 4ª ed. Coimbra: Almedina, 2017, p. 1313.

20 Cfr. o disposto nas alíneas f), g) e h) do artigo 4º do ETAF ("Responsabilidade civil extracontratual das pessoas coletivas de direito público, incluindo por danos resultantes do exercício das funções política, legislativa e jurisdicional, sem prejuízo do disposto na alínea f) do nº 4 do presente artigo; g)

c) à validade de atos administrativos, salvo determinação legal em contrário;[21]

d) a relações jurídicas de emprego público, quando não estejam em causa direitos indisponíveis e quando não resultem de acidente de trabalho ou de doença profissional.[22]

Quanto à impugnação de atos administrativos relativos à formação de algum dos contratos mencionados no artigo 100º do CPTA, a lei processual remete para os termos do CCP (nº 3 do artigo 180º do CPTA). A este propósito, impõe-se esclarecer que o objeto de impugnação inclui a validade de atos ou omissões pré-contratuais, a possibilidade de pedidos condenatórios ou outros pedidos não necessariamente impugnatórios. Está, contudo, afastada a impugnação direta de normas, exceção feita a apreciação incidental. Em regra, as normas administrativas estão excluídas da arbitragem.[23]

Responsabilidade civil extracontratual dos titulares de órgãos, funcionários, agentes, trabalhadores e demais servidores públicos, incluindo ações de regresso; h) Responsabilidade civil extracontratual dos demais sujeitos aos quais seja aplicável o regime específico da responsabilidade do Estado e demais pessoas coletivas de direito público").

21 ALMEIDA, Mário Aroso de. "Sobre o âmbito das matérias passíveis de arbitragem de Direito Administrativo em Portugal". *In*: MIRANDA, Jorge *et al*. *Estudos em Homenagem a Miguel Galvão Teles*. vol. II. Coimbra: Almedina, 2012; ALMEIDA, Mário Aroso de. *Manual de Processo Administrativo*. 4ª ed. Coimbra: Almedina, 2020; GONÇALVES, Pedro. "Administração Pública e arbitragem - em especial, o princípio legal da irrecorribilidade de sentenças arbitrais". *In*: CORREIA, Fernando Alves. *Estudos em Homenagem a António Barbosa de Melo*. Coimbra: Almedina, 2013, p. 789.

22 A atividade regulamentar também parece estar afastada da arbitragem administrativa, CLARO, João Martins. "A arbitragem no anteprojeto de Código de Processo nos Tribunais Administrativos". *Cadernos de Justiça Administrativa*, 2000, p. 86.

23 Há uma exceção: nº 17 do artigo 19º do Regulamento do Centro de Arbitragem Administrativa (CAAD) (CAAD. *Novo Regulamento de arbitragem administrativa*. Disponível em: https://www.caad.org.pt/

De qualquer modo, o CPTA estabelece já algumas limitações, mesmo no âmbito objetivo (artigo 185º):

a) "Não pode ser objeto de compromisso arbitral a responsabilidade civil por prejuízos decorrentes do exercício da função política e legislativa ou da função jurisdicional";

b) proibição de julgamento segundo a conveniência, oportunidade ou segundo a equidade, nos litígios sobre questões de legalidade.[24]

Assim, não existe, na CRP, nenhum obstáculo à sua admissibilidade no contexto geral da existência de tribunais arbitrais,[25] nem a concreta regulamentação atualmente em vigor afasta da arbitragem administrativa as questões relacionadas com execução de contratos, responsabilidade civil contratual e extracontratual e legalidade de atos administrativos, seja em contexto contratual, seja não contratual.

4. Por outro lado, não cabe nos poderes dos árbitros, em arbitragem administrativa, as questões associadas à responsabilidade civil por exercício de outras funções estaduais que não a administrativa e, quanto aos critérios de decisão, não podem utilizar juízos de oportunidade, mérito, conveniência ou equidade.

Se em relação à proibição de decisão a propósito da oportunidade, mérito e conveniência, ela é perfeitamente compreensível,

---

files/documentos/regulamentos/CAAD_AA-Regulamento_Arbitragem_Administrativa_2020-07-13.pdf. Acessado em: 12.07.2022).

24 O regime jurídico da Arbitragem Tributária (DL 10/2011, de 10 de janeiro), no n.º 2 do artigo 2.º também veda o acesso a decisões segundo a equidade. Já a LAV (2011) estabelece no artigo 39.º a regra geral de decisão segundo o direito constituído, mas permitindo que as partes optem pela decisão segundo a equidade.

25 MEDEIROS, Rui; PORTOCARRERO, Marta. "Administrative Arbitration". *In*: FONSECA, André Pereira da *et al.* (Coord.). *International Arbitration in Portugal*. Alphen aan den Rijn: Kluwer Law International, 2020, pp. 371/372.

quanto mais não seja, pela vigência do princípio da separação dos poderes,[26] uma vez que os tribunais arbitrais são tribunais e não instâncias administrativas (são estas que podem decidir segundo tais critérios), a proibição de decisão segundo a equidade não resulta logo tão evidente. Julgar segundo critérios de equidade significa, desde logo, a percepção de que será um julgamento distinto daquele que resulta da aplicação do direito constituído.[27] O TCA (S), no Acórdão de 15/03/2018, Processo nº 82/17.6VCLSB (relator: Paulo Pereira Gouveia) não só aponta uma definição de equidade ("V - A equidade pode ser definida como um critério de solução de casos ou uma solução normativa que prescinde de apoio direto nas fontes de Direito, por ter de se adaptar às especificidades do caso concreto sob a égide do princípio jurídico da justiça"), como chama a atenção para não se confundir o conceito com a utilização de presunções judiciais.[28]

Importa, pois, enquadra melhor a proibição. Parece inequívoco e evidente que tal proibição é conatural às questões a decidir em contextos de atuações vinculadas da Administração Pública. Parece, contudo, que existe alguma discussão sobre a admissibilidade do critério quando as questões se enquadram no âmbito da discricionariedade. Independentemente de uma análise mais detalhada sobre esta matéria, parece caber aos árbitros o poder de julgar as

---

26 Neste sentido (Coimbra, 2015 (reimp. 2018), p. 175).

27 Sobre a dificuldade de densificar o conceito de equidade, mas na linha do texto no que resulta do confronto com o outro critério de julgamento (Coimbra, 2015 (reimp. 2018), p. 139).

28 "VII - Na presunção judicial, o julgador utiliza (i) máximas da experiencia (regras de validade universal, a normalidade no que diz respeito ao principio da causalidade, ao princípio da contiguidade ou ao princípio da semelhança), (ii) juízos correntes de probabilidade, (iii) de lógica e de intuição humana, como meios (em termos de nexo lógico, num juízo de probabilidade qualificada) de, a partir de um facto conhecido (o facto-base ou indiciário, a premissa maior), chegar a um facto desconhecido que deve ser provado em juízo (o facto presumido alegado e relevante para o processo, a premissa menor)".

questões de legalidade sobre quaisquer atos administrativos, sejam eles vinculados ou discricionários, sendo que neste último contexto, estarão tão limitados quanto estão os tribunais estaduais. Acresce ainda sublinhar que não deve confundir-se "equidade" enquanto critério decisório a aplicar a um litígio e a discricionariedade que é uma dimensão de poder administrativo, legalmente concedida à Administração Pública, e que, repete-se, constitui o fundamento da sua autonomia face aos demais poderes estaduais.

3 Os poderes dos árbitros no processo de arbitragem administrativa

Segundo Manuel Pereira Barrocas, "o árbitro detém todos os poderes (os explícitos e os implícitos) de que um juiz dispõe para resolver um litígio, sem prejuízo de disposição legal ou convencional em contrário".[29]

3.1 Poderes de gestão processual

3.1.1 Os poderes de gestão do processo arbitral por parte dos árbitros depende, em primeiro lugar, do enquadramento legal da arbitragem e do regulamento da arbitragem, em particular nas arbitragens *ad hoc*.

Em termos de enquadramento legal, a arbitragem administrativa rege-se, atendendo à remissão feita pelo nº 1 do artigo 181º do CPTA, pela LAV. Subsequentemente, importa ter cuidado na elaboração do regulamento do Tribunal, caso não haja a adesão ao regulamento de um Centro de Arbitragem (fora dos casos de arbitragem necessária), sendo possível a elaboração de um regulamento particularmente adequado ao caso em litígio e a previsão de

29 BARROCAS, Manuel Pereira. "Poderes do Árbitro. Extensão e Limites". *In*: MIRANDA, Agostinho Pereira de. *Estudos de Direito da Arbitragem em Homenagem a Mário Raposo*. Lisboa: UCEditora, 2015, p. 147.

aplicação de um regulamento de um Centro, a título subsidiário, e/ou outra legislação. Uma das questões que se pode colocar é a de saber se se pode afastar expressamente a aplicação de regras processuais, em particular, as regras do Código do Processo Civil (CPC).[30] Afastar expressamente as regras do CPTA, numa arbitragem administrativa, poderá ser mais discutível.

3.1.2 Quando o Tribunal Arbitral necessita aprovar um regulamento, há um conjunto de regras que devem ser resolvidas logo à partida e que se prendem, na sua grande maioria, com a gestão do processo:[31] (i) regime das comunicações e notificações; (ii) peças processuais a admitir;[32] (iii) prazos para a prática de atos processuais pelas partes e pelo Tribunal; (iv) honorários dos árbitros (se antes não estiverem fixados); (v) regras sobre junção de documentos, forma, impugnação, modalidade de junção; (vi) regras sobre audiências (organização burocrática; se são sessões seguidas ou não; se há gravação da prova testemunhal); (vii) regras sobre como considerar a declaração de parte; (viii) forma de prestação de depoimento das testemunhas (por escrito ou orais; se for por escrito, que procedimento deverá ser seguido para a prestação de esclarecimentos, etc.); (ix) modo de realização de prova pericial[33]

---

30 Referindo-se à aplicação subsidiária do CPC se houver remissão expressa (OLIVEIRA, Mário Esteves de. *Lei da arbitragem voluntária comentada*. Coimbra: Almedina, 2014, p. 384). Menezes Cordeiro entende que se as partes nada disserem na convenção arbitral e deixarem de fora o CPC, este acervo normativo será apenas “apoio jurídico-científico” (CORDEIRO, Antônio Menezes. *Tratado da Arbitragem*: comentário à Lei n. 63/2011, de 14 de dezembro. Coimbra: Almedina, 2016, p. 282). Na mesma linha, VICENTE, Dário Moura. *Lei da arbitragem voluntária anotada*. 4ª ed. revista e atualizada. Coimbra: Almedina, 2019, pp. 112/113; MONTEIRO, Antônio Pedro; SILVA, Artur Flamínio da; MIRANTE, Daniela. *Manual de Arbitragem*. Coimbra: Almedina, 2019, p. 91).

31 Cfr. o disposto no nº 2 do artigo 30º da LAV.

32 Cfr. o disposto no nº 2 do artigo 33º da LAV.

33 CORDEIRO, Antônio Menezes. *Tratado da Arbitragem*: comentário à Lei n. 63/2011, de 14 de dezembro. Coimbra: Almedina, 2016, p. 346.

(se o prazo da mesma não se inclui no prazo da arbitragem; se é ou não um colégio de peritos; como se apresenta o resultado da perícia, quando concluída; como são escolhidos os peritos, etc.); (x) regras gerais sobre a prova.[34]

3.1.3 O dever de gestão processual encontra-se previsto no nº 3 do artigo 30º da LAV que se aplica, por remissão, às arbitragens administrativas.

Tal dever pauta-se, nos termos da previsão normativa, por

> conduzir a arbitragem do modo que considerar apropriado, definindo regras processuais que entender adequadas [pode tê-lo feito no regulamento a que nos referimos anteriormente], devendo, se for esse o caso, explicitar que considera subsidiariamente aplicável o disposto na lei que rege o processo perante o tribunal estadual competente.

---

34 O nº 4 do artigo 30º da LAV parece consentir o poder de decidir esta matéria, não estando o Tribunal limitado pelas normas processuais probatórias. Neste sentido, CORDEIRO, Antônio Menezes. *Tratado da Arbitragem*: comentário à Lei n. 63/2011, de 14 de dezembro. Coimbra: Almedina, 2016, p. 284; DAVID, Mariana Soares. "Os poderes do tribunal arbitral em matéria de prova, no âmbito da actual lei de arbitragem voluntária". *Revista Internacional de Arbitragem e Conciliação*, 2016, p. 64. Mariana David dá conta, no entanto, da discussão sobre a natureza das regras probatórias e de como a respectiva resolução pode ter implicações imperativas para o processo arbitral: saber se nos referimos a regras probatórias processuais ou a regras probatórias com ligações substantivas (DAVID, Mariana Soares. "Os poderes do tribunal arbitral em matéria de prova, no âmbito da actual lei de arbitragem voluntária". *Revista Internacional de Arbitragem e Conciliação*, 2016, p. 59). Mário Esteves de Oliveira entende que as partes podem "fixar as regras do processo nas matérias ligadas com a admissão, a produção e a valia da prova". (OLIVEIRA, Mário Esteves de. *Lei da arbitragem voluntária comentada*. Coimbra: Almedina, 2014, p. 385). Na mesma linha, VICENTE, Dário Moura. *Lei da arbitragem voluntária anotada*. 4ª ed. revista e atualizada. Coimbra: Almedina, 2019, p. 113.

Nesse contexto, uma questão relevante que se pode levantar é a de saber se pode o tribunal, após a aprovação do regulamento e no decurso do processo, perante uma lacuna de tramitação, criar normas *ad hoc*? A questão não tem uma única resposta. Qualquer regra processual que possa influenciar, de modo decisivo, as pretensões das partes devem ser antecipadamente previstas. Na hipótese de não o ter sido, o fundamento da própria arbitragem aponta claramente no sentido de obter a concordância das partes quanto à solução que o Tribunal proponha e que deve, a todo o momento, ter em consideração os princípios do contraditório e da igualdade processual das partes. De qualquer modo, o regulamento deve sempre prever normas subsidiárias aplicáveis.

3.1.4 Uma das fases em que os poderes de gestão processual ganham mais relevância respeita à produção de prova. O nº 4 do artigo 30º da LAV é bastante claro quanto aos poderes conferidos aos árbitros nesta sede: (i) determinar a admissibilidade; (ii) determinar a pertinência; (iii) determinar o valor de qualquer prova.

Há, assim, que distinguir claramente o contexto da admissão de meio de prova do contexto da utilidade da mesma.[35] Pautando-se o processo arbitral por maior flexibilidade face ao processo perante tribunais estaduais, sempre enformado pelo princípio do contraditório e o princípio do processo equitativo, ainda assim, a latitude dos árbitros para admitir a introdução de meios de prova tem de conhecer alguns limites sob pena de tornar o processo ingovernável.[36] [37] É

35 Entre nós, em regra, vigora o princípio da atipicidade dos meios de prova.

36 Nos termos do disposto nas alíneas b) e c) do nº 1 do artigo 30º da LAV. Apesar da crucial importância do princípio do contraditório, o mesmo deve conhecer limitações, devendo conciliar-se com os demais princípios, não sendo absoluto, como não pode ser qualquer princípio. Neste sentido, Acórdão do TCA (S), de 06/12/2017, Proc. nº 106/12.3.BECTB (relator: Ana Celeste Carvalho).

37 Menezes Cordeiro indica a primazia da convenção de arbitragem e a necessidade de interpretar o nº 4 do artigo 30º à luz do que decorre do nº 2 do mesmo artigo, sob pena de a produção de prova ficar completamente na "mão dos

evidente que tem igualmente cabimento, nesta sede, o princípio da colaboração entre o sujeitos processuais.

Importa outrossim sublinhar que os árbitros, mediante a competente fundamentação podem não admitir o meio de prova, designadamente por o considerar inútil, por existir já abundante prova para a matéria de fato indicada, assim dando igualmente cumprimento à necessária contenção de custos.

Questão distinta é a valoração da prova que surge na sentença/acórdão e que deverá ser alvo de apreciação crítica,[38] ponderada independentemente de quem a produz e fazendo o encadeamento entre os vários meios de prova com os fatos, evidenciando e resolvendo contradições probatórias que possam ter surgido. Só assim será inteligível o processo decisório. Vigora o princípio da livre apreciação, sempre decidindo de acordo com o Direito constituído, bem como à luz da regra do ónus da prova.[39] Este critério é trave-mestra quanto à prova, constituindo o critério decisório para o árbitro em caso de prova contraditória, insuficiente ou prova em relação à qual o árbitro tenha dúvidas de autenticidade. Também em processo arbitral está proibido o *non liquet*.[40]

Se a opção do Tribunal for, quanto à prova testemunhal, o testemunho por escrito, importa sublinhar que apenas podem ser pedidos esclarecimentos às testemunhas sobre o respetivo depoimento, procedimento que pode ser desafiante para os

---

árbitros". (CORDEIRO, Antônio Menezes. *Tratado da Arbitragem*: comentário à Lei n. 63/2011, de 14 de dezembro. Coimbra: Almedina, 2016, p. 385).

38 Neste sentido, CORREIA, José Manuel; COIMBRA, José Duarte. "O dever de fundamentar e a anulação de decisões arbitrais". *Revista Internacional de Arbitragem e Conciliação*, 2020, p. 209.

39 Este princípio não dispensa o cumprimento do dever de fundamentação das decisões arbitrais ou uma menor exigência quanto ao cumprimento daquele dever.

40 CORDEIRO, Antônio Menezes. *Tratado da Arbitragem*: comentário à Lei n. 63/2011, de 14 de dezembro. Coimbra: Almedina, 2016, pp. 288/289.

árbitros, na justa medida em que devem enquadrar em sede de esclarecimentos a intervenção dos demais sujeitos processuais, impedindo depoimentos renovados.

No que respeita à prova pericial, além da questão de o Tribunal optar por um colégio de peritos, indicando um perito presidente, cuja escolha deve ser dada a conhecer, para pronúncia, às partes, importa que sejam estabelecidas algumas regras importantes. A perícia constitui um meio de prova essencialmente técnico e que permite ultrapassar o compreensível desconhecimento dos árbitros, normalmente juristas, em matérias de natureza económica ou de engenharia. É realizada fora do contexto processual propriamente dito, devendo os árbitros estabelecer relação apenas com o perito presidente, uma vez que os demais peritos são indicados pelas partes, ainda que devam exercer as respetivas funções no contexto de desempenho profissional e na observância das regras deontológicas que enquadram a sua profissão. Daí que, em rigor, a questão da imparcialidade dos peritos não se deve colocar com a mesma pertinência e alcance com que se coloca a propósito dos árbitros.[41] Aqueles não decidem questão em litígio, "apenas" fazem operações de apreensão da realidade ou operações técnicas de verificação de fórmulas que, pelas regras da arte, são muito menos suscetíveis de serem influenciadas pela "pressão" da parte que os indica. Determinar se um pilar está ou não construído, ou verificar se a alteração de uma variável numa fórmula de cálculo conduz a um determinado resultado constituem operações de apreensão de realidade e de aplicação de regras matemáticas que, pela sua natureza, são certas e insuscetíveis de juízos valorativos. São perícias não pareceres.

Outra questão relevante quanto à perícia e que interfere com a gestão processual prende-se com a sua duração. Mesmo

---

41 Os peritos não estão, por isso, ao serviço das partes (CORDEIRO, Antônio Menezes. *Tratado da Arbitragem*: comentário à Lei n. 63/2011, de 14 de dezembro. Coimbra: Almedina, 2016, p. 347).

uma prudente redação do regulamento corre sempre o risco de prever tempo insuficiente para a realização integral da perícia. Além de se poder prever a possibilidade de prorrogação, com a devida fundamentação, importa saber o que fazer se se esgota integralmente todo o prazo para a perícia e a mesma não se concluiu. Há que averiguar as razões da não conclusão da perícia e enquadrar na apreciação da questão os institutos da superveniência de circunstâncias imprevisíveis. Ou, se por exemplo, são solicitados apenas alguns dias para conclusão efetiva da perícia, os árbitros, ponderando o valor que a prova pericial pode trazer para a resolução do litígio, ancorados na flexibilidade do processo arbitral, com fundamentação clara, inequívoca e minuciosa, poderão conceder os dias solicitados ou aqueles que entendam ser adequados às circunstâncias invocadas.

Um outro poder do Tribunal Arbitral é o de solicitar a colaboração dos Tribunais estaduais para obter prova, nos termos do que resulta do artigo 38º.[42]

3.1.5 No âmbito da arbitragem e no sentido de maior flexibilidade do processo, há um poder decisório a cargo dos árbitros que deve ser usado com parcimónia, com observância do respetivo enquadramento, mas com o cuidado de não cair em exageros. Permite o nº 3 do artigo 33º que as partes possam, salvo convenção em contrário, "no decurso do processo arbitral, modificar ou completar" as respetivas peças processuais. Delimitou, contudo, o legislador que cabe ao Tribunal admitir ou não "tal alteração em razão do atraso com que é formulada, sem que para este haja justificação bastante". Assim, há que sublinhar que, nesta sede, nos pratos da balança pesam a estabilidade da instância, por um

42 Criticando a solução, pela falta de funcionalidade, (CORDEIRO, Antônio Menezes. *Tratado da Arbitragem*: comentário à Lei n. 63/2011, de 14 de dezembro. Coimbra: Almedina, 2016, p. 352).

lado, e a flexibilidade para acomodar o alcance do litígio que opõe as partes, por outro.[43]

3.2 Poderes decisórios

Há vários tipos de decisão: decisões que condicionam a continuidade do processo arbitral, designadamente a competência do próprio Tribunal Arbitral; decisões interlocutórias; decisões de expediente; decisões cautelares; decisões de fundo; decisões de execução.

As decisões de expediente, nas arbitragens colegiais, estão normalmente a cargo do Árbitro Presidente e devem, pelo menos, ir com menção de concordância (obtida previamente) ou pelo menos de que há conhecimento por parte dos demais árbitros.[44] São decisões que devem contribuir de forma expedita para o andamento do processo.[45] Algumas, como por exemplo, a notificação para pagamento de preparos nos termos previstos, podem inclusive ser praticados pelo Secretariado do Tribunal. Trata-se, portanto, de decisões que mantêm o processo em andamento, sem, contudo, se debruçarem sobre questões de fundo.

3.2.1 Poderes decisórios prévios

Uma das mais complexas questões que se coloca aos árbitros em arbitragens *ad hoc*, fundadas, portanto, em convenção das partes, assenta no alcance do poder de interpretar a cláusula compromissória. Em particular, no que respeita a arbitragens relativas a contratos. A alínea a) do nº 1 do artigo 180º do CPTA

---

43 Sendo o limite absoluto, tornar o processo ingovernável pois cada modificação implica a aplicação do princípio do contraditório (CORDEIRO, Antônio Menezes. *Tratado da Arbitragem*: comentário à Lei n. 63/2011, de 14 de dezembro. Coimbra: Almedina, 2016, p. 322).

44 Cfr. o disposto no nº 3 do artigo 40º da LAV.

45 Neste sentido, OLIVEIRA, Mário Esteves de. *Lei da arbitragem voluntária comentada*. Coimbra: Almedina, 2014, p. 489.

refere-se às questões relativas a contratos (que caibam na jurisdição administrativa). Ora, nos termos do CCP, as questões relativas a contratos podem dizer respeito a aspetos de execução (incumprimento), interpretação e validade.[46] Os árbitros devem interpretar a vontade das partes na cláusula compromissória, uma vez que o fundamento da arbitragem é a autonomia contratual das partes (privada e pública). Se a cláusula não se referir a aspetos de validade do contrato, de forma expressa, apenas referindo as questões da interpretação e execução, devem os árbitros respeitar o que não está expressamente mencionado, como sejam as questões relativas à validade do contrato.[47] É evidente que a questão do conhecimento incidental de invalidade, principalmente parcial, de cláusulas, é uma questão complexa. No Direito Administrativo, é possível conhecer da ilegalidade de um ato administrativo já inimpugnável para efeitos de verificação de pressupostos de uma ação de responsabilidade civil. Permite-se o conhecimento da ilegalidade do ato, sem, contudo, se determinar a sua anulação e assim fazer cessar os respetivos efeitos, porquanto o ato se consolidou na ordem jurídica enquanto ato administrativo. Contudo, a ilicitude pode relevar para vários outros efeitos jurídicos.

Esta questão entronca naturalmente na questão de caber ao Tribunal Arbitral conhecer da sua própria competência.[48] Que

---

46 Cfr. o disposto nos artigos 283º e ss.; 311º, nº 1 alínea b) e 313º, nº 4 do CCP.

47 É evidente que a tarefa interpretativa subjacente a uma apreciação de questão de execução pode implicar a apreciação da validade da previsão normativa contratual para determinar a existência ou não da obrigação contratual para, em seguida, consoante a sua existência ou não, aferir da existência de incumprimento.

Na lei dos compromissos, a versão inicial previa a possibilidade de afastamento do efeito anulatório por decisão arbitral. A atual versão da lei dos compromissos já não contempla tal solução.

48 O artigo 18º da LAV estabelece: "1 - O Tribunal Arbitral pode decidir sobre a sua própria competência, mesmo que para esse fim seja necessário apreciar a existência, a validade ou a eficácia da convenção de arbitragem ou do contrato em que ela se insira, ou a aplicabilidade da referida convenção. 2 - Para os

começa, precisamente, pela interpretação da cláusula arbitral ou compromisso arbitral.[49]

A decisão sobre a própria competência, prevista no nº 8 do artigo 18º da LAV, pode consubstanciar uma decisão interlocutória ou ser proferida na sentença. Trata-se, contudo, de uma questão absolutamente decisiva para a tramitação regular do processo arbitral, evitando-se a prática de atos inúteis.[50] Importa, todavia,

---

efeitos do disposto no número anterior, uma cláusula compromissória que faça parte de um contrato é considerada como um acordo independente das demais cláusulas do mesmo. 3 - A decisão do Tribunal Arbitral que considere nulo o contrato não implica, só por si, a nulidade da cláusula compromissória. 4 - A incompetência do tribunal arbitral para conhecer da totalidade ou de parte do litígio que lhe foi submetido só pode ser arguida até à apresentação da defesa quanto ao fundo da causa, ou juntamente com esta. 5 - O fato de uma parte ter designado um árbitro ou ter participado na sua designação não a priva do direito de arguir a incompetência do tribunal arbitral para conhecer do litígio que lhe haja sido submetido. 6 - A arguição de que, no decurso do processo arbitral, o tribunal arbitral excedeu ou pode exceder a sua competência deve ser deduzida imediatamente após se suscitar a questão que alegadamente exceda essa competência. 7 - O tribunal arbitral pode, nos casos previstos nos nºs 4 e 6 do presente artigo, admitir as excepções que, com os fundamentos neles referidos, sejam arguidas após os limites temporais aí estabelecidos, se considerar justificado o não cumprimento destes. 8 - O tribunal arbitral pode decidir sobre a sua competência quer mediante uma decisão interlocutória quer na sentença sobre o fundo da causa. 9 - A decisão interlocutória pela qual o tribunal arbitral declare que tem competência pode, no prazo de 30 dias após a sua notificação às partes, ser impugnada por qualquer destas perante o tribunal estadual competente, ao abrigo das subalíneas i) e iii) da alínea a) do nº 3 do artigo 46º, e da alínea f) do nº 1 do artigo 59º 10 - Enquanto a impugnação referida no número anterior do presente artigo estiver pendente no tribunal estadual competente, o tribunal arbitral pode prosseguir o processo arbitral e proferir sentença sobre o fundo da causa, sem prejuízo do disposto no nº 3 do artigo 5º". (CORDEIRO, Antônio Menezes. *Tratado da Arbitragem*: comentário à Lei n. 63/2011, de 14 de dezembro. Coimbra: Almedina, 2016, p. 190).

49 Sem prejuízo de, previamente, se aferir da validade da própria cláusula.

50 No sentido de que a decisão sobre esta questão deve ser imediata: CORDEIRO, Antônio Menezes. *Tratado da Arbitragem*: comentário à Lei n. 63/2011, de 14 de dezembro. Coimbra: Almedina, 2016, p. 210; OLIVEIRA, Mário Esteves de. *Lei da arbitragem voluntária comentada*. Coimbra: Almedina,

sublinhar que a decisão sobre a competência do Tribunal Arbitral pode, de fato, ser passível de ser tomada *ab initio* ou não. Embora me pareça que deva ser uma questão que o Tribunal deva apreciar independentemente de pedido das partes, pode a incompetência resultar de um pedido substantivo a decidir. Voltamos a entroncar, designadamente, na questão da interpretação da cláusula compromissória designadamente. Mas não só. O Tribunal pode até concluir que tem competência ao abrigo da cláusula compromissória, mas o concreto pedido substantivo formulado por uma das partes já não integra a competência desenhada no compromisso arbitral. Todavia, tal conclusão não é possível de se tirar de imediato, dependendo de um conhecimento mais detalhado de fatos, pelo que faz sentido que a questão da competência possa ser igualmente aferida e decidida na sentença.[51]

Há outras decisões interlocutórias que se referem a questões associadas a exceções perentórias deduzidas pelas partes e que podem pôr fim ao processo ou reduzir o objeto do litígio.[52] São

---

2014, pp. 268/269; VICENTE, Dário Moura. *Lei da arbitragem voluntária anotada*. 4ª ed. revista e atualizada. Coimbra: Almedina, 2019, p. 84.

51 A incompetência do Tribunal é, nos termos do disposto na alínea a) do nº 4 do artigo 89º do CPTA, uma exceção dilatória. O CPTA define, à semelhança do CPC, o que são exceções dilatórias perentórias no nº 2 do artigo 89º: "são de conhecimento oficioso e obstam a que o tribunal conheça do mérito da causa, dando lugar à absolvição da instância ou à remessa do processo para outro tribunal". (ALMEIDA, Mário Aroso de; CADILHA, Carlos Alberto. *Comentário ao Código de Processo dos Tribunais Administrativos*. 4ª ed. Coimbra: Almedina, 2017, p. 709). Confirmando, Acórdão do TCA (S), de 06/12/2017, Proc. nº 106/12.3.BECTB (relator: Ana Celeste Carvalho).

A decisão sobre a competência é passível de recurso nos termos do disposto nos nºs 4 e 9 do artigo 18º e das subalíneas i) e iii) da alínea a) do nº 3 do artigo 46º da LAV.

52 "As exceções perentórias consistem na invocação de fatos que impedem, modificam ou extinguem o efeito jurídico dos factos articulados pelo autor, são de conhecimento oficioso quando a lei não faz depender a sua invocação da vontade do interessado e importam a absolvição total ou parcial do pedido" (cfr. o disposto no nº 3 do artigo 576º do CPC). Normalmente são decisões com alguma complexidade como sucede, por exemplo, com o

decisões quanto a dimensão substantiva parcial do pedido ou pedidos, mas, por força da divisibilidade de conteúdo dos mesmos, não impedem o prosseguimento do processo em relação aos demais peticionado que não integra aquelas exceções.[53]

Naturalmente, existem igualmente decisões que, podendo ser consideradas interlocutórias, acabam por ser decisões finais, que extinguem o processo, absolvendo do pedido. Por fim, outras há que, sem haver decisão quanto ao pedido substantivo, extinguem o processo e se se reconduzem às decisões de absolvição de instância.

Já se as partes não apresentarem as respetivas peças processuais em conformidade, os poderes do Tribunal não são idênticos: (i) quanto a petição do demandante em desconformidade, o nº 1 do artigo 35º da LAV é imperativa – o processo finda;[54] (ii) se se tratar da contestação, o processo arbitral prossegue e o Tribunal não pode considerar a omissão como aceitação das alegações do demandante.[55] O que significa que se mantém o ónus da prova a cargo do demandante, solução distinta da do processo civil, designadamente.

---

despacho saneador (CORDEIRO, Antônio Menezes. *Tratado da Arbitragem*: comentário à Lei n. 63/2011, de 14 de dezembro. Coimbra: Almedina, 2016, p. 397; OLIVEIRA, Elsa Dias. *Arbitragem Voluntária*: uma introdução. Coimbra: Almedina, 2020, p. 144).

53 Como sustentam Mário Aroso de Almeida e Carlos Cadilha, "a pronúncia que julgue do mérito da causa, considerando procedente ou improcedente a exceção perentória, é passível de recurso de apelação". (ALMEIDA, Mário Aroso de; CADILHA, Carlos Alberto. *Comentário ao Código de Processo dos Tribunais Administrativos*. 4ª ed. Coimbra: Almedina, 2017, p. 711).

54 Pronunciando-se no sentido da equivocidade da norma, sustentando que o fim do processo necessita de decisão judicial nos termos do nº 2 do artigo 44º da LAV (OLIVEIRA, Mário Esteves de. *Lei da arbitragem voluntária comentada*. Coimbra: Almedina, 2014, p. 417).

55 Na linha de que os poderes do Tribunal são apenas de possibilidade (OLIVEIRA, Mário Esteves de. *Lei da arbitragem voluntária comentada*. Coimbra: Almedina, 2014, p. 417).

3.2.2 Poderes decisórios interlocutórios

Uma das questões, a propósito dos poderes dos árbitros, relaciona-se com a possibilidade de decretar providências cautelares e ordens preliminares.[56]

Atualmente, o artigo 20º da LAV permite, salvo estipulação em contrário, o poder do Tribunal Arbitral para decretar providências cautelares, observados os princípios do contraditório e da audiência das partes, assim como os requisitos previstos no artigo 21º. Trata-se de uma disposição que, na nossa perspectiva, reforça a dimensão jurisdicional deste tipo de tribunal.[57] Contudo, a LAV, no mesmo artigo estabelece os pressupostos e tipos de situações que permitem tal decretamento, em particular, a ligação ao objeto do litígio. Aparentemente, verificados que estejam os pressupostos, o Tribunal poderá quase decretar providências ilimitadas. Todavia, como sublinha Menezes Cordeiro, há que conciliar este artigo com as normas que resultam do artigo 7º e 29º, que admitem providências decretadas pelos tribunais estaduais. A LAV admite que sejam solicitadas providências cautelares a tribunal estadual, antes ou durante o processo arbitral, e que as mesmas sejam decretadas, de acordo com as regras previstas. A questão que se pode colocar é o que fazer quando são solicitadas providências cautelares a ambos

56 Deixaremos de lado a questão do decretamento de providências cautelares pelos tribunais estaduais no âmbito de processos arbitrais, questão muito mais relevante no domínio da anterior LAV que nada dispunha sobre este tipo de decisões em contexto de arbitragem. Sobre o assunto, antes da anterior LAV, JÚDICE, José Miguel. “As Providências Cautelares e a Arbitragem: em que estamos?” *In*: CRISTAS, Assunção *et al* (Coord.). *Estudos em Homenagem ao Professor Doutor Carlos Ferreira de Almeida*. Coimbra: Almedina, 2011; CORDEIRO, Antônio Menezes. *Tratado da Arbitragem*: comentário à Lei n. 63/2011, de 14 de dezembro. Coimbra: Almedina, 2016, pp. 223 e ss., as regras processuais para as ordens preliminares não parecem exigir a audiência (cfr. o disposto no nº 1 do artigo 22º da LAV).

57 Na mesma linha, OLIVEIRA, Mário Esteves de. *Lei da arbitragem voluntária comentada*. Coimbra: Almedina, 2014, p. 281.

os tribunais. Menezes Cordeiro entende que cabe à parte que delas beneficia, escolher a que mais lhe convém.[58]

A tramitação processual destas providências, em sede de processo arbitral, não é autônoma do processo principal, surgindo mais como incidente, mas constituindo, sendo decretada, uma decisão com autonomia face à decisão de fundo.[59]

Importa chamar a atenção para o nº 3 do artigo 21º na justa medida em que o decretamento da providência cautelar se liga à produção de prova: salvaguarda de documentos, conservação de objetos etc.[60]

Quanto à ordem preliminar, que Menezes Cordeiro designa como "providência cautelar de segundo grau" por se destinar a acautelar uma providência cautelar, está sujeita ao preenchimento dos requisitos previstos nos artigos 22º e ss. da LAV. Apesar de estar prevista a não audiência da parte requerida, logo o legislador se preocupa novamente com o princípio do contraditório e estabelece no artigo 23º (i) o dever de informação a todas as partes da providência cautelar, requerimento da ordem preliminar, ordem decretada (nº 1); (ii) audiência do requerido (nº 2); (iii) decisão (nº 3).[61]

Naturalmente que se o Tribunal Arbitral tem o poder de emitir providências cautelares e ordens preliminares, também tem competência para as modificar, suspender e revogar (artigo 24º).

---

58 CORDEIRO, Antônio Menezes. *Tratado da Arbitragem*: comentário à Lei n. 63/2011, de 14 de dezembro. Coimbra: Almedina, 2016, p. 126.

59 OLIVEIRA, Mário Esteves de. *Lei da arbitragem voluntária comentada*. Coimbra: Almedina, 2014, p. 286.

60 Nos termos do disposto na alínea d) do nº 2 do artigo 20º (CORDEIRO, Antônio Menezes. *Tratado da Arbitragem*: comentário à Lei n. 63/2011, de 14 de dezembro. Coimbra: Almedina, 2016, p. 232).

61 Trata-se de uma medida absolutamente temporária, tendo o legislador estabelecido a caducidade da mesma no nº 4 do artigo 23º. Não é, todavia, executável por um tribunal estadual.

De acordo com Menezes Cordeiro,[62] as partes, por acordo, podem igualmente solicitar a modificação, suspensão ou revogação das providências ou ordens preliminares. Caberá ao Tribunal decretar.

3.2.3 Poderes de decisórios cautelares

No que respeita a poderes decisórios substantivos, importa sublinhar vários aspetos que passam pela (i) obediência ao princípio da proibição do *non liquet*; (ii) respeito pelo objeto do litígio; (iii) respeito pelo princípio do pedido ou princípio dispositivo.[63] Estas notas referem-se naturalmente ao objeto submetido a resolução através da arbitragem.

Mas também cabe no poder dos árbitros, porque integram um verdadeiro tribunal, o poder de fiscalização concreta de constitucionalidade.

O artigo 204º da CRP estabelece o dever de *qualquer tribunal* de não aplicar qualquer norma que infrinja a Constituição ou os princípios aí consignados. Como sublinha Rui Medeiros,

> as *diversas categorias de tribunais* previstas no artigo 209º, ainda que existência facultativa, são, por conseguinte, órgãos com competência para fiscalizar a constitucionalidade das normas jurídicas aplicáveis nos feitos submetidos a julgamento. A conclusão aplica-se, portanto, aos próprios tribunais arbitrais.[64]

62 CORDEIRO, Antônio Menezes. *Tratado da Arbitragem*: comentário à Lei n. 63/2011, de 14 de dezembro. Coimbra: Almedina, 2016, p. 245.

63 A inobservância de algumas destas regras pode fundar um pedido de anulação de decisão arbitral, nos termos do disposto no nº 3 do artigo 46º da LAV.

64 MIRANDA, Jorge; MEDEIROS, Rui. *Constituição Portuguesa Anotada*. 2ª ed. revista, atualizada e ampliada, vol. III. Lisboa: UCEditora, 2020, p. 48.

A fiscalização concreta implica a decisão sobre a constitucionalidade da norma ou normas na sua aplicação no caso concreto e não na sua inserção no ordenamento jurídico. O Tribunal Arbitral pode e deve verificar, no contexto do acervo normativo que vai mobilizar na sua decisão, se alguma norma viola a Constituição quando e na medida em que vai ser aplicada no caso. Além desta competência, as partes podem alegar a inconstitucionalidade de alguma norma. Se tal suceder, esta questão deve ser decidida com prioridade, uma vez que será determinante para a decisão arbitral.

Perante a possibilidade de surgir, seja por instância de quem for, a questão da constitucionalidade de uma norma ou normas, a respetiva decisão pode ter implicações para além da decisão arbitral. Assim, nos termos do disposto no artigo 280º da CRP, há recursos para o Tribunal Constitucional, qualquer que seja a decisão do Tribunal Arbitral a propósito da questão, variando as partes legítimas e o tipo de recurso.[65]

Se a legitimidade for das partes, a hipótese não levantará questões muito distintas das que se levantam a propósito de decisões similares nos processos que correm nos tribunais estaduais. Já se estivermos perante situações de recursos obrigatórios, o processo arbitral já pode colocar algumas questões. A Constituição e a Lei Orgânica do Tribunal Constitucional (LOTC) identificam, para o que aqui releva, dois recursos obrigatórios para o Tribunal Constitucional; (i) quando a decisão de recusa de aplicação de norma, com fundamento em inconstitucionalidade, constar de convenção internacional, ato legislativo ou decreto regulamentar; (ii) quando a decisão é de aplicação da norma, apesar de arguida a sua inconstitucionalidade, que foi afastada, mas a norma já foi julgada

---

65 No Acórdão do TC nº 181/2007, foi reconhecida a admissibilidade de recurso direto para o Tribunal Constitucional de decisão de um Tribunal Arbitral voluntário.

inconstitucional/ilegal pelo Tribunal Constitucional.[66] Os recursos são obrigatórios para o Ministério Público. Como se adivinha, a questão que se coloca a propósito de decisões arbitrais, é o de dar conhecimento ao Ministério Público que não intervém no processo arbitral. O artigo 252º do CPC estabelece no nº 1 que "são sempre oficiosamente notificadas ao Ministério Público quaisquer decisões, ainda que interlocutórias, que possam suscitar a interposição de recursos obrigatórios por força da lei", sendo que o nº 3 do artigo 181º do CPTA também prevê, a propósito do funcionamento do Tribunal Arbitral ali regulado, que

> sempre que seja recusada a aplicação de uma norma, por inconstitucionalidade ou ilegalidade, constante de convenção internacional, ato legislativo ou decreto regulamentar, o tribunal arbitral notifica o representante do Ministério Público no tribunal administrativo de círculo da sede da entidade pública, para efeitos do recurso previsto no nº 3 do artigo 72º da Lei n. 28/82, de 15 de novembro.

Existe assim previsão normativa suficiente para se aplicar o mesmo regime ao processo arbitral.[67]

Miguel Galvão Teles coloca a questão de saber o que sucede quando a decisão do Tribunal Constitucional, que tem efeitos no caso concreto, implica uma alteração da decisão arbitral, principalmente por causa da duração da arbitragem. Em escrito de 2010, dizia não existir nenhum caso deste tipo, advogando a solução de que, se viesse a ocorrer, o Tribunal Arbitral teria ainda poderes para ajustar a decisão em conformidade com o que tivesse sido

---

66 Cfr. o disposto nos nºs 3 e 5 do artigo 280º da CRP; nº 3 do artigo 72º da LOTC.

67 Defendendo esta solução em 2015 (MENDES, A. R. "Os Tribunais Arbitrais são tribunais mas não são 'Tribunais como os outros'". *In*: MIRANDA, Agostinho Pereira de. *Estudos de Direito de Arbitragem em Homenagem a Mário Raposo*. Lisboa: UCEditora, 2015, p. 63).

decidido pelo Tribunal Constitucional, no recurso que se cinge à questão de constitucionalidade.[68]

3.2.4 Poderes decisórios substantivos e executórios

No que respeita aos poderes de execução, o Tribunal Arbitral não é, para esse efeito, um tribunal como os demais. Como dizem António Pinto Monteiro, Artur Flamínio da Silva e Daniela Mirante, o "Estado partilha a *jurisdictio*, mas não o *imperium*".[69] A decisão arbitral impõe-se às partes, mas se for necessário executá-la, a execução precisa de ser solicitada ao tribunal estadual, nos termos do artigo 47º da LAV.[70] Tratando-se de arbitragem administrativa, o tribunal competente é o Tribunal Administrativo e Fiscal (1ª instância). A questão pode colocar-se nas decisões de condenação genérica, a liquidar em execução (nº 2 do artigo 47º da LAV). É, possível, contudo, a liquidação feita pelos árbitros, nos termos do disposto no nº 5 do artigo 45º da LAV.

Também o artigo 27º da LAV, a propósito das medidas cautelares, tem idêntica solução: a execução coerciva deve ser solicitada ao tribunal estadual competente.

---

68 TELES, Miguel Galvão. "Recurso para Tribunal Constitucional das decisões dos tribunais arbitrais". *In*: MIRANDA, Jorge (Coord.). *Estudos em Homenagem ao Prof. Doutor Sérvulo Correia*. Coimbra: Coimbra Editora, 2010, pp. 651/652.

69 MONTEIRO, Antônio Pedro; SILVA, Artur Flamínio da; MIRANTE, Daniela. *Manual de Arbitragem*. Coimbra: Almedina, 2019, pp. 66 e 340.

70 No sentido de que este artigo se aplica a todas as sentenças arbitrais, sejam parciais, finais ou adicionais (OLIVEIRA, Mário Esteves de. *Lei da arbitragem voluntária comentada*. Coimbra: Almedina, 2014, p. 589).

Conclusão

O nosso propósito foi percorrer a regulamentação dos poderes dos árbitros em arbitragem administrativa. Sendo considerados verdadeiros tribunais, apenas no que respeita ao poder de execução das respetivas sentenças, os Tribunais Arbitrais se afastam dos tribunais estaduais.

Percorremos os poderes de gestão processual e os poderes decisórios, cautelares e substantivos, não deixando, sempre que possível, de dar conta das questões que o exercício desses poderes pode levantar. Procuramos dar conta de exemplos de boas práticas a implementar na gestão do processo, das cautelas a observar no exercício dos poderes que conferem flexibilidade ao processo e às naturais exigências de cumprimento de princípios fundamentais processuais nas decisões arbitrais.

Em Portugal, foi publicada uma proposta de regulamentação específica da arbitragem administrativa, comentada: "a necessidade de uma abordagem legislativa unificada da temática da arbitragem administrativa voluntárias constitui uma evidência".[71] Veremos se chega a bom porto.

Referências bibliográficas

ALMEIDA, Mário Aroso de. "Apontamento sobre o regime da arbitragem respeitante a litígios relativos à formação de contratos públicos". *In*: AMARAL, Maria Lúcia (Coord.). *Estudos em Homenagem ao Conselheiro Presidente Rui Moura Ramos*. Coimbra: Almedina, 2016.

______. "Arbitragem e Tribunais Administrativos". *Revista Internacional de Arbitragem e Conciliação*, 2014.

71 SERRÃO, Tiago. *Arbitragem Administrativa*: uma proposta. Coimbra: Almedina, 2019, p. 5.

______. "Sobre o âmbito das matérias passíveis de arbitragem de Direito Administrativo em Portugal". *In*: MIRANDA, Jorge *et al*. *Estudos em Homenagem a Miguel Galvão Teles*. vol. II. Coimbra: Almedina, 2012.

______. *Manual de Processo Administrativo*. 4ª ed. Coimbra: Almedina, 2020.

ALMEIDA, Mário Aroso de; CADILHA, Carlos Alberto. *Comentário ao Código de Processo dos Tribunais Administrativos*. 4ª ed. Coimbra: Almedina, 2017.

BARROCAS, Manuel Pereira. "Poderes do Árbitro. Extensão e Limites". *In*: MIRANDA, Agostinho Pereira de. *Estudos de Direito da Arbitragem em Homenagem a Mário Raposo*. Lisboa: UCEditora, 2015.

______. *Lei de Arbitragem Comentada*. Coimbra: Almedina, 2013.

CAAD. *Novo Regulamento de arbitragem administrativa*. Disponível em: https://www.caad.org.pt/files/documentos/regulamentos/CAAD_AA-Regulamento_Arbitragem_Administrativa_2020-07-13.pdf. Acessado em: 12.07.2022.

CADILHA, Carlos Alberto. "Reserva de jurisdição estadual e limites à arbitragem administrativa". *Revista Internacional de Arbitragem e Conciliação*, 2017.

CANOTILHO, José Joaquim. *Direito Constitucional e Teoria da Constituição*. 7ª ed. Coimbra: Almedina, 2003.

CANOTILHO, José Joaquim; MOREIRA, Vital. *Constituição da República Portuguesa Anotada*. 4ª ed. revista, vol. II. Coimbra: Coimbra Editora, 2010.

CLARO, João Martins. "A arbitragem no anteprojeto de Código de Processo nos Tribunais Administrativos". *Cadernos de Justiça Administrativa*, 2000.

COIMBRA, José Duarte. "O recurso à equidade nas arbitragens de Direito Administrativo". *In*: GOMES, Carla Amado; FARINHO, Domingos Soares; PEDRO, Ricardo. *Arbitragem e Direito Público*. Lisboa: AAFDL, [2015] 2018.

CORDEIRO, Antônio Menezes. *Tratado da Arbitragem*: comentário à Lei n. 63/2011, de 14 de dezembro. Coimbra: Almedina, 2016.

CORREIA, José Manuel. "A Arbitragem dos Litígios entre Particulares e a Administração Pública sobre situações regidas pelo Direito Administrativo". *In*: ANTUNES, Maria João *et al*. (Coord.). *Estudos em Memória do Conselheiro Artur Maurício*. Coimbra: Coimbra Editora, 2014.

CORREIA, José Manuel; COIMBRA, José Duarte. "O dever de fundamentar e a anulação de decisões arbitrais". *Revista Internacional de Arbitragem e Conciliação*, 2020.

DAVID, Mariana Soares. "Os poderes do tribunal arbitral em matéria de prova, no âmbito da actual lei de arbitragem voluntária". *Revista Internacional de Arbitragem e Conciliação*, 2016.

GONÇALVES, Pedro. "Administração Pública e arbitragem - em especial, o princípio legal da irrecorribilidade de sentenças arbitrais". *In*: CORREIA, Fernando Alves. *Estudos em Homenagem a António Barbosa de Melo*. Coimbra: Almedina, 2013.

______. *Entidades privadas com poderes públicos*. Coimbra: Almedina, 2005.

JÚDICE, José Miguel. "As Providências Cautelares e a Arbitragem: em que estamos?" *In*: CRISTAS, Assunção *et al* (Coord.). *Estudos em Homenagem ao Professor Doutor Carlos Ferreira de Almeida*. Coimbra: Almedina, 2011.

MARTINS, Licínio Lopes; CORREIA, Jorge Alves. *Justiça Administrativa - Textos e casos práticos resolvidos*. 2ª ed. Braga: Gestlegal, 2019.

MEDEIROS, Rui. "Arbitragem administrativa e Constituição". *In*: VASCONCELOS, Joana *et al*. *Estudos em Homenagem a Agostinho Pereira de Miranda*. Coimbra: Almedina, 2019.

MEDEIROS, Rui; PORTOCARRERO, Marta. "Administrative Arbitration". *In*: FONSECA, André Pereira da *et al*. (Coord.). *International Arbitration in Portugal*. Alphen aan den Rijn: Kluwer Law International, 2020.

MENDES, A. R. "Os Tribunais Arbitrais são tribunais mas não são 'Tribunais como os outros'". *In*: MIRANDA, Agostinho Pereira de. *Estudos de Direito de Arbitragem em Homenagem a Mário Raposo*. Lisboa: UCEditora, 2015.

MIRANDA, Jorge; MEDEIROS, Rui. *Constituição Portuguesa Anotada*. 2ª ed. revista, atualizada e ampliada, vol. III. Lisboa: UCEditora, 2020.

MONTEIRO, Antônio Pedro; SILVA, Artur Flamínio da; MIRANTE, Daniela. *Manual de Arbitragem*. Coimbra: Almedina, 2019.

OLIVEIRA, Elsa Dias. *Arbitragem Voluntária*: uma introdução. Coimbra: Almedina, 2020.

OLIVEIRA, Mário Esteves de. *Lei da arbitragem voluntária comentada*. Coimbra: Almedina, 2014.

PORTOCARRERO, Marta. "Arbitration in Administrative Affairs: the Enlargement Scope of Ratione The Enlargement Scope of Ratione". *Central European Public Administration Review*, vol. 18, nº 1, 2020.

______. *Contratos sobre o exercício de poderes públicos, transação e arbitragem*: ensaio sobre a disponibilidade do poder administrativo. Porto: UCEditora, 2015.

SERRÃO, Tiago. "A arbitragem no CCP revisto". *In*: GOMES, Carla Amado. *et al*. *Comentários à Revisão do Código dos Contratos Públicos*. Lisboa: AAFDL, 2019.

______. *Arbitragem Administrativa*: uma proposta. Coimbra: Almedina, 2019.

TELES, Miguel Galvão. "Recurso para Tribunal Constitucional das decisões dos tribunais arbitrais". *In*: MIRANDA, Jorge (Coord.). *Estudos em Homenagem ao Prof. Doutor Sérvulo Correia*. Coimbra: Coimbra Editora, 2010.

VAZ, Manuel Afonso; BOTELHO, Catarina Santos. *et al*. *Direito Constitucional - O Sistema Constitucional Português*. 2ª ed. Porto: Universidade Católica Portuguesa, 2015.

VICENTE, Dário Moura. *Lei da arbitragem voluntária anotada*. 4ª ed. revista e atualizada. Coimbra: Almedina, 2019.

VIEIRA, Pedro Siza. "A Arbitrabilidade de Direito Público em Portugal: um Ponto de Situação". *Revista Internacional de Arbitragem e Conciliação*, 2019.

CAPÍTULO VI

ASPECTOS DO CONTROLE CONSTITUCIONAL DE PROCEDIMENTOS ARBITRAIS

Georges Abboud
Rafael Valim

1 Apresentação do problema

Trataremos neste artigo de um problema a respeito do qual ambos os coautores vêm se debruçando em escritos recentes: a recorrente utilização do importantíssimo instituto da arbitragem para a consecução de fins ilícitos ou inconstitucionais, desde a perspectiva da apresentação de alguns caminhos para seu efetivo controle constitucional.[1]

---

1 VALIM, Rafael; WARDE, Walfrido. *Abutres, ingênuos e a ameaça da destruição da grande companhia*. São Paulo: Contracorrente, 2021; ABBOUD, Georges. "Precisamos rejeitar arbitragens supremas". *Consultor Jurídico*, 01 fev. de 2022. Disponível em: https://www.conjur.com.br/2022-fev-01/georges-abboud-precisamos-rejeitar-arbitragens-supremas. Acessado em: 29.06.2022.

Antes de prosseguirmos, gostaríamos de convidar o leitor a interpretar o presente artigo como uma defesa simultânea da arbitragem e da jurisdição constitucional em suas respectivas autonomias.

A tônica, contudo, é a de que não concordamos com a ideia corrente de que a arbitragem possui um tal escopo contratual que permita a exclusão de *certos* conteúdos do Direito brasileiro. Entendemos que a arbitragem é um instituto demasiado importante para não ter sua utilização corretamente equacionada no contexto do Estado Constitucional, sob pena, aliás, de comprometermos sua legitimidade.

Nossa proposta, portanto, é a de repensarmos a autonomia da arbitragem *a partir da normatividade da Constituição*. Por essa razão iniciaremos o presente estudo com algumas considerações preliminares acerca da importância de uma jurisdição constitucional *autônoma*, entendida de modo amplo como a aplicação judicial da Constituição Federal. Se a arbitragem é, sem maiores problemas, compreendida como tão autônoma a ponto de escapar do controle constitucional, tanto a arbitragem quanto a jurisdição constitucional saem desse conflito deslegitimadas e a jurisdição constitucional já não pode mais reivindicar para si sua supremacia.

Na sequência, apresentaremos, em duas partes (operacionalização e riscos sistêmicos) um esboço de nossas propostas.

2 Justificativa: a autonomia da jurisdição constitucional

O professor Norbert Lösing ensina que a existência de uma jurisdição constitucional é consequência da supremacia da Constituição. Com efeito, se uma Constituição é a norma *fundante* de um ordenamento, não se pode admitir que outras normas a contradigam ou a desautorizem. Esse é o ponto central da necessária submissão dos procedimentos arbitrais a uma filtragem constitucional. Tendo isso em vista, é imprescindível a existência de uma instância instrumentalizada para realizar o controle dessas normas em face do texto Constitucional.[2]

Muitos países não receberam o controle judicial de constitucionalidade com facilidade, haja vista a força da Revolução Francesa e do modelo de controle político consagrado pelas primeiras Constituições da França revolucionária. Havia, por parte dos revolucionários, grande desconfiança do Poder Judiciário, ao que se acresce a valorização da lei enquanto produto perfeito do contrato social.[3]

O modelo de controle político prévio perdurou na França até a Constituição da Quinta República de 1958, ano em que o Conselho Constitucional, órgão encarregado do controle político, se aproximou progressivamente e após diversas transformações das Cortes Constitucionais europeias.

É na Europa, no ano de 1919, que nasce a *Verfassungsgerichtshof*, instaurando-se, na Áustria, o célebre sistema de controle de constitucionalidade austríaco idealizado por Hans Kelsen, que serviu de inspiração para diversos modelos de controle judicial de constitucionalidade, sobretudo após a Segunda Guerra Mundial.

Na Alemanha, a exemplo de outros países, junto ao desenvolvimento da jurisdição constitucional, houve mudança no que toca à concepção dos direitos e garantias fundamentais. Esses direitos e

---

2 LÖSING, Norbert. "La Jurisdicción Constitucional como contribuición al Estado de Derecho". *In*: SEGADO, Francisco Fernández (Coord.). *The Spanish constitution in the european constitucional context*: La constitución española en el contexto constitucional europeo. Madrid: Dykinson, 2003, p. 1010.

3 "Adicionalmente, la sacralización de las leyes como emanaciones perfectas del contracto social impediría todo tipo de control de la legislación (por parte del poder judicial), que hubiera sido considerada como insulto al pueblo soberano, verdadero autor de la ley a través de sus representantes eligidos". (LÖSING, Norbert. "La Jurisdicción Constitucional como contribuición al Estado de Derecho". *In*: SEGADO, Francisco Fernández (Coord.). *The Spanish constitution in the european constitucional context*: la constitución española en el contexto constitucional europeo. Madrid: Dykinson, 2003, p. 1011).

garantias, até o final do século XIX, serviam à limitação do Poder Executivo monárquico, mas não restringiam as atividades do legislador ordinário, que podia alterá-los ou diminuí-los conforme sua vontade.

Os direitos fundamentais, portanto, eram vulneráveis quando postos diante da Lei, colocando-se como "afirmações da lei objetiva, que restringiam o executivo estatal, e não como direitos subjetivos dos cidadãos".[4]

A Constituição de Weimar (1919), apesar de prever um amplo catálogo de direitos fundamentais, não consagrou um modo de controle constitucional via Judiciário que pudesse lhes conceder caráter vinculante. O Tribunal do Estado se limitava à resolução de conflitos entre os Estados Federados e entre estes e o Reich.

Durante a vigência dessa Constituição é que se cunhou o termo "guardião da Constituição", título atribuído ao Presidente da República, que, na época, era o ente competente para a defesa da Lei Maior, mas que, desafortunadamente, não cumpriu com seu papel e, ao fim, terminou por destrui-la. Posteriormente, a Alemanha passou ao governo nacional-socialista e adentrou a Segunda Guerra Mundial.

Na Alemanha ocidental, após a convocação da Assembleia Nacional Constituinte, exsurgiu uma nova Constituição democrática, na qual foram consagrados, ao início, os direitos e garantias fundamentais. Trata-se da Lei Fundamental de Bonn, inspirada pelo desejo de supremacia constitucional e de conferência de força vinculante ao texto da Constituição frente a todos os órgãos estatais.

Convencionou-se, durante o processo de elaboração da Lei Fundamental de Bonn, a criação de um Tribunal Constitucional

---

4 LÖSING, Norbert. "La Jurisdicción Constitucional como contribuición al Estado de Derecho". *In*: SEGADO, Francisco Fernández (Coord.). *The Spanish constitution in the european constitucional context*: la constitución española en el contexto constitucional europeo. Madrid: Dykinson, 2003, p. 1014.

com competências amplas, não apenas limitadas à decisão de controvérsias federais, como também poderes de controle de constitucionalidade.[5] Novamente, o regime democrático se mostra afinado à jurisdição constitucional.

Peter Häberle, em estudo dedicado ao tema, elenca o rol de requisitos necessários para a concretização de uma jurisdição constitucional autônoma que passamos a sintetizar.[6]

O primeiro requisito para a existência de uma jurisdição constitucional é a implementação de um órgão de *status* constitucional, cuja função precípua é a guarda do texto constitucional. Em nosso ordenamento, o órgão previsto para essa tarefa é o Supremo Tribunal Federal, nos termos do que estabelece o art. 102 da CF.

O segundo requisito é a legitimação democrática. A composição dos Tribunais Constitucionais deve ser elaborada da forma mais democrática possível, possibilitando a participação de todos os Poderes em sua composição, admitindo, inclusive de forma limitada, a participação da própria sociedade civil.

Em nosso sistema, a Constituição Federal de 1988, em seu art. 101, parágrafo único, estabelece ser de competência do Presidente da República a nomeação dos Ministros que devem compor a Corte. Peter Häberle afirma que toda nomeação deve ser precedida de verdadeira audiência pública.[7] Nossa Constituição, em seu art. 101, parágrafo único, atribuiu ao Senado o dever de sabatinar o

---

5 LÖSING, Norbert. "La Jurisdicción Constitucional como contribuición al Estado de Derecho". *In*: SEGADO, Francisco Fernández (Coord.). *The Spanish constitution in the european constitucional context*: la constitución española en el contexto constitucional europeo. Madrid: Dykinson, 2003, p. 1014.

6 HÄBERLE, Peter. "El Tribunal Constitucional Federal como modelo de una jurisdicción constitucional autónoma". *In*: ______. *Estudios sobre la jurisdicción constitucional*. Mexico: Editorial Porrúa, 2005, pp. 166 e ss.

7 HÄBERLE, Peter. "El Tribunal Constitucional Federal como modelo de una jurisdicción constitucional autónoma". *In*: ______. *Estudios sobre la jurisdicción constitucional*. Mexico: Editorial Porrúa, 2005, p. 167.

candidato escolhido pelo Presidente da República, a fim de aferir seu conhecimento acerca das questões jurídicas mais polêmicas e relevantes para aquele determinado momento histórico.

O terceiro requisito apontado por Häberle para se concretizar uma jurisdição constitucional autônoma é a publicidade, a qual deve ser assegurada não apenas no plano formal, mas também do ponto vista prático. A publicidade dos atos processuais, principalmente nos processos de maior repercussão social, é condição imprescindível para garantia da jurisdição constitucional.

O quarto requisito diz respeito à necessidade de a Corte Constitucional desenvolver uma atividade jurisprudencial racional. A jurisdição constitucional, apesar de sua natureza jurisdicional, exerce atividade de fortes consequências políticas.

Desse modo, o Tribunal Constitucional tem a responsabilidade de garantir a criação de jurisprudência solidamente fundamentada, cuja alteração não ocorra de forma a criar decisões surpreendentes para o jurisdicionado, estabelecendo-se, para tanto, métodos racionais de revisão constante, com o intuito de assegurar o elemento criativo da jurisprudência.

O quinto requisito é o estabelecimento, pelo texto constitucional, de um estandarte mínimo de competências e funções a ser exercido pela Corte Constitucional. Exercício que é fundamental para consolidação do Estado Constitucional.[8]

O sexto requisito relaciona-se intrinsecamente com o quinto. Entre as múltiplas competências a serem exercidas por um Tribunal Constitucional, há a possibilidade de o Tribunal exercer as seguintes funções através de seus julgados: (a) garantir a proteção e a concretização de direitos fundamentais, dialogando inclusive

---

8 HÄBERLE, Peter. "El Tribunal Constitucional Federal como modelo de una jurisdicción constitucional autónoma". *In*: ______. *Estudios sobre la jurisdicción constitucional*. Mexico: Editorial Porrúa, 2005, p. 168.

com os pactos internacionais de direitos humanos;[9] (b) permitir a proteção da democracia e do Estado Democrático de Direito, ou seja, a primazia da Constituição Federal; (c) assegurar o equilíbrio entre os três poderes; (d) resguardar o pluralismo e com ele a proteção das minorias de todo o tipo; (e) contribuir para a inserção pacífica do Estado Constitucional nas Comunidades de responsabilidade regionais e internacionais (*e.g.*, União Europeia); (f) assegurar a atualização cautelosa do texto constitucional por meio de sua interpretação jurisdicional, devendo a Corte Constitucional exercer exaustiva e pormenorizada fundamentação quando julgar adequado alterar seu posicionamento já consolidado em sua jurisprudência.[10]

O sétimo e último requisito consiste na autoconsciência que toda Corte Constitucional precisa possuir acerca dos limites de sua atividade para continuar escrevendo o contrato social de uma Comunidade Política.[11] Cuida-se de requisito que contribui para impedir a formação de ativismo e decisionismo das Cortes Superiores que ignoram o programa normativo, com intuito de concretizar nas decisões judiciais as convicções pessoais de seus integrantes.

Seguindo a análise de Häberle, nos parece uma conclusão inafastável a de que as funções desempenhadas pela Corte Constitucional na concretização da Constituição são absolutamente essenciais à manutenção da democracia tal como desenhada a partir das experiências da segunda metade do século XX.

---

9 Para exame sobre e relação entre efetivação de direitos fundamentais pela jurisdição constitucional, ver: SILVESTRI, Gaetano. *L´effettività e la tutela dei diritti fondamentali nella giustizia costituzionale*. Napoli: Editoriale Scientifica, 2009, *passim*.

10 HÄBERLE, Peter. "El Tribunal Constitucional Federal como modelo de una jurisdicción constitucional autónoma". *In*: ______. *Estudios sobre la jurisdicción constitucional*. Mexico: Editorial Porrúa, 2005, p. 171.

11 HÄBERLE, Peter. "El Tribunal Constitucional Federal como modelo de una jurisdicción constitucional autónoma". *In*: ______. *Estudios sobre la jurisdicción constitucional*. Mexico: Editorial Porrúa, 2005, p. 171.

Com efeito, não vislumbramos qualquer justificativa para afastar os procedimentos arbitrais desse filtro democrático, sob pena de, como veremos mais adiante, permitir-se a criação de um direito paralelo ao direito, do qual valer-se-ão *players* mal-intencionados para buscar objetivos fadados ao insucesso caso optassem pela jurisdição estatal. Aqui residiria o ovo da serpente da degeneração arbitral dado que ela se converteria de um *devido processo legal privado* para uma instância de aceitação de pedidos ilícitos e inconstitucionais. Ou seja, o signo da jurisdição arbitral emprestaria legitimidade para serviços ilícitos transformando-se num *devido processo legal degenerado*. Seria a captura da arbitragem por determinados agentes abutres do segmento econômico.

3 Arbitragem e controle constitucional I: operacionalização

Conforme já pontuou um dos coautores em outro texto, o árbitro – juiz de fato e de Direito para o procedimento – encontra-se igualmente debaixo da jurisdição constitucional; a importância disso, esperamos, restou evidenciada no item precedente. A autonomia arbitral é, diante disso, sempre *relativa*, porque a ordem normativa maior emana do topo, da Constituição Federal. Nessa perspectiva, pode-se dizer que a arbitragem é sempre vinculada aos provimentos judiciais vinculantes oriundos fixados pelo STF.[12]

Em abordagem detida do problema da aplicação dos "precedentes vinculantes" na convenção de arbitragem, vale considerarmos desde logo algumas considerações feitas por Marcelo Bellocchi que nos serão úteis para introduzir algumas das questões que desenvolveremos na sequência.

---

12 ABBOUD, Georges. "Precisamos rejeitar arbitragens supremas". *Consultor Jurídico*, 01 fev. 2022. Disponível em: https://www.conjur.com.br/2022-fev-01/georges-abboud-precisamos-rejeitar-arbitragens-supremas Acessado em: 29.06.2022.

Na abordagem que faz do assunto, Bellocchi considera três cenários de contratação da convenção arbitral: (i) as partes convencionam genericamente a aplicação da legislação brasileira, sem nada dizer a respeito dos "precedentes" vinculantes; (ii) as partes expressamente acordam pela *aplicabilidade* dos precedentes; e (iii) as partes expressamente a *excluem*.[13]

O estudo de Bellocchi concentra-se na primeira hipótese – em que defende a aplicação compulsória dos provimentos judiciais vinculantes quando a contratação ocorrer de forma genérica – porquanto nas demais hipóteses "não deixam espaço para dúvidas, uma vez que *as partes foram expressas* quanto aos limites dos poderes concedidos aos árbitros".[14]

Sua defesa dessa aplicação compulsória baseia-se, essencialmente, em dois pontos: (a) *universalidade do direito* e *segurança jurídica* – alcançáveis pela *previsibilidade* das decisões e pelo princípio da *isonomia* – uma vez que "(...) todos os elementos que compõe nosso ordenamento jurídico, ou seja, a pauta de conduta a que os indivíduos se submetem, devem servir de base para o julgamento a ser proferido no processo arbitral"; e (b) por um argumento lógico de que "se a convenção de arbitragem prevê a aplicabilidade da lei brasileira e esta é expressa no sentido da vinculatividade do precedente a casos futuros, com a mesma essência jurídica, não há de se afastar a sua aplicabilidade na arbitragem (...)".[15]

---

13 BELLOCCHI, Márcio. *Precedentes vinculantes e a aplicação do Direito brasileiro na convenção de arbitragem.* 1ª ed. São Paulo: Revista dos Tribunais, 2017, p. 163.

14 BELLOCCHI, Márcio. *Precedentes vinculantes e a aplicação do Direito brasileiro na convenção de arbitragem.* 1ª ed. São Paulo: Revista dos Tribunais, 2017, p. 164.

15 BELLOCCHI, Márcio. *Precedentes vinculantes e a aplicação do Direito brasileiro na convenção de arbitragem.* 1ª ed. São Paulo: Revista dos Tribunais, 2017, pp. 164-167.

É necessário esclarecer que o jurista utiliza a ideia de *precedentes* em sentido estrito, ou seja, considera-os tão somente aqueles provimentos vinculantes derivados de decisões proferidas pela jurisdição estatal (IRDR, IAC, Repercussão Geral e repetitivos, basicamente). Ao fazê-lo, exclui, portanto, as Súmulas Vinculantes (art. 103-A, CF), demais enunciados sumulares (art. 927, IV, CPC) e orientação do plenário ou órgão especial do respectivo Tribunal (art. 927 V, CPC).

Mais especificamente, Bellocchi entende como *obrigatórios* os provimentos enunciados pelo art. 927, III do CPC, já que são esses a ensejar o ajuizamento de reclamação constitucional.[16]

Podemos agora organizar nossa visão em relação ao pensamento acima descrito. Em primeiro lugar, discordamos de que apenas as contratações *genéricas* ensejariam aplicação obrigatória dos provimentos vinculantes. Considerar admissíveis as hipóteses (ii) e (iii) acima seria o mesmo que interpretar os provimentos vinculantes – e, especialmente os que mais nos interessam, os de cariz constitucional – objetos meramente disponíveis de um contrato.

Aliás, isso parece contradizer a ressalva lógica [(b), acima] que faz. Afinal, se o Direito não se interpreta/aplica em tiras, não teria sentido conceder às partes da convenção arbitral tamanho espaço para que possam "escolher" quando decisões constitucionais do STF devem ser aplicadas ou não.

O argumento segundo o qual a pactuação *genérica* pela aplicação da lei brasileira ensejaria a utilização compulsória dos provimentos porque a própria lei assim o determina leva-nos a um ponto central nesse artigo: ao optar pelo Direito brasileiro, o jurisdicionado faz a opção por uma legislação sujeita integralmente

---

16 BELLOCCHI, Márcio. *Precedentes vinculantes e a aplicação do Direito brasileiro na convenção de arbitragem*. 1ª ed. São Paulo: Revista dos Tribunais, 2017, pp. 64-66 e 164.

aos ditames da Constituição Federal da República Federativa do Brasil, o que significa submeter a arbitragem ao controle de sua constitucionalidade, bem como à guarda da Constituição pelo STF (art. 102, *caput*, CF).

Considerar constitucional a ressalva expressa de que provimentos vinculantes *não serão aplicados* importa em colocar a convenção arbitral acima da própria Constituição, já que permite ao árbitro chegar a uma palavra final a respeito das normas constitucionais que seja diversa daquela dada pelo Supremo Tribunal Federal, gerando um risco sistêmico de que nos ocuparemos no item 4.

É bom anotar que nosso ponto aqui não é tanto analisar a aplicabilidade dos provimentos judiciais vinculantes plasmados em sede de IRDR, IAC ou recursos especiais repetitivos, mas, antes, aqueles de natureza eminentemente constitucional, tais como as Súmulas Vinculantes, a repercussão geral, as teses fixadas em recursos extraordinários repetitivos e as decisões – mesmo interpretativas – proferidas pelo STF.

Bellocchi, ao que parece, não se debruça tanto sobre alguns desses elementos porquanto se utiliza de uma concepção mais restrita de *precedente*, como visto acima. A expressão ampla *provimentos judiciais vinculantes*, contudo, nos permite analisar a questão de forma mais abrangente.

Tendo em vista que os procedimentos arbitrais não se submetem, de forma irrestrita, ao regime geral do processo civil brasileiro, é necessário pensarmos formas de operacionalizar a filtragem constitucional por nós proposta.[17]

---

17 "Apesar das diferenças entre os regimes jurídicos da ação civil pública e da arbitragem, certo é que ambas, quando manejadas para afligir as grandes companhias nos termos já descritos, padecem de igual inconstitucionalidade. A arbitragem, embora constitua um meio alternativo de solução de controvérsias, ostenta *natureza jurisdicional* (é prestação jurisdicional privada, contratada pelas partes do litígio) e, nessa medida, submete-se aos princípios

Nossa concepção é a de que o controle feito pela jurisdição constitucional recaia sobre dois objetos: a) o *produto decisório* – os árbitros são materialmente vinculados aos provimentos judiciais vinculantes exarados pelo STF; e b) a *arbitrabilidade*, objetiva ou subjetiva, da matéria.[18] Se, portanto, eventual decisão arbitral contrariar, em qualquer desses objetos, algum provimento judicial vinculante exarado pelo STF, a via adequada de controle é a da reclamação constitucional.

Assim, entendemos que o STF pode agir, pela via da reclamação constitucional – que é a via processual adequada para preservação da competência e autoridade das decisões do tribunal (CF 102, I, "l", e 103-A, §3º) – quando, por exemplo, o tribunal arbitral se recusar a aplicar determinada súmula vinculante que culminaria em outro resultado ao procedimento.

Exemplo ilustrativo nesse sentido, por exemplo, seria a violação à Súmula Vinculante nº 10 a ocorrer quando a arbitrabilidade do tema for inconstitucional por contrariar o Direito Positivo brasileiro.

A respeito desse ponto, um dos coautores teve a oportunidade de dedicar uma monografia – escrita em coautoria com Walfrido Jorge Warde Junior – em que são esmiuçadas algumas hipóteses

---

e garantias processuais inscritos na Constituição Federal, porque a ordem jurídica total, i.e., as normas postas de ordem pública, autorizaram a sua existência, observadas dadas condições, para os fins de dirimir conflitos. E autorizam precisamente porque também a arbitragem, como método de solução de controvérsias que pressupõe um provimento jurisdicional, submete-se à ordem constitucional instituída". VALIM, Rafael; WARDE, Walfrido. *Abutres, ingênuos e a ameaça da destruição da grande companhia*. São Paulo: Contracorrente, 2021, p. 83.

18 ABBOUD, Georges. "Precisamos rejeitar arbitragens supremas". *Consultor Jurídico*, 01 fev. 2022. Disponível em: https://www.conjur.com.br/2022-fev-01/georges-abboud-precisamos-rejeitar-arbitragens-supremas. Acessado em: 29.06.2022. No texto referido, o coautor fez a ressalva de que seu posicionamento é uma superação da posição até então externada em seu "Processo Constitucional Brasileiro" (5ª ed. 2021).

de pretensões inconstitucionais veiculadas via arbitragem e, consequentemente, passíveis de fiscalização pelo STF.[19]

Exemplo disso é a utilização da arbitragem – ou de ação civil pública (regida pela Lei n. 7.913/1989) – com o intuito de se obter indenização para o acionista por dano que a própria companhia sofreu por conta de um administrador faltoso ou de um controlador abusivo. Isso equivale, conforme concluímos lá, a submeter a vítima à pena do agressor.[20]

Vejamos que o acionista poderia pretender ajuizar contra a companhia ação indenizatória por danos diretos pela via da jurisdição estatal.[21] Lá, tal como numa ação civil pública, o juiz estatal ver-se-ia inexoravelmente "limitado" pela jurisdição constitucional, seja pela via recursal ou da reclamação, devendo, portanto, submeter-se *formal* e *materialmente* à interpretação da Constituição dada pelo STF.

Por qual razão as arbitragens não deveriam seguir a mesma lógica? Conforme anotou Márcio Bellocchio, uma das finalidades da arbitragem é servir de opção paralela de jurisdição ao indivíduo, "mas que não consiste em uma jurisdição mais ou menos vantajosa, em termos de resultado".[22]

Essa circunstância quanto ao *objeto* do controle torna-se especialmente grave, no contexto empresarial, quando se considera que a possibilidade de se obter – via arbitragem – um pronunciamento

---

19 VALIM, Rafael; WARDE, Walfrido. *Abutres, ingênuos e a ameaça da destruição da grande companhia*. São Paulo: Contracorrente, 2021, *passim*.

20 VALIM, Rafael; WARDE, Walfrido. *Abutres, ingênuos e a ameaça da destruição da grande companhia*. São Paulo: Contracorrente, 2021, p. 70.

21 VALIM, Rafael; WARDE, Walfrido. *Abutres, ingênuos e a ameaça da destruição da grande companhia*. São Paulo: Contracorrente, 2021, pp. 70/71.

22 BELLOCCHI, Márcio. *Precedentes vinculantes e a aplicação do Direito brasileiro na convenção de arbitragem*. 1ª ed. São Paulo: Revista dos Tribunais, 2017, pp. 164/165. Cf. também, pp. 167-175.

fadado ao insucesso se submetido à jurisdição estatal pode ver-se ampliada em grandes arbitragens coletivas, mudando o *locus* da "indústria das *class actions*" do Judiciário estatal para as arbitragens.[23]

O manejo de reclamação nessas hipóteses – já que a utilização indevida de arbitragens, especialmente na busca de indenizações ilícitas é inconstitucional por violar a ordem econômica desenhada pela Constituição – pode ser, em nossa visão, *preventiva*.

Isso porque o prejudicado não deve ser obrigado a aguardar a instauração e eventual desfecho desfavorável do procedimento arbitral para poder recorrer à jurisdição constitucional. Para nos atermos ao exemplo acima: a companhia não deve ser obrigada a guardar o desfecho de uma arbitragem em que se busque sua condenação por atos em que é a própria vítima. Em outros termos, eu não devo aguardar um processo arbitral – cujo objeto é inconstitucional – tramitar e finalizar para só então realizar seu controle de constitucionalidade.

O jurisdicionado, sabendo-se ameaçado de ver contra si instaurado procedimento arbitral com objeto ilícito ou inconstitucional deve poder ajuizar uma *reclamação preventiva*[24] através da qual o STF possa determinar o trancamento do procedimento ou a realização, pelo tribunal arbitral, de controle de constitucionalidade, certo de que o resultado deste poderá ser objeto de nova reclamação, caso venha a contrariar provimentos judiciais vinculantes do STF.

Outra possibilidade de filtragem constitucional da arbitragem é a utilização da ADPF para impugnação de provimentos

---

23 VALIM, Rafael; WARDE, Walfrido. *Abutres, ingênuos e a ameaça da destruição da grande companhia*. São Paulo: Contracorrente, 2021, pp. 97 e ss.

24 ABBOUD, Georges. *Processo Constitucional Brasileiro*. 5ª ed. São Paulo: Revista dos Tribunais, 2021, n. 4.11.7.5.3, pp. 1.054 e ss; ABBOUD, Georges. "Precisamos rejeitar arbitragens supremas". *Consultor Jurídico*, 01 fev. 2022. Disponível em: https://www.conjur.com.br/2022-fev-01/georges-abboud-precisamos-rejeitar-arbitragens-supremas. Acessado em: 29.06.2022.

arbitrais inconstitucionais. Muito embora a legitimidade ativa para a propositura de ações constitucionais seja restrita (art. 103, CF), isso não significa que o Requerente da arbitragem em que foi proferido o ato objeto da ADPF não possa ingressar no feito como interessado e, nessa qualidade, defender seus interesses e lançar seus próprios argumentos.

Outrossim, os instrumentos constitucionais (especialmente a reclamação e a ADPF) servem também de filtro à arbitrabilidade dos *sujeitos* da arbitragem, impedindo, assim, que sejam instaurados procedimentos em que figurem partes ilegítimas ou ilegitimamente representadas.

Nessa toada, a jurisdição constitucional serviria de complemento regulatório que permitiria à arbitragem ampliar os sujeitos e matérias arbitráveis, incluindo, com mais liberdade, sujeitos da Administração Pública para a discussão de questões tributárias e administrativas, por exemplo.

4 Arbitragem e controle constitucional II: riscos sistêmicos da não observância

Conforme delineado acima, há um equívoco na premissa de que a arbitragem não se submete *prima facie* à jurisdição constitucional. O erro é a possibilidade de se degenerar a arbitragem num instrumento para veicular pretensões que sabidamente seriam rechaçadas na jurisdição estatal, tornando-a uma espécie de *locus* em que se aplica um Direito paralelo ao Direito.

Utilizando-nos da terminologia de Michael Stolleis, a arbitragem não pode ser um *modelo de Direito para produzir um não Direito*.[25] Pior: a arbitragem torna-se, nesse cenário, o local ideal

25 STOLLEIS, Michael. *Recht im Unrecht*: Studien zur Rechtsgeschichte des Nationalsozialismus. Frankfurt am Main: Suhrkamp, 1994.

para que particulares fraudem direitos fundamentais sob o signo da estabilidade e legitimidade da jurisdição constitucional ou o ninho de abutres para o ajuizamento de arbitragens coletivas inconstitucionais.

Desde um ponto de vista *luhmanniano* isso pode ser concebido como uma espécie de corrupção sistêmica,[26] já que o código do Direito (lícito/ilícito, constitucional/inconstitucional) é completamente substituído por uma espécie de Direito "paralelo", sem que nenhum agente institucional possa agir contra essa desdiferenciação funcional permitida pela arbitragem.

Na linha do quanto esmiuçamos acima, permitir-se-ia, em última análise, a existência de situações esdrúxulas em que árbitros – caso não vinculados à jurisdição constitucional – possam dar última palavra em matéria constitucional, o que viola frontalmente o art. 102, *caput*, da CF.[27]

Na sociologia de Niklas Luhmann, o caráter normativo do Direito significa que as normas jurídicas são expectativas de comportamento estabilizadas contrafactualmente (*kontrafaktisch stabilisierte Verhaltenserwartungen*).[28] Vale dizer, a validade normativa independe de sua observância e os indivíduos continuarão a compreender as normas jurídicas como válidas mesmo que observem descumprimentos a elas, ressalvadas as hipóteses, é claro, de descumprimentos absolutamente reiterados.

A criação de um Direito aplicável às arbitragens que seja paralelo ao Direito Positivo "regular" significa comprometer o

26 Sobre o assunto, cf. NEVES, Marcelo. *Constituição e Direito na modernidade periférica*: uma abordagem teórica e uma interpretação do caso brasileiro. Trad. Antônio Luz Costa. 1ª ed. São Paulo: Martins Fontes, 2018, *passim*.

27 Cf. VALIM, Rafael; WARDE, Walfrido. *Abutres, ingênuos e a ameaça da destruição da grande companhia*. São Paulo: Contracorrente, 2021, p. 83.

28 LUHMANN, Niklas. *Rechtssoziologie*. 3ª ed. Opladen: Westdeutscher Verlag, 1987, p. 43.

próprio caráter normativo das normas jurídicas, já que fatalmente incentivará o desapego à legalidade/constitucionalidade.

5 Encerramento

Por fim, a proposta deste artigo pode ser sintetizada do seguinte modo: realizar a adequada sujeição da arbitragem à jurisdição constitucional é condição de legitimidade para sua própria expansão.

Nosso intuito não é enfraquecer a legitimidade da arbitragem, pelo contrário, objetivamos evitar sua degeneração ao ser instrumentalizada como mecanismo para fraudar o Direito Positivo brasileiro.[29]

Tal como outros mecanismos – a Ação Civil Pública do Mercado de Capitais, por exemplo[30] – precisam ter sua interpretação adequada ao Direito Positivo brasileiro sob pena de legitimarem-se indenizações inconstitucionais, ou como o Direito como um todo teve de se readaptar às exigências de um paradigma substancial levado a cabo no contexto do Estado de bem-estar social,[31] chegou a vez de a arbitragem se submeter ao crivo da jurisdição constitucional.

Nesse sentido, o presente estudo procurou indicar alguns caminhos para que isso possa se efetivar.

---

29 ABBOUD, Georges. "Precisamos rejeitar arbitragens supremas". *Consultor Jurídico*, 01 fev. 2022. Disponível em: https://www.conjur.com.br/2022-fev-01/georges-abboud-precisamos-rejeitar-arbitragens-supremas. Acessado em: 29.06.2022.

30 VALIM, Rafael; WARDE, Walfrido. *Abutres, ingênuos e a ameaça da destruição da grande companhia*. São Paulo: Contracorrente, 2021, *passim*.

31 TEUBNER, Gunther. "Substantive and reflexive elements in modern law". *Law & Society Review*, vol. 17, nº 2, 1983, pp. 239-286; HABERMAS, Jürgen. *Überlegungen zum evolutionären Stellenwert des modernen Rechts*, *in*: Zur Rekonstruktion des Historischen Materialismus. 7ª ed. Frankfurt am Main: Suhrkamp Verlag, 2001; ABBOUD, Georges. *Direito Constitucional Pós-Moderno*. 1ª ed. São Paulo: Revista dos Tribunais, 2021, pp. 566 e ss.

Referências bibliográficas

ABBOUD, Georges. *Direito Constitucional Pós-Moderno*. 1ª ed. São Paulo: Revista dos Tribunais, 2021.

______. "Precisamos rejeitar arbitragens supremas". *Consultor Jurídico*, 01 fev. 2022. Disponível em: https://www.conjur.com.br/2022-fev-01/georges-abboud-precisamos-rejeitar-arbitragens-supremas. Acessado em: 29.06.2022.

______. *Processo Constitucional Brasileiro*. 5ª ed. São Paulo: Revista dos Tribunais, 2021.

BELLOCCHI, Márcio. *Precedentes vinculantes e a aplicação do Direito brasileiro na convenção de arbitragem*. 1ª ed. São Paulo: Revista dos Tribunais, 2017.

HÄBERLE, Peter. "El Tribunal Constitucional Federal como modelo de una jurisdicción constitucional autónoma". *In*: ______. *Estudios sobre la jurisdicción constitucional*. Mexico: Editorial Porrúa, 2005.

HABERMAS, Jürgen. *Überlegungen zum evolutionären Stellenwert des modernen Rechts, in*: Zur Rekonstruktion des Historischen Materialismus. 7ª ed. Frankfurt am Main: Suhrkamp Verlag, 2001.

LÖSING, Norbert. "La Jurisdicción Constitucional como contribuición al Estado de Derecho". *In*: SEGADO, Francisco Fernández (Coord.). *The Spanish constitution in the european constitucional context*: la constitución española en el contexto constitucional europeo. Madrid: Dykinson, 2003.

LUHMANN, Niklas. *Rechtssoziologie*. 3ª ed. Opladen: Westdeutscher Verlag, 1987.

NERY JUNIOR, Nelson. *Princípios do processo na Constituição Federal*. 11ª ed. São Paulo: RT, 2013.

NEVES, Marcelo. *Constituição e Direito na modernidade periférica*: uma abordagem teórica e uma interpretação do caso brasileiro. Trad. Antônio Luz Costa. 1ª ed. São Paulo: Martins Fontes, 2018.

SILVESTRI, Gaetano. *L´effettività e la tutela dei diritti fondamentali nella giustizia costituzionale*. Napoli: Editoriale Scientifica, 2009.

STOLLEIS, Michael. *Recht im Unrecht*: Studien zur Rechtsgeschichte des Nationalsozialismus. Frankfurt am Main: Suhrkamp, 1994.

TEUBNER, Gunther. "Substantive and reflexive elements in modern law". *Law & Society Review*, vol. 17, nº 2, 1983.

VALIM, Rafael; WARDE, Walfrido. *Abutres, ingênuos e a ameaça da destruição da grande companhia*. São Paulo: Contracorrente, 2021.

CAPÍTULO VII

DIREITO PÚBLICO E ARBITRAGEM: POSSIBILIDADES E LIMITES DA SENTENÇA ARBITRAL SER SUBMETIDA À REVISÃO JUDICIAL

Luis Manuel Fonseca Pires

Marina C. R. Vidal

Introdução: a Administração Pública na arbitragem

A arbitragem é um meio alternativo ao Judiciário[1] para a resolução de disputas. Por meio dela, as partes escolhem[2] atribuir

---

1 BARCELÓ, John; VON MEHREN, Arthur Taylor. *International commercial arbitration*: a transnational perspective. Estados Unidos: Thomson Reuters, 2006, p. 1.

2 A escolha pode se dar por meio de uma cláusula arbitral, pactuada antes mesmo da disputa surgir, de um compromisso arbitral, pactuado depois que a disputa surgiu, ou mesmo por tratados internacionais. Nesse sentido:

jurisdição a um árbitro, ou tribunal arbitral, para resolver litígios já instaurados ou que venham a existir entre elas,[3] excluindo assim a competência das cortes estatais para resolver tais litígios.

Os contornos legais da arbitragem no Brasil são delineados pela Lei n. 9.307/96 ("Lei de Arbitragem"), que atribui aos procedimentos arbitrais características que lhes revestem de segurança e efetividade. Dentre outras coisas, a Lei de Arbitragem atribui à sentença arbitral proferida em território nacional a força de título executivo judicial,[4] assegura a preservação de princípios processuais importantes no curso do procedimento arbitral,[5] afirma a força vinculante das convenções privadas que estabelecem a arbitragem como método para resolução de conflitos[6] e estabelece a primazia da competência dos árbitros para resolver questões de jurisdição.[7]

Em relação à Administração Pública, a Lei de Arbitragem prevê, desde 2015, que "a administração pública direta e indireta poderá utilizar-se da arbitragem para dirimir conflitos relativos a direitos patrimoniais disponíveis".[8] Embora a disponibilidade do direito seja com frequência objeto de controvérsia em arbitragens envolvendo a

---

NIGEL, Blackaby *et al. Redfern and hunter on international arbitration*. 6ª ed. Países Baixos: Kluwer Law International, 2016, p. 18.

3 Não há consenso no cenário internacional em relação aos elementos necessários para a definição de arbitragem. Considerando as características impostas pela Lei de Arbitragem Brasileira, Carlos Alberto Carmona propõe a seguinte definição: "Arbitragem é uma técnica para solução de controvérsias através da intervenção de uma ou mais pessoas que recebem poderes de uma convenção privada, decidindo com base nesta convenção, sem intervenção do Estado, sendo a decisão destinada a assumir eficácia de sentença judicial". CARMONA, Carlos Alberto. *Arbitragem e processo*: um comentário à Lei n. 9.307/96. São Paulo: Atlas, 2009, p. 15.

4 Artigo 31 da Lei de Arbitragem.

5 Artigos 13, §6º, e 31 da Lei de Arbitragem.

6 Artigos 4 a 8 da Lei de Arbitragem.

7 Artigo 8º da Lei de Arbitragem.

8 Artigo 1º, §1º da Lei de Arbitragem.

Administração Pública, a lei não mais[9] permite questionamentos acerca da arbitrabilidade *ratione personae* da Administração Pública direta e indireta, admitindo que Estados, autarquias, fundações, sociedades de econômica mistas, etc., submetam disputas que versem sobre direitos patrimoniais disponíveis à arbitragem.[10]

A Lei de Arbitragem, portanto, trouxe previsibilidade e segurança para o desenvolvimento da arbitragem no Brasil, inclusive para procedimentos arbitrais envolvendo a Administração Pública. Não obstante, por mais segurança e previsibilidade que a Lei de Arbitragem possa conferir aos procedimentos arbitrais, isto não seria suficiente[11] se as arbitragens não contassem com o suporte de cortes estatais para assegurar a sua aplicação.[12] Este é consi-

---

9 Antes da reforma da lei, a maioria da doutrina já defendia que a Administração Pública poderia figurar como parte em procedimentos arbitrais. Para outros, contudo, seria inconstitucional a adoção da arbitragem pelo ente público, pois disputas com a Administração Pública sempre envolveriam, necessariamente, o interesse público, indisponível. Para outra corrente, ainda, a Administração Pública não poderia submeter disputas à arbitragem haja vista o princípio da legalidade, já que não era expressamente autorizada a tanto. Com as alterações na lei, os debates foram superados, persistindo apenas controvérsias quanto à arbitrabilidade das disputas submetidas à arbitragem. Nesse sentido: HATANAKA, Alex S. *Revista Brasileira de Arbitragem*. vol. XIII. Curitiba: Comitê Brasileiro de Arbitragem, 2016, p. 9; GAMA, Lauro. *Revista Brasileira de Arbitragem*. vol. II. Curitiba: Comitê Brasileiro de Arbitragem, 2005, p. 7.

10 HATANAKA, Alex S. *Revista Brasileira de Arbitragem*. vol. XIII. Curitiba: Comitê Brasileiro de Arbitragem, 2016, p. 7.

11 Há mecanismos de controle da sentença arbitral, os quais, nas palavras de Theresa Arruda Alvim Wambier, "são técnicas concebidas para que mecanismos criados para atingir certos fins atinjam efetivamente estes fins, e não outros. As afirmações de que certo instituto tem esta ou aquela finalidade, de que o árbitro pode ou não agir desta forma etc., só têm sentido se houver controle" (WAMBIER, Teresa Arruda Alvim. *Revista Brasileira de Arbitragem*. vol. XIII. Curitiba: Comitê Brasileiro de Arbitragem, 2016, p. 12).

12 É necessário, por exemplo, que as cortes estatais declinem jurisdição para resolver disputas que devem ser submetidas à arbitragem, ofereçam suporte legal para suprir a ausência de poder de polícia dos árbitros, determinem a instauração de procedimentos arbitrais quando necessário e exerçam o

derado um dos grandes paradoxos da arbitragem: para existir, a arbitragem precisa da cooperação das autoridades judiciais das quais as partes pretendem se esquivar ao escolherem um método alternativo para a resolução de suas disputas.[13]

Este artigo versará sobre um dos aspectos mais importantes da intersecção entre as cortes estatais e a arbitragem: a revisão de sentenças arbitrais por cortes estatais.

1 O Superior Tribunal de Justiça e a revisão judicial da sentença arbitral

Explicaremos, neste tópico, os dispositivos da Lei de Arbitragem que permitem o controle judicial de sentenças arbitrais, analisando como o Superior Tribunal de Justiça (STJ) vem aplicando os dispositivos que versam sobre a nulidade desses julgamentos.

Como explicado, sentenças arbitrais proferidas no Brasil têm, por força do artigo 31 da Lei de Arbitragem, natureza de título executivo judicial. Já as sentenças proferidas no exterior precisam ser homologadas pelo STJ para que sejam dotadas de exequibilidade no Brasil, nos termos do artigo 35 da Lei de Arbitragem.

Enquanto as partes podem pleitear a nulidade da sentença arbitral proferida no Brasil com fundamento no artigo 32 da Lei de Arbitragem[14] (por meio de ação anulatória ou impugnação

---

controle de legalidade das sentenças arbitrais de acordo com os limites estabelecidos na Lei de Arbitragem.

13 PAULSSOUN, Jan. *Arbitration in three dimensions*. Londres: LSE Law, Society and Economy Working Papers 2/2010. Disponível em: https://www.arbitration-icca.org/media/0/12686652821290/arbitration_in_three_dimensions.pdf. Acessado em: 03.02.2021.

14 Artigo 32 da Lei de Arbitragem: "É nula a sentença arbitral se: I - for nulo o compromisso; I - for nula a convenção de arbitragem; II - emanou de quem não podia ser árbitro; III - não contiver os requisitos do art. 26 desta Lei; IV - for proferida fora dos limites da convenção de arbitragem; V - não decidir

ao cumprimento de sentença, que também pode versar sobre as hipóteses de nulidade)[15] para sentenças proferidas em território estrangeiro, o único remédio disponível no Brasil[16] é a denegação do reconhecimento da sentença arbitral estrangeira, com fundamento no artigo 38 da Lei de Arbitragem.[17] São estes os dois únicos meios previstos na legislação brasileira para interferência das cortes estatais em sentenças arbitrais.

O artigo 38 da Lei de Arbitragem não outorga às cortes judiciais a competência para suprir defeitos que ensejam a denegação de pedido de homologação de sentença arbitral estrangeira. O mesmo se dá com o Artigo 32 da Lei de Arbitragem, que traz as hipóteses de nulidade da sentença arbitral, mas não outorga às cortes estatais a competência para suprir, no âmbito da ação anulatória, as falhas que resultaram na declaração de nulidade.

Dessa forma, não há previsão legal autorizando a reforma de mérito das sentenças arbitrais pelas cortes estatais, que têm competência apenas para emitir juízo quanto à validade da sentença arbitral proferida no Brasil e quanto à receptibilidade de sentenças arbitrais estrangeiras pelo ordenamento jurídico brasileiro.[18]

---

todo o litígio submetido à arbitragem; VI - comprovado que foi proferida por prevaricação, concussão ou corrupção passiva; VII - proferida fora do prazo, respeitado o disposto no art. 12, inciso III, desta Lei; e VIII - forem desrespeitados os princípios de que trata o art. 21, § 2º, desta Lei".

15 Artigo 33, §3º da Lei de Arbitragem. Parte da doutrina defende que só é possível alegar a nulidade da sentença arbitral em sede de impugnação ao cumprimento de sentença enquanto não transcorrido o prazo decadencial para a apresentação de ação anulatória. Neste sentido: GLEBER, Eduardo. "Controle Judicial da Sentença Arbitral". *Revista Brasileira de Arbitragem*, vol. II. Curitiba: Comitê Brasileiro de Arbitragem, 2005, p. 55.

16 A nulidade, neste caso, precisa ser pleiteada no local onde a sentença arbitral foi proferida.

17 Este artigo de lei reflete o artigo 5º Convenção de Nova York de 1958 sobre Reconhecimento e Execução de Sentença Arbitral Estrangeira.

18 CAHALI, Francisco José. *Curso de Arbitragem*. 4ª ed. São Paulo: Revista dos Tribunais, 2014, p. 365.

Caso a nulidade da sentença arbitral seja declarada em razão de defeitos na manifestação de vontade das partes de submeter a disputa à arbitragem, ou por a sentença versar sobre direitos não patrimoniais, a declaração de nulidade deve ser seguida do ajuizamento de ação judicial para que a disputa, decidida na sentença arbitral anulada, seja decidida mais uma vez pelas cortes judiciais competentes.

Caso a nulidade da sentença arbitral tenha fundamento em questões que não afetem a jurisdição arbitral, ou seja, em razão de defeitos formais ou materiais relacionados à condução do procedimento, à violação de normas de ordem pública etc., permanece com os árbitros a competência para decidir novamente o litígio à luz dos limites estabelecidos na ação anulatória. Preserva-se, assim, a vontade das partes de ter a disputa resolvida, em última instância, por meio da arbitragem, em que pese a interferência das cortes estatais ao anular a sentença arbitral defeituosa e "devolver" aos árbitros a matéria controvertida.

Foi este o entendimento exarado pelo STJ no caso *Venerável Ordem Terceira de S. Francisco da Penitência v. Proper Gestão Patrimonial Ltda – Microempresa.*[19] Neste caso, após sagrar-se vencedora em ação anulatória de sentença arbitral, a parte ajuizou outra ação judicial tendo como objeto a matéria decidida na sentença arbitral anulada. O STJ confirmou a decisão do Tribunal de Justiça do Rio de Janeiro (TJRJ), que havia determinado a extinção do processo em razão da competência arbitral para resolver a disputa. A decisão do STJ discorre sobre os efeitos da anulação da sentença arbitral, passando pelo histórico legislativo do artigo 33, inciso 2º,[20] da Lei de Arbitragem e concluindo que

---

19 BRASIL. Superior Tribunal de Justiça. Recurso Especial 1736646/RJ. Rel. Min. Nancy Andrighi, Brasília, DF, 5 de junho de 2018.

20 Redação anterior do artigo 33, §2º da Lei de Arbitragem, mencionada pelo STJ: "Lei n. 9.307/96. Art. 33. (...) § 2º A sentença que julgar procedente o pedido: I – decretará a nulidade da sentença arbitral, nos casos do art.

> para os vícios de substância – em que o procedimento arbitral não pode ocorrer – há simples desconstituição de sentença arbitral. Por outro lado, quando houve vícios de forma, as partes continuam vinculadas à convenção arbitral e devem ser submetidas a novo julgamento por arbitragem.[21]

Uma vez explicada a dinâmica de controle imposta pela Lei de Arbitragem às sentenças arbitrais, cabe discorrer sobre as hipóteses de nulidade de sentenças arbitrais, que também são controvertidas na doutrina. Para parcela significativa[22] dos estudiosos, o artigo 32 da Lei de Arbitragem deixou de prever hipóteses de nulidade fundamentais para a ordem pública brasileira, como aquelas aplicáveis para as ações rescisórias.[23] Interpretar o artigo 32 de forma literal acabaria conferindo mais blindagem à sentença arbitral do que às sentenças emanadas por cortes superiores, o que seria uma incoerência.[24] O mais correto, portanto, seria aplicar uma interpretação sistemática e extensiva ao artigo 32 da Lei de Arbitragem,

---

32, incisos I, II, VI, VII e VIII; II – determinará que o árbitro ou o tribunal arbitral profira novo laudo, nas demais Hipóteses".

21 BRASIL. Superior Tribunal de Justiça. Recurso Especial 1736646/RJ. Rel. Min. Nancy Andrighi, Brasília, DF, 5 de junho de 2018, p. 11.

22 VICENTE, Matteucci Frabrzzio. *Arbitragem e Nulidades*: uma Proposta de Sistematização. São Paulo: Faculdade de Direito da Universidade de São Paulo (USP), 2016, p. 109. (Dissertação Mestrado em Direito). Rafael Franciso Alves argumenta que, além de taxativas, as hipóteses previstas na lei de arbitragem devem ser interpretadas da forma "mais restritiva possível, de modo a permitir a interferência do Poder Judiciário apenas e tão-somente nos casos que realmente representarem afronta direta ao ideal de um processo justo e equitativo". (ALVES, Rafael Francisco. *Revista Brasileira de Arbitragem*. vol. IV. Curitiba: Comitê Brasileiro de Arbitragem, 2007, p. 139).

23 LUCOS, Paulo Henrique dos Santos *et al.* "Ação anulatória de sentença arbitral: hipóteses taxativas?" *CAMESC*, 14 out. de 2014. Disponível em: https://www.camesc.com.br/arquivos/25. Acessado em: 30.06.2022.

24 CARMONA, Carlos Alberto. *Arbitragem e Processo*. 3ª ed. São Paulo: Atlas, 2009. p. 412.

tendo em vista as hipóteses de rescisão de decisões judiciais,[25] que também se aplicariam para sentenças arbitrais.

O STJ, ao julgar o caso *Administração e Participações S.A v. Caputo, Bastos E Serra Advogados*,[26] filiou-se à corrente segundo a qual o artigo 32 da Lei de Arbitragem comporta intepretação extensiva, porém não se referiu às hipóteses de cabimento de ações rescisórias, mas sim aos casos em que a intervenção do Judiciário se faz necessária para preservar "a ordem pública e o devido processo legal e substancial, inafastáveis do controle judicial".[27] [28]

Tratava-se, no caso, de ação anulatória ajuizada contra sentença arbitral proferida por Tribunal Arbitral constituído nos termos do Regulamento da Câmara de Arbitragem do Mercado da Bolsa de Valores de São Paulo (CAM). A matéria de fundo da arbitragem gravitava em torno de retenções do preço de aquisição de cotas de uma sociedade, realizadas pela compradora, sob o fundamento de

---

25 O que não é o mesmo que defender o cabimento de ação rescisória contra a sentença arbitral. Embora a parte possa deduzir pretensão de declaração de nulidade com fundamento nas hipóteses aplicáveis a ações rescisórias, estas não são o meio processual correto para a impugnação de sentença arbitral. Nesse sentido: LEVY, Andre; LEE, João Bosco. *Revista Brasileira de Arbitragem*. vol. XIV. Curitiba: Comitê Brasileiro de Arbitragem, 2017, p. 112.

26 Recurso Especial 1660963/SP. Rel. Min. Marco Aurélio Bellizze, Brasília, DF, 26 de março de 2019.

27 Recurso Especial 1660963/SP. Rel. Min. Marco Aurélio Bellizze, Brasília, DF, 26 de março de 2019.

28 O entendimento tem respaldo na doutrina. Veja-se, por exemplo, a opinião de Leonardo Greco, para quem o limite da ordem pública "existe sim e independe de previsão expressa no ordenamento, porque diz respeito à observância dos princípios fundantes do próprio ordenamento jurídico, sob pena de, à sua falta, tornar-se o juízo arbitral um Estado dentro do Estado. (...) Já quanto aos erros de direito material, somente podem ser objeto de ação anulatória com fundamento na ordem pública, embora a invocação da jurisprudência e dos precedentes possa ter relevância para a caracterização desse fundamento". (GRECO, Leonardo. "Controle Jurisdicional da Arbitragem". *Revista Brasileira de Arbitragem*, vol. XV. Curitiba: Comitê Brasileiro de Arbitragem, 2018, p. 57).

que a vendedora seria responsável por passivo contingente oculto (não revelado na *due dilegence* conduzida).

A sentença arbitral declarou que as retenções feitas pela compradora não eram válidas, pois o passivo não era oculto e já deveria fazer parte do preço de aquisição. Os fundamentos para o pedido de nulidade gravitam em torno deste debate: a compradora alegou que o Tribunal Arbitral teria violado o princípio da boa-fé objetiva ao determinar a devolução do preço de aquisição retido, além dos princípios do contraditório e da ampla defesa, já que o tribunal indeferira a realização de prova pericial contábil.

Em primeira instância, a ação anulatória foi julgada procedente, mas a decisão foi reformada pelo Tribunal de Justiça de São Paulo (TJSP), que afirmou tratar-se de "mero inconformismo da decisão que não autoriza a reanálise do mérito arbitral".[29]

O STJ confirmou a decisão do TJSP, destacando que

> o controle judicial da sentença arbitral, por meio de ação anulatória (...) revela-se absolutamente excepcional em nosso sistema, não se afigurando possível, ao menos em regra, conforme dispõe a melhor doutrina, adentrar no mérito arbitral.[30]

O acórdão, como já mencionado, ainda afirma que as hipóteses previstas no artigo 32 da Lei de Arbitragem são taxativas, porém, passíveis de interpretação aberta, permitindo a anulação de sentenças arbitrais que violem a ordem pública brasileira. O STJ concluiu que, no caso concreto, não houve violação: o indeferimento da perícia foi justificado e motivado, tendo se operado dentro da

29 Recurso Especial 1660963/SP. Rel. Min. Marco Aurélio Bellizze, Brasília, DF, 26 de março de 2019, p. 7.

30 Recurso Especial 1660963/SP. Rel. Min. Marco Aurélio Bellizze, Brasília, DF, 26 de março de 2019, p. 11.

esfera de livre convencimento dos árbitros.[31] Já em relação à suposta violação da boa-fé objetiva, o STJ decidiu que o argumento era retórico, nada mais do que uma tentativa de rediscutir o mérito arbitral, o que não poderia ser admitido.

De forma semelhante, no caso *UTC Desenvolvimento Imobiliário S/A v. Patri Sete Empreendimentos Imobiliários LTDA*, o STJ decidiu que a ação anulatória ajuizada refletia mero inconformismo da parte.[32] A alegação, neste caso, era de que a sentença arbitral estaria fundada em "*meras suposições*" e que o tribunal arbitral teria julgado a causa por equidade, sem embasamento em disposições legais. O STJ rechaçou as alegações, ressaltando que o julgamento da causa se deu pela aplicação do Direito brasileiro, estando a sentença arbitral fundada na aplicação de cláusula penal válida.

O STJ também teve a oportunidade de decidir outros casos que versavam sobre alegações de cerceamento de defesa e violação ao devido processo legal.[33] Em relação à alegação de que o indeferimento de perícia seria um desrespeito ao devido processo legal,

---

31 Ao decidir que o indeferimento da perícia não poderia causar a nulidade da sentença arbitral, o STJ discorreu sobre as razões do tribunal arbitral para tal indeferimento. Em resumo, como o tribunal decidiu que os passivos não eram ocultos, não faria sentido seguir com uma perícia voltada à quantificação dos danos sofridos pela parte compradora por força de cada processo judicial.

32 Neste caso houve também interessante debate sobre os efeitos da ação anulatória para a execução da sentença arbitral. O STJ decidiu que à ação declaratória poderiam ser atribuídos os mesmos efeitos da impugnação ao cumprimento de sentença, com a suspensão da execução mediante prestação de garantia, caso o juízo entendesse cabível. Esta foi, na verdade, a principal matéria tratada no recurso, que concluiu dizendo que a discussão era irrelevante diante do mero inconformismo configurado na ação declaratória.

33 Abordaremos, neste artigo, apenas decisões proferidas pelo STJ. A metodologia de pesquisa foi a análise de todos os casos do STJ que aparecem quando pesquisamos o artigo 32 da Lei de Arbitragem. Para uma análise de decisões proferidas pelos tribunais de origem, recomendamos o estudo feito em parceria entre a Escola de Direito de São Paulo da Fundação Getulio Vargas (Direito FGV) e Comitê Brasileiro de Arbitragem (CBAr) (BRAGHETTA, Adriana. *et al.* "Parceria Institucional Acadêmico-Científica". *Revista*

o STJ tem sido contundente em afirmar a aplicação do princípio do livre convencimento dos árbitros, recusando-se a declarar nulas sentenças arbitrais proferidas em procedimentos em que os árbitros negaram pedidos de perícia.[34]

Neste sentido, há o caso *Chaval Navegação Ltda v. Liebherr Brasil – Guindastes e Máquinas Operatrizes LTDA*,[35] em que a parte buscou a anulação de sentença arbitral com fundamento no indeferimento de pedido de realização de perícia contábil para apuração de lucros cessantes devidos por descumprimento de contrato de compra e venda. O TJRJ confirmou a sentença do magistrado de primeiro grau, que anulou a sentença arbitral, sob o fundamento de que os lucros cessantes teriam sido calculados com base em perícia de engenharia que não tinha este escopo.

O STJ, por sua vez, pontuou que as partes concordaram com a indicação somente do perito naval quando assinaram o termo de arbitragem e que, havendo motivação para o indeferimento da perícia contábil (o árbitro concluiu que a perícia naval era suficiente para que formasse seu convencimento acerca do valor dos lucros cessantes), não poderia o Judiciário declarar nula a sentença arbitral. O STJ concluiu que o TJRJ interferiu no mérito da disputa ao anular a sentença arbitral, relativizando "os princípios da soberania da decisão judicial e do livre convencimento do árbitro" e que a decisão merecia reforma.

Brasileira de Arbitragem, vol. VI. Curitiba: Comitê Brasileiro de Arbitragem, 2009, pp. 7-77).

34 Sobre o tema, na doutrina: MASTROBUONO, Cristina M. Wagner. "Pesquisa: regras de imparcialidade e independência na produção de provas nas arbitragens". *Revista Brasileira de Arbitragem*, vol. XVII. Curitiba: Comitê Brasileiro de Arbitragem, 2020, pp. 32-77).

35 Recurso Especial 1500667/RJ. Rel. Min. João Otávio De Noronha, Brasília, DF, 09 de agosto de 2016.

No caso *Marcelo Biagini Almeida v. Harley Franco Sandoval e outros*[36] o STJ enfrentou alegações de ausência de fundamentação da sentença arbitral e de violação ao devido processo legal em razão do indeferimento de perícia. O STJ entendeu que a decisão do árbitro, apesar de sucinta,[37] foi fundamentada, inexistindo nulidade, reforçando o entendimento da Corte de que "o controle judicial sobre a validade das sentenças arbitrais está relacionado a aspectos estritamente formais, não sendo lícito ao magistrado togado examinar o mérito do que foi decidido pelo árbitro".

Em relação à alegação de violação ao devido processo legal, o STJ explicou o escopo da perícia solicitada e as razões do árbitro para rejeitar o pedido,[38] afastando a alegação de nulidade. Mais uma vez, o STJ reforçou que "o deferimento ou indeferimento de provas, constitui matéria vinculada ao livre convencimento do árbitro e, por isso, não pode ser classificado como *error in procedendo*" e que "a questão não pode ser sindicada em ação de nulidade ajuizada perante o Judiciário".[39]

---

36 Recurso Especial 693.219/PR, Rel. Min. Nancy Andrighi. Brasília, DF, 19 de abril de 2005.

37 Segundo os requerentes, a sentença não teria explicado por que não considerou um recibo de quitação apresentado por eles nos autos da arbitragem. O STJ afirmou que o árbitro fundamentou sua decisão de não considerar tal recibo, ao afirmar que a quitação não poderia ser levada em consideração se não acompanhada de qualquer outra prova de pagamento. Mesmo recusando a possibilidade de interferência na sentença arbitral, o acórdão faz, ao que parece, uma crítica velada à decisão do árbitro, ao dizer que "[s]e ele [árbitro] poderia ter feito isso ou não, essa é uma outra questão".

38 A perícia foi solicitada com objetivo de avaliar as benfeitorias realizadas em imóvel para auferir eventual indenização. O árbitro entendeu que havia apenas benfeitorias voluptuárias, que poderiam ser levantadas pela parte, inexistindo razão para a avaliação.

39 Recurso Especial 693.219/PR, Rel. Min. Nancy Andrighi. Brasília, DF, 19 de abril de 2005, p 11.

No caso *Termopernambuco S/A v. Companhia Pernambucana De Gás Copergás*,[40] o STJ deparou-se com cenário fático e contratual complexo e com pedido de anulação fundamentado em diversos argumentos. Em apertadíssima síntese, a Copergás comprava gás natural da Termopernambuco e revendia à Petrobrás. Quando a Copergás precisou incidir em custos adicionais em sua relação com a Petrobrás, repassou tais custos à Termopernambuco, que iniciou procedimento arbitral para questionar, dentre outras coisas, a legalidade de tal repasse. O tribunal arbitral, em sentença parcial, determinou que a Petrobrás não poderia ser parte da arbitragem e, em sua sentença final, julgou procedentes os pedidos da Termopernambuco.

Uma vez proferida a sentença arbitral final em favor da Termopernambuco, a Copergás alegou que a sentença arbitral seria nula por diversos fundamentos.[41] O Tribunal de Justiça do Estado do Rio Grande do Norte (TJRN), por sua vez, acolheu um dos fundamentos suscitados, declarando a nulidade da sentença arbitral final em razão do litisconsórcio passivo necessário da Petrobrás, deixando de apreciar os demais argumentos. O STJ reformou esta decisão, afirmando o transcurso do prazo decadencial de 90 dias para o ajuizamento de ação anulatória sobre as matérias decididas na sentença arbitral parcial. Além disso, o STJ afirmou que não havia litisconsórcio necessário no caso concreto, confirmando a validade da sentença arbitral parcial e devolvendo ao TJRN os demais fundamentos de nulidade.

---

40 Recurso Especial 1519041/RJ. Rel. Min. Marco Aurélio Bellizze, Brasília, DF, 01 de setembro de 2015.

41 Em resumo, pois a sentença arbitral (a) não teria observado o litisconsórcio passivo necessário da Petrobrás; (b) se trataria de sentença condicionada (na medida em que determinou a devolução de valores depositados em conta que só pode ser acionada com a concordância da Petrobrás); (c) afrontou a ordem pública e os princípios do contraditório, da igualdade das partes e da imparcialidade do árbitro; (d) versou sobre matérias não arbitráveis (formação do preço de custo do gás vendido pela Petrobrás à Copergás e desta à Termopernambuco).

No caso *Sonangol Hidrocarbonetos Brasil LTDA v. TPG Industria E Comercio LTDAME*,[42] o STJ enfrentou o argumento de hipossuficiência de parte que pactuou cláusula arbitral. Tratava-se de "ação declaratória de manutenção de contrato e modificações de cláusulas c/c rescisão contratual e perdas e danos", relacionada ao contrato de prestação de serviços que continha cláusula arbitral. A ré apresentou contestação aduzindo, entre outras defesas, a incompetência do juízo estatal em razão da cláusula compromissória. A sentença, confirmada em sede de apelação, afastou a preliminar de arbitragem, afirmando que a "cláusula de arbitragem se encontrava prevista em contrato de adesão (...) logo, o consentimento da autora não poderia ser presumido".[43] O STJ reformou a decisão, afirmando que os árbitros são quem têm competência para decidir, em um primeiro momento, sobre a validade e eficácia da cláusula arbitral, de modo que não cabia ao Judiciário rejeitar a preliminar de arbitragem. O acórdão pontua que, "naturalmente, o procedimento arbitral poderá ser objeto de controle posterior pela jurisdição estatal",[44] ocasião em que o Judiciário poderá revisitar a decisão dos árbitros sobre a validade e eficácia da cláusula arbitral.

Em paralelo ao litígio judicial, a ré havia dado início ao procedimento arbitral nos termos da cláusula compromissória, no qual foi proferida sentença arbitral acerca da matéria submetida à apreciação das cortes estatais. Ao julgar o recurso especial, o STJ pontuou que não seria "possível o reconhecimento da hipossuficiência de qualquer [das partes] para efeito de aplicação analógica do CDC", extinguindo a ação ordinária sem resolução de mérito e confirmando, mesmo que indiretamente, a validade da sentença arbitral já proferida.

---

42 Recurso Especial 1598220/RN. Rel. Min. Paulo De Tarso Sanseverino, Brasília, DF 25 de junho de 2019.

43 Recurso Especial 1598220/RN. Rel. Min. Paulo De Tarso Sanseverino, Brasília, DF 25 de junho de 2019, p. 5.

44 Recurso Especial 1598220/RN. Rel. Min. Paulo De Tarso Sanseverino, Brasília, DF 25 de junho de 2019, p. 10.

Por fim, destaca-se o caso *SPE Orla 1 Ltda* v. *Maria Vilma Rodrigues De Lima*[45] – o único dentre os analisados em que o STJ declarou nula a sentença arbitral proferida. Este caso versa sobre exceção de pré-executividade[46] apresentada como defesa na execução de uma sentença arbitral, em que a executada arguiu que não teria sido adequadamente citada no procedimento arbitral. O juízo de primeira instância acolheu a exceção e extinguiu o processo, em decisão confirmada pelo TJRN. O STJ negou provimento ao recurso especial, confirmando a nulidade da sentença arbitral por força da ausência de citação adequada, pois a notificação quanto ao início da arbitragem não continha a assinatura da parte ou da pessoa que recebeu a notificação, inexistindo prova quanto ao recebimento da notificação, como determina o artigo 29 da Lei de Arbitragem.

A análise dos julgados acima revela que o STJ é extremamente cauteloso ao analisar a validade de sentenças arbitrais e, apesar de adotar uma interpretação extensiva do artigo 32 da Lei de Arbitragem, com a qual concordamos, não se imiscui no mérito das sentenças arbitrais, aceitando a possibilidade de intervenção apenas quando a sentença padece de vícios graves e não sanáveis. Não há espaço para reexame do mérito, apenas para um juízo restritivo acerca de possíveis violações a normas de ordem pública, ao devido processo legal etc.

---

45 Recurso Especial 1854483/GO Rel. Min. Nancy Andrighi, Brasília, DF, 08 de setembro de 2020.

46 O acórdão do STJ analisa também a possibilidade de a parte apresentar as defesas previstas no artigo 525 do Código de Processo Civil após o transcurso do prazo decadêncial de 90 dias para a apresentação de ações anulatórias, ao apresentar impugnação ao cumprimento de sentença arbitral. A conclusão é que "mesmo com a passagem do prazo de noventa dias previsto na Lei de Arbitragem, é possível a arguição da nulidade do ato citatório, seja em impugnação ao cumprimento de sentença seja em de exceção de pré-executividade". (Recurso Especial 1854483/GO Rel. Min. Nancy Andrighi, Brasília, DF, 08 de setembro de 2020, pp. 10/11).

2 O paradigma da racionalidade da sentença arbitral como critério ao controle judicial

Vimos que o STJ não elimina a possibilidade, ao menos em tese, do controle judicial da sentença arbitral, mas confere primazia ao que foi decidido pelos árbitros. Os "*princípios da soberania da decisão judicial e do livre convencimento do árbitro*" são reiteradamente afirmados por essa Corte de Justiça. Apesar de reconhecida a possibilidade da interpretação extensiva como critério na interpretação c aplicação do artigo 32 da Lei de Arbitragem, na prática dos casos julgados o que se constata é a manutenção do mérito das sentenças arbitrais.

O que pretendemos neste tópico é destacar o paradigma da racionalidade da sentença arbitral como possível critério a facilitar a identificação de eventual ocorrência de vício na decisão, o que sinalizaria ser imperativo o controle judicial para anular a sentença arbitral e devolver ao Tribunal Arbitral a competência para proferir novo julgamento.

O Judiciário não pode ser uma instância recursal do Tribunal Arbitral. O que cabe ao controle judicial, em interpretação e aplicação do artigo 32 da Lei de Arbitragem, é averiguar a *coerência* da *interpretação jurídica* que deve materializar-se na sentença arbitral, o que significa dizer que a sentença arbitral não pode dispensar – e nesta medida está sujeita ao controle judicial – a *racionalidade* da decisão.

Por *racionalidade da sentença arbitral* (a *coerência da interpretação jurídica* anunciada como fundamento da decisão) queremos afirmar que os princípios do art. 21, § 2º, da Lei de Arbitragem – contraditório, igualdade das partes, imparcialidade do árbitro e seu livre-convencimento – podem ser violados, e a sentença arbitral qualificar-se como nula, nos termos do art. 32, VII, dessa mesma lei, se a decisão arbitral não for *adequadamente fundamentada*; o que pode ocorrer, por exemplo, na hipótese da sentença arbitral apresentar fortes incongruências entre premissas fáticas e conclusões, ou se as provas e ilações não tiverem sentido, ou se incorrer em amplo desprezo sobre informações pertinentes ao conflito, ou ainda desproporcionalidades pela ausência de adequação dos motivos com as sanções impostas, ou ainda se a fundamentação for excessivamente ancorada na vagueza semântica de princípios sem a contextualização com os fatos etc. Esses são alguns sintomas de possíveis vícios que podem caracterizar até eventual desvio de finalidade da função do árbitro.

Não se trata, portanto, de esperar que o Judiciário verifique se haveria outra qualificação jurídica pertinente à situação posta em julgamento. Se assim o fizesse, o Judiciário estaria atuando como instância recursal. Mas o que defendemos sobre a possibilidade de *controle judicial da racionalidade da sentença arbitral* é que deve o Judiciário aferir se a qualificação jurídica atribuída pela sentença arbitral é *uma leitura possível*, o que se encontra na coerência da decisão com as alternativas franqueadas pela Constituição e leis com ela compatíveis, isto é, se existe a possibilidade real de compreender os motivos e os fundamentos da decisão arbitral de acordo com ordenamento jurídico vigente. Ainda – ou apesar de – que se discorde do quanto foi decidido. O que basta é encontrar uma linha de fundamentação: *motivação* suficiente e eficiente em sustentação à solução anunciada.

A respeito, vale lembrar a lição de Tercio Sampaio Ferraz Junior:

> A racionalidade dessa ordem está na delimitação dos conteúdos normativos a partir de um critério de supremacia desses conteúdos, não importa a competência da autoridade ou o grau da proporcionalidade da relação de um sujeito em face de outro. Donde o *reconhecimento* de uma ordem como racional quando se organiza mediante um *elenco de direitos e valores fundamentais materiais* (vida, propriedade, liberdade, segurança, igualdade) e que se baseia no respeito a eles.

> Essa dupla possibilidade de sistematização, centrada e fundamentada na racionalização formal e material, repercute na atividade hermenêutica jurídica e se manifesta na reconstrução do ordenamento em nome do legislador racional enquanto codificação racional do jogo comunicacional das codificações/recodificações. Nela aflora a questão da justiça.[47]

Significa que em havendo *motivação* juridicamente consistente (interpretações possíveis diante do ordenamento jurídico) e contextualizada com os fatos (em conexão com a realidade dos eventos) a sentença arbitral permanece hígida; por outro lado, a ausência de argumentos que permitam compreender o resultado anunciado, a singela referência a conceitos jurídicos indeterminados sem correspondência com a realidade, são situações, entre outras, que impõem o dever de invalidar a sentença arbitral.

O que se exige da sentença arbitral não é nada diferente do que se espera de qualquer outra decisão apta a legitimar a força do Estado. Tal como em decisões administrativas, sentenças judiciais, também a sentença arbitral deve atender ao paradigma da racionalidade que deve surgir na sua fundamentação. Como diz Robert Alexy: "quanto mais intensiva é uma intervenção em um direito fundamental, tanto mais graves devem pesar os fundamentos que a justificam".[48] Por isso a fundamentação é essencial para externar a racionalidade de qualquer decisão que reconheça direitos e imponha deveres às partes envolvidas.

A lei de introdução às normas do Direito brasileiro, com destaque para as alterações feitas pela Lei n. 13.655/18, reforça esta orientação. O art. 20 diz que "nas esferas administrativa, controladora e judicial, não se decidirá com base em valores jurídicos

---

47 FERRAZ JUNIOR, Tercio Sampaio. *Estudos de filosofia do Direito*. 3ª ed. São Paulo: Atlas, 2009, pp. 301/302.

48 ALEXY, Robert. *Constitucionalismo discursivo*. Trad. Luís Afonso Heck. Porto Alegre: Livraria do Advogado, 2007, p. 68.

abstratos sem que sejam consideradas as consequências práticas da decisão", o que revela a importância da *contextualização* dos fatos com os textos normativos que são mencionados na fundamentação. Quem julga, seja juiz ou árbitro, deve *contextualizar* as regras e princípios jurídicos com a situação concreta submetida a julgamento. O parágrafo único do art. 20 destaca a importância da *motivação* para aferir a adequação e a necessidade da decisão (judicial ou arbitral). Prossegue-se na exigência da *racionalidade da decisão* como paradigma de sua legitimidade: o art. 22, § 1º, ao afirmar a importância de serem "(...) consideradas as circunstâncias práticas (...)", e os artigos 23 e 24 ao se reportarem à *segurança jurídica* como critério à interpretação do Direito.

Deve-se, por certo, respeitar a primazia da decisão do Tribunal Arbitral – tal como o STJ tem feito –, mas persiste a possibilidade de eventual intervenção judicial e consequente invalidação do julgamento (para que outro seja proferido) em situação na qual seja possível reconhecer a falta de racionalidade da sentença arbitral.

Referências bibliográficas

ALEXY, Robert. *Constitucionalismo discursivo*. Trad. Luís Afonso Heck. Porto Alegre: Livraria do Advogado, 2007.

ALVES, Rafael Francisco. *Revista Brasileira de Arbitragem*. vol. IV. Curitiba: Comitê Brasileiro de Arbitragem, 2007.

BARCELÓ, John; VON MEHREN, Arthur Taylor. *International commercial arbitration*: a transnational perspective. Estados Unidos: Thomson Reuters, 2006.

BRAGHETTA, Adriana *et al.* "Parceria Institucional Acadêmico-Científica". *Revista Brasileira de Arbitragem*, vol. VI. Curitiba: Comitê Brasileiro de Arbitragem, 2009.

CAHALI, Francisco José. *Curso de Arbitragem*. 4ª ed. São Paulo: Revista dos Tribunais, 2014.

CARMONA, Carlos Alberto. *Arbitragem e processo*: um comentário à Lei n. 9.307/96. São Paulo: Atlas, 2009.

FERRAZ JUNIOR, Tercio Sampaio. *Estudos de filosofia do Direito*. 3ª ed. São Paulo: Atlas, 2009.

GAMA, Lauro. *Revista Brasileira de Arbitragem*. vol. II. Curitiba: Comitê Brasileiro de Arbitragem, 2005.

GLEBER, Eduardo. "Controle Judicial da Sentença Arbitral". *Revista Brasileira de Arbitragem*, vol. II. Curitiba: Comitê Brasileiro de Arbitragem, 2005.

GRECO, Leonardo. "Controle Jurisdicional da Arbitragem". *Revista Brasileira de Arbitragem*, vol. XV. Curitiba: Comitê Brasileiro de Arbitragem, 2018.

HATANAKA, Alex S. *Revista Brasileira de Arbitragem*. vol. XIII. Curitiba: Comitê Brasileiro de Arbitragem, 2016.

LEVY, Andre; LEE, João Bosco. *Revista Brasileira de Arbitragem*. vol. XIV. Curitiba: Comitê Brasileiro de Arbitragem, 2017.

MASTROBUONO, Cristina M. Wagner. "Pesquisa: regras de imparcialidade e independência na produção de provas nas arbitragens". *Revista Brasileira de Arbitragem*, vol. XVII. Curitiba: Comitê Brasileiro de Arbitragem, 2020.

NIGEL, Blackaby *et al*. *Redfern and hunter on international arbitration*. 6ª ed. Países Baixos: Kluwer Law International, 2016.

PIRES, Luis Manuel Fonseca. *Controle judicial da discricionariedade administrativa*: dos conceitos jurídicos indeterminados às políticas públicas. 4ª ed. Belo Horizonte: Fórum, 2020.

VICENTE, Matteucci Frabrzzio. *Abitragem e Nulidades*: uma Proposta de Sistematização. São Paulo: Faculdade de Direito da Universidade de São Paulo (USP), 2016. (Dissertação Mestrado em Direito).

WAMBIER, Teresa Arruda Alvim. *Revista Brasileira de Arbitragem*. vol. XIII. Curitiba: Comitê Brasileiro de Arbitragem, 2016.

CAPÍTULO VIII

A ARBITRAGEM E O NOVO REGIME DE CONTRATAÇÃO ADMINISTRATIVA[1]

Edilson Pereira Nobre Júnior
Vítor Galvão Fraga

Não surpreenderá ninguém que, na sequência de um litígio, as partes recorram à constituição de um tribunal arbitral, preterindo o sistema de justiça pública. Na verdade, pela disseminação que a arbitragem conheceu ao longo das últimas

1 O presente trabalho foi elaborado em face de convite formulado pelo Professores Walfrido Warde e Rafael Valim para integrar a obra coletiva intitulada "Direito público e arbitragem: os desafios emergentes da resolução privada de conflitos do Estado". Coube ao primeiro dos autores o desenvolvimento dos tópicos I, IV e V, ocupando-se o segundo autor dos tópicos II e III. Ao primeiro autor competiu ainda a revisão integral do escrito, na qual propôs acréscimos e modificações. Por sua vez, ressalta-se que a temática enfocada pelo texto se amolda, à perfeição, ao âmbito do Projeto de Pesquisa "O controle das funções estatais na atualidade e o combate à corrupção", desenvolvido pelo primeiro autor.

décadas, este específico modo de resolução de controvérsias entrou no léxico comum dos juristas. Não mais poderá, hoje, alcançar uma visão, com a mínima pretensão de completude, dos meios de administração da justiça, sem se considerar o lugar que a arbitragem foi sucessivamente fazendo seu.[2]

1 A efetividade da jurisdição e do Direito Administrativo (à guisa de introdução)

Fenômeno inegável é a notável, por assim dizer, expansão e evolução por que passa o Direito Administrativo. A atuação da função administrativa em sentido material, principalmente. Isso porque as relações jurídico-administrativas vão – e assiduamente – além do próprio Estado.[3] Igualmente, dentro deste, muitas vezes assiste-se à delegação de competências administrativas a sujeitos privados. E, em assim sendo, os particulares passam a exercitar atributos próprios de autoridades administrativas.[4]

---

2 RANGEL, Paulo Castro. "Arbitragem e constituição: um novo lugar e um novo fundamento". *In*: CORREIA, Fernando Alves *et al.* (Coord.). *Estudos em homenagem ao Prof. Doutor José Joaquim Gomes Canotilho*. Coimbra: Coimbra Editora, 2012, p. 637.

3 Numa retrospectiva acerca das transformações experimentadas pelo Direito Administrativo, Cassese aponta, primeiramente, que "o Estado já não é o ponto de união do Direito Administrativo. Produz-se a crise da territorialidade do Estado e, de forma paralela, a europeização e a internacionalização do Direito Administrativo". ("el Estado ya no es el punto de unión del Derecho Administrativo. Se produce la crisis de la territorialidad del Estado y, de forma paralela, la europeización y la internacionalización del Derecho Administrativo"). CASSESE, Sabino. *Derecho administrativo*: historia y futuro. Sevilla: Global Law Press & Instituto Nacional de Administración Pública, 2014. Versão para o espanhol coordenada por Alicia Isabel Saavedra-Bazaga, p. 365.

4 Pedro Gonçalves (GONÇALVES, Pedro Costa. *Manual de Direito Administrativo*. vol. 1. Coimbra: Almedina, 2019, pp. 153/154) destaca a existência de entidades particulares com funções administrativas, expondo que a sua sujeição ao Direito Administrativo sucede em virtude do fato de que substituem a Administração, desenvolvendo atividade que naturalmente

Assim, tem-se uma cada vez mais crescente a manifestação de relações jurídico-administrativas, sejam no que concernem a atividades principais ou auxiliares. Há, portanto, a necessidade de se realizarem, com multiplicação, contratações administrativas, para a obtenção de bens, serviços, obras etc. Expande-se o exercício da competência ordenadora, agora sob o aparato dos entes reguladores independentes, pulverizando restrições de direitos em favor do bem-estar geral, o que vem sendo acompanhado não somente de procedimentos prévios, autorizativos, mas também da imposição de sanções, atualmente de montante densamente elevados.

A sucessiva aplicação e interpretação das normas que regem o Direito Administrativo pode ser capaz de comprometer a sua própria eficácia,[5] à medida que venha a ser objeto de inúmeros litígios submetidos aos órgãos que, em caráter final, dispõem da competência de dizer o Direito.

Um excesso de causas com trâmite perante os juízes – e, de conseguinte, uma eventual demora na sua solução, é capaz de conspirar contra a efetividade da função administrativa. Vê-se,

---

disciplinada pelo Direito Administrativo. Daí que seja lícito afirmar que possam desempenhar aquilo que o autor (GONÇALVES, Pedro Costa. *Manual de Direito Administrativo*. vol. 1. Coimbra: Almedina, 2019, p. 65) denomina poderes públicos de autoridade, compreendendo a emissão de normas (competência regulamentar), decisões unilaterais e de execução coercitiva.

5 A pretexto de versar sobre a efetividade do Direito Administrativo, Ricardo Pedro (PEDRO, Ricardo. *Estudos sobre arbitragem (em especial, de Direito* Público). Lisboa: AAFDL, 2019, pp. 9/10) aponta causas de conspiram contra a eficácia da ordem jurídica em geral, a saber: a) o direito em abundância (proliferação normativa); b) a crescente juridicização do social; c) o desajustamento entre a oferta e a procura dos tribunais; d) a tecnificação do direito; e) a legislação sem direito; f) a falta de clareza das disposições legislativas.

portanto, que a efetividade da justiça administrativa caminha de mãos dadas com a do próprio Direito Administrativo.[6]

Em tempos correntes, onde o fenômeno globalizante, favorecido por um impressionante desenvolvimento tecnológico, vem a reclamar por soluções rápidas e seguras dos litígios, a arbitragem se impõe inelutavelmente.[7]

O Direito Administrativo brasileiro ostenta, no que concerne aos contratos administrativos em geral, uma lacuna nesse ponto. É certo que o Regime Diferenciado de Contratação, aprovado pela Lei n. 12.462/2001, a partir da inclusão do art. 44-A pela Lei n. 13.190/2015, já havia avançado significativamente. Não obstante, a Lei n. 8.666/93 persistiu sem fazê-lo, a despeito do reclamo da doutrina em procurar uma solução interpretativa que

---

6 Essa singularidade não passou despercebida a Ricardo Pedro, ao expor: "Em síntese, estando em causa o bem jurídico "tutela de direitos", *in casu*, direitos ou interesses legalmente protegidos enquadráveis no ramo do Direito Administrativo, esta garantia da efetividade do Direito Administrativo estará, por um lado, dependente do objeto dessa efetividade e, por outro, dos meios capazes de assegurar essa efetividade, sejam eles *estaduais* ou *privados*, *adjudicatórios* ou *consensuais*, *jurisdicionais* ou *administrativos*". (PEDRO, Ricardo. *Estudos sobre arbitragem (em especial, de Direito Público)*. Lisboa: AAFDL, 2019, p. 9)

7 Hespanha (HESPANHA, António Manuel. *O caleidoscópio do Direito*: o Direito e a justiça nos dias e no mundo de hoje. 2ª ed. Coimbra: Almedina, 2009, p. 432) anota ser uma prática privilegiada dentre os valores da globalização o da resolução das diferenças não perante a justiça estatal, mas por meio da arbitragem, cuja aceitação sucede desde o momento da celebração dos contratos. De maneira semelhante, Paulo Castro Rangel (RANGEL, Paulo Castro. "Arbitragem e constituição: um novo lugar e um novo fundamento". *In*: CORREIA, Fernando Alves *et al.* (Coord.). *Estudos em homenagem ao Prof. Doutor José Joaquim Gomes Canotilho*. Coimbra: Coimbra Editora, 2012, p. 645) anota que no atual contexto de difusão do poder, no qual se força uma releitura do papel do Estado, a arbitragem emerge como um modo natural de resolução de litígios.

permitisse a adoção da via arbitral,[8] resistida severamente pelos órgãos de controle.[9]

Por isso – e muito mais –, o Projeto de Lei n. 4253/2020,[10] aprovado nas duas casas do Congresso Nacional, dedicou o seu Capítulo XII do Título III aos meios alternativos de resolução de controvérsias, contemplando, de uma forma delineada, a arbitragem,[11] o que se manteve quando da promulgação da Lei n. 14.133/2021,[12] ao instituir a nova disciplina da licitação e dos contratos administrativos.

É justamente sobre o modo de realização dos futuros comandos legais sobre o instituto arbitral, bem como do seu campo de

---

8 É de se recordar Adilson de Abreu Dallari ("Arbitragem na concessão de serviço público". *Revista de Informação de Legislativa*, ano 32, nº 128, out./dez. de 1995, p. 65) quando propugnava pela aplicação da arbitragem, fazendo-o a partir da invocação do art. 54 da Lei n. 8.666/93, ao cogitar, no que concerne ao regime jurídico dos contratos administrativos, da aplicação supletiva dos princípios da teoria geral dos contratos e das disposições de Direito Privado. Tampouco esquecer que o entendimento doutrinário referido, oposto à exegese pedestre do órgão controlador, encontrou eco na doutrina estrangeira. Prova disso Cassese (CASSESE, Sabino. "L'arbitrato nel diritto amnistrativo". *Rivista trimestrale di diritto pubblico*, vol. 2, 1996, pp. 313 e 321/322), demais de realçar que o art. 806 e seguintes do Código de Processo Civil afasta, no particular da sujeição da Administração Pública à arbitragem, o óbice da legalidade, enfatiza que, na evolução do tema, tem-se numa terceira fase, contemporânea ao escrito, que o juízo arbitral teve o seu desenvolvimento pelo retorno de sua disciplina ao álveo do direito comum.

9 Em especial, compulsar a TC n. 8.217/93-9 (Plenário. Rel. Min. Homero Santos, v.u., sessão de 15-07-93), na qual se entendeu que a disciplina gizada tanto pelo Decreto-lei n. 2.300/86 quanto na Lei n. 8.666/93, o que implicaria uma ofensa a vários princípios norteadores do Direito Público.

10 Originário de substitutivo da Câmara dos Deputados aos Projetos de Lei do Senado n. 163/95 e n. 559/2013.

11 "Art. 151. Nas contratações regidas por esta Lei, poderão ser utilizados meios alternativos de prevenção e resolução de controvérsias, notadamente a conciliação, a mediação, o comitê de resolução de disputas e a arbitragem".

12 A referência ao novo diploma legal será realizada doravante pelo emprego da sigla LLCA.

abrangência, que iremos tecer algumas considerações, na tentativa de contribuir para a efetividade da inovação legal e, sem dúvida, do nosso regime jurídico-administrativo.

2 Recordando preconceitos

Apesar de toda a produção existente sobre o tema e das recentes modificações legislativas, o Brasil, que ainda se mostra vagaroso na consolidação de um verdadeiro paradigma de consensualidade na Administração Pública, ainda não integrou à sua cultura jurídica a prática da arbitragem.[13] Interessante exemplo dessa afirmação é a atuação da Câmara de Conciliação e Arbitragem da Administração Federal, órgão criado pela Portaria AGU n. 1.281 de 27 de setembro de 2007, a qual, apesar do nome recebido, nunca teve institucionalizada a atividade arbitral da qual se dissociou completamente.[14]

13 Talvez a razão disso esteja no ensino ainda predominantemente praticado nas faculdades, com uma aprendizagem direcionada a como litigar, ao invés do enfoque de que a função do profissional jurídico é, precipuamente, a de resolver problemas, o que não necessariamente pressupõe o recurso à liça judicial. A preocupação foi exposta por Edilson Pereira Nobre Júnior (NOBRE JÚNIOR, Edilson Pereira. "O ensino jurídico no Brasil – imperfeições e desafios". *Revista Duc in Altum – Cadernos de Direito*, vol. 11, nº 23, jan./abr. de 2019, pp. 313/314) em escrito antecedente, propugnando pela necessidade da criação de disciplinas jurídicas que versem sobre meios alternativos de resolução de diferenças.

14 Sobre o tema, decisivo o teor do Parecer n. 0001/2019/CCAF/CGU/AGU, que trata do arbitramento após frustração de procedimento conciliatório na CCAF. No parecer, entende-se que há uma distinção entre o termo "arbitragem" da Lei n. 9.307/1996 e o termo "arbitramento" mencionado na Portaria n. 1.281, sendo aquele um equivalente jurisdicional e este um mero procedimento administrativo no âmbito da AGU que não poderia gerar título executivo por estar hierarquicamente sujeito ao controle do próprio Advogado Geral da União. Argumenta, portanto, que a conformação hierárquica da AGU como órgão do Executivo impossibilita a formação de um verdadeiro juízo arbitral nos termos da Lei de Arbitragem. Ademais, a aceitação desse modelo, sustenta o parecer, seria admitir uma quase-dualidade de jurisdição pela natureza definitiva da sentença arbitral, o que entende

Mesmo em âmbito privado, a arbitragem é uma desconhecida de muitos profissionais do Direito que a olham com desconfiança. Foi apenas com a Resolução n. 5 de 17 de dezembro de 2018 da Câmara de Educação Superior do Conselho Nacional de Educação, a qual, em adotando o Parecer CNE/CES n. 635/2018, homologado pela Portaria MEC n. 1.351, de 14 de dezembro de 2018, permitiu que fossem reformadas as Diretrizes Curriculares Nacionais do curso de graduação em Direito para, dentre outras medidas, incluir como obrigatórias disciplinas que versem sobre conciliação, mediação e arbitragem.

Mesmo com esses recentes avanços, é certo que temos um ensino jurídico ainda muito litigioso e judicialista, sendo comum que qualquer mudança legislativa em sentido contrário seja recebida com dúvida e questionamentos de sua juridicidade. Diogo de Figueiredo Moreira Neto explica que tais questionamentos têm uma raiz cultural na conjugação do positivismo jurídico, que sobrevaloriza as fórmulas escritas, com o estatismo, magnificando o papel do Estado, aliada a uma processualística kafkiana responsável por confundir monopólio da jurisdição com monopólio da justiça.[15]

---

incompatível com nosso modelo de jurisdição una. Dessa maneira, o termo arbitramento deveria ser entendido como procedimento administrativo de solução de controvérsias, mas, pela confusão que gerava, opinou-se por sua abolição do texto normativo. Assim, entendeu-se que a CCAF, apesar do nome recebido, não poderia ter função arbitral, devendo restringir-se às soluções consensuais tomadas por meio de autocomposição, forma que se tem como ideal para a pacificação de conflitos.

15 MOREIRA NETO, Diogo de Figueiredo Moreira. "Arbitragem nos contratos administrativos". *Revista de Direito Administrativo*, nº 209, Rio de Janeiro, jul./set. 1997, p. 81. Destaque-se, nesse sentido, a mencionada Decisão n. 286/1993 do plenário do Tribunal de Contas da União (Processo n. 008.217/1993-9), na qual, respondendo a consulta do então ministro de Minas e Energia, compreendeu-se que "o juízo arbitral é inadmissível em contratos administrativos, por falta de expressa autorização legal e por contrariedade a princípios básicos de Direito Público (princípio da supremacia do interesse público sobre o privado, princípio da vinculação ao instrumento convocatório da licitação e à respectiva proposta vencedora, entre outros)".

Não se olvide que nosso Direito Administrativo é fundado numa tradição eminentemente francesa de ênfase a alguns dogmas que marcam por um lado a quebra com a arbitrariedade do Antigo Regime e, por outro, a exorbitância do regime jurídico-administrativo em relação ao Direito comum. Essas duas marcas ensejam a ideia de um certo imobilismo da Administração que, como mera curadora do interesse público, apenas executa fielmente os estritos desígnios legais e constitucionais. Sabe-se, porém, que apesar de essas diretrizes ainda serem de fundamental importância para a racionalidade ética própria desse ramo do Direito, hoje o seu significado não mais conduz à intransacionabilidade e à figura de uma Administração não-criativa, pelo contrário, reconhece-se seu papel ativo de construção concreta dos sentidos constitucionais.[16]

Assim, os óbices jurídicos que são levantados contra a arbitragem nos litígios da Administração Pública se revelam meros preconceitos de uma cultura jurídica judicialista e apegada a interpretações formalistas dos seus princípios basilares. Pela centralidade que têm nos argumentos contrários às soluções arbitrais em matéria de Direito Administrativo, recordemos três desses supostos óbices: (i) – o princípio da legalidade; (ii) – a indisponibilidade do interesse público e; (iii) – a inafastabilidade da jurisdição.

O primeiro deles, central na Decisão n. 286/1993,[17] diz respeito ao princípio da legalidade, mais propriamente à necessidade de autorização expressa em lei da celebração de cláusulas ou compromissos arbitrais. Pontue-se que, desde 1993, muito mudou no panorama legislativo, havendo previsão dessa via de resolução de conflitos em diversos diplomas normativos, como no art. 23-A

16 METZGER, Gillian E. "Administrative Constitutionalism". *Texas Law Review*, vol. 91, jun. 2013, p. 5.

17 Argumentava-se que o então novel texto da Lei n. 8666/93, que revogou o Decreto-lei n. 2.300/86, suprimiu a menção à arbitragem, o que demonstraria intenção do legislador de vedar a admissibilidade do juízo arbitral nos contratos por ela disciplinados.

da Lei n. 8.987/1995 (Lei das Concessões) e o art. 11, III, da Lei n. 11.079/2004 (Lei das Parcerias Público-Privadas). A polêmica, que se centrava na falta de uma autorização legal para os contratos em geral e na impossibilidade de supor-se que um não-agente público poderia dar a interpretação final do Direito, parece ter acabado com a publicação da Lei n. 13.129/2015, a qual alterou a Lei n. 9.307/1996 (Lei da Arbitragem) para expressamente admitir a celebração de convenção de arbitragem de direito pelas entidades da Administração Pública direta e indireta. Agora, espera-se que a LLCA venha sepultar qualquer resquício de dúvida sobre o tema que envolva a interpretação do silêncio da Lei n. 8666/93.[18]

A arbitragem, então, funciona como instrumento de resolução de conflitos que se coloca também à disposição da Administração na persecução de sua atividade. A lei administrativa não cria instituto novo, apenas autoriza a celebração de convenções e estabelece desvios pontuais do regime jurídico geral da arbitragem voluntária.[19]

---

18 Ressalte-se ainda a interpretação dada ao art. 55, §2º, da Lei n. 8666/93, cujo conteúdo é repetido pelo art. 92, §1º, da LLCA ("§ 1º Os contratos celebrados pela Administração Pública com pessoas físicas ou jurídicas, inclusive as domiciliadas no exterior, deverão conter cláusula que declare competente o foro da sede da Administração para dirimir qualquer questão contratual (...)"). Não se pode sustentar que o referido dispositivo estabeleça implicitamente uma regra de que a solução de qualquer litígio seja judicial. A previsão legal de foro diz respeito apenas à liberdade de estabelecimento do local de processamento de demandas judiciais, não vedando a opção por soluções extrajudiciais caso mais adequadas. O dispositivo apenas estabelece uma regra para a eventualidade de conflito judicial, o que não significa dizer que a via do conflito judicial é a única possível para solução de controvérsias (SUNDFELD, Carlos Ari; CÂMARA, Jacintho de Arruda. "O cabimento da arbitragem nos contratos administrativos". *Revista de Direito Administrativo*, Belo Horizonte, vol. 248, mai./ago. 2008, p. 123).

19 GONÇALVES, Pedro. "Administração Pública e arbitragem – em especial, o princípio legal da irrecorribilidade de sentenças arbitrais". *In*: CORREIA, Fernando Alves. *Estudos em Homenagem a António Barbosa de Melo*. Coimbra: Almedina, 2013, p. 784.

Ademais, mesmo que não houvesse lei autorizativa geral da arbitragem nos litígios da Administração, seria possível admitir o uso desta via pela própria previsão do texto original da Lei de Arbitragem que a autorizava para qualquer pessoa capaz. Isso porque a legalidade administrativa não pode ser compreendida como "reserva total de lei", como se "cada ato da Administração tivesse de encontrar sua prefiguração numa lei existente".[20] Na verdade, esse princípio ganha hodiernamente um significado consentâneo à complexa dinâmica das fontes do Direito, que faz com que diversos parâmetros normativos se insiram em um grande "bloco de juridicidade" ao qual se vincula a atividade administrativa.

Assim, quando se considera juntamente à legalidade o princípio da eficiência, não haveria óbice, caso fosse lacunosa a legislação administrativa, para a aplicação subsidiária da teoria geral dos contratos e dos institutos de Direito Privado que compreende. No âmbito de uma atividade administrativa eficiente, a Administração Pública "para atender à enorme soma de interesses confiados, não pode ser uma máquina simplesmente executora. Se deve ser responsável não só ante à lei, mas também dos resultados de sua ação ante os cidadãos, deve dispor de espaços livres".[21] Portanto, mesmo antes da Lei n. 13.129/2015, parece-nos que a legalidade não poderia servir de óbice à utilização da arbitragem na seara dos contratos administrativos.

Um segundo óbice comumente levantado é a indisponibilidade do interesse público. Assim como na legalidade, trata-se de um equivocado apego a interpretações restritivas e presas ao passado

20 SOARES, Rogério Guilherme Ehrhardt. "Princípio da legalidade e administração constitutiva". *Boletim da Faculdade de Direito da Universidade de Coimbra*, vol. 57, 1981, p. 179.

21 CASSESE, Sabino. *Derecho administrativo*: historia y futuro. Sevilla: Global Law Press, 2014, p. 355. Tradução própria do original "para atender la enorme suma de intereses confiados, no puede ser una máquina simplemente ejecutora. Si debe ser responsable no sólo ante a la ley, sino también de los resultados de su acción ante los ciudadanos, debe disponer de espacios libres".

dos princípios basilares do Direito Administrativo. Por essa visão, todos os direitos relativos à Administração seriam indisponíveis e, portanto, insuscetíveis de arbitramento. De logo, é perceptível que levar ao máximo rigor essa interpretação acabaria por aniquilar qualquer atividade negocial do Estado, pois o que é indisponível não pode ser negociado.

Essa visão limitadora é fruto de um equívoco na própria conceituação de interesse público, o qual nada mais é do que a qualificação em concreto de interesses privados – do indivíduo ou da Administração – em função da sua relação em comunidade, não se confundindo, portanto, com todo e qualquer interesse do Estado. O bem comum é, assim, resultado da integração de um conjunto de pessoas que se manifestam pluralmente em sociedade.[22] Dessa maneira, o Estado não tem monopólio sobre a definição do interesse público[23] – e nesse sentido ele é indisponível – mas os vários interesses e direitos com os quais trata a Administração não ganham concretamente em todos os casos dimensão pública a ensejar sua completa indisponibilidade.[24]

---

22 ESCOLA, Héctor Jorge. *Compendio de derecho administrativo*. vol. 1. Buenos Aires: Depalma, 1989, p. 3.

23 SCHMIDT-AßMANN, Eberhard. *Das allgemeine Verwaltungsrecht als Ordnungsidee – Grundlagen und Aufgaben der verwaltungsrechtlichen Systembildung*. 2ª ed. Heidelberg: Springer, 2006, p. 151.

24 Interessante pontuar que, no âmbito do Direito Administrativo Global, essa é uma questão há muito batida, pois nessa seara, a ideia de interesse público é descolada da estatalidade para ganhar dimensões supranacionais. Nessa senda, destaque-se o Direito Internacional do investimento e o modelo de arbitragem posto em funcionamento pelo *International Center for the Settlement of Investment Disputes* do Banco Mundial, que há décadas formam um sistema de responsabilização de Estados por danos causados a investidores estrangeiros (empresas privadas) em cujas normas e debates o tema do interesse público global é sempre presente no tocante à justificação das ações estatais e mitigação de sua responsabilidade; são questões como proteção ao meio ambiente, proteção de direitos humanos e combate a corrupção, levantadas no interior dos procedimentos arbitrais sem qualquer ressalva sobre sua compatibilidade com este instrumento de resolução de

Quando se compreende essa distinção conceitual, percebe-se que a indisponibilidade do interesse público traduz mais um reforço da legalidade, no sentido de que a coletividade, por meio dos seus representantes, dá ao administrador as diretrizes conforme as quais deve agir e estabelece os limites de sua atuação.[25] Isso significa que a indisponibilidade é fruto de norma legal que delimite aquele interesse impassível de ser negociado e, por conseguinte, aqueles outros que podem ser objeto de contrato são disponíveis.

Portanto, na esteira desse raciocínio, há de se concluir que "sempre que puder contratar, o que importa disponibilidade de direitos patrimoniais, poderá a Administração, sem que isso importe disposição do interesse público, convencionar cláusula de arbitragem",[26] o que revela um núcleo mínimo abstrato de matérias arbitráveis, sem prejuízo do quanto mais a lei permitir genericamente, isso porque não se pode inferir de eventual indisponibilidade do direito material a indisponibilidade da via adjetiva de solução da lide. De outro ângulo, pode-se ainda enxergar que a esfera de disponibilidade, em lugar de afastar *tout court* o controle das controvérsias administrativas pelos tribunais arbitrais, apenas transmuda-se em critério objetivo de arbitrabilidade cada vez mais aberto em virtude da fuga ao Direito Privado.[27]

Nesse contexto, é importante levar-se em conta a revalorização da consensualidade no âmbito das atividades de expressão social, incluindo-se aí a administrativa. As soluções consensuais,

---

conflitos (sobre o tema, ver KULICK, Andreas. *Global public interest in international investment law*. Cambridge: Cambridge University Press, 2014).

25 ALESSI, Renato. *Instituciones de derecho administrativo*. Barcelona: Bosch, 1970, p. 190.

26 GRAU, Eros Roberto. "Arbitragem e contrato administrativo". *Revista da Faculdade de Direito da UFRGS*, vol. 21, mar. 2002, p. 148.

27 OLIVEIRA, Ana Perestello de. *Arbitragem de litígios com Entes Públicos*. 2ª ed. Coimbra: Almedina, 2015, p. 55.

como aponta Diogo de Figueiredo,[28] contribuem para a governabilidade, representam vantagens de eficiência, propiciam mecanismos de prevenção e controle de abusos de poder, garantem atenção a todos os interesses envolvidos, possibilitam maior legitimidade e aceitação das decisões e estimulam a participação responsável dos indivíduos, descomprometendo o Estado-juiz já tão assoberbado de trabalho. A esses contributos some-se, no tocante à arbitragem, a celeridade, flexibilidade procedimental, tecnicidade, especialização e confiabilidade.[29]

Assim, como promotora de eficiência no atingimento dos objetivos estatais, "não só o uso da arbitragem não é defeso aos agentes da Administração, como, antes, é recomendável, posto que privilegia o interesse público".[30] Na lógica da consensualidade, a autoridade dá lugar à negociação para, no caso concreto, responder melhor a objetivos de interesse público, de maneira que "o consenso é cada vez mais um instrumento salutar e necessário para a promoção de finalidades públicas".[31]

Por fim, um terceiro óbice que se levanta contra a arbitrabilidade dos litígios administrativos é a inafastabilidade da jurisdição. Esse é um argumento que a própria Lei de Arbitragem afasta no seu art. 33, ao prescrever o direito de a parte pleitear a decretação de nulidade da sentença arbitral perante órgãos do Poder Judiciário.

---

28 MOREIRA NETO, Diogo de Figueiredo Moreira. "Arbitragem nos contratos administrativos". *Revista de Direito Administrativo*, nº 209, Rio de Janeiro, jul./set. 1997, p. 82.

29 OLIVEIRA, Rafael Carvalho Rezende. "Arbitragem nos contratos da administração pública". *Revista Brasileira de Alternative Dispute Resolution* – RBADR, Belo Horizonte, ano 01, nº 01, jan./jun. 2019, p. 111.

30 GRAU, Eros Roberto. "Arbitragem e contrato administrativo". *Revista da Faculdade de Direito da UFRGS*, vol. 21, mar. 2002, p. 142.

31 BINENBOJM, Gustavo. "A consensualidade administrativa como técnica juridicamente adequada de gestão eficiente de interesses sociais". *Revista Eletrônica da Procuradoria Geral do Estado do Rio de Janeiro* - PGE-RJ, Rio de Janeiro, vol. 3 nº 3, set./dez. 2020, p. 3.

Na verdade, sustentar que a inafastabilidade de jurisdição veda a via arbitral é, mais uma vez, resultado de interpretação muito restrita dessa garantia como obrigatoriedade da via estatal, o que seria de um paternalismo assoberbado[32] e teria consequências absurdas: é preciso recorrer ao judiciário para qualquer anulação de ato, ajustamento de dívida ou reequilíbrio financeiro de contratos? Claro que não! É preciso, ao interpretar as garantias constitucionais, investigar os valores subjacentes que deseja promover. Nessa esteira, a inafastabilidade da jurisdição tem como escopo impedir que as pessoas fiquem sem meios de pleitear a eficácia dos seus direitos e, dessa forma, não se incompatibiliza com o juízo arbitral responsável por igualmente solucionar os conflitos jurídicos sem invadir a reserva jurisdicional de execução dessas decisões.

A inafastabilidade da jurisdição é mera dimensão do acesso à justiça, como a real e efetiva prestação de justiça, garantia holística por meio da qual todas as dinâmicas de processualidade devem estar dirigidas a garantir a prevalência do direito substantivo e a eficácia

---

32 É a lição de Inocêncio Mártires Coelho ("Arbitragem, mediação e negociação: a constitucionalidade da lei de arbitragem". *Revista de Direito Administrativo*, nº 219, Rio de Janeiro, jan./mar. 2000, pp. 25/26), ao dizer que essa concepção funda-se ideologicamente na ideia "de um Estado interventor e provedor geral; de um Leviatã tutelar, onipresente e emasculador, que à força de tudo resolver por todos – genericamente, *et pour cause*, presumidos fracos ou deficientes – impede o livre desenvolvimento da personalidade individual; de um Estado que não respeita, porque não consegue compreendê-los, os valores da autonomia da vontade e da liberdade de contratar, assim como não entende a regra moral das obrigações e o princípio do *pacta sunt servanda*; de um Estado que regula todas as relações humanas e não admite a existência dos chamados espaços livres do direito ou de direitos sem Estado; de um Estado que apregoa o pluralismo político, mas não admite divergências de opinião; de um Estado que diz aceitar a diversidade de ordenamentos, mas só reconhece à lei o atributo de fonte do Direito; de um Estado que se contenta em ser moderno, quando o entorno já vive a pós-modernidade; de um Estado, enfim, que não tolera as camisas coloridas dos cidadãos porque só reconhece a cinzenta túnica dos súditos...".

dos direitos fundamentais.[33] Assim, também aqui é preciso considerar a dimensão de eficiência que o procedimento arbitral traz à resolução dos conflitos e, consequentemente, à promoção dos direitos. Portanto, a ampliação da arbitragem insere-se num movimento universal de ampliação do acesso à justiça como efetiva e justa composição dos conflitos de interesses, de maneira que a arbitragem não mitiga a inafastabilidade da jurisdição, mas a aperfeiçoa, colocando-se a seu lado como alternativa de acesso à justiça.[34]

3 Formação e desenvolvimento da arbitragem

Feitas essas considerações sobre a pertinência e a licitude da arbitragem no Direito Administrativo, passemos à LLCA para visualizar as diretrizes que ele lança sobre o instituto e o quanto da Lei n. 9.307/1996 se traz como suscetível de incidência supletiva.

Como visto, o seu art. 151 autoriza a utilização de meios alternativos de resolução de conflitos, nomeando expressamente a arbitragem, contudo, não estabelece grande quantidade de condicionamentos e limites, o que faz necessária consulta à Lei de Arbitragem. Apesar de ser um método de heterocomposição de litígios, é necessário, via de regra,[35] que exista um mínimo de

33 PARRA, Daniel Castaño. "La protección cautelar en el contencioso administrativo colombiano: hacia um modelo de justicia provisional". *Revista Digital de Derecho Administrativo*, nº 4, segundo semestre/2010, p. 300.

34 LIMA, Cláudio Viana de. "A lei de arbitragem e o art. 23, XV, da lei de concessões". *Revista de Direito Administrativo*, nº 209, Rio de Janeiro, jul./set. 1997, p. 92.

35 No art. 182 do Código de Processo nos Tribunais Administrativos de Portugal (Disponível em: http://www.pgdlisboa.pt/leis/lei_mostra_articulado.php?ficha=101&artigo_id=&nid=439&pagina=2&tabela=leis&nversao=&so_miolo=. Acessado em: 30.06.2022) há a previsão de, para certas hipóteses, direito do particular exigir da Administração Pública a celebração de compromisso arbitral. Trata-se de uma mitigação da voluntariedade da Administração. Ana Perestrelo de Oliveira (*Arbitragem de litígios com Entes Públicos*. 2ª ed. Coimbra: Almedina, 2015, pp. 86/87) explica que, nesses

autocomposição na formalização do procedimento, consistente na firmação de uma convenção de arbitragem em que as partes se comprometem a respeitar a decisão do árbitro.[36]

Na arbitragem, as partes decidem se afastar da via judicial, conferindo poderes para que um terceiro imparcial – o árbitro – resolva conflito sobre os seus direitos (em princípio, disponíveis). Assim, enquanto um juiz é competente por mandamento legal ou escolha de foro, a competência do árbitro emana primariamente desse acordo de vontades. Portanto, o primeiro momento do procedimento arbitral é a formalização do consenso sobre sua escolha, que se faz por meio da chamada "convenção de arbitragem" a ser celebrada, no âmbito da Administração, pela mesma autoridade competente para realização de acordos ou transações (art. 1º, §2º, da Lei de Arbitragem). Essa autoridade, ressalte-se, não é qualquer autoridade competente para firmar contratos administrativos, mas sim, como ensina Di Pietro, a autoridade à qual a lei – normalmente

---

casos, a vontade do Poder Público é pré-conformada pela lei, facultando ao particular a escolha da via que lhe interessa. A lei, nesse caso, resulta de um prévio entendimento de que a via arbitral fornece evidentes vantagens no campo do Direito Administrativo, sendo vedada sua rejeição casuística. Ressalte-se, contudo, que não há unanimidade quanto à interpretação do dispositivo. Fausto de Quadros ("Linhas gerais da reforma do Código de Processo nos Tribunais Administrativos em matéria de arbitragem". *Revista Internacional de Arbitragem e Conciliação*, vol. VII, 2014, pp. 11/12), por exemplo, entende que uma arbitragem obrigatória é uma contradição em termos e, portanto, não haveria no dispositivo um Direito potestativo do particular à arbitragem, mas apenas o direito genérico de requerer a celebração do compromisso arbitral, o que a Administração poderia aceitar ou não, estando eventual obrigatoriedade da aceitação sujeita à disciplina de uma lei específica que explicitará as condições concretas dessa outorga. Mesmo na hipótese da superveniência dessa lei específica, explica o autor, havendo nela a previsão de um direito à outorga do compromisso arbitral em certos casos – como existe em matéria fiscal –, ainda assim não se trataria propriamente de arbitragem, mas de outro instituto *sui generis*.

36 WYPYCH, Gustavo Henrique. "Arbitragem internacional: leis modelo da UNCITRAL e IA-A". *Revista Brasileira de Direito Internacional*, vol. 2, nº 2, jul./dez. 2005, p. 417.

a lei da Advocacia Pública do ente – atribui a defesa e gestão dos interesses litigiosos, conforme a lógica do brocardo *ubi eadem est ratio, eadem est jus dispositivo.*[37]

Essa convenção de arbitragem, mesmo quando inserida no próprio contrato, é autônoma em relação a ele. O art. 8º da Lei de Arbitragem, inspirada no Artigo 8 da Lei-Modelo da Comissão das Nações Unidas para o Direito Comercial Internacional (*UNCITRAL*),[38] consagrou o globalmente disseminado princípio da autonomia – ou separabilidade (*separability*) –, que isola a manifestação de vontade quanto ao procedimento arbitral do restante das cláusulas do contrato, considerando-a um cometimento contratual autônomo.[39]

Desse princípio decorrem dois importantes efeitos: a) a nulidade do contrato não infirma a convenção de arbitragem; b) a lei que rege a convenção pode ser distinta da que rege o contrato. Quanto ao primeiro, não há vedação de sua extensão à seara dos contratos administrativos, até porque essa nulidade pode ser reconhecida pelo próprio árbitro competente para tanto por força da convenção celebrada. O segundo, porém, é limitado pelo princípio da legalidade que rege a atividade administrativa, sendo certo

---

37 DI PIETRO, Maria Sylvia Zanella. "As possibilidades de arbitragem em contratos administrativos". *Consultor Jurídico*, 2015. Disponível em: https://www.conjur.com.br/2015-set-24/interesse-publico-possibilidades-arbitragem-contratos-administrativos2#:~:text=A%20Lei%2013.129%2F15%20inclui,realiza%C3%A7%C3%A3o%20de%20acordos%20ou%20transa%C3%A7%C3%B5es%E2%80%9D. Acessado em: 29.06.2022.

38 Órgão das Nações Unidas criado em 1966 com o objetivo de harmonizar e modernizar as regras sobre negócios internacionais, buscando por meio de diversos instrumentos (como a referida lei-modelo) minimizar a disparidade entre os ordenamentos jurídicos nacionais no que concerne ao comércio. Disponível em: https://uncitral.un.org/en/about.

39 FEEHILY, Ronán. "Separability in international commercial arbitration; confluence, conflict and the appropriate limitations in the development and application of the doctrine". *Arbitration International*, nº 34, 2018, p. 356.

que – inclusive por força do art. 152 da LLCA – aplicar-se-á a integralidade do bloco de legalidade brasileiro a ambas as relações.

Outrossim, de acordo com o art. 3° da Lei de Arbitragem, há duas espécies de convenção de "arbitragem": a cláusula compromissória (art. 4º) e o compromisso arbitral (art. 9º). As duas espécies se diferenciam pelo momento de sua formalização. Na primeira, a convenção é inserida no instrumento contratual – e no edital da licitação, tratando-se de contratos da Administração – para submeter litígios futuros à arbitragem. A segunda espécie, por sua vez, é formalizada após o surgimento de um conflito para submetê-lo à arbitragem mesmo que silente o contrato sobre essa possibilidade.

A cláusula compromissória admite a modalidade vazia (ou em branco), quando apenas submete o contrato à arbitragem sem considerações sobre o procedimento adotado, e a modalidade cheia (art. 5º), em que define previamente os pormenores do procedimento arbitral. Essa última modalidade é, sem dúvidas, a que oferece maior celeridade e segurança jurídica, sendo de uso preferencial nos contratos administrativos.

A dúvida maior reside na licitude da adoção de compromisso arbitral. A já mencionada Decisão n. 286/1993 do TCU abordava exatamente situação de compromisso arbitral e, em sua fundamentação, levanta o principal argumento contra essa modalidade que seria o princípio da vinculação ao instrumento convocatório e, reflexamente, a impessoalidade. Segundo a decisão, o estabelecimento de compromisso arbitral constitui

> ameaça constante à estabilidade das regras e condições que presidiram o certame licitatório, bem assim das condições ofertadas na proposta vencedora do mesmo certame, dado que, a todo tempo, poderia o contratado pleitear e talvez obter no juízo arbitral vantagens contratuais que, na instância administrativa, provavelmente não obteria.

Parece-nos, contudo, não haver qualquer impedimento à adoção de ambas as espécies para os contratos da Administração.[40] A Administração Pública é guiada pelo interesse público, devendo respeito ao princípio da eficiência na execução de sua atividade, de maneira que, não havendo vedação legal, quando a opção pelo compromisso arbitral se apresentar concretamente igualmente – ou até mais – eficiente do que a jurisdição diante de um conflito, deve ser adotada. Esse entendimento foi adotado pela LLCA, que além de permitir a realização de termo aditivo para adoção dos meios alternativos de resolução de controvérsias (art. 153) – revelando a possibilidade de, mesmo silente o edital, firmar-se convenção de arbitragem durante a execução do contrato – menciona expressamente as duas espécies ao tratar das modalidades de extinção dos contratos administrativos (art. 138, III).

O próximo momento procedimental é a escolha dos árbitros. O art. 154 da LLCA: "o processo de escolha dos árbitros, dos colegiados arbitrais e dos comitês de resolução de disputas observará critérios isonômicos, técnicos e transparentes". Trocando em miúdos,

---

40 Nesse sentido, o enunciado nº 2 da I Jornada Prevenção e Solução Extrajudicial de Litígios do Conselho da Justiça Federal, que diz: "Ainda que não haja cláusula compromissória, a Administração Pública poderá celebrar compromisso arbitral". A tese foi também adotada pela terceira turma do Superior Tribunal de Justiça no julgamento do Recurso Especial n. 904.813/PR (20/10/2011) – improvido por unanimidade – de relatoria da Min. Nancy Andrighi, de cujo voto (p. 9 - 13) se extrai a seguinte fundamentação: "De fato, tanto a doutrina como a jurisprudência já sinalizaram no sentido de que não existe óbice legal na estipulação da arbitragem pelo Poder Público, notadamente pelas sociedades de economia mista, admitindo como válidas as cláusulas compromissórias previstas em editais convocatórios de licitação e contratos. (...) O fato de não haver previsão da arbitragem no edital de licitação ou no contrato celebrado entre as partes, não invalida o compromisso arbitral firmado posteriormente. (...) A previsão do juízo arbitral, em vez do foro da sede da administração (jurisdição estatal), para a solução de determinada controvérsia, não vulnera o conteúdo ou as regras do certame. Com efeito, não se pode dizer que a licitação teria outro resultado ou dela participariam mais ou menos concorrentes unicamente pelo fato de estar ou não previsto determinado foro para solução de controvérsias".

o dispositivo essencialmente diz que não há obrigatoriedade de licitação, e não haveria sentido no contrário. A escolha da câmara arbitral e dos árbitros que decidirão sobre o conflito não é uma decisão unilateral da Administração, é de sua natureza "que as partes possam se envolver na formação do tribunal arbitral, o que revela uma verdadeira participação delas na administração da justiça".[41]

Tratando-se, assim, de árbitro monocrático, o procedimento licitatório inviabilizaria a manifestação de vontade do contratado, que deve ser influente sobre a escolha. Já na hipótese de colegiado arbitral, a escolha de alguns dos árbitros caberia ao contratado, sendo que estes, juntamente com os escolhidos pela Administração, decidiriam sobre o nome do presidente (já que pela regra do art. 13, §1º, da Lei de Arbitragem, o grupo de árbitros precisa ter número ímpar). Portanto, em nenhum caso é decisão que concerne apenas ao Poder Público.

Ademais, como aponta Rafael Oliveira,[42] em qualquer caso a licitação seria um inconveniente para o atendimento do interesse público, não apenas por causar morosidade a um procedimento cuja vantagem reside, entre outros aspectos, na maior celeridade, mas também porque a contratação dos árbitros envolve acima de tudo a avaliação de reputação, em detrimento do mero preço, entre outras singularidades do serviço, de maneira que não há critérios exatos a informar o certame. Portanto, revela-se caso típico de inexigibilidade de licitação, podendo ser mais propriamente identificado com as hipóteses do inciso III do art. 74 da LLCA (contratação de serviços técnicos especializados de natureza predominantemente intelectual com profissionais de notória especialização) ou do seu inciso IV (objetos que possam ser contratados por meio de credenciamento).[43]

---

41 CARMONA, Carlos Alberto. *Arbitragem e processo*: um comentário à Lei n. 9.307/96. 2ª ed. São Paulo: Atlas, 2006.

42 OLIVEIRA, Rafael Carvalho Rezende. *Licitações e contratos administrativos*: teoria e prática. 8ª ed. São Paulo: Método, 2020, p. 286.

43 Sobre essa hipótese, ensina Gustavo da Rocha Schmidt: (SCHMIDT, Gustavo da Rocha. *A arbitragem nos conflitos envolvendo a Administração Pública*:

A despeito de se tratar de uma vinculação direta, a relação é vinculada aos princípios da impessoalidade e da moralidade, expressos na menção à observação de "critérios isonômicos, técnicos e transparentes". Tais critérios, para atingir o desiderato legal, devem ser densificados por regulamento.

O procedimento, como reza o art. 21 da Lei de Arbitragem, será estabelecido pelas próprias partes na convenção de arbitragem, podendo, inclusive, reportar-se às regras de um órgão arbitral institucional ou entidade especializada.[44] No silêncio da convenção, caberá aos árbitros disciplinar o *iter* procedimental, mas não de forma completamente livre. Há, em qualquer caso, a incidência inafastável das garantias constitucionais associadas à atividade jurisdicional,[45] sendo obrigatório o respeito – *de jure* e *de facto* – ao devido processo legal, à publicidade (art. 2º, §3º)[46] e ao dever de promoção da solução consensual no início do procedimento.

---

uma proposta de regulamentação. Rio de Janeiro: Fundação Getúlio Vargas, 2016, pp. 60/61. (Dissertação de mestrado). "Todas as entidades que atenderem às exigências mínimas estabelecidas pelo Poder Executivo, em ato regulamentar, poderiam postular o seu credenciamento. A escolha da instituição arbitral, entretanto, não poderá ficar a critério da Administração Pública. A indicação da câmara de arbitragem, dentre aquelas que obtiverem o credenciamento, deve ficar a cargo do particular".

44 Enunciado nº 11 da I Jornada Prevenção e Solução Extrajudicial de Litígios do Conselho da Justiça Federal: "Nas arbitragens envolvendo a Administração Pública, é permitida a adoção das regras internacionais de comércio e/ou usos e costumes aplicáveis às respectivas áreas técnicas".

45 OLIVEIRA, Ana Perestello de. *Arbitragem de litígios com Entes Públicos*. 2ª ed. Coimbra: Almedina, 2015, pp. 77/78.

46 Costuma-se entender, numa interpretação sistemática, o dever de publicidade nos termos do art. 91, §1º, da LLCA e da Lei n. 12.527/2011 (Lei de Acesso à Informação), para assegurar o sigilo de informações imprescindíveis à segurança da sociedade e do Estado, ou ainda informações pessoais sensíveis à intimidade e à imagem, merecedoras de proteção. Esse é o entendimento que foi consagrado no enunciado nº 4 da I Jornada Prevenção e Solução Extrajudicial de Litígios do Conselho da Justiça Federal, que diz: "Na arbitragem, cabe à Administração Pública promover a publicidade prevista no art. 2º, § 3º, da Lei n. 9.307/1996, observado o disposto na Lei n. 12.527/2011,

É comum que cada câmara de arbitragem tenha suas próprias regras procedimentais (arbitragem institucional), mas a lei não impede que as partes acordem sobre o rito a ser adotado (arbitragem *ad hoc*). A despeito disso, para evitar custos de transação e garantir maior segurança, é, via de regra, preferível a adoção de arbitragem institucional pela Administração a partir de câmaras por ela previamente credenciadas.

Ao fim do procedimento, chega-se a uma sentença arbitral (art. 23 da Lei de Arbitragem), "ato processual de natureza decisória, que implica o julgamento, parcial ou total, do fundo da causa, ou a extinção, sem a apreciação do mérito, do processo arbitral".[47] Ela deve ser escrita e fundamentada, produzindo entre as partes

podendo ser mitigada nos casos de sigilo previstos em lei, a juízo do árbitro". Contudo, há de se reconhecer que a deferência rigorosa à publicidade nos procedimentos arbitrais é um mero prurido principiológico do legislador e do doutrinador administrativo brasileiro. É próprio da arbitragem uma confidencialidade que, em matéria de Direito Administrativo, pode sofrer alguma mitigação, mas não se desnaturar numa publicidade exagerada. Solução adequada, parece-nos, a do artigo 186º-A do CPTA, que obriga a publicidade das sentenças arbitrais transitadas em julgado, mas não do processo arbitral como um todo. Observe-se, portanto, mesmo num ordenamento como o português onde próprio CPTA alberga explicitamente a publicidade dos atos processuais nos tribunais administrativos (artigo 30º), e a Constituição da República Portuguesa, a participação e a transparência como baliza às relações entre Administração e administrado (artigos 267º, nº 1, e 268º, nº 1 e 2), não há qualquer incompatibilidade em reconhecer-se à arbitragem administrativa, como regra, um maior grau de confidencialidade do que o praticado nos processos judiciais, de maneira que também no ordenamento brasileiro não se vislumbra maltrato sensível ao princípio da publicidade a adoção de solução similar. Interessante, a esse propósito, a leitura de Pedro Irineu (IRINEU, Pedro. "A confidencialidade do procedimento arbitral e o princípio da publicidade". *Revista de Informação Legislativa*, ano 53, nº 212, out./dez. de 2016, pp. 143-151), para quem o Direito brasileiro contém regras favoráveis à adoção da confidencialidade no procedimento arbitral, o que pode ser aplicável ainda que a Administração esteja envolvida como parte.

47 MOTA, Marcel Moraes. "A impugnação da sentença arbitral nos direitos português e brasileiro". *Revista Jurídica Luso-Brasileira*, ano 6, nº 6, 2020, p. 974.

os mesmos efeitos de uma sentença judicial independentemente de homologação, constituindo título executivo se condenatória (art. 31).

Apesar disso, não pode ser impugnada por via de recurso (art. 18), sujeitando-se apenas à correção de erros materiais, suprimento de omissões ou esclarecimento de conteúdo mediante pedido realizado no prazo de 5 dias ao próprio árbitro. Na via judicial, resta à parte inconformada a impugnação ao cumprimento de sentença na execução, ou, ainda, a ação anulatória prevista no art. 33 da Lei de Arbitragem (cuja causa de pedir é delineada pela própria lei no art. 32),[48] que seguirá as regras do procedimento comum (art. 318 do Código de Processo Civil) e deverá ser proposta em até 90 dias do recebimento da notificação da sentença ou da decisão do pedido de esclarecimentos. Ademais, na execução dessa sentença condenatória contra a Administração Pública, deverá ser respeitado o procedimento do art. 100 da Constituição da República, a não ser que exista fundo garantidor específico para este fim, previsto em lei, como no caso do art. 16 da Lei n. 11.079/2004 (Lei das PPPs), ou a condenação diga respeito a uma obrigação contratual não cumprida pela Administração para a qual já havia rubrica orçamentária própria.[49]

---

48 Art. 32. É nula a sentença arbitral se: I - for nula a convenção de arbitragem; II - emanou de quem não podia ser árbitro; III - não contiver os requisitos do art. 26 desta Lei; IV - for proferida fora dos limites da convenção de arbitragem; VI - comprovado que foi proferida por prevaricação, concussão ou corrupção passiva; VII - proferida fora do prazo, respeitado o disposto no art. 12, inciso III, desta Lei; e VIII - forem desrespeitados os princípios de que trata o art. 21, § 2º, desta lei.

49 OLIVEIRA, Gustavo Justino. "Especificidades do processo arbitral envolvendo a Administração Pública". *Enciclopédia Jurídica da PUCSP*. Tomo Direito Administrativo e Constitucional, Edição 1, abril de 2017. Disponível em: https://enciclopediajuridica.pucsp.br/verbete/49/edicao-1/especificidades-do-processo-arbitral-envolvendo-a-administracao-punblica. Acessado em: 30.06.2022.

4 O âmbito de atuação dos árbitros

Numa continuidade das considerações já expostas, cabe indagar qual o campo de ação dos árbitros na composição dos litígios emergentes dos contratos administrativos.

De logo, é de se salientar que o legislador não conferiu uma ampla competência de controle. Isso porque, em regra, não é conferido aos árbitros invalidar atos ou decisões administrativas tomadas no curso da execução dos contratos administrativos.[50] O parágrafo único do art. 151 da LLCA diz que o emprego dos meios alternativos de resolução de conflitos, nos quais inserida a arbitragem, encontra-se direcionado ao exame de direitos patrimoniais disponíveis.[51]

50 Não é, contudo, o que se passa no sistema jurídico lusitano. Basta notar o que dispõe o Código de Processo dos Tribunais Administrativos (CPTA): "Artigo 180º Tribunal arbitral 1 – Sem prejuízo do disposto em lei especial, pode ser constituído tribunal arbitral para o julgamento de: a) Questões respeitantes a contratos, incluindo a anulação ou declaração de nulidade de atos administrativos relativos à respetiva execução; (...)". (SUPREMO TRIBUNAL ADMINISTRATIVO. Disponível em: www.stadministrativo.pt. Acessado em: 30.06.2022).

51 A circunscrição da arbitragem aos direitos patrimoniais disponíveis já se encontrava realçada como ponto relevante durante o desate do caso "Lage" (STF, Pleno, AI 52181 – GB, unânime., rel. Min. Bilac Pinto, audiência de publicação de 13-02-74), tanto é assim que o relator, nas suas razões de decidir, conjurou as várias inconstitucionalidades assestadas em detrimento do juízo arbitral instituído pelo Decreto-lei n. 9.521/46, acentuando que entendimento adverso contrariaria a autonomia contratual do Estado nas suas relações de natureza contratual ou privada, sendo de notar que o art. 12 do referido diploma apontava qual a extensão dos poderes dos árbitros, limitando-os a questões de acertamento patrimonial. De fato, o referido preceito dispunha: "Art. 12. Fica instituído o Juízo Arbitral para o fim especial de julgar, em única instância e sem recurso, as impugnações oferecidas pelo Espólio de Henrique Lage, sua herdeira e legatários, aos Decretos-leis n. 4.684, de 2 de setembro de 1944, com as seguintes atribuições: I – Decidir sobre: a) as avaliações dos bens e direitos que aludem os arts. 2º e 4º deste Decreto-lei; b) os débitos a que se referem os arts. 5º, letra a, e 6º; c) o levantamento do passivo das referidas Empresas e do Espólio, para os fins previstos no art. 5º letra b; d) a apuração da diferença a que alude o art. 8º; e) as alterações

Para esse fim, o legislador trouxe, numa enunciação que se apresenta como não taxativa, a remissão a controvérsias relativas à preservação do equilíbrio econômico-financeiro do contrato, ao inadimplemento de questões contratuais e ao cálculo de indenizações. Não se constata qualquer menção ao exame de pedido de invalidação de atos administrativos. Inexiste, portanto, o contencioso de invalidade como questão principal.

Contudo, não há óbice – mas, ao contrário, muitas vezes é inevitável – que os árbitros, para que possam analisar a existência de um direito patrimonial, fixando um valor devido a qualquer das partes, tenham que verificar como causa de pedir a legalidade de condutas, inclusive e principalmente quando decorrem de decisões administrativas.[52]

---

eventuais previstas no art. 10; f) a demarcação da parte dos terrenos de marinha e acrescidos, excluída da incorporação, nos termos dos arts. 2° e 3°; g) a administração, nos termos do art. 21, §1°, das empresas excluídas; h) os casos omissos e qualquer outro assunto de que dependa a boa e rápida execução do presente decreto-lei; II – Arbitrar, se necessário, o valor dos acréscimos e deduções a serem computados na forma do art. 10". (BRASIL. *Decreto-Lei n. 9.521*, de 26 de julho de 1946. Disponível em: https://www2.camara.leg.br/legin/fed/declei/1940-1949/decreto-lei-9521-26-julho-1946-417649-publicacaooriginal-1-pe.html. Acessado em: 30.06.2022). Recentemente, a delineação normativa do que se tem por direitos patrimoniais disponíveis consta da Lei n. 10.848/2004 (art. 4°, §7°) e do Decreto 10.025/2019 (art. 2°), relativamente à arbitragem de litígios perante a Câmara de Comercialização de Energia Elétrica – CCEE e os setores portuário e de transporte rodoviário, ferroviário, aquaviário e aeroportuário, respectivamente.

52 Essa compreensão de Luís Cabral de Moncada (MONCADA, Luís Cabral de. "A arbitragem no Direito Administrativo; uma justiça administrativa". *Revista da Faculdade de Direito da Universidade do Porto*, ano VII, 2010, p. 181 (Especial), a pretexto de comentar redação do art. 180° do CPTA vigente em 2009, então mais restrita na análise da legalidade dos atos administrativos. Eis as palavras do autor: "Note-se que, mesmo que o ato administrativo em causa fique fora da competência dos tribunais arbitrais por ser indisponível, nada impede que estes possam conhecer a título incidental da respectiva ilegalidade para efeitos indemnizatórios".

Pelo texto legal, segue-se que a matéria de sanções administrativas se encontra fora do terreno arbitral. A sua solução é alvo do correspondente procedimento administrativo, cujas conclusões, se desfavoráveis ao contratado, poderão ser questionadas judicialmente.

Tal assertiva – preciso advertir – diz respeito às sanções enumeradas no art. 156, I a IV, da LLCA. A reserva legal na matéria impõe que a competência da Administração para a sua eventual aplicação somente possa ser tornada disponível se houver, às expressas, disposição de lei formal.

Diversamente, a multa de mora, à qual se refere o art. 162, *caput*, do referido diploma. Esta possui natureza civil, de cláusula penal, e a questão acerca de exigibilidade é possível de se visualizar como se encontrando compreendida no que se deve entender por "inadimplemento de obrigações contratuais por quaisquer das partes", matéria referida pelo parágrafo único do art. 151 como sendo hipótese de direito patrimonial disponível.

Não olvidar que, embora timidamente, há previsão legislativa mediante a qual se contempla um tema atribuível ao descortino dos árbitros e que, por sua vez, é capaz de envolver julgamento acerca da juridicidade de uma decisão administrativa.

Trata-se do art. 138, III, da LLCA, a dispor que a extinção do contrato poderá ser determinada por decisão arbitral. Observando-se que as situações capazes de provocar o término do liame contratual estão previstas legalmente (art. 137, I a IX, §2º, I a V, da LLCA), podendo, na maioria das vezes, resultar de um comportamento indevido de qualquer das partes, o julgamento de legalidade – do qual necessariamente decorrerão consequências patrimoniais (indenizações, perda ou devolução da garantia, pagamento pela execução parcial etc.) – será inevitável.

Interessante questão é que, mesmo não podendo a arbitragem interferir sobre o procedimento destinado à apuração de sanções, o julgamento arbitral, ao apreciar a existência ou não de conduta culposa de uma das partes, deverá ser levado em consideração pela Administração, seja quando da deliberação sobre instaurar ou não o procedimento, ou, se este já instaurado, sobre a aplicação ou não da pena.

A boa-fé, baliza que rege a relação jurídico-administrativa, não tolera que, em tendo a Administração aderido voluntariamente à arbitragem, não venha a aceitar as conclusões a que chegaram os árbitros.

Além disso, afigura-se, às escâncaras, contraditório que, no processo arbitral, cujas conclusões inelutavelmente vinculam o contratante, compreenda-se pela ausência de culpa por parte do contratado e, no âmbito administrativo, aquele entenda de, mesmo assim, impor sanção a este pelo mesmo fato, cuja correção foi assentada pelo julgamento arbitral.

Faz-se preciso atentar, antes do encerramento deste tópico, para alguns limites aos quais a função jurisdicional dos árbitros está sujeita. Num primeiro lugar, é de se afirmar que não podem os árbitros exercerem seu múnus em hipóteses nas quais se encontra a jurisdição estatal obstada – ou, pelo menos, limitada – de fazê-lo.

Daí que, mesmo com vistas à aferição de direitos patrimoniais disponíveis, os árbitros não poderão conduzir a um raciocínio que seja capaz de, na prática, enveredar pela substituição de escolhas que estejam sob o pálio da competência discricionária da Administração, quando tal se apresentar no que concerne à execução dos contratos administrativos.[53] Diversamente, possível se afigura que o tribunal arbitral possa verificar a conformidade do exercício

53 À guisa de exemplo, o Supremo Tribunal Federal (MS 24785-DF, maioria, rel. desig. Min. Joaquim Barbosa, DJU de 03-02-2006) firmou entendimento no sentido de que a prorrogação do prazo de vigência de contrato administrativo não configura direito subjetivo do contratado, antes se insere no contexto da discricionariedade da autoridade competente do órgão ou entidade que figura como contratante. O ponto de vista persiste no novo contexto legislativo.

da discricionariedade administrativa frente aos limites que lhe são impostos pelo sistema jurídico, uma vez aquela não se confundir com arbitrariedade.[54]

Ao contrário do que sucede noutros sistemas jurídicos, servindo de exemplo mais uma vez o lusitano,[55] parece-nos duvidoso que os órgãos arbitrais possam, ainda que incidentalmente, declarar a inconstitucionalidade de leis e atos normativos.

É de se salientar que os próprios tribunais, inclusive o Supremo Tribunal Federal, possuem restrições para declarar uma inconstitucionalidade de norma jurídica, exigindo-se decisão por maioria absoluta de seu plenário,[56] exigência com relação à qual

---

54 Nesse sentido, tem-se o entendimento de Carlos Alberto Fernandes Cadilha (CADILHA, Carlos Alberto Fernandes. "Reserva de jurisdição estadual e limites à arbitragem administrativa". *Revista Internacional de Arbitragem e Conciliação*, vol. X, 2017, pp. 104/105), o qual, a despeito de vertido diante do modelo português, é suscetível de transposição para a nossa realidade.

55 No sistema jurídico lusitano, onde a arbitragem dos litígios dos administrados com a Fazenda Pública se encontra bem sistematizada legislativamente, tem-se como reconhecida a possibilidade dos árbitros em declararem a incompatibilidade de normas inferiores diante da Constituição. Isso é favorecido não somente pela singularidade da Constituição da República Portuguesa considerar como integrantes da organização judiciária os tribunais arbitrais (artigo 209°, n° 2), o que lhes assegura a competência difusa de apreciação de inconstitucionalidade (art. 204°), mas sobretudo diante do artigo 185°-A, n° 2, do CPTA, com a modificação da Lei n. 118/2019, bem assim do artigo 25°, n° 1, do Decreto-lei n. 10/2011, este circunscrito à arbitragem tributária, os quais preveem a interposição de recurso para o Tribunal Constitucional quando a decisão arbitral recursar a aplicação de norma jurídica com amparo em sua incompatibilidade vertical. Antes da Lei n. 118/2019, a atuação dos árbitros no plano do juízo de constitucionalidade foi ressaltada por Paulo Otero (OTERO, Paulo. "Arbitragem interna de litígios de Direito Público: a publicização da arbitragem interna de Direito Privado". *Revista Internacional de Arbitragem e Conciliação*, ano V, número especial, 2012, pp. 186/187).

56 Ver, no ponto, o disposto no art. 97 da Constituição Federal, bem como o art. 23 da Lei n. 9868/99. Noutras situações, é de notar que a validade da deliberação do Pretório Excelso chega a reclamar quórum mais qualificado, de dois terços, conforme se pode ver nos casos de aprovação de súmula vinculante (art. 103-A, da Constituição) e nas situações de efeitos prospectivos

nem mesmo de forma oblíqua poderão afastar, conforme a orientação da Súmula Vinculante 10.

Porventura por essa razão, aos órgãos integrantes de nossa administração contenciosa são traçadas legislativamente limitações no particular. No plano do contencioso tributário institucionalizado pela Administração Federal, o art. 26-A, acrescentado ao Decreto n. 70.235/72 pela Lei n. 11.941/2009, proíbe aos órgãos de julgamento afastar a aplicação ou deixar de observar tratado, acordo internacional, lei ou decreto, ao fundamento de inconstitucionalidade, ressalvada a hipótese de existir decisão nesse particular pela maioria absoluta do plenário do Supremo Tribunal Federal.

Nesse diapasão, é de se averbar que apenas se encontra interdito aos árbitros a declaração de inconstitucionalidade que resulte na inaplicação da norma ao caso sob apreciação. Nada obsta, até porque não se afigura em descompasso com o cerne do nosso modelo de controle de constitucionalidade, que a decisão arbitral venha enveredar pelo juízo de constitucionalidade quando possível a interpretação conforme ou nas hipóteses nas quais haja decisão, por maioria absoluta, do pleno do STF favorável à inconstitucionalidade.

Considerando-se também que, muitas vezes, o legislador estatui comandos como uma forma de desenvolver os mandamentos gizados pelo constituinte, a invocação daqueles, para o fim de conduzir ao reconhecimento da ilegalidade de disposição regulamentar, não se evidencia como inapropriado, antes sendo recomendável, tanto pela jurisdição estatal quanto pela exercida pelos árbitros.

O art. 152 da LLCA traçou outro limite, dispondo que a arbitragem será unicamente de Direito, o que afasta a possibilidade de que os árbitros decidam por critérios de equidade, conforme assim permite o art. 2º da Lei n. 9.307/96.

---

da declaração de inconstitucionalidade (art. 27, Lei n. 9.868/99; e art. 11, Lei n. 9.882/99).

O preceito apenas proíbe que o intérprete – no caso, o árbitro – utilize-se de critérios próprios de justiça para o caso concreto. Não impede que aplique disposições legais – e muitas previstas no Código Civil[57] – as quais recomendam um julgamento balizado pela equidade, útil em matéria de fixação de indenizações. É de notar que, nesse sentido, o parágrafo único do art. 140 do CPC dispõe: "o juiz só decidirá por equidade nos casos previstos em lei".[58]

Síntese conclusiva

Ultimadas essas considerações, impõe concluir:

a) as relações jurídico-administrativas vêm sofrendo profundas alterações em compasso à multiplicação de atividades concertadas e à expansão das competências ordenadoras, resultando numa proliferação constante de litígios, o que conspira contra a efetividade do próprio Direito Administrativo, de sorte que se faz necessário perfilhar uma justiça administrativa eficiente na qual se insere a aceitação da via arbitral;

b) importante passo nesse sentido advém com a promulgação da Lei n. 14.133/2021 (LLCA), competindo ao intérprete e aplicador do regime jurídico-administrativo superar os preconceitos que, entre nós, sempre emergem como empecilho, consistentes numa visão equivocada da legalidade, da indisponibilidade do interesse público e da inafastabilidade da jurisdição;

c) na linha de tornar a arbitragem uma prática salutar na matéria, a LLCA, ao autorizar seu emprego nos conflitos

---

57 Ver os arts. 156, parágrafo único, 413, 479, 944, 953, parágrafo único, e 954, todos da codificação de 2002.

58 Recomenda-se a leitura de Francisco Amaral (AMARAL, Francisco. "A equidade no Código Civil brasileiro". *Revista CEJ*, nº 25, abr./jun. 2004, pp. 21/22).

relativos a contratos administrativos, faz menção ao compromisso arbitral e à cláusula compromissória, dispondo sobre a escolha dos árbitros mediante critérios isonômicos, técnicos e transparentes, e, quanto ao respectivo procedimento, permitiu a elaboração *ad hoc* do rito, contanto respeitadas as garantias constitucionais associadas à atividade jurisdicional;

d) o legislador, salvo a hipótese do art. 138, III, relativa à extinção do contrato administrativo por decisão arbitral, circunscreveu a província de atuação desta ao campo dos direitos patrimoniais disponíveis, o que, grosso modo, não impede a análise incidental da legalidade das decisões administrativas relativas à execução das prestações a que se obrigaram as partes;

e) tal qual os juízes estatais, o desempenho dos árbitros está sujeito a limitações, relativos ao julgamento por equidade, à apreciação de questões constitucionais e ao exame da competência discricionária.

Referências bibliográficas

ALESSI, Renato. *Instituciones de derecho administrativo*. Barcelona: Bosch, 1970.

AMARAL, Francisco. "A equidade no Código Civil brasileiro". *Revista CEJ*, nº 25, abr./jun. de 2004.

ARAÚJO NETO, Pedro Irineu de Moura. "A confidencialidade do procedimento arbitral e o princípio da publicidade". *Revista de Informação Legislativa*, ano 53, nº 212, out./dez. de 2016.

BINENBOJM, Gustavo. "A consensualidade administrativa como técnica juridicamente adequada de gestão eficiente de interesses sociais". *Revista Eletrônica da Procuradoria Geral do Estado do Rio de Janeiro - PGE-RJ*, Rio de Janeiro, vol. 3, nº 3, set./dez. 2020.

CADILHA, Carlos Alberto Fernandes. "Reserva de jurisdição estadual e limites à arbitragem administrativa". *Revista Internacional de Arbitragem e Conciliação*, vol. X, 2017.

CARMONA, Carlos Alberto. *Arbitragem e processo*: um comentário à Lei n. 9.307/96. 2ª ed. São Paulo: Atlas, 2006.

CASSESE, Sabino. *Derecho administrativo*: historia y futuro. Sevilla: Global Law Press & Instituto Nacional de Administración Pública, 2014. Versão para o espanhol coordenada por Alicia Isabel Saavedra-Bazaga.

______. "L'arbitrato nel diritto amnistrativo". *Rivista trimestrale di diritto pubblico*, vol. 2, 1996.

COELHO, Inocêncio Mártires. "Arbitragem, mediação e negociação: a constitucionalidade da lei de arbitragem". *Revista de Direito Administrativo*, nº 219, Rio de Janeiro, jan./mar. 2000.

DI PIETRO, Maria Sylvia Zanella. "As possibilidades de arbitragem em contratos administrativos". *Consultor Jurídico*, 2015. Disponível em: https://www.conjur.com.br/2015-set-24/interesse-publico-possibilidades-arbitragem-contratos-administrativos2#:~:text=A%20Lei%2013.129%2F15%20inclui,realiza%C3%A7%C3%A3o%20de%20acordos%20ou%20transa%C3%A7%C3%B5es%E2%80%9D. Acessado em: 29.06.2022.

ESCOLA, Héctor Jorge. *Compendio de derecho administrativo*. vol. I. Buenos Aires: Depalma, 1989.

FEEHILY, Ronán. "Separability in international commercial arbitration; confluence, conflict and the appropriate limitations in the development and application of the doctrine". *Arbitration International*, nº 34, 2018.

GONÇALVES, Pedro Costa. "Administração Pública e arbitragem – em especial, o princípio legal da irrecorribilidade das sentenças arbitrais". *In*: CORREIA, Fernando Alves *et al.* (Coord.). *Estudos em homenagem a António Barbosa de Melo*. Coimbra: Almedina, 2003.

______. *Manual de Direito Administrativo*. vol. 1. Coimbra: Almedina, 2019.

GRAU, Eros Roberto. "Arbitragem e contrato administrativo". *Revista da Faculdade de Direito da UFRGS*, vol. 21, mar. 2002.

HESPANHA, António Manuel. *O caleidoscópio do Direito*: o Direito e a justiça nos dias e no mundo de hoje. 2ª ed. Coimbra: Almedina, 2009.

METZGER, Gillian E. "Administrative Constitutionalism". *Texas Law Review*, vol. 91, jun. 2013.

MONCADA, Luís Cabral. "A arbitragem no Direito Administrativo; uma justiça administrativa". *Revista da Faculdade de Direito da Universidade do Porto*, ano VII, 2010 (especial).

MOREIRA NETO, Diogo de Figueiredo Moreira. "Arbitragem nos contratos administrativos". *Revista de Direito Administrativo*, nº 209, Rio de Janeiro, jul./set. 1997.

MOTA, Marcel Moraes. "A impugnação da sentença arbitral nos direitos português e brasileiro". *Revista Jurídica Luso-Brasileira*, ano 6, nº 6, 2020.

NOBRE JÚNIOR, Edilson Pereira. "O ensino jurídico no Brasil – imperfeições e desafios". *Revista Duc in Altum – Cadernos de Direito*, vol. 11, nº 23, jan./abr. de 2019.

OLIVEIRA, Ana Perestrelo de. *Arbitragem de litígios com Entes Públicos*. 2ª ed. Coimbra: Almedina, 2015.

OLIVEIRA, Gustavo Justino. "Especificidades do processo arbitral envolvendo a Administração Pública". *Enciclopédia Jurídica da PUCSP*. Tomo Direito Administrativo e Constitucional, Edição 1, abril de 2017. Disponível em: https://enciclopediajuridica.pucsp.br/verbete/49/edicao-1/especificidades-do-processo-arbitral-envolvendo-a-administracao-publica. Acessado em: 29.06.20222.

OLIVEIRA, Rafael Carvalho Rezende. "Arbitragem nos contratos da administração pública". *Revista Brasileira de Alternative Dispute Resolution* – RBADR, Belo Horizonte, ano 01, nº 01, jan./jun. 2019.

______. *Licitações e contratos administrativos*: teoria e prática. 8ª ed. São Paulo: Método, 2020.

OTERO, Paulo. "Arbitragem interna de litígios de Direito público: a publicização da arbitragem interna de Direito Privado". *Revista Internacional de Arbitragem e Conciliação*, ano V, número especial, 2012.

PARRA, Daniel Castaño. "La protección cautelar em el contencioso administrativo colombiano: hacia um modelo de justicia provisional". *Revista Digital de Derecho Administrativo*, nº 4, segundo semestre 2010.

PEDRO, Ricardo. *Estudos sobre arbitragem (em especial, de Direito Público)*. Lisboa: AAFDL, 2019.

QUADROS, Fausto de. "Linhas gerais da reforma do Código de Processo nos Tribunais Administrativos em matéria de arbitragem". *Revista Internacional de Arbitragem e Conciliação*, vol. VII, 2014.

RANGEL, Paulo Castro. "Arbitragem e constituição: um novo lugar e um novo fundamento". *In*: CORREIA, Fernando Alves *et al.* (Coord.). *Estudos em homenagem ao Prof. Doutor José Joaquim Gomes Canotilho*. Coimbra: Coimbra Editora, 2012.

SCHMIDT, Gustavo da Rocha. *A arbitragem nos conflitos envolvendo a Administração Pública*: uma proposta de regulamentação. Rio de Janeiro: Fundação Getúlio Vargas, 2016. (Dissertação de mestrado).

SCHMIDT-AßMANN, Eberhard. *Das allgemeine Verwaltungsrecht als Ordnungsidee – Grundlagen und Aufgaben der verwaltungsrechtlichen Systembildung*. 2ª ed. Heidelberg: Springer, 2006.

SOARES, Rogério Guilherme Ehrhardt. "Princípio da legalidade e administração constitutiva". *Boletim da Faculdade de Direito da Universidade de Coimbra*, vol. 57, 1981.

SUNDFELD, Carlos Ari; CÂMARA, Jacintho de Arruda. "O cabimento da arbitragem nos contratos administrativos". *Revista de Direito Administrativo*, Belo Horizonte, vol. 248, mai./ago. 2008.

VIANA DE LIMA, Cláudio. "A lei de arbitragem e o art. 23, XV, da lei de concessões". *Revista de Direito Administrativo*, nº 209, Rio de Janeiro, jul./set. 1997.

WYPYCH, Gustavo Henrique. "Arbitragem internacional: leis modelo da UNCITRAL e IA-A". *Revista Brasileira de Direito Internacional*, vol. 2, nº 2, jul./dez. 2005.

CAPÍTULO IX

A ARBITRAGEM EM CONTRATOS ADMINISTRATIVOS NA NOVA LEI DE LICITAÇÕES

Giuseppe Giamundo Neto

Introdução

A adoção da arbitragem como meio de resolução de controvérsias em contratos administrativos é, hoje, uma realidade. Muito embora vozes tenham se levantado contra tal possibilidade em um passado não tão distante, o ordenamento jurídico gradativamente passou a conferir a necessária segurança jurídica ao emprego de tal instituto em discussões nas quais a Administração Pública figura como parte.

Nesse contexto, este breve artigo objetiva analisar a disciplina, contida na nova lei geral de licitações (Lei n. 14.133, de 1º de abril de 2021), que regula a possibilidade da utilização de tal meio para dirimir conflitos envolvendo as contratações administrativas em geral.

1 Breve contexto histórico: o estado da arte da arbitragem em contratos públicos

O debate acerca da possibilidade de utilização da arbitragem no âmbito dos contratos administrativos, especialmente aqueles regidos pela Lei n. 8.666, de 1993, surge a partir do advento da lei de arbitragem (Lei n. 9.307, de 1996), tendo em vista que o referido diploma, por não ter se preocupado com o Estado e suas vicissitudes, deixou de expressamente mencionar a Administração Pública direta e indireta como seus sujeitos.[1]

Embora a lei de arbitragem não vedasse ou restringisse a participação do Estado, a ausência de regulamentação específica no referido diploma e na própria lei geral de licitações e contratos administrativos (Lei n. 8.666, de 1993) serviam de desincentivo ao uso do procedimento.

No mesmo sentido, a Lei das Concessões (Lei n. 8.987, de 1995), embora originalmente previsse a necessidade de inclusão de formas extrajudiciárias de solução das controvérsias nos contratos de concessão, deixou de explicitar a arbitragem como uma das modalidades a serem adotadas, o que gerava insegurança em relação à sua utilização. Foi necessária a edição da Lei n. 11.196, de 2005, que explicitou a prerrogativa do uso da arbitragem em contratos de concessão ("o contrato de concessão poderá prever o emprego de mecanismos privados para resolução de disputas decorrentes ou

---

1 A redação de seu artigo 1º estabelecia que "as pessoas capazes de contratar poderão valer-se da arbitragem para dirimir litígios relativos a direitos patrimoniais disponíveis". Os defensores da aplicabilidade nas relações contratuais de Direito Público sustentavam que o sentido da palavra *pessoas* abrangia, na forma utilizada pela lei, além das pessoas de Direito Privado, as pessoas jurídicas de Direito Público interno, nos termos da definição dada ao termo pelo Código Civil. Outro fundamento que sempre reforçou tal interpretação vem disposto no artigo 54 da Lei n. 8.666, pelo qual devem ser aplicados aos contratos administrativos, supletivamente, os princípios da teoria geral dos contratos e as disposições de Direito Privado.

relacionadas ao contrato, inclusive a arbitragem, a ser realizada no Brasil e em língua portuguesa"), para que se pacificasse a aplicabilidade e legalidade da arbitragem em tais contratos. O próprio Tribunal de Contas da União (TCU) reviu seu entendimento anterior e passou a admitir tal mecanismo nesses contratos, desde que as cláusulas objeto de julgamento pelos árbitros não ofendessem os princípios da legalidade e indisponibilidade do interesse público.

Não devem ser desconsideradas, ademais, as diversas leis setoriais que passaram a prever a possibilidade de utilização do instituto da arbitragem em contratos administrativos, valendo citar, exemplificativamente, a Lei n. 10.433, de 2002, que trata da criação do mercado atacadista de energia elétrica, pela qual as agências reguladoras têm se utilizado frequentemente da cláusula arbitral em seus contratos, a Lei n. 9.478, de 1997, que dispõe sobre a política energética nacional, a Lei das Parcerias Público-Privadas (Lei n. 11.079, de 2004), dentre outras.

Ainda assim, a adoção da arbitragem em contratos administrativos que não os de concessão ou de setores regulados específicos, dependia de uma certa construção interpretativa e argumentativa, o que, por certo, desestimulava a sua previsão pelos agentes públicos encarregados da elaboração e gestão desses contratos.

Em 2015, com a reforma da lei da arbitragem por meio da Lei n. 13.129, três parágrafos (dois no art. 1º e um no art. 2º) foram introduzidos na Lei n. 9.307, de 1996, para tratar do tema. Confira-se:

> Art. 1º (...)
>
> §1º A Administração Pública direta e indireta poderá utilizar-se da arbitragem para dirimir conflitos relativos a direitos patrimoniais disponíveis.
>
> §2º A autoridade ou o órgão competente da Administração Pública direta para a celebração de convenção de arbitragem é a mesma para a realização de acordos ou transações.

> Art. 2º (...)
>
> §3º A arbitragem que envolva a Administração Pública será sempre de direito e respeitará o princípio da publicidade.

Tais dispositivos, como observa Carlos Alberto Carmona, consagraram o consistente sistema multiportas de resolução de litígios por outros meios que não o processo estatal, somando-se ao que já previa a lei das Parcerias Público Privadas e o novo Código de Processo Civil (Lei n. 13.105, de 2015), sendo certo que "o Estado, em suas múltiplas vestes, não poderia ficar imune a esta tendência". Ainda assim, segundo o autor, referidas previsões legais não resolvem dilemas básicos que o administrador público enfrentará para participar de um processo arbitral: a escolha do órgão arbitral; a nomeação de árbitros; a responsabilidade pelo pagamento das custas e despesas; incidência de verba honorária; a sede da arbitragem e idioma; e limites da publicidade.[2]

Parte das preocupações expostas por Carlos Alberto de Carmona a respeito da participação do Estado em arbitragens foi resolvida com o advento do Decreto Federal n. 10.025, publicado em 23 de setembro de 2019. O diploma, voltado para a arbitragem envolvendo a Administração Pública federal em setores regulados (especificamente os setores portuário e de transporte rodoviário, ferroviário, aquaviário e aeroportuário), é fruto da experiência adquirida no âmbito de diversas agências reguladoras com o tema. Por meio dele, determinam-se os contornos da arbitralidade objetiva, regras do procedimento arbitral; conteúdo da cláusula compromissória e de compromisso arbitral; prazos; antecipação das custas e despesas pelo contratado; credenciamento e escolha da câmara arbitral; requisitos da escolha dos árbitros, dentre outas previsões.

---

2 CARMONA, Carlos Alberto. "Arbitragem e administração pública – primeiras reflexões sobre a arbitragem envolvendo a administração pública". *Revista Brasileira de Arbitragem*, ano XIII, nº 51, jul.-ago.-set. 2016, pp. 8/9.

Muito embora a sua aplicação esteja limitada aos setores regulados federais já mencionados, o Decreto n. 10.025, por contar com uma regulamentação que se vale das boas práticas experimentadas até então, inclusive por outros entes estatais, representa grande avanço para o instituto, servindo de referência e de lastro orientativo para órgãos da Administração Pública de todos os níveis da federação.

2 A arbitragem na Lei n. 14.133/21 e o seu âmbito material de aplicação

Após quase 30 anos de vigência da Lei n. 8.666/93, uma nova lei geral de licitações e contratos administrativos foi sancionada. Trata-se da Lei n. 14.133/21. Com 191 dispositivos, o novo diploma consolida práticas de normas licitatórias específicas (pregão e RDC), positiva entendimentos de órgãos de controle e traz algumas inovações, casos do Portal Nacional das Contratações Públicas e da introdução do diálogo competitivo como modalidade licitatória, entre outras. No que se refere aos meios alternativos de solução de conflitos, há um capítulo específico tratando do tema (Capítulo XII). Em quatro artigos, a nova lei reafirma a tendência explicitada no tópico anterior de uso desses meios, ao prever a possibilidade de sua utilização e disciplina.

Estabelece o artigo 151 da Lei n. 14.133/21 o seguinte:

> Art. 151. Nas contratações regidas por esta lei, poderão ser utilizados meios alternativos de prevenção e resolução de controvérsias, notadamente a conciliação, a mediação, o comitê de resolução de disputas e a arbitragem.
>
> Parágrafo único. Será aplicado o disposto no *caput* deste artigo às controvérsias relacionadas a direitos patrimoniais disponíveis, como as questões relacionadas ao restabelecimento do equilíbrio econômico-financeiro do contrato, ao inadimplemento das obrigações contratuais por quaisquer das partes e ao cálculo de indenizações.

De pronto, verifica-se que os contratos abrangidos pela lei geral de licitações são bastante variados, envolvendo alienação e concessão de direito real de uso de bens, concessão e permissão de uso de bens públicos, compra, locação, prestação de serviços, obras e serviços de arquitetura e engenharia, tecnologia da informação e de comunicação (art. 2º). Isto revela um horizonte bastante ampliado para o uso da arbitragem. Se antes tal método era voltado preponderantemente a conflitos oriundos de contratos de concessão, conforme apontado no tópico anterior, a tendência, a partir de agora, é que a experiência se espraie para novas modalidades de contratos administrativos.

Já as controvérsias sujeitas à arbitragem são aquelas relacionadas a direitos patrimoniais *disponíveis* (arbitralidade objetiva), a teor do parágrafo único, que exemplifica como tais as questões relacionadas ao restabelecimento do equilíbrio econômico-financeiro do contrato, ao inadimplemento de obrigações contratuais por quaisquer das partes e ao cálculo de indenizações. Tal disposição alinha-se com o que prevê o artigo 1º da Lei n. 9.307/1996,[3] no sentido de que a arbitragem se presta a pacificar conflitos relativos a direitos patrimoniais *disponíveis*.

Nessa linha, são bastante oportunas as lições de Carlos Alberto de Carmona acerca da arbitralidade objetiva:

> Diz-se que um direito é disponível quando ele pode ser ou não exercido livremente pelo seu titular, sem que haja norma cogente impondo o cumprimento do preceito, sob pena de nulidade ou anulabilidade do ato praticado com sua infringência. Assim, são disponíveis (do latim *dispo-nere*, dispor, pôr em vários lugares, regular) aqueles bens

3 "Art. 1º As pessoas capazes de contratar poderão valer-se da arbitragem para dirimir litígios relativos a direitos patrimoniais disponíveis.

§ 1º A administração pública direta e indireta poderá utilizar-se da arbitragem para dirimir conflitos relativos a direitos patrimoniais disponíveis".

> que podem ser livremente alienados ou negociados, por encontrarem-se desembaraçados, tendo a alienante plena capacidade jurídica para tanto.[4]

De se destacar que os contratos administrativos, invariavelmente, envolvem direitos *disponíveis*, na medida em que a sua natureza está atrelada a uma relação patrimonial. De um lado, os interesses privados do contratado, que tem por objetivo um benefício econômico, financeiro e técnico. De outro, o interesse público *secundário* da Administração Pública, que busca uma contratação vantajosa para servir de *instrumento* para o cumprimento de determinada política ou necessidade pública (interesse *primário*).[5]

Talvez com o objetivo de afastar qualquer dúvida acerca das principais matérias passíveis de arbitralidade, a Lei n. 14.133/21 indicou de modo não taxativo as questões relacionadas ao restabelecimento do equilíbrio econômico-financeiro do contrato, ao inadimplemento das obrigações contratuais por quaisquer das partes e ao cálculo de indenizações.

Seria fácil criticar tal escolha do legislador sob o argumento de que seria dispensável a menção de três possíveis matérias arbitrais em caráter exemplificativo. Isso porque bastaria dizer que os meios alternativos de solução de controvérsias se aplicam exclusivamente a direitos patrimoniais disponíveis, tamanha a obviedade acerca

---

4 CARMONA, Carlos Alberto de. *Arbitragem e Processo*. 3ª ed. São Paulo: Atlas, 2009, p. 38.

5 Conforme bem sintetiza Diogo de Figueiredo Moreira Neto acerca da disponibilidade do interesse público conforme a sua categoria, "está-se diante de duas categorias de interesses públicos, os primários e os secundários (ou derivados), sendo que os primeiros são indisponíveis e o regime público é indispensável, ao passo que os segundos têm natureza instrumental, existindo para que os primeiros sejam satisfeitos, e resolvem-se em relação patrimoniais, e por isso, tornaram-se disponíveis na forma da lei, não importando sob que regime". (MOREIRA NETO, Diogo de Figueiredo. *Mutações do Direito Público*. Rio de Janeiro: Renovar, 2006, p. 278).

da disponibilidade dos exemplos elencados. Ademais, ficariam os administradores públicos inseguros de submeter ao procedimento arbitral outras questões não expressamente positivadas na lei, tementes que são ao princípio da legalidade e aos questionamentos de órgãos de controle.

Contudo, a menção das referidas matérias concretas parece-nos pertinente, dado que reequilíbrio econômico-financeiro, inadimplemento de obrigações contratuais e cálculo de indenizações são as principais questões originadoras de conflito no curso da execução de um contrato administrativo. E em se tratando de uma lei voltada à Administração Pública, dizer o óbvio por vezes é necessário para eliminar eventual interpretação diversa por parte daqueles que aplicam ou controlam a aplicação da lei. Assim, a indicação acaba por conferir maior segurança às partes contratantes, uniformizando e incentivando a utilização do procedimento arbitral nessas questões que parecem ser as mais comuns.

Outra menção do Projeto de Lei n. 4253/20 de matéria sujeita à arbitragem está contida no Capítulo VIII, referente às hipóteses de extinção dos contratos administrativos. O artigo 138, III, quando trata das formas de extinção, estabelece que a rescisão contratual poderá ser determinada por decisão arbitral, em decorrência de cláusula compromissória ou compromisso arbitral. Tal hipótese se volta a pedidos de rescisão formulados pelo contratado, considerando a prerrogativa da Administração Pública de rescindir unilateralmente a avença.[6] Trata-se de um importante reconhe-

---

6 Nessas circunstâncias, terá o contratado direito à extinção do contrato nos seguintes casos (artigo 137, §2º): "I – supressão, por parte da Administração, de obras, serviços ou compras que acarrete modificação do valor inicial do contrato além do limite permitido pelo art. 125 desta Lei; II – supressão de execução do contrato, por ordem escrita da Administração, por prazo superior a 3 (três) meses; III – repetidas suspensões que totalizem 90 (noventa) dias úteis, independentemente do pagamento obrigatório de indenização pelas sucessivas e contratualmente imprevistas desmobilizações e mobilizações e outras previstas; IV – atraso superior a 2 (dois) meses, contado da emissão da nota fiscal,

cimento de que o Tribunal Arbitral poderá conhecer de matérias que envolvam causas de rescisão do contrato, especialmente para declará-lo extinto.

3 Vedação à equidade e o dever de publicidade

O artigo 152 da Lei n. 14.133/21 determina que a arbitragem deve ser sempre de direito e observará o princípio da publicidade. Veda-se, portanto, em sua primeira parte, a arbitragem por *equidade*, em repetição ao que já estabelecia o §3º do art. 2º da Lei de Arbitragem: "§3º A arbitragem que envolva a administração pública será sempre de direito e respeitará o princípio da publicidade".

O julgamento por equidade significa julgar aplicando os princípios gerais do direito, sem a necessidade de nenhum comando especial. Não se admite, portanto, decisões arbitrais proferidas sem apoio normativo, em prestígio ao princípio da *legalidade*, compreendido como um dos pilares do Estado Democrático de Direito, a teor do que o próprio texto constitucional destaca com clareza (CF, artigos 5º, II, e 37, *caput*).

No que diz respeito ao dever de observância ao princípio da publicidade, trata-se, aqui, de uma particularidade da arbitragem envolvendo a Administração Pública, considerando que a confidencialidade ou o sigilo são notas marcantes da arbitragem entre privados.

Tal particularidade decorre da Constituição Federal, que adotou o princípio da máxima publicidade estatal, tratando-o

---

dos pagamentos ou de parcelas de pagamentos devidos pela Administração por despesas de obras, serviços ou fornecimentos; V – não liberação pela Administração, nos prazos contratuais, de área, local ou objeto, para execução de obra, serviço ou fornecimento, e de fontes de materiais naturais especificadas no projeto, inclusive devido a atraso ou descumprimento das obrigações atribuídas pelo contrato à Administração relacionadas a desapropriação, a desocupação de áreas públicas ou a licenciamento ambiental".

como um direito fundamental do cidadão. Assegura-se a todos, à luz do artigo 5º, XXXIII, o "direito a receber dos órgãos públicos informações de seu interesse particular, ou de interesse coletivo ou geral, que serão prestadas no prazo da lei". E a autoridade ou agente que não viabilizar tal acesso pode ser responsabilizada. Tal cominação excepciona apenas as informações "cujo sigilo seja imprescindível à segurança da sociedade e do Estado". De pronto, é possível notar a amplitude que o Texto Constitucional conferiu ao direito do cidadão de acesso a informações. Qualquer informação detida por órgão público pode ser acessada, desde que de interesse coletivo ou de interesse particular daquele que a solicita. Resguardam-se, apenas, as informações que sejam sigilosas por questões de segurança estatal e da sociedade.

Por sua vez, o inciso LX da Constituição especifica a publicidade que deve existir nos *atos processuais*. Segundo tal dispositivo, "a lei só poderá restringir a publicidade dos atos processuais quando a defesa da intimidade ou o interesse social o exigirem". Interpretando-se a *contrario sensu*, extrai-se que os atos processuais sempre serão públicos. Somente deixarão de ser caso assim a lei o determine. E a lei, no caso, para fins de restrição da publicidade, deve circunscrever-se à proteção da intimidade ou do interesse social levando em conta os danos que a revelação do ato processual potencialmente pode causar às partes envolvidas, a terceiros ou à coletividade.

Outro aspecto a ser observado é que a Constituição Federal, ao estabelecer a publicidade dos atos processuais o faz sem qualquer distinção, encarecendo o dever de observância de tal princípio em qualquer forma de processo, no que se inclui as arbitragens. Nos processos judiciais, em acréscimo, dispõe o artigo 93, IX, da CF, que

> todos os julgamentos dos órgãos do Poder Judiciário serão públicos, e fundamentadas todas as decisões, sob pena de nulidade, podendo a lei, se o interesse público o exigir, limitar a presença, em determinados atos, às próprias partes e a seus advogados, ou somente a estes.

A publicidade dos atos processuais, portanto, é a regra. Contudo, deve limitar-se às peças, documentos, decisões e atos procedimentais que compõem o processo arbitral. Muito embora não tenha havido qualquer ressalva ao sigilo oriundo de segredo industrial ou comercial e das informações consideradas sigilosas pela legislação brasileira, como bem fez o Decreto n. 10.025/2019 quando regulamentou a arbitragem federal em setores regulados, caberá à respectiva parte interessada comunicar à outra, aos árbitros e respectivo tribunal arbitral a necessidade de proteção do respectivo sigilo legal.

Como apontam Egon Bockmann Moreira e Flávio Amaral Garcia, também são sigilosas as estratégias processuais definidas pelos advogados vinculados às entidades públicas e às pessoas privadas. Em nenhuma hipótese pode-se confundir a publicidade conferida às peças processuais protocoladas e respectivos documentos com os estudos e documentos dos advogados que nele atuam, por força do Estatuto da OAB (Lei n. 8.906/1994), pelo Código de Ética e Disciplina da OAB e, em relação à Advocacia-Geral da União (AGU) e Procuradoria-Geral Federal (PGF), pela Portaria AGU n. 529/2016. O mesmo em relação aos atos e debates internos ao tribunal, na medida em que os árbitros têm assegurado o sigilo de seus estudos, cogitações e minutas.[7]

4 A escolha dos árbitros e dos tribunais arbitrais

Nos termos do artigo 154 da Lei n. 14.133/21, o processo de escolha dos árbitros e dos tribunais arbitrais deve observar critérios isonômicos, técnicos e transparentes.

---

7 CUÉLLAR, Leila; MOREIRA, Egon Bockmann; GARCIA, Flávio Amaral; CRUZ, Elisa Schmidlin. *Direito Administrativo e Alternative Dispute Resolution: arbitragem, dispute board, mediação e negociação*; MOREIRA, Egon Bockmann; GARCIA, Flávio Amaral. *Comentários ao Decreto Federal n. 10.025/2019*. Belo Horizonte: Fórum, 2020, p. 210.

Quanto à seleção dos árbitros, extrai-se do dispositivo a necessidade de especialidade técnica do profissional. Espera-se que o árbitro detenha reconhecida expertise em relação à matéria em discussão ou, ao menos, capacitações plurais que, no conjunto, tornem-no uma opção adequada para o caso. Caberá aos respectivos entes a regulamentação dos requisitos a serem cumpridos, para além dos critérios mencionados. No âmbito da União, por exemplo, a Portaria AGU n. 320/2019, instituidora do Núcleo Especializado em Arbitragem – NEA na Consultoria-Geral da União, unidade responsável pelo contencioso arbitral em que a União seja parte ou interessada. Nela se estabelecem os seguintes critérios de escolha dos árbitros: (i) estar em gozo de plena capacidade civil, repetindo o que determina o artigo 13 da Lei de Arbitragem; (ii) deter conhecimento técnico com a natureza do litígio; e (iii) não possuir, com as partes ou com o litígio que lhe for submetido, relações que caracterizem os casos de impedimento ou suspeição de juízes, conforme previsto no Código de Processo Civil ou outras situações de conflito de interesses prevista em lei ou reconhecidas em diretrizes internacionalmente aceitas ou nas regras da instituição arbitral escolhida.

Em relação ao tribunal arbitral, o dispositivo não determina que o procedimento se realize perante alguma instituição (arbitragem institucional) ou que se adote a arbitragem *ad hoc* (arbitragem avulsa).[8] Cabe à Administração Pública, por ocasião da formulação do edital, ou às partes, quando da celebração de termo aditivo contratual, escolherem o procedimento arbitral mais adequado à realidade.

Nesse sentido, parece-nos que, em regra, a Administração Pública tenderá a dar preferência à arbitragem institucional, na medida em que a opção por câmara arbitral já existente, com regras pré-estabelecidas, detentora de experiência e reconhecimento da comunidade jurídica,

---

8 Enquanto na arbitragem institucional as regras procedimentais encontram-se previamente definidas por determinada câmara arbitral, na *ad hoc* o procedimento é definido pelas partes e/ou pelos árbitros.

confere maior previsibilidade, transparência e segurança jurídica às partes envolvidas, cumprindo os requisitos do dispositivo. Ademais, a remuneração dos árbitros e custas são objetivos, constando usualmente de tabelas, o que também facilita a identificação do melhor tribunal arbitral para o caso, dentre os existentes.

Conclusão

A arbitragem tem se mostrado um instrumento extremamente útil para assegurar a regularidade na execução de serviços públicos e para manter o equilíbrio econômico-financeiro dos contratos administrativos. Ela permite que se chegue rapidamente à composição dos conflitos envolvendo direitos disponíveis, mediante decisões tomadas por especialistas no específico assunto controvertido. A recente confirmação de compromisso arbitral em sede de contratos administrativos comuns pela Lei n. 14.133/21 não apenas vai ao encontro da evolução legislativa e doutrinária sobre a matéria, como é reflexo do dinamismo e consensualidade que têm se verificado nas formas de relação entre o poder público e o particular.

Referências bibliográficas

CARMONA, Carlos Alberto. "Arbitragem e administração pública – primeiras reflexões sobre a arbitragem envolvendo a administração pública". *Revista Brasileira de Arbitragem*, ano XIII, nº 51, jul./ago./set. 2016.

______. *Arbitragem e Processo*. 3ª ed. São Paulo: Atlas, 2009.

CUÉLLAR, Leila; MOREIRA, Egon Bockmann; GARCIA, Flávio Amaral; CRUZ, Elisa Schmidlin. *Direito Administrativo e Alternative Dispute Resolution*: arbitragem, dispute board, mediação e negociação.

MOREIRA, Egon Bockmann; GARCIA, Flávio Amaral. *Comentários ao Decreto Federal n. 10.025/2019*. Belo Horizonte: Fórum, 2020.

MOREIRA NETO, Diogo de Figueiredo. *Mutações do Direito Público*. Rio de Janeiro: Renovar, 2006.

CAPÍTULO X

AS MEDIDAS DE URGÊNCIA NAS ARBITRAGENS COM A ADMINISTRAÇÃO PÚBLICA

Marcos Augusto Perez
Ane Elisa Perez

Introdução

O procedimento arbitral, desde a promulgação da Lei n. 9.307/1996 (a Lei brasileira de Arbitragem – LBA), ganhou seu espaço, na ordem jurídica brasileira, como um mecanismo não só extrajudicial, mas também adequado para a resolução dos mais diversos tipos de conflitos que a ele podem ser levados. O procedimento passou por importantes avanços e atualizações ao longo dos últimos anos, que podem ser observados especialmente com as mais recentes modificações implementadas no ano de 2015, por meio da Lei n. 13.129/2015, que foi responsável pela reforma da Lei brasileira de Arbitragem e inseriu novas disposições com o intuito de tornar o instituto mais adequados às vicissitudes e às exigências atuais, em especial, para efeito de informação para este artigo, para organizar os pedidos de medida cautelar para questões urgentes, prévias à instituição da arbitragem e para deixar claro que a Administração Pública pode, em seus contratos, incluir cláusulas compromissórias para discussões em arbitragem de questões atreladas à direito patrimonial disponível.[1]

Não há dúvida mais entre nós, desde logo se observe, sobre a importância da arbitragem em contratos que a Administração celebra no setor de infraestrutura.[2] Neste setor, os contratos tendem a possuir elevada complexidade, a qual influencia a geração de conflitos ao longo da vida contratual. A arbitragem traz para esses contratos maior segurança jurídica e maior estabilidade, na justa medida em que a eles agrega a possibilidade de solução de conflitos em uma jurisdição célere e especializada.[3]

Logo após sua promulgação, a Lei brasileira de Arbitragem foi alvo de uma série de elogios e de sérias críticas pela doutrina brasileira. Contudo, depois do entendimento proferido pelo Supremo Tribunal Federal (STF) sobre a constitucionalidade da referida norma,[4] é certo que o uso do instituto foi pacificado por todo o país, o que tornou possível ao procedimento arbitral ser entendido como um método auxiliar à jurisdição estatal, voltado para a pacificação

---

1 Art. 1º Os arts. 1º, 2º, 4º, 13, 19, 23, 30, 32, 33, 35 e 39 da Lei n. 9.307, de 23 de setembro de 1996 , passam a vigorar com a seguinte redação: "Art. 1º § 1º A Administração Pública direta e indireta poderá utilizar-se da arbitragem para dirimir conflitos relativos a direitos patrimoniais disponíveis. Disponível em: http://www.planalto.gov.br/ccivil_03/_ato2015-2018/2015/lei/l13129.htm. Acessado em: 29.06.2022.

2 Para a definição do setor de infraestrutura utilizada neste artigo vale conferir GÓMEZ-IBÁÑEZ, José A. *Regulating Infrastructure*: Monopoly, Contracts, and Discretion. Cambridge: Harvard University Press, 2003 (edição do Kindle, localização 49-50).

3 Cf. PEREZ, Marcos Augusto. *O risco no contrato de concessão de serviço público*. Belo Horizonte: Fórum, 2006, pp. 182-184.

4 A constitucionalidade da Lei n. 9.307/1996 foi questionada no processo de homologação de Sentença Estrangeira 5.206 perante o STF, no seguinte julgado: STF, SE 5.209-Espanha. Rel. Min. Sepúlveda Pertence, DJe 06.12.1995.

social. Certo é que antes mesmo da Lei n. 13.129/2015, premida pelos órgãos internacionais de financiamento, especialmente na área de infraestrutura, a Administração Pública em alguns contratos já previa e praticava a arbitragem como meio de solução de conflito, como ocorreu de forma bastante vanguardista a primeira arbitragem havida pelo Metrô de São Paulo, nos contratos da Linha 4.

A partir de então, da LBA, a arbitragem passou a se constituir como garantidora da tutela jurisdicional, uma vez que, além de buscar a solução de litígios, é possível notar, neste procedimento, as três qualidades inerentes à jurisdição, quais sejam: *poder* no plano da soberania nacional, *função* nos limites das atribuições do Estado e *atividade* no processo. Ademais, se não bastasse isso, considerando que a sentença é o elemento fundamental da jurisdição e dada a perspectiva que a sentença arbitral é equiparada à sentença judicial, possuindo ambas os mesmos elementos e efeitos,[5] argumento outro não há a não ser pugnar pela existência de uma jurisdição arbitral que atua ao lado da jurisdição estatal na resolução das mais diversas demandas.[6]

---

5 A equiparação de ambas as sentenças, judicial e arbitral, encontra raízes no atual Código de Processo Civil e na Lei n. 9.307/1996. Em relação, ao CPC/2015, o código tratou de dar à sentença arbitral força de título executivo judicial, nos termos de seu art. 515, VII, *in verbis*: "art. 515. São títulos executivos judiciais, cujo cumprimento dar-se-á de acordo com os artigos previstos neste Título: VII - a sentença arbitral". Já em relação à LBA, destaca-se a determinação de seu art. 31: "A sentença arbitral produz, entre as partes e seus sucessores, os mesmos efeitos da sentença proferida pelos órgãos do Poder Judiciário e, sendo condenatória, constitui título executivo".

6 É esse o posicionamento da doutrina majoritária sobre o tema, dentre eles a posição do Professor Carlos Alberto Carmona, que assim entende: "(...) justificava-se a rígida distinção entre arbitragem e jurisdição estatal, quando da jurisdição e do próprio sistema processual como um todo dizia-se que apenas tinham o mero e pobre escopo de atuação da vontade do direito ou de estabelecer a norma do caso concreto. Superada essa visão puramente jurídica do processo, todavia, e reconhecidos os escopos sociais e políticos muito mais nobres, cai por terra a premissa em que se legitimava a rígida distinção. Se o poder estatal é exercido, sub *specie jurisdictionis*, com o objetivo de pacificar pessoas e dirimir conflitos com justiça, e se afinal a arbitragem também visa

Ora, à luz dessa premissa e concomitantemente à importância que o instituto tem conquistado nos últimos anos, é imperioso um olhar cuidadoso para as diversas previsões e possibilidades permitidas às partes quando essas estão a arbitrar. E, dentre essas previsões e institutos do procedimento, o tema das medidas de urgência no procedimento arbitral sempre despertou, em maior ou menor medida, interesse por parte daqueles envolvidos direta ou indiretamente na área. Maior atenção, então, pesa sobre as arbitragens havidas com a Administração Pública.

Por isso mesmo, ante a relevância do estudo das medidas de urgência no procedimento arbitral, especialmente considerando-se que é por meio delas que realçamos e efetivamos a celeridade inerente ao procedimento bem como garantimos a prestação jurisdicional imediata ao direito daquele que corre riscos com a demora na prestação jurisdicional, dedica-se este artigo a um estudo mais aprofundado sobre o tema, voltado para as arbitragens com a Administração Pública, objetivando esclarecer alguns pontos controvertidos e demonstrar as peculiaridades que perpassam a previsão das medidas de urgência no procedimento arbitral brasileiro, naquelas demandas da relação público-privada.

1 A introdução no sistema jurídico das chamadas "medidas de urgência"

O termo "medida de urgência" foi inserido pelos doutrinadores no sistema jurídico brasileiro somente no ano de 2002, quando se percebeu a necessidade de dar fungibilidade entre a tutela

---

a esse objetivo, boa parte do caminho está vencido, nessa caminhada em direção ao reconhecimento do caráter jurisdicional da arbitragem (ou, pelo menos, da grande aproximação dos institutos, em perspectiva teleológica)". (CARMONA, Carlos Alberto. *A arbitragem no processo civil brasileiro*. São Paulo: Malheiros, 1993, prefácio). A jurisprudência brasileira também caminha no mesmo sentido, *cf.* STJ. *CC 111.230/DF*, Rel. Ministra NANCY ANDRIGHI, SEGUNDA SEÇÃO, julgado em 08/05/2013, DJe 03/04/2014.

antecipada e cautelar. A partir daí muito se fala sobre as "medidas de urgência" não só no procedimento judicial, mas também no procedimento arbitral, como meio de efetivar direito e garantia das partes que estão à míngua ou já foram lesados.

As medidas de urgência, em linhas gerais, podem ser classificadas como aquelas medidas invocadas pelas partes quando essa se encontra diante de uma situação de risco plausível que impeça a efetivação da tutela jurisdicional. Neste sentido, Humberto Theodoro Júnior proferiu sólido entendimento para ressaltar a importância do gênero tutela de urgência que se subdivide em duas espécies – tutela cautelar e antecipação de tutela – para aqueles casos nos quais se torna imprescindível resguardar o provimento final ou o direito material antes do julgamento da lide,[7] sob pena de o processo como um todo se tornar inútil.

As medidas de urgência são voltadas, portanto, em última linha, para garantir a execução (a incolumidade da execução) ou a antecipação dos efeitos da decisão final, assegurando uma prestação jurisdicional em tempo hábil, de modo a não colocar em risco o direito de alguma das partes,[8] além de garantir a razoável duração

---

7 "Não raro, porém, são os casos em que, a ter-se de aguardar a composição definitiva da lide por sentença, o provimento final da justiça se tornará vão e inútil, porque o bem disputado terá desaparecido ou a pessoa a que era destinado já não mais terá condições de ser beneficiada pelo ato judicial. Outras vezes, é o direito material mesmo que reclama usufruição imediata, sob pena de não poder fazê-lo o respectivo titular, se tiver de aguardar o estágio final ulterior à coisa julgada. Para essas duas situações, o direito processual moderno concebeu uma tutela jurisdicional diferenciada, que recebe o nome de tutela de urgência, desdobrada no Direito brasileiro, em duas espécies distintas: tutela cautelar e antecipação de tutela"; (THEODORO JÚNIOR, Humberto. *Curso de Direito Processual Civil*: Teoria Geral do Direito Processual Civil e Processo de Conhecimento. vol. 1, 55ª ed. Rio de Janeiro: Forense, 2014, p. 70).

8 Os requisitos quanto à probabilidade do direito e o perigo de dano ou risco ao resulta útil do processo, no ordenamento jurídico brasileiro, estão cunhados no artigo 300, *caput*, do Código de Processo Civil, que assim determina: "A tutela de urgência será concedida quando houver elementos que evidenciem

e o resultado útil do processo, ambos os quais constituem-se, aqui, como os dois grandes pilares a pautarem a ação das partes nos pleitos de medidas de urgência.

Pilares esses que se tornam ainda mais importantes de serem resguardados quando estamos a litigar na jurisdição arbitral, uma vez que, neste procedimento, a celeridade, como um dos grandes benefícios atribuídos à arbitragem, deve ser assegurada a todo o momento, e à busca por um resultado útil e adequado que visam à solução dos conflitos são os intuitos finais buscados por aqueles que estão a arbitrar.

É por isso que as medidas de urgência em sede arbitral ganham uma notória e inegável importância, uma vez que se tornam mecanismos hábeis a contornar as dificuldades trazidas pela ausência de efetividade das tutelas jurisdicionais deferidas de modo intempestivo e que sujeitam as partes a um processo ou a uma sentença completamente inúteis.

Maior celeridade e maior eficácia, ainda, pode-se atribuir especialmente no que toca aos contratos havidos com a Administração Pública. Não à toa que os organismos de financiamento internacionais exigem em contratos financiados a cláusula compromissória. A arbitragem certamente é a solução, a olhos destes organismos, para a morosidade e a falta de especialidade do judiciário brasileiro no trato dos contratos complexos.

Por isso, e nesta lógica, é que a Administração vem mais e mais, especialmente nos setores regulados, conforme introduzido em nosso sistema legal pelo Decreto n. 10.025/2019, a adotar a arbitragem – o objetivo final é afastar o risco do Brasil, no qual a ineficiência do judiciário cuida de um percentual importante, e

---

a probabilidade do direito e o perigo de dano ou o risco ao resultado útil do processo".

atrair investidores estrangeiros e, ao final, efetivamente, dar cabo aos projetos de infraestrutura que há anos ficam pelo caminho.

Neste contexto, porém, qual o alcance das medidas de urgência?

2 Tutelas de urgência prévias à instauração da arbitragem

Antes de adentramos especificamente às tutelas de urgência no bojo da arbitragem já instaurada, o que mais interessa a este trabalho, vale aqui uma breve retomada da sistematização legal no que toca aos pedidos de tutela de urgência para quando a arbitragem não está definitivamente instaurada (o que quer dizer, sem a nomeação do tribunal arbitral).

Assim sendo, voltamos, de início, para as hipóteses de pedidos de tutela de urgências prévias à arbitragem, isto é, nos casos em que pese, exista a necessidade do deferimento de medida de urgência e muito embora exista entre as partes – privado e Administração Pública – convenção de arbitragem, o tribunal arbitral ainda não foi devidamente implementado.

Importante destacar aqui que a legislação de regência (nem a LBA, nem a Lei n. 13.129/2015) traz qualquer distinção entre as arbitragens privadas e as públicas, digamos. O que se tem visto em alguns editais em consulta pública e contratos públicos é que a própria Cláusula Compromissória por vezes estabelece que as medidas de urgência serão sempre, antes da instauração da arbitragem, direcionadas ao Poder Judiciário. Mas, tal postura é exceção. O que importa para este artigo são as alternativas dadas pela legislação vigente.

Diante disso, no caso da arbitragem ainda não instaurada, a parte interessada no pleito de medida de urgência irá se deparar com duas principais alternativas: (i) recorrer ao Poder Judiciário para a apreciação e concessão da medida de urgência ou (ii) recorrer à própria jurisdição arbitral via utilização do chamado árbitro de emergência.

2.1 A opção pelo Poder Judiciário: concessão de medida de urgência pela via estatal

Naqueles casos em que as partes já possuem convenção de arbitragem celebradas de livre vontade, mas, por qualquer motivo, ainda se resta pendente a instauração do tribunal arbitral, e havendo a necessidade de concessão de medida de urgência qualquer que seja, o Poder Judiciário surge como via adequada para a apreciação do pedido de urgência, atuando como um verdadeiro substituto do árbitro.

Essa hipótese, de atuação do Poder Judiciário antes de instituído o tribunal arbitral, na apreciação de medidas de urgência, encontra-se regulamentada na Lei brasileira de Arbitragem, a qual, nas mudanças inseridas pós-reforma de 2015, em seu art. 22-A, *caput*, determinou expressamente a possibilidade de as partes recorrerem ao Poder Judiciário para a apreciação das medidas de urgência, antes de instituída a arbitragem.[9]

No entanto, é de se ressaltar que, mesmo nesses casos em que caberá ao Poder Judiciário apreciar a medida de urgência, limites devem ser igualmente observados, na medida em que o juiz estatal atuará como mero substituto do árbitro, não cabendo a ele, portanto, de modo algum, manifestar-se quanto ao mérito da demanda. Em razão disso, também se faz necessário que o juiz togado investigue suas fontes de poder, isto é, sua competência e os limites para o exercício de sua jurisdição para a concessão de tais medidas, sem que usurpe dos poderes competentes ao próprio

---

9 Art. 22-A, Lei n. 9.307/1996. "Antes de instituída a arbitragem, as partes poderão recorrer ao Poder Judiciário para a concessão de medida cautelar ou de urgência".

tribunal arbitral depois de instituído nem tampouco atue como sucedâneo da própria jurisdição arbitral.

No mais, é válido mencionar que nem mesmo a decisão liminar proferida pelo juiz estatal nesses casos pode ser entendida como decisão final e não passível de quaisquer mudanças, uma vez que a Lei de Arbitragem pós-reforma tratou de prever expressamente, em seu art. 22-B, *caput*, o poder de o árbitro ou de o tribunal arbitral, após de instaurada a arbitragem: "manter, modificar ou revogar a medida cautelar ou de urgência concedida pelo Poder Judiciário". Desse modo, logo que instaurado o tribunal arbitral, os autos deverão ser remetidos imediatamente à jurisdição arbitral para a imediata análise da medida conferida pelo juiz estatal.

Além desse limite imposto à decisão liminar proferida na via judicial, é possível ainda analisar mais uma limitação quanto à eficácia da decisão proferida em sede judicial. Nestes moldes, ressalta-se que o art. 22-A, parágrafo único, da LBA,[10] determina prazo para a consecução dos efeitos da medida liminar deferida, estipulando que, se a parte interessada não requerer a instauração do procedimento arbitral no prazo de 30 dias contado da data efetiva da decisão acerca da medida de urgência ou cautelar pelo Poder Judiciário, a eficácia da medida cessará imediatamente.

Importante ainda mencionar que o emprego da ação judicial urgente não implica violação alguma nem tampouco renúncia à convenção arbitral, posto que as partes estão somente exercendo faculdade que lhes é conferida pelo próprio texto legal, por isso mesmo o compromisso ou a cláusula arbitral restam-se ilesos mesmo diante do ajuizamento de medida judicial pré-arbitral,

---

10 Art. 22-A, parágrafo único, Lei n. 9.307/1996. "Cessa a eficácia da medida cautelar ou de urgência se a parte interessada não requerer a instituição da arbitragem no prazo de 30 (trinta) dias, contado da data de efetivação da respectiva decisão".

permanecendo totalmente vigentes e vinculantes, nas palavras de Eduardo Talamini.[11]

Em relação às medidas de urgência que poderão ser pleiteadas perante o Poder Judiciário, do mesmo modo que em sede arbitral, não há de se pretender limitar seu uso a uma ou outra medida, sendo permitida todas aquelas determinadas nos art. 294 e ss., do Código de Processo Civil,[12] atendidos aos requisitos legais determinados pelo art. 300, *caput*, do CPC impreterivelmente, de modo que caberá à parte interessada demonstrar, por meio do contexto fático e probatório, a presença de *fumus boni iuris* e de *periculum in mora* e, no que toca às arbitragens com a Administração Pública, verificados os princípios que melhor desenvolvemos no item 2 deste artigo.

Por fim, um questionamento importante de ser feito nesse tópico é o fato de que, se mesmo depois de instituído o tribunal arbitral, poderia, porventura, a parte interessada socorrer-se ao Poder Judiciário para a concessão de qualquer medida de urgência que fosse necessária. Nesses casos, entende-se que, em casos excepcionalíssimos – como quando as partes tiverem afastado do Tribunal Arbitral os poderes para a apreciação das medidas de urgências[13] ou diante de peculiaridade do próprio procedimento

---

11 TALAMINI, Eduardo. "Arbitragem e estabilização da tutela antecipada". *Revista de Processo: RePro*, São Paulo, vol. 40, nº 246, ago. 2015, pp. 455-482.

12 Cf. CAHALI, Francisco José. *Curso de arbitragem.* 5ª ed. São Paulo: RT, 2015.

13 Sobre a possibilidade de exclusão, pelas partes, do poder de o tribunal arbitral analisar medidas de urgência: "As partes podem inserir na convenção arbitral disposição que exclua o poder dos árbitros para a tutela de urgência. Vale dizer, as partes optam pela via arbitral, mas proíbem o juízo arbitral de conceder medidas urgentes. Tal proibição depende de previsão expressa. Como já indicado, o princípio geral é o de que a opção pela arbitragem para a solução do litígio implica automaticamente a atribuição de competência aos árbitros para a adoção das correlatas medidas urgentes. Normalmente, a vedação convencional vem acompanhada da explícita atribuição do poder de

arbitral e da extrema urgência de algum caso, por exemplo –, as partes, mesmo depois de instituído o procedimento arbitral, poderão recorrer ao juiz estatal para pleitear alguma medida de urgência que se façam necessárias.

É esse o entendimento acervado por Guilhardi, para quem observadas as situações excepcionais e a o boa-fé, poderão as partes levarem à apreciação das medidas de urgência ao próprio Poder Judiciário mesmo naqueles casos em que o tribunal arbitral já estiver constituído, é o que ocorre, nos casos, por exemplo, em que o tribunal arbitral estiver indisponível ou quando as partes, de livre vontade, tiverem tirado do tribunal arbitral a apreciação das medidas de urgência.[14]

Porém, o que se tem visto nas cláusulas compromissórias firmadas nos contratos públicos é a determinação expressa de que, constituído o tribunal arbitral as tutelas de urgência passem a ser analisadas unicamente por este.

De qualquer forma, é notável o papel que o Poder Judiciário terá quando da necessidade de concessão de alguma medida de urgência antes de instituída a arbitragem, principalmente, em

---

urgência aos Órgãos Judiciários – que então deterão competência tanto para as medidas pré-arbitrais quanto para as requeridas no curso da arbitragem". (TALAMINI, Eduardo. "Arbitragem e estabilização da tutela antecipada". *Revista de Processo: RePro*, São Paulo, vol. 40, nº 246, ago. 2015).

14 "(...) em hipóteses excepcionais e observada a boa-fé, o Poder Judiciário pode ser o foro mais adequado para apreciação de medidas de urgência, mesmo depois de instituída a arbitragem, notadamente considerando: (i) a possibilidade de o Tribunal Arbitral estar indisponível; (ii) a possibilidade de as partes terem afastado do Tribunal Arbitral os poderes para a apreciação de medidas de urgência; (iii) as peculiaridades do procedimento arbitral e a extrema urgência de que alguns pleitos estão revestidos e; (iv) a controvérsia a respeito da concessão das medidas de urgência pelo Tribunal Arbitral sem a oitiva da parte adversa, o que é amplamente aceito em pleitos perante o Poder Judiciário, mas bastante controvertido, como visto, na seara arbitral". (GUILHARDI, Pedro. "Medidas de urgência na arbitragem". *Revista de Arbitragem e Mediação*, vol. 49, abr./jun. 2016).

relação ao papel de auxílio que a jurisdição estatal fornecerá posteriormente à arbitragem. Contudo, como visto, é de destacar que os poderes do ente estatal na decretação de medidas de urgências prévias ao procedimento arbitral não são ilimitados, uma vez que, além de a decisão judicial ter de ater-se estritamente à apreciação da medida, sem qualquer ingerência quanto ao mérito da causa, a decisão proferida na via estatal poderá, tão logo instituído definitivamente o tribunal arbitral, ser mantida, modificada ou revogada.

2.2 A hipótese do árbitro de emergência

Antes da instauração do tribunal arbitral, conforme visto em tópico anterior, as partes poderão, em princípio, recorrer-se à jurisdição estatal para a concessão de medida de urgência. Contudo, a opção pelo Poder Judiciário não é o único caminho a ser seguido pelas partes quando da necessidade de obtenção de tutelas prévias à arbitragem, assim, nesse ponto, o árbitro de emergência aparece como uma segunda alternativa válida e eficaz para assegurar, do mesmo modo, os pleitos das partes ao mesmo tempo em que garante a efetividade e a utilidade do posterior procedimento arbitral a ser instaurado.

A figura do árbitro de emergência possui raízes históricas no procedimento cautelar pré-arbitral da CCI de 1990, o qual inovou ao prever a possibilidade do uso desse procedimento para a análise de pleitos de medidas de urgência, por alguma das partes, antes de instituído o procedimento arbitral. Com essa previsão, no regulamento de um dos centros de arbitragens mais importantes a nível internacional, a hipótese se espalhou rapidamente e ganhou seu espaço, passando a ser regulado por alguns outros centros de arbitragem internacionais como *International Centre for Dispute Resolution of the American Arbitration Association* (ICDR)[15]

---

15 RULES AND MEDIATION PROCEDURES. *International Dispute Resolution Procedures*. 01 jun. de 2014. Disponível em: https://www.icdr.

e por importantes câmaras de arbitragem nacional atuantes no país como no regulamento da própria CCI,[16] no regulamento do CAM-CCBC[17] e no regulamento da Câmara de Mediação e Arbitragem Especializada (CAMES).[18]

O árbitro de emergência permite, então, em linhas gerais que a parte interessada, seja ela pública ou privada, antes de instaurada a arbitragem, submeta a questão de urgência à própria jurisdição arbitral em detrimento da jurisdição estatal, apresentando-se como uma solução para a concessão das medidas dentro da própria jurisdição estatal, que tem por objetivo "resolver o problema da inexistência de jurisdição arbitral enquanto os árbitros que decidirão o mérito da disputa ainda não tenham assumido a sua função",[19]

---

org/sites/default/files/document_repository/ICDR_Rules.pdf. Acessado em: 30.06.2022.

16 Art. 29, Regulamento CCI. "A parte que necessitar de uma medida urgente cautelar ou provisória que não possa aguardar a constituição de um tribunal arbitral ("Medidas Urgentes") poderá requerer tais medidas nos termos das Regras sobre o Árbitro de Emergência dispostas no Apêndice V. Tal solicitação só será aceita se recebida pela Secretaria antes da transmissão dos autos ao tribunal arbitral nos termos do artigo 16 e independentemente do fato de a parte que requerer a medida já ter apresentado seu Requerimento de Arbitragem. Há também previsão no Apêndice V do Regulamento da Câmara".

17 Art. 1°, *caput*, RA 32/2018. "A parte que necessitar de medidas de urgência antes da constituição do Tribunal Arbitral nos termos do artigo 4.14. do Regulamento do CAM-CCBC poderá requerê-las, para a designação de um árbitro de emergência ("Requerimento de Medidas Urgentes"), nos termos das regras dispostas abaixo".

18 Art. 20, Regulamento CAMES. "Caso ainda não tenha sido constituído o Tribunal Arbitral, e se façam necessárias medidas conservatórias ou reparatórias revestidas de caráter de urgência, a fim de prevenir dano iminente ou prejuízo irreparável, a questão poderá ser submetida ao Conselho Deliberativo da CAMES, que nomeará um integrante do QPA como Árbitro de Emergência, cuja função será deliberar sobre a medida de urgência, a qual vigerá até que o Tribunal Arbitral decida sobre a matéria".

19 GRION, Renato Stephan. "Árbitro de emergência – perspectiva brasileira à luz da experiência internacional". *In*: CARMONA, Carlos Alberto; LEMES, Selma Ferreira; MARTINS, Pedro Batista (Coord.). *20 anos da lei*

possibilitando ainda que sejam assegurados todos os benefícios e garantias resguardadas pela tutela de urgência.

No Brasil, especialmente no caso das contratações públicas, o uso do árbitro de emergência fica restrito à determinação expressa proveniente da vontade das partes em se submeterem ao procedimento bem como à necessidade de previsão, no próprio regulamento da câmara arbitral responsável por administrar o feito, para que só assim haja o uso desse mecanismo.

Do mesmo modo que no caso da medida pré-arbitral perante a jurisdição estatal, aqui o árbitro de emergência também deverá se restringir à averiguação somente do pleito a ele levado, sem adentrar no mérito da questão, sob pena de interferir indevidamente na competência do tribunal arbitral posteriormente a ser instaurado. Além disso, para a concessão das medidas urgentes, o árbitro de emergência, para além dos requisitos legais exigidos pelo art. 300, *caput*, do CPC, no caso dadas as peculiaridades de uma das partes ser a Administração Pública, e pelas determinações estabelecidas pelas próprias regras dos procedimentos das instituições arbitrais, deverá analisar o caso em específico bem como o contexto fático e probatório levado pela parte.

Em relação ao aspecto prático e quanto aos benefícios do procedimento arbitral de emergência, há de se destacar que o procedimento para a instituição do árbitro de emergência normalmente é muito célere levando cerca de menos de uma semana, a depender do regulamento da câmara arbitral. Ademais, a decisão proferida possui prazo determinado e exíguo para ser disponibilizada às partes, não sendo hábil ainda vincular qualquer convicção posterior do tribunal arbitral, o qual, aqui, do mesmo modo quando da decisão proferida via judicial, poderá rever a determinação do árbitro de emergência tão logo o tribunal seja devidamente constituído.

---

de arbitragem – homenagem a Petrônio R. Muniz. São Paulo: Atlas, 2017, pp. 403-448.

Por fim, é de apontar que esse procedimento ainda é muito mais custoso quando comparado com a medida pré-arbitral pedida ao órgão judicial estatal e além do mais tem-se notado, infelizmente, maior "coragem", diga-se assim, do judiciário no que toca às medidas de urgência requeridas em face da Administração Pública, o que nem de longe se supõe seja um problema de independência dos árbitros, mas atribui-se a um receio inicial pela novidade que a arbitragem com a Administração Pública representa no cenário jurídico e às críticas que ainda pesam sobre ela – especialmente em torno da discussão da sua publicidade e transparência.

3 As medidas de urgência requeridas no bojo do procedimento arbitral: a previsão na Lei brasileira de Arbitragem atual e a hipóteses de cabimento nos casos em que a Administração Pública é parte

Antes da determinação trazida pela Lei brasileira de Arbitragem, o ordenamento jurídico brasileiro vedava expressamente a possibilidade do uso de medidas de urgência no procedimento arbitral. A lógica, estabelecida pelo revogado Código de Processo Civil (CPC) de 1973, impedia que o árbitro determinasse a concessão de medidas coercitivas ou cautelares, restando essa tarefa atribuída tão somente ao juiz estatal.[20]

Sendo assim, o árbitro, como não possuía o poder de empregar as medidas coercitivas e decretar as medidas de urgência necessárias para o bom deslinde do feito, de acordo com a sistemática do antigo CPC, deveria obrigatoriamente socorrer-se ao juiz estatal competente, mesmo depois de instaurada a arbitragem,

---

20 Art. 1.086, CPC/1973. "O juízo arbitral pode tomar depoimento das partes, ouvir testemunhas e ordenar a realização de perícia. Mas lhe é defeso: I – empregar medidas coercitivas, quer contra as partes, quer contra terceiros; II – decretar medidas cautelares".

para ver deferida qualquer medida de urgência ou coercitiva pleiteada pelas partes.[21]

Essa determinação, que funcionava como um verdadeiro entrave às requisições de medidas de urgência na arbitragem era responsável por criar burocracias e obstáculos completamente desmedidos e desnecessários, e que impedia um andamento rápido e efetivo do procedimento arbitral, foi completamente derrogada com a promulgação, em fevereiro de 1996, da Lei n. 9.307/1996, a LBA, que, em que pese tenha trazido disposição semelhante à do CPC de 1973, foi responsável por determinar, em seu art. 22, §4º:

> Art. 22. Poderá o árbitro ou o tribunal arbitral tomar o depoimento das partes, ouvir testemunhas e determinar a realização de perícias ou outras provas que julgar necessárias, mediante requerimento das partes ou de ofício.
>
> § 4º Ressalvado o disposto no § 2º, havendo necessidade de medidas coercitivas ou cautelares, os árbitros poderão solicitá-las ao órgão do Poder Judiciário que seria, originariamente, competente para julgar a causa.

Assim, a partir da promulgação da LBA, passou a vigorar em nosso ordenamento jurídico a faculdade de os árbitros concederem ou não as medidas de urgência sem o apoio do Poder Judiciário. Contudo, embora o inegável avanço em relação à determinação anterior, ao utilizar a expressão "poderão solicitá-las", a nova lei acabou por somente tangenciar a questão, de modo que incumbiu à doutrina e à jurisprudência[22] o esforço em interpretar corretamente

---

21 Art. 1.087, CPC/1973. "Quando for necessária a aplicação das medidas mencionadas nos números I e II do artigo antecedente, o juízo arbitral as solicitará à autoridade judiciária competente para a homologação do laudo".

22 Quanto ao posicionamento da jurisprudência sobre o tema, é de se ressaltar que o próprio Superior Tribunal de Justiça (STJ) assim decidiu: "A competência do Tribunal Arbitral para processar e julgar pedido cautelar formulado pelas partes encontra-se pacificada na doutrina e na jurisprudência, visto que

o dispositivo para determinar a possibilidade de os árbitros decretarem sozinhos medidas de urgência em sede arbitral sem a necessidade de recorrer ao órgão estatal para tanto.

A falta de uma disposição mais clara sobre o tema, culminou anos mais tarde, na reforma da LBA em 2015, por meio da Lei n. 13.129/2015, que tratou de conferir, em seu art. 22-B, *caput* e parágrafo único,[23] expressamente aos árbitros os poderes necessários e amplos o suficiente para decretar medidas de urgência em sede arbitral. Dessa maneira, desse momento em diante, tornou-se expresso e incontroverso a possibilidade de o árbitro decretar medidas de urgência em sede arbitral sem a necessidade de se socorrer do auxílio do Poder Judiciário, que, a partir desse momento, passou a ter uma atuação mais limitada a apenas algumas hipóteses determinadas expressamente pela própria Lei.

Por fim, destaca-se que, seguindo essa mesma tendência – de permissão de decretação de medidas de urgência pelos próprios árbitros – inaugurada pela LBA, pós-reforma de 2015, os regulamentos das principais câmaras arbitrais atuantes no país também passaram a prever expressamente a possibilidade de decretação de medidas de urgência em sede arbitral, é o caso por exemplo da previsão do regulamento da Corte Internacional de Arbitragem da Câmara de Comércio Internacional (CCI)[24] e do Centro de

---

o poder é inerente ao compromisso arbitral, estando expressamente previsto no art. 22 da Lei n. 9.307/1996" (STJ. Min. Rel. Nancy Andrighi. Recurso Especial n. 1.297.974/RJ. Data do julgamento 19/06/2012).

23 Art. 22-B, Lei n. 9.307/1996. "Instituída a arbitragem, caberá aos árbitros manter, modificar ou revogar a medida cautelar ou de urgência concedida pelo Poder Judiciário. Parágrafo único. Estando já instituída a arbitragem, a medida cautelar ou de urgência será requerida diretamente aos árbitros".

24 Art. 28, Regulamento CCI. "Medidas cautelares e provisórias 1. A menos que as partes tenham convencionado diferentemente, o tribunal arbitral poderá, tão logo esteja na posse dos autos, e a pedido de uma das partes, determinar a adoção de qualquer medida cautelar ou provisória que julgar apropriada. O tribunal arbitral poderá subordinar tal medida à apresentação de garantias

Arbitragem e Mediação da Câmara de Comércio Brasil-Canadá (CAM-CCBC).[25]

Desta forma, inegável que, em face do disposto na Lei n. 13.129/2015, as medidas de urgência também se tornaram passíveis de serem analisadas pelas Câmaras nas arbitragens com a Administração Pública. O Decreto n. 10.025/2019, ademais, que regulamenta a arbitragem nos setores regulados, portuário e de transporte rodoviário, ferroviário, aquaviário e aeroportuário, ao não excepcionar a referida lei – o que sequer poderia acontecer – reforça a tese do cabimento das medidas de urgência nos litígios arbitrais na relação público-privada e como determinado pela Lei de 2015, caberá, inclusive aos árbitros de emergência, conforme designado por algumas câmaras arbitrais, a análise das medidas nas arbitragens com a Administração Pública.

---

pela parte solicitante. A medida que for adotada tomará a forma de ordem procedimental devidamente fundamentada, ou a forma de uma sentença arbitral, conforme o tribunal arbitral considerar adequado".

25 Artigo 8.1, Regulamento CAM-CCBC. "A menos que tenha sido convencionado de outra forma pelas partes, o Tribunal Arbitral poderá determinar medidas cautelares, coercitivas e antecipatórias, que poderão, a critério do Tribunal, ser subordinadas à apresentação de garantias pela parte solicitante. 8.2. Havendo urgência, quando ainda não instituído o Tribunal Arbitral, as partes poderão requerer medidas cautelares ou coercitivas à autoridade judicial competente, se outra forma não houver sido expressamente estipulada por elas. Nesse caso, a parte deverá dar ciência ao CAM-CCBC das decisões. 8.2.1. Assim que instituído o Tribunal Arbitral, caberá a ele manter, modificar ou revogar a medida concedida anteriormente. 8.2.2. O requerimento feito por uma das partes a uma autoridade judicial para obter tais medidas, ou a execução de medidas similares ordenadas por um Tribunal Arbitral, não serão considerados como infração ou renúncia à convenção de arbitragem e não comprometerão a competência do Tribunal Arbitral".

3.1 As medidas de urgências que podem ser apreciadas em sede arbitral

Como visto, a Lei brasileira de Arbitragem, pós-reforma, tratou de estabelecer que o árbitro terá o poder de apreciar – manter, modificar ou revogar – ou conceder medidas cautelar ou de urgência. E como vimos, o mesmo se dá nas arbitragens havidas com a Administração Pública. Mas, o que são essas medidas?

Quanto às medidas de urgência, para a doutrina, essas correspondem "ao resultado rápido que a jurisdição, através do processo, não pode deixar de atingir em muitas e frequentes situações do cotidiano",[26] destinando-se, assim, em maior ou menor medida, a evitar danos decorrentes da demora da prestação jurisdicional ou da necessidade de se obter um pronunciamento antes do exaurimento da cognição. A medida cautelar, por sua vez, é uma forma de "tutela-meio" que assegura a efetividade da decisão final de mérito, evitando com que o processo ou com que a sentença final de mérito, com o passar do tempo, se tornem inúteis.[27]

Contudo, em que pese o esforço da doutrina nacional para esmiuçar as diferenciações dessas medidas no procedimento arbitral, tentando destacar as peculiaridades de cada uma, é de se ressaltar que, em sede arbitral, essa classificação não possui grandes sentidos e a utilização dessa diferenciação de modo mais contundente poderia até mesmo contribuir para engessar e burocratizar o procedimento. É por isso que, a fim de evitar qualquer perda de sentido e eventuais prejuízos ao próprio procedimento, é de boa medida que seja conferido um tratamento uniforme a todas essas medidas, que podem ser entendidas, em linhas gerais, como "medidas de urgência" em sua acepção mais ampla.[28]

---

26 LAMY, Eduardo. *Tutela provisória*. São Paulo: Atlas, 2018.

27 LAMY, Eduardo. *Tutela provisória*. São Paulo: Atlas, 2018.

28 Neste sentido, destaque-se o pensamento de: SANTOS, Fernando Silva Moreira dos. "Medidas de urgência no processo arbitral". *Revista dos*

Em virtude disso, não há de se pretender buscar nomear todas as medidas que podem ser objeto de requisição pelas partes na jurisdição arbitral, justamente em razão da complexidade e da infinita gama de circunstâncias do caso concreto, sob pena de cairmos em um círculo sem fim que não agrega em nada para o debate sobre o tema.

Nesta perspectiva de impossibilidade de se rotular todos os tipos de medidas que podem ser pedidas pelas partes interessadas ao juízo arbitral, caminha o entendimento internacional simbolizado pelo Regulamento da *United Nations Commission on International Trade Law* (UNCITRAL), que optou por prever as medidas de urgência em sede arbitral somente a título exemplificativo, permitindo que as partes pleiteiam: (i) medidas que mantenham ou restauram o *status quo* pendente de determinação da disputa; (ii) medidas que impeçam ou se abstenham de tomar ações que possam causar danos ou prejuízos presentes ou futuros ao próprio processo arbitral; (iii) medidas que fornecem meios de preservar ativos que possam ser utilizados para a satisfação final pretendida no procedimento; e (iv) medidas voltadas para preservar evidências materiais relevantes para a resolução final da disputa.[29]

Tribunais, vol. 912, out./2011, p. 12; PITOMBO, Eleonora Coelho. "Arbitragem e o Poder Judiciário: aspectos relevantes". *In*: GUILHERME, Luiz Fernando do Vale de Almeida (Coord.). *Aspectos práticos da arbitragem*. São Paulo: Quartier Latin, 2006, p. 109; BENETI, Sidnei Agostinho. "Arbitragem e tutelas de urgência". *Revista do Advogado*, São Paulo, ano 26, nº 87, set. 2006, p. 103; CARMONA, Carlos Alberto. *Arbitragem e processo*: um comentário à Lei n. 9.307/1996. 3ª ed. São Paulo: Atlas, 2009, p. 326.

29 "26(2). An interim measure is any temporary measure by which, at any time prior to the issuance of the award by which the dispute is finally decided, the arbitral tribunal orders a party, for example and without limitation, to: (a) Maintain or restore the status quo pending determination of the dispute; (b) Take action that would prevent, or refrain from taking action that is likely to cause, (i) current or imminent harm or (ii) prejudice to the arbitral process itself; (c) Provide a means of preserving assets out of which a subsequent award may be satisfied; or (d) Preserve evidence that may be relevant and material to the resolution of the dispute".

Sob a égide de nosso ordenamento jurídico, ante a falta de previsão legal e usando como parâmetros aquilo já adotados na seara internacional bem como tomando como base as medidas já conhecidas na jurisdição estatal, podemos, resumidamente, falar que existem, em sede arbitral: (i) medidas que visam a assegurar a execução futura da sentença arbitral (por exemplo, a constrição de algum crédito); (ii) medidas que visam a assegurar a eficácia e o correto desenvolvimento do procedimento arbitral (por exemplo, medidas visando a conservação de uma prova ou que pretendam antecipar a produção de uma prova); (iii) medidas que visam a produzir efeitos sobre determinada relação jurídica, quer seja para manter o *status quo* anterior, quer seja para modificá-lo, extingui-lo etc., em caráter provisório (por exemplo, medidas que visam manter vigente uma relação contratual a que uma das partes pôs fim); e (iv) a antecipação do provimento final ou tutela antecipada arbitral, que é uma verdadeira antecipação dos efeitos da decisão final de mérito de caráter provisório.

Para isso, ante a ausência de um maior detalhamento da Lei brasileira de Arbitragem, que se omite neste ponto, é necessário, aqui, referimo-nos às determinações estabelecidas pelo atual Código de Processo Civil.

Pois bem, em relação às exigências do CPC para a concessão das medidas de urgência de maneira geral, é necessário recorremos à previsão do art. 300, *caput*, o qual estabelece dois principais requisitos legais a serem observados pelo julgador quanto ao pleito de concessão de tutela de urgência, quais sejam, a presença de elementos que evidenciem a probabilidade do direito (*fumus boni iuris* ou "fumaça do bom direito") e o perigo de dano ou risco ao resultado útil do processo (*periculum in mora* ou "perigo da demora").[30]

30 Art. 300, CPC. "A tutela de urgência será concedida quando houver elementos que evidenciem a probabilidade do direito e o perigo de dano ou o risco ao resultado útil do processo".

Esses requisitos, que devem estar presentes em conjunto e são essenciais, para a análise da medida cautelar pelo juiz estatal, poderão oferecer importantes parâmetros para que os árbitros, ao se depararem com a mesma situação, decidam a respeito do *quantum* a eles levados, afinal são pressupostos que estruturam a lógica sistêmica de nosso ordenamento.

Ademais, no mesmo sentido do Código de Processo Civil de 2015, o Regulamento da UNCITRAL também determinou os requisitos legais exigidos quando da averiguação para a concessão ou não da medida de urgência pleiteada por uma ou por ambas as partes, determinando a observância do mesmo modo ao *fumus boni iuris* e ao *periculum in mora*.[31]

Porém, necessário ressaltar que, quando da análise desses requisitos determinados tanto pelo CPC quanto pelos regulamentos das mais diversas câmaras arbitrais nacionais e internacionais, é importante que o árbitro tenha uma especial cautela, com vistas a não criar, aqui, um modelo pré-definido de aplicação pura e simples das determinações já existentes quanto aos requisitos para a concessão das medidas. Por isso, devem os julgadores, para além dos requisitos acima apontados, atentarem-se para as especificidades do caso concreto, analisando a fundo a necessidade ou não da concessão da medida de urgência pleiteada pela parte.

Por fim, não se deve olvidar que a análise para a concessão ou não de medida de urgência exige que o tribunal arbitral tenha jurisdição sobre a matéria de fundo – pedido principal –, isto é,

31 "3. The party requesting an interim measure under paragraphs 2(a) to (c) shall satisfy the arbitral tribunal that: (a) Harm not adequately reparable by an award of damages is likely to result if the measure is not ordered, and such harm substantially outweighs the harm that is likely to result to the party against whom the measure is directed if the measure is granted; and (b) There is a reasonable possibility that the requesting party will succeed on the merits of the claim. The determination on this possibility shall not affect the discretion of the arbitral tribunal in making any subsequent determination".

torna-se imprescindível a existência de um verdadeiro poder jurisdicional do tribunal arbitral ou do árbitro único sobre a lide, sendo que a ausência desse poder jurisdicional impede a análise da questão pela via arbitral. É o caso, por exemplo, quando inexiste qualquer compromisso ou cláusula arbitral compromissória entre as partes, sendo, nesse caso, o juiz estatal o competente para analisar a medida de urgência que se busca pleitear.

Para além dos requisitos para a concessão das medidas de urgência de caráter geral em sede arbitral, um questionamento necessário a ser respondido refere-se ao fato de quem é competente para realizar o pedido. Nesse ponto, a LBA deixa claro, em seu art. 22-A, *caput*, que a concessão das medidas de urgência poderão ser requeridas diretamente pelas próprias partes.[32] No entanto, alguns regulamentos de arbitragem de algumas das câmaras atuantes no país permitem expressamente que o tribunal arbitral, *ex officio* e a seu critério, determinar medidas de urgência, mesmo sem qualquer pedido nesse sentido pelas partes que estão a arbitrar, é o caso, por exemplo, do Centro Brasileiro de Mediação e Arbitragem (CBMA).[33]

Visto a enorme gama de medidas que poderão ser pleiteadas à jurisdição arbitral, imperioso abordar-se quais são os requisitos que devem ser apreciados pelos julgadores quando da concessão ou não da medida de urgência a ele pleiteada no que toca às arbitragens com a Administração Pública.

---

32 Art. 22-A, Lei n. 9.307/1996. "Antes de instituída a arbitragem, as partes poderão recorrer ao Poder Judiciário para a concessão de medida cautelar ou de urgência".

33 Artigo 13, Regulamento CBMA. "Medidas Cautelares, Coercitivas ou Antecipatórias. 13.1. Por solicitação das partes, ou a seu exclusivo critério, o Tribunal Arbitral poderá determinar medidas cautelares, coercitivas ou antecipatórias".

3.2 As medidas de urgências que podem ser apreciadas em sede arbitral em face da Administração Pública

Podem, portanto, em face do que já se expôs aqui, requerer medidas de urgência junto à Câmaras tanto a parte privada (na relação contratual pública) quanto a própria Administração Pública.

Sendo certo que a Administração pode determinar mesmo administrativamente tais medidas (as chamadas cautelares administrativas), conforme disposto por exemplo, no âmbito Federal, no art. 45, da Lei Federal n. 9.784/1999, geralmente, as medidas de urgência, no âmbito arbitral, são requeridas pelo particular.

O que se deve destacar é que, não obstante a superioridade do interesse público sobre o privado, que sobreleva a supremacia dos direitos da administração sobre aqueles do particular, desde a Carta de 1988 é inegável que a parte privada na relação contratual pública guarda direitos que lhe reportam a incolumidade sobre a sua posição contratual, no que diz respeito, especialmente, às garantias econômicas, de ampla defesa, e de se socorrer às instâncias judiciárias (e leia-se aqui à jurisdição arbitral), quando a Administração Pública age ou lhe ameaça mediante abuso do seu regular exercício legal, ou seja, comete ilegalidades, usurpa direitos do contratado, tanto do ponto de vista material e processual, ou seja, que ameace a incolumidade de seus interesses contratados (incisos XXXV e LXXVIII, do art. 5. da CF/88).

Neste contexto é que de forma geral, o sistema processual brasileiro aprimorou a orientação no que toca às medidas de urgência em face da Fazenda Pública (legislação antes bastante restritiva, pois derivadas do estado de exceção que vivemos com o período ditatorial, que perdurou nos anos de 1964 a 1988 – até a redemocratização definitiva no país), mas está bem longe, ainda, de definir com absoluta certeza o que seria aqui o que não poderia ser tutelado com urgência em face da Fazenda Pública.

A Lei n. 9.494/1997 delimitou um pouco mais as hipóteses em que não se admite as tutelas de urgência em face da Administração Pública. Dentre estas limitações encontram-se especificamente aquelas medidas que onerem o orçamento da administração, ou seja, que exigem a atenção especialmente à ordem cronológica de pagamentos e que esbarrem, ademais, nas limitações da Lei de Responsabilidade Fiscal (Lei Complementar n. 101/2000), ainda assim há de se avaliar de forma sistêmica o bem jurídico em litígio. No que se reporta à argumentação de que as decisões de urgência em face da Fazenda Pública esbarrariam no reexame necessário das decisões que a condenam, sequer podem ser mencionadas aqui no que toca à arbitragem, vez que aqui não se verifica referido instituto. No mais, uma tutela de urgência em face da Administração Pública não poderia afetar a ordem pública. Embora ainda vago, pode-se dizer que a exceção do que consta da Lei n. 9.494/1997, toda outra matéria poderia ser tutelada de forma urgente em face da Administração.

No que toca à arbitragem não é diferente. Tanto judicialmente, quanto de ofício, pelo árbitro único ou pelo tribunal arbitral, e tratando-se de direito patrimonial disponível, as medidas de urgência podem e devem ser aplicadas em face da Administração Pública quando verificados os seus requisitos – especialmente quando há evidente risco de prejuízo da parte que a pleiteia, sem que seu deferimento consista em dano reverso à outra parte.

Não é demais dizer que o disposto na LINDB (alterada pela Lei n. 13.655/2018),[34] deixa inequívoco que não há o juiz

34 "Art. 20. Nas esferas administrativa, controladora e judicial, não se decidirá com base em valores jurídicos abstratos sem que sejam consideradas as consequências práticas da decisão. Parágrafo único. A motivação demonstrará a necessidade e a adequação da medida imposta ou da invalidação de ato, contrato, ajuste, processo ou norma administrativa, inclusive em face das possíveis alternativas. Art. 21. A decisão que, nas esferas administrativa, controladora ou judicial, decretar a invalidação de ato, contrato, ajuste, processo ou norma administrativa deverá indicar de modo expresso suas

(autoridade judicial) que decidir com base em valores abstratos, sem que sejam consideradas as consequências práticas da decisão. O mesmo, e exatamente o mesmo princípio deve se aplicar para o árbitro de emergência, único, ou o tribunal arbitral. Quer dizer, nem há de se privilegiar a Administração Pública unicamente pela sua condição de Administração Pública numa decisão de caráter urgente, sem que se verifique o efetivo prejuízo causado não apenas ao particular e à própria Administração, bem como não há de se conceder qualquer tutela de urgência ao particular, caso se verifique que tal medida poderá ser mais onerosa à Administração e ao erário do que ao próprio particular.

Com efeito, as alterações trazidas à Lei de Introdução às Normas do Direito Brasileiro – LINDB dizem expressamente, dentre outras coisas, que todos os órgãos públicos, no que se inclui aí o Judiciário devem sopesar as consequências que serão provocadas por suas decisões, devendo evitar o advento de resultados nefastos para aqueles que serão diretamente afetados por essas consequências (art. 20). Os agentes públicos (administrador, controladores e

---

consequências jurídicas e administrativas. Parágrafo único. A decisão a que se refere o *caput* deste artigo deverá, quando for o caso, indicar as condições para que a regularização ocorra de modo proporcional e equânime e sem prejuízo aos interesses gerais, não se podendo impor aos sujeitos atingidos ônus ou perdas que, em função das peculiaridades do caso, sejam anormais ou excessivos. Art. 22. Na interpretação de normas sobre gestão pública, serão considerados os obstáculos e as dificuldades reais do gestor e as exigências das políticas públicas a seu cargo, sem prejuízo dos direitos dos administrados. § 1º Em decisão sobre regularidade de conduta ou validade de ato, contrato, ajuste, processo ou norma administrativa, serão consideradas as circunstâncias práticas que houverem imposto, limitado ou condicionado a ação do agente. § 2º Na aplicação de sanções, serão consideradas a natureza e a gravidade da infração cometida, os danos que dela provierem para a Administração Pública, as circunstâncias agravantes ou atenuantes e os antecedentes do agente. § 3º As sanções aplicadas ao agente serão levadas em conta na dosimetria das demais sanções de mesma natureza e relativas ao mesmo fato". (BRASIL. *Decreto-Lei n. 4.657*, de 4 de setembro de 1942. Disponível em: http://www.planalto.gov.br/ccivil_03/decreto-lei/del4657compilado.htm. Acessado em: 30.06.2022).

juízes), segundo a nova redação da LINDB, não podem, portanto, exarar decisões sem a devida atenção às consequências práticas que delas decorrem.

A introdução do parâmetro "consequência prática" para fundamentar as decisões proferidas pelo Estado – seja no âmbito da Administração, seja pelos órgãos controladores, seja como Estado judicante –, implica imposição de um conceito da legalidade através de uma nova mutação interpretativa. Assim é que, além dos princípios – implícitos e explícitos – e das normas, deve-se levar em consideração as consequências daquela decisão, com o propósito de legitimar o direito, ampliando-se a legalidade, configurando-a em juridicidade em sentido amplo, cujos fundamentos advêm dos princípios da moralidade, segurança jurídica e proporcionalidade, dentre outros.

Destaca-se também o que diz a doutrina especializada sobre o assunto, notadamente nas palavras de Floriano de Azevedo Marques Neto e Rafael Véras de Freitas:

> O art. 21, por sua vez, visa a conferir uma racionalidade aos processos administrativos invalidadores. Em termos coloquiais, **impõe que sejam consideradas as consequências do "dia seguinte" da decisão invalidadora**. (...) É dizer, **cria o ônus para que o controlador avalie as consequências – sob um viés prospectivo – das consequências da invalidação dos atos administrativos**.(...) Em resumo, o art. 21 confere racional pragmático às decisões invalidadoras, o qual, nada obstante suas variações, apresenta, ao menos, três características básicas: (i) o antifundacionalismo, de acordo com o qual se rejeita a existência de entidades metafísicas ou conceitos abstratos, estáticos e definitivos no direito, imunes às transformações sociais; (ii) o contextualismo, conceito que orienta a interpretação jurídica por questões práticas; e (iii) o consequencialismo, característica de acordo com a qual as decisões devem ser tomadas a partir

de suas consequências práticas (olhar para o futuro, e não para o passado).[35]

Ressalte-se, neste sentido, que a exigência do art. 20 não implica em demandar a capacidade de a autoridade prever aquilo que seja imprevisível ou conhecer aspectos impossíveis de serem avaliados da realidade. Ou seja, não se impõe à autoridade uma condição sobre-humana. Pelo contrário, conforme destaca Marçal Justen Filho,[36] o dispositivo apenas demanda um juízo estimativo sobre o futuro que é absolutamente inerente à condição humana e se relaciona com o dever da Administração de considerar a relevância econômica, política e social das decisões por ela adotadas.

Como visto, a legislação incluiu na LINDB importantes parâmetros interpretativos em matéria de Direito Público, que envolve claramente uma nova concepção de como pensar o Direito Público e o Estado. Isto porque, de modo geral, as introduções legislativas realizadas pela nova lei determinam, antes de tudo, maior responsabilidade ao Estado, estabelecendo e determinando que este aja de modo coerente, com indicação expressa dos motivos de fato e de direito que o levaram a decidir daquela forma, bem como as razões pelas quais não são cabíveis alternativas na sua decisão.

Diante disso, a partir do momento em que a legislação evoluiu para incluir a arbitragem na condição de jurisdição e colocou, assim, o árbitro no mesmo pé de igualdade do juiz estatal, atribuiu a este (por mais assustador que isso possa parecer de imediato) o dever de julgar a favor ou contra a Administração Pública. Dentre estes deveres, a obrigação de julgar medidas de urgência a favor

---

35 MARQUES NETO, Floriano de Azevedo; FREITAS, Rafael Véras de. *Comentários à Lei n. 13.655/2018 (Lei de Segurança para a Inovação Pública)*. Belo Horizonte: Fórum, 2019, pp. 43-45.

36 JUSTEN FILHO, Marçal. "Art. 20 da LINDB – Dever de transparência, concretude e proporcionalidade nas decisões públicas". *Revista Direito Administrativo*, edição especial, out. 2018.

ou contra a Administração Pública, o que deve envolver, assim, obrigatoriamente, para além dos princípios genéricos dos poderes exorbitantes da Administração Pública e do interesse público sobre o privado, os efeitos práticos de suas decisões.

3.3 Os limites dos poderes do árbitro ou do Tribunal Arbitral na medida de urgência: a necessidade de cooperação entre a jurisdição estatal e a jurisdição arbitral

Uma vez vista a possibilidade de o árbitro decretar, ele próprio, medidas de urgência em sede arbitral, mesmo em face da Administração Pública, e uma vez analisados os aspectos práticos dessas medidas de urgência, como os tipos de medidas existentes, seus requisitos e como ocorre seu pedido, é o momento de se analisarem um dos passos mais importantes quando se está a tratar do tema: como se dá o cumprimento da medida de urgência concedida na arbitragem?

Pois bem. Realizado o pedido de concessão de medidas de urgência pela parte interessada, seja pelo particular, seja pela Administração Pública, qualquer que seja o seu tipo, e depois de averiguados a presença dos requisitos acima destacados para a sua concessão, o próximo passo, após a concessão da medida pleiteada, é o encaminhamento da decisão liminar proferida pelo tribunal arbitral ou pelo árbitro único, ou de emergência, ao Poder Judiciário solicitando-se a esse que dê cumprimento imediato e forçado à ordem, caso, evidentemente, não seja cumprida de imediato pela parte contra a qual se impôs a medida.

Esse pedido, que será encaminhado via Carta Arbitral, encontra fundamentação no art. 22-C, da LBA pós-reforma de 2015[37] e no

37 Art. 22-C, Lei n. 9.307/1996. "O árbitro ou o tribunal arbitral poderá expedir carta arbitral para que o órgão jurisdicional nacional pratique ou determine

art. 237, do CPC[38] que estabelecem, no mesmo sentido, a necessidade de cooperação entre jurisdição arbitral e jurisdição estatal para a efetivação da tutela provisória concedida pelo juiz arbitral.

Essa imprescindível cooperação se dá em razão do fato de que o árbitro, embora possua os poderes jurisdicionais de *notio* (aptidão para conhecer de determinadas causas que lhe sejam submetidas a exame), *iudicium* (consequência do conceito de *notio*, que é o poder de julgar, de decidir sobre a lide)[39] e o poder de documentação (registro dos atos processuais em autos),[40] falta-lhe o poder de execução (*executio* ou *imperium*)[41] em sua totalidade, por isso os árbitros não podem executar, sozinhos, as tutelas liminares concedidas em sede arbitral, havendo a necessidade de recorrerem ao juiz estatal para a execução integral da medida.

Desse modo, caberá ao juízo estatal dar execução à decisão liminar proferida em jurisdição arbitral. Contudo, é de se ressaltar que a ação do Poder Judiciário no cumprimento do *quantum* determinado pela Carta Arbitral nessas hipóteses deve-se limitar à exata efetivação da decisão com caráter de urgência proferida pelo tribunal arbitral ou pelo árbitro único, sendo completamente

---

o cumprimento, na área de sua competência territorial, de ato solicitado pelo árbitro".

38 Art. 237, CPC. "Será expedida carta: IV - arbitral, para que órgão do Poder Judiciário pratique ou determine o cumprimento, na área de sua competência territorial, de ato objeto de pedido de cooperação judiciária formulado por juízo arbitral, inclusive os que importem efetivação de tutela provisória".

39 Cf. SIMÃO, José Fernando. "A natureza jurídica da arbitragem". *In*: GUILHERME, Luiz Fernando do Vale de Almeida (Coord.). *Novos rumos da arbitragem no Brasil*. São Paulo: IOB/CBAr, 2005, p. 233.

40 Cf. PRADO, Vinícius de Andrade. "Medidas cautelares no procedimento arbitral". *In*: AZEVEDO, André Gomma de (Coord.). *Estudos em arbitragem, mediação e negociação*. Brasília: Brasília Jurídica, 2002, p. 190.

41 CARMONA, Carlos Alberto. *Arbitragem e processo*: um comentário à Lei n. 9.307/96. 3ª ed. São Paulo: Atlas, 2009, pp. 323/324.

vedado ao órgão estatal qualquer outro tipo de interferência, sob pena de grave violação à jurisdição arbitral como um todo.

O papel do Poder Judiciário, então, no cumprimento das decisões provisórias concedidas em sede arbitral esgota-se estritamente em seu apoio à jurisdição arbitral, com o fim único de fazer cumprir o devido processo legal e garantir a celeridade e a eficiência do procedimento arbitral, não podendo ir, em nenhuma hipótese, para além disso.

Por isso, não se trata, nesse caso em específico, de qualquer ação de controle exercido pela jurisdição estatal sob a jurisdição arbitral, primeiro porque as hipóteses de controle do Poder Judiciário sobre o procedimento arbitral estão elencadas estrita e expressamente no art. 32 e ss. da LBA, que tratam sobre a nulidade da sentença arbitral, e segundo porque não compete ao juiz togada analisar o mérito da decisão que concedeu a tutela de urgência pleiteada em sede arbitral, mas tão somente fazer cumprir a determinação ali exarada pelo árbitro competente para tanto. Falta, portanto, ao juiz estatal poder de decisão sobre a matéria de fundo.

Conclusão

A arbitragem, nos dias de hoje, estabeleceu-se no Brasil como um método não só alternativo, mas sobretudo adequado para a solução dos mais diversos tipos de controvérsias na seara pública e privada, notadamente nos conflitos contratuais, relacionados a contratos complexos utilizados para o desenvolvimento do setor de infraestrutura, permitindo uma resposta rápida e eficiente aos casos a ela levados e estabelecendo-se como uma via dotada de um verdadeiro poder jurisdicional que carrega em si as determinações constitucionais do devido processo legal e da busca efetivação da prestação jurisdicional.

As medidas de urgência em sede arbitral possuem uma relevância especial, dignas de um estudo mais pormenorizado e aprofundado, posto que os fins buscados pela medida de urgência – efetividade da tutela jurisdicional e resguardo do direito material colocado em risco –, na arbitragem, são elevados à sua máxima, convergindo integralmente com os fins e com as vantagens inegavelmente trazidas por esse método extrajudicial de solução de controvérsias.

A importância conferida ao instituto das medidas de urgência deve, assim, também ser encarada no que toca às arbitragens destinadas à discussão dos interesses advindos dos contratos público, que, como sabemos, só se reporta aos interesses patrimoniais disponíveis.

Como se pretendeu demonstrar, o uso dessas medidas em sede arbitral, até a promulgação da Lei n. 9.307/1996, a Lei brasileira de Arbitragem, era privativa do Poder Judiciário, restando impossibilitado ao árbitro, por si só, decretar medidas de urgência. Assim, foi com a promulgação da LBA que esse cenário mudou drasticamente, especialmente porque, embora a referida lei não tenha determinado expressamente a possibilidade de o árbitro deferir sozinho a medida de urgência a ele requisitada, trouxe expressão ampla que deu ao árbitro a faculdade de assim o fazê-lo.

Entretanto, foi com a reforma de 2015 na Lei n. 9.307/1996, promovida pela Lei n. 13.129/2015, que se restaram sanadas quaisquer dúvidas a respeito de o tribunal arbitral ou árbitro único poder deferir medidas de urgência a ele levada pelas partes (pública ou privada), sem a necessidade de qualquer requisição ao Poder Judiciário para tanto.

Tal apreciação das medidas de urgência pela via arbitral deve, contudo, se ater a determinados limites e requisitos. De modo geral, em relação aos tipos de medidas que podem ser levadas à apreciação do árbitro, é de se destacar que a LBA não trouxe qualquer limite formal nesse ponto, de modo que, dentro dos parâmetros já existentes em nosso ordenamento, não se haveria de tentar impedir os tipos de medidas que podem ser levadas à jurisdição arbitral, ficando as partes livres, dentro da adequabilidade e do bom senso, para utilizar-se daquelas medidas que lhes aprouver.

Quanto aos requisitos que devem ser observados pelo tribunal arbitral quando do deferimento da medida de urgência, a Lei n. 9.307/1996 tratou de se omitir sobre o tema, por isso os parâmetros oferecidos pelo Código de Processo Civil atual e a prática forense podem fornecer ao árbitro um bom caminho a ser observado, de maneira tal que a observância da existência de probabilidade do direito e perigo de dano ou risco ao resultado útil do processo (art. 300, *caput*, do CPC) são parâmetros importantes a pautarem a decisão do árbitro.

No que toca aos pedidos deduzidos em face da Fazenda Pública, devem estes obviamente resguardar os mesmos requisitos que cercam qualquer tutela que possa ser requerida judicial ou arbitralmente, em específico aquelas que afetem previsão orçamentária, etc. Mas, neste contexto, é indubitável que toda ameaça de lesão ao direito do contratado deve ser analisada, mesmo liminarmente, pelo árbitro ou pelo tribunal, de maneira livre e desimpedida, sem maiores receios por se tratar de uma contenda com a Administração – até porque os chamados "poderes exorbitantes" (ainda que admitidos) da Fazenda não eximem que ilegalidades ou reivindicações que lesem o direito de terceiros sejam submetidas tanto a um juízo estatal como ao meio heterocompositivo de resolução de conflitos.

Além disso, as alterações da LINDB, que inseriram no seu artigo 20 e seguintes disposições sobre a apuração pelo Judiciário do alcance concreto das medidas proferidas, o que inclui a concessão ou negativa de medidas urgentes em face ou para a Fazenda Pública, vem a exigir dos árbitros a mesma dedicação na busca pelas consequências práticas das decisões, abandonando, assim, o Direito Estatal já ultrapassado pelo qual a Administração tudo pode, porque se lhe garantiria fé pública nos seus atos, ainda que na prática pudesse causar lesão irreparável aos seus contratados, terceiros e, ao fim, por vezes, ao próprio interesse público consubstanciado no escopo sobre o qual o ato lesivo operou.

Vale um alerta, ademais, no sentido de que não pode o árbitro olvidar-se de analisar as especificidades do caso concreto, sob pena de proferir decisões padrões que nada se relacionam com as reais motivações e necessidades postas ao seu juízo.

Em suma, todas as especificidades e peculiaridades que as medidas de urgência possuem no ordenamento jurídico processual brasileiro, em especial as que se reportam às medidas em face da Fazenda Pública e, claro, do mesmo modo, toda a importância que essas medidas possuem como modo de assegurar a efetividade do processo, o devido processo legal, as necessidades e interesses públicos combinam-se com os benefícios e permissivos legais da arbitragem, principalmente quando se considera a notória celeridade, efetividade e precisão técnica alcançadas por meio desse processo.

Referências bibliográficas

BENETI, Sidnei Agostinho. "Arbitragem e tutelas de urgência". *Revista do Advogado*, São Paulo, ano 26, nº 87, set. 2006.

CAHALI, Francisco José. *Curso de arbitragem*. 5ª ed. São Paulo: RT, 2015.

CARMONA, Carlos Alberto. *Arbitragem e processo*: um comentário à Lei n. 9.307/96. 3ª ed. São Paulo: Atlas, 2009.

GÓMEZ-IBÁÑEZ, José A. *Regulating Infrastructure*: Monopoly, Contracts, and Discretion. Cambridge: Harvard University Press, 2003. (Edição do Kindle).

GRION, Renato Stephan. "Árbitro de emergência – perspectiva brasileira à luz da experiência internacional". *In*: CARMONA, Carlos Alberto; LEMES, Selma Ferreira; MARTINS, Pedro Batista (Coord.). *20 anos da lei de arbitragem – homenagem a Petrônio R. Muniz*. São Paulo: Atlas, 2017.

GUILHARDI, Pedro. "Medidas de urgência na arbitragem". *Revista de Arbitragem e Mediação*, vol. 49, abr./jun. 2016.

JUSTEN FILHO, Marçal. "Art. 20 da LINDB – Dever de transparência, concretude e proporcionalidade nas decisões públicas". *Revista Direito Administrativo*, edição especial, out. 2018.

LAMY, Eduardo. *Tutela provisória*. São Paulo: Atlas, 2018.

MARQUES NETO, Floriano de Azevedo; FREITAS, Rafael Véras de. *Comentários à Lei n. 13.655/2018 (Lei de Segurança para a Inovação Pública)*. Belo Horizonte: Fórum, 2019.

PEREZ, Marcos Augusto. *O Risco no contrato de concessão de serviço público*. Belo Horizonte: Fórum, 2006

PITOMBO, Eleonora Coelho. "Arbitragem e o Poder Judiciário: aspectos relevantes". *In*: GUILHERME, Luiz Fernando do Vale de Almeida (Coord.). *Aspectos práticos da arbitragem*. São Paulo: Quartier Latin, 2006.

PRADO, Vinícius de Andrade. "Medidas cautelares no procedimento arbitral". *In*: AZEVEDO, André Gomma de (Coord.). *Estudos em arbitragem, mediação e negociação*. Brasília: Brasília Jurídica, 2002.

SANTOS, Fernando Silva Moreira dos. "Medidas de urgência no processo arbitral". *Revista dos Tribunais*, vol. 912, out. 2011.

SIMÃO, José Fernando. "A natureza jurídica da arbitragem". *In*: GUILHERME, Luiz Fernando do Vale de Almeida (Coord.). *Novos rumos da arbitragem no Brasil*. São Paulo: IOB/CBAr, 2005.

TALAMINI, Eduardo. "Arbitragem e estabilização da tutela antecipada". *Revista de Processo: RePro*, São Paulo, vol. 40, nº 246, ago. 2015.

THEODORO JÚNIOR, Humberto. *Curso de Direito Processual Civil*: Teoria Geral do Direito Processual Civil e Processo de Conhecimento. vol. 1, 55ª ed. Rio de Janeiro: Forense, 2014.

[illegible] A partir disso, surgiu uma discussão sobre o fenômeno da entrada [illegible] da inteligência artificial (IA) em procedimentos arbitrais.

A inteligência artificial pode ser utilizada para otimizar funcionalidades, como realizar pesquisas jurídicas mais rapidamente e com resultados mais precisos, ou [illegible] selecionar conselheiros especialistas ou testemunhas; facilitar [illegible] processuais, com a utilização, por exemplo, de dispositivos de reconhecimento de voz que substituem em alguns pontos as transcrições; possibilitar melhores pesquisas probatórias; e, ainda, fornecer modelos preditivos que podem ser usados para detectar padrões repetidos em processos de tomada de decisão arbitral.[1] Ademais, também pode ser utilizada para validar as deliberações de órgãos decisores em geral e, particularmente, árbitros, "corrigindo-as", "confirmando-as", ou simplesmente testando-as, na íntegra ou em parte.[2]

Contudo, é controversa a questão relativa à utilização de IA para proferir a decisão arbitral, autonomamente. A partir disso, o presente [illegible]

[illegible]

1 [illegible]

2 [illegible]

CAPÍTULO XI

A ADMINISTRAÇÃO PÚBLICA NA ARBITRAGEM E A INTERVENÇÃO ANÔMALA

Tatiana Mesquita Nunes
Paula Butti Cardoso

Introdução

A alteração realizada pela Lei n. 13.129/2015 na Lei n. 9.307/1996, passando esta última a prever expressamente a possibilidade de a Administração Pública valer-se da arbitragem para dirimir conflitos relativos a direitos patrimoniais disponíveis, teve como inevitável consequência o aumento do uso da arbitragem pela Administração Pública direta e indireta.

Assim, o instituto da arbitragem, tipicamente privado, foi trazido para a esfera pública, de forma que se faz necessário, muitas vezes, questionar-se acerca da aplicação de princípios e regras inerentes ao regime jurídico de Direito Público aos processos arbitrais.

Não há que se negar que a arbitragem com a Administração Pública apresenta peculiaridades em relação aos processos arbitrais que se desenvolvem exclusivamente entre entes privados. Algumas dessas peculiaridades foram, inclusive, expressamente previstas na própria Lei n. 9.307/1996, como a necessidade de obediência ao princípio da publicidade e a impossibilidade de julgamento por equidade (art. 2º, §3º).

O artigo 5º da Lei n. 9.469/1997 é uma das regras de Direito Público que, acreditamos, deve ter plena aplicabilidade aos processos arbitrais. Trata referido dispositivo legal da intervenção anômala, hipótese de intervenção de terceiro de prerrogativa exclusiva da União (*caput*) e das pessoas jurídicas de Direito Público (parágrafo único).

Neste artigo, analisaremos a aplicabilidade do instituto da intervenção anômala no contexto dos processos arbitrais. Demonstraremos que tal aplicabilidade é indiscutível, principalmente após a superveniência do Decreto n. 10.025/2019, de forma que, nos termos do art. 5º da Lei n. 9.469/1997, é admitido à União e às pessoas jurídicas de Direito Público tal intervenção em processos arbitrais, quando neles figurarem como partes autarquias, fundações públicas, sociedades de economia mista e empresas públicas federais.

1 A figura da intervenção anômala no contexto do ordenamento jurídico nacional

O artigo 5º da Lei n. 9.469/1997 é comumente incluído, pelos doutrinadores – em especial, os processualistas – no bojo da categoria "intervenção de terceiros", cuja sistematização é repleta de relevantes debates. Tal dispositivo legal prevê a figura da intervenção anômala, conforme a seguinte redação:

> Art. 5º A União poderá intervir nas causas em que figurarem, como autoras ou rés, autarquias, fundações públicas, sociedades de economia mista e empresas públicas federais.

> Parágrafo único. As pessoas jurídicas de direito público poderão, nas causas cuja decisão possa ter reflexos, ainda que indiretos, de natureza econômica, intervir, independentemente da demonstração de interesse jurídico, para esclarecer questões de fato e de direito, podendo juntar documentos e memoriais reputados úteis ao exame da matéria e, se for o caso, recorrer, hipótese em que, para fins de deslocamento de competência, serão consideradas partes.

Segundo o escólio de Athos Gusmão Carneiro,[1] é considerado terceiro aquele que não é parte ou coadjuvante de parte em um processo pendente. A intervenção serviria, então como forma de "(...) transformar o terceiro em parte".[2]

Nada obstante, nem sempre tal conceituação é exata, pois existem terceiros que, mesmo após inseridos na lide pendente, não se transformam em parte, intervindo de forma diversa.[3] [4] É o

---

1 CARNEIRO, Athos Gusmão. *Intervenção de terceiros*. 19ª ed. São Paulo: Saraiva, 2010, p. 69.

2 REIS, Alberto dos. Citado por CARNEIRO, Athos Gusmão. *Intervenção de terceiros*. 19ª ed. São Paulo: Saraiva, 2010, p. 74.

3 Parte da doutrina acredita ser este o caso do assistente, o qual, ainda que intervindo no processo, não se torna parte da demanda. Sobre o tema, o escólio de Alexandre Freitas Câmara pode iluminar o caminho: "(...) o terceiro, pois, ao intervir, torna-se parte do processo. Nem sempre, porém, será ele parte da demanda. É que em algumas modalidades de intervenção de terceiro o interveniente não assume a posição nem de demandante nem a de demandado (como se dá, por exemplo, nas assistências). Em outros casos, porém, o terceiro interveniente se torna parte na demanda, como acontece no chamamento ao processo, em que o chamado vira réu, assumindo uma posição passiva na demanda que deu origem ao processo (e, assim, se litisconsorciando ao demandado original) (...)". (CÂMARA, Alexandre de Freitas. *O novo processo civil brasileiro*. 2ª ed. São Paulo: Atlas, 2016, p. 86).

4 De acordo com Marco Antonio Perez de Oliveira, "na perspectiva liebmaniana de parte, adotada, entre nós, por Cândido Dinamarco, como visto, parece correta a afirmação de que o interveniente anômalo se torna parte, uma vez que passa a integrar o contraditório instaurado perante o juiz, titularizando posições jurídicas processuais, ainda que limitadas. Considerando

caso do assistente simples, do *amicus curiae* e da intervenção anômala da União, prevista no citado artigo 5º da Lei n. 9.469/1997.

Segundo a doutrina majoritária,[5] a desnecessidade de demonstração de interesse jurídico no caso de intervenção anômala confirma, justamente, essa natureza peculiar, em que inexiste verdadeira intervenção como parte. Sobre o tema, vejamos os ensinamentos de Cássio Scarpinela Bueno:

> (...) aqui, a exemplo de diversas figuras que, tradicionalmente, têm sido rotuladas pela nossa doutrina e pela nossa jurisprudência de intervenções anômalas de terceiros, parece ser a melhor proposta de sistematização a de estudar esse instituto como um caso em que o sistema processual civil brasileiro admite a intervenção do terceiro a título de *amicus curiae*. Justamente porque a hipótese, tal qual regulada pela lei, dispensa a demonstração de um interesse jurídico no sentido "clássico", "tradicional" do tema, voltando-se muito mais – e expressamente – para a atuação esclarecedora, quase que instrutória, do interveniente (...).[6]

Esta mesma ordem de ideias é defendida por Antonio do Passo Cabral, para quem:

---

a noção chiovendiana, entretanto, a conclusão seria distinta, já que a pessoa pública, no caso, não formula pedido e nem é demandada. Seja como for, que o terceiro não se torna parte material parece induvidoso". (OLIVEIRA, Marco Antonio Perez de. "Assistência e Intervenção da União segundo a Lei n. 9.469/1997". *Revista de Processo*, vol. 245, 2015, pp. 61-77).

5 Sem exclusão de outros nomes de expressão, destacam-se Cassio Scarpinella Bueno (BUENO, Cassio Scarpinella. *Amicus curiae no processo civil brasileiro*: um terceiro enigmático. 3ª ed. São Paulo: Saraiva, 2012); Athos Gusmão Carneiro (CARNEIRO, Athos Gusmão. *Intervenção de terceiros*. 19ª ed. São Paulo: Saraiva, 2010).

6 BUENO, Cassio Scarpinella. *Amicus curiae no processo civil brasileiro*: um terceiro enigmático. 3ª ed. São Paulo: Saraiva, 2012, p. 221.

> (...) por outro lado, como afirma o art. 5°, parágrafo único, da Lei n. 9.469/97, a intervenção da União Federal como *amicus curiae* poderá ocorrer independentemente da demonstração de interesse jurídico, quando a decisão puder ter efeitos de natureza econômica, ainda que reflexos, mediatos. Aqui a própria lei é clara e expressa em denotar a intervenção do amigo da corte, separando-a frontalmente da assistência juridicamente interessada do Código de Processo Civil (...).[7]

Para o Superior Tribunal de Justiça – STJ, por sua vez, a figura da intervenção anômala que mais se aproxima, em realidade, da figura do assistente do Código de Processo Civil, embora também aquela Egrégia Corte entenda inexistir, neste caso, ocupação da função de parte.[8]

Portanto, a intervenção anômala é figura que, embora possa ser enquadrada na categoria de intervenção de terceiros, se aproxima mais propriamente da figura do *amicus curiae* ou do assistente simples, haja vista não ocorrer o ingresso no feito da condição de parte, e, ademais, não infligir, em sua configuração, qualquer alteração, como eventual deslocamento de competência (tratando-se, por exemplo, da União). Nada obstante, a figura permite posterior assunção da condição de parte, oportunizando,

---

7 CABRAL, Antonio do Passo. "Pelas asas de Hermes: a intervenção do *amicus curiae*, um terceiro especial". *Revista de Processo*, São Paulo, vol. 117, set-out, 2004, pp. 24/25.

8 Vide AGRESP 200900804058, ELIANA CALMON, STJ - SEGUNDA TURMA, DJE DATA: 08/04/2010, de acordo com o qual a "jurisprudência consolidada desta Corte, com arrimo no art. 5° da Lei n. 9.649/97, admite a intervenção da União Federal como assistente litisconsorcial quando presente ao menos interesse econômico no feito". No mesmo sentido, AgRg no REsp 1118367/SC, Rel. Ministro NAPOLEÃO NUNES MAIA FILHO, PRIMEIRA TURMA, julgado em 14/05/2013, DJe 22/05/2013, de acordo com o qual o "art. 5°, parágrafo único da Lei n. 9.469/97 excepcionou a regra geral da assistência ao autorizar a intervenção das Pessoas Jurídicas de Direito Público nas causas cujas decisões possam ter reflexos, ainda que indiretos, de natureza econômica".

em caso de decisão em desfavor da interveniente, a apresentação de competente recurso.

Pelo fato de a União poder, caso assim considere, apresentar recurso da decisão que de alguma forma lhe desfavoreça, alguns doutrinadores preferem não comparar a figura da intervenção anômala em nenhuma outra forma de intervenção, considerando-a *sui generis*. Neste sentido, Fredie Didier Júnior considera que realmente trata-se de hipótese *sui generis* de intervenção, não se confundindo, pois, com a figura do *amicus curiae*, "seja porque se confere expressamente legitimidade recursal, seja porque também expressamente se refere a possível alteração de competência".[9]

Ainda segundo a doutrina especializada,[10] o fato de a intervenção anômala não constituir intervenção na condição de parte importa na ausência de alcance da coisa julgada material, limitando-se a participação à elucidação de questões de fato e de direito, assim como à juntada de documentos ou materiais considerados úteis ao deslinde da controvérsia. Há sentido em tal conclusão: não detendo a condição de parte e, pois, não havendo relação jurídica de direito material (mas sim, no máximo, interesse jurídico reflexo ou interesse econômico na lide), não há que se falar em coisa julgada material. Esta é a principal consequência a importar na relevante distinção da intervenção anômala em relação à figura do assistente simples, que está sujeito à "justiça da decisão".[11]

---

9 Intervenção anômala: a intervenção de terceiro pelas pessoas jurídicas de Direito Público prevista no parágrafo único do art. 5º da Lei n. 9.469/1997. WAMBIER, Teresa Arruda Alvim; DIDIER JUNIOR, Fredie (Coord.). *Aspectos polêmicos e atuais sobre os terceiros no processo civil e assuntos afins*. São Paulo: RT, 2004, p. 583. Citado por RODRIGUES, Daniel Colnago. "Ainda e Sempre a Intervenção Anômala dos Entes Públicos". *Revista de Processo*, vol. 294, 2019, pp. 149-165.

10 Veja-se, por todos: CUNHA, Leonardo José Carneiro da. *A Fazenda Pública em Juízo*. 7ª ed. São Paulo: Dialética, 2009, pp. 164-182.

11 Art. 123. Transitada em julgado a sentença no processo em que interveio o assistente, este não poderá, em processo posterior, discutir a justiça da decisão,

2 A figura da intervenção anômala no contexto das demandas arbitrais

O subsistema de Direito Público no qual se insere a União, impõe, a nosso sentir, a observância de determinadas prerrogativas mesmo em demandas arbitrais. Isso porque, embora possível, com a alteração realizada pela Lei n. 13.129/2015 na Lei n. 9.307/1996, que a Administração Pública direta e indireta eleja a via arbitral para solução de suas contendas, não lhe é possível abrir mão, neste caso, de prerrogativas que lhe são inderrogáveis.

Explica-se: embora haja a previsão da possibilidade de derrogação da jurisdição estatal pela Administração Pública em caso de direito disponível, abrindo-lhe a possibilidade de eleição da via arbitral, jurisdição privada, em clara aplicação da autonomia da vontade para o ente público, tal possibilidade não alcança uma consequente derrogação de institutos outros, previstos de forma geral e irrestrita em legislação esparsa.

Este é, à evidência, o caso da intervenção anômala. Note-se que optou o legislador por expressamente definir, dentre os dispositivos da Lei n. 9.469/1997, aqueles que somente seriam aplicáveis às lides judiciais, fazendo, neste caso, expressa referência.[12] Evidentemente, os demais dispositivos, dentre eles o art. 5º, aplicam-se a todas e quaisquer demandas envolvendo a Administração Pública, desde que compatíveis com os princípios gerais que envolvam o procedimento.

Note-se que existe compatibilidade do instituto da intervenção anômala com a via arbitral. Isso advém do fato de não ser estranho aos procedimentos arbitrais a admissão de intervenções

salvo se alegar e provar que: I - pelo estado em que recebeu o processo ou pelas declarações e pelos atos do assistido, foi impedido de produzir provas suscetíveis de influir na sentença; II - desconhecia a existência de alegações ou de provas das quais o assistido, por dolo ou culpa, não se valeu.

12 É esta a situação, por exemplo, dos arts. 1º-A, 1º-B, 1º-C e 4º da Lei n. 9.469/1997.

de terceiros. Tal prática é não somente aceita como, muitas vezes, prevista nos próprios Regulamentos das Câmaras Arbitrais.[13]

Assim, os entes da Administração Indireta, ao optar pelo procedimento arbitral, não poderão fazê-lo, a nosso ver, derrogando prerrogativa de titularidade da União, de intervenção anômala – independentemente da demonstração de qualquer interesse – na forma do caput do art. 5º da Lei n. 9.469/1997 ("a União poderá intervir nas causas em que figurarem, como autoras ou rés, autarquias, fundações públicas, sociedades de economia mista e empresas públicas federais").

Da mesma forma, a autonomia da vontade de terceiros não poderá repercutir negativamente na prerrogativa instituída no parágrafo único do mesmo dispositivo, de forma a afastar a possibilidade, às pessoas jurídicas de Direito Público, de intervenção anômala em caso de reflexos econômicos – ainda que indiretos – da contenda

---

13 É o caso, por exemplo, do artigo 6º do Regulamento da Câmara de Arbitragem do Mercado, que assim dispõe: 6. INTERVENÇÃO DE TERCEIROS E CONEXÃO. 6.1 Intervenção de Terceiros. Antes da nomeação de qualquer árbitro, as partes poderão chamar um terceiro ao procedimento arbitral, podendo fazê-lo o próprio terceiro legitimado, em qualquer caso, por meio de Requerimento de Intervenção de Terceiro ("Requerimento de Intervenção de Terceiro"). 6.1.1 O Requerimento de Intervenção de Terceiro deverá ser submetido à Secretaria da Câmara de Arbitragem e conter justificativa para a intervenção do terceiro, bem como ser instruído com cópias do Requerimento de Instauração da Arbitragem e da(s) Resposta(s) ao Requerimento. 6.1.2 O terceiro terá o prazo de 15 (quinze) dias para apresentar resposta ao Requerimento de Intervenção de Terceiro, que deverá observar os requisitos do item 2.1.3. 6.1.3. As partes serão intimadas a se manifestarem, no prazo de 10 (dez) dias, a respeito da resposta ao Requerimento de Intervenção de Terceiro. 6.1.4 O Presidente da Câmara de Arbitragem decidirá acerca do Requerimento de Intervenção de Terceiro. Se deferido, o terceiro ingressará no procedimento arbitral no estado em que ele se encontre, devendo assinar compromisso de cumprir as disposições deste Regulamento e de se submeter à sentença arbitral. Se houver oposição de qualquer das partes e mesmo assim o Presidente da Câmara de Arbitragem decidir a favor da intervenção de terceiro, o Tribunal Arbitral deverá reapreciar a matéria, prolatando decisão final sobre a intervenção de terceiro.

> Parágrafo único. As pessoas jurídicas de direito público poderão, nas causas cuja decisão possa ter reflexos, ainda que indiretos, de natureza econômica, intervir, independentemente da demonstração de interesse jurídico, para esclarecer questões de fato e de direito, podendo juntar documentos e memoriais reputados úteis ao exame da matéria e, se for o caso, recorrer, hipótese em que, para fins de deslocamento de competência, serão consideradas partes.

Assim, a intervenção anômala, como espécie própria de intervenção – e integrante do rol de normas especiais de Direito Público – é de obrigatória aplicação a todas as lides que envolvam interesse do Poder Público, quer seja o interesse genérico previsto para a União no *caput* do art. 5º, quer seja o interesse econômico específico para qualquer pessoa jurídica de Direito Público previsto no parágrafo único do mesmo dispositivo. O que significa dizer que, em tais demandas, independentemente da jurisdição em que se encontrem, estatal ou privada, deve ser franqueado o acesso à pessoa jurídica de Direito Público cuja pretensão esteja calcada em tal prerrogativa.

3 A disciplina da intervenção anômala no contexto das demandas arbitrais pelo Decreto n. 10.025/2019

Nos itens anteriores, concluímos que a intervenção anômala é de obrigatória aplicação a toda e qualquer lide que envolva interesse do Poder Público e que, independentemente de se tratar de jurisdição estatal ou privada, deve ter franqueado o acesso à pessoa jurídica de Direito Público por força do art. 5º da Lei n. 9.469/1997.

A questão pacifica-se, a nosso sentir, com a previsão, no Decreto n. 10.025, de 20 de setembro de 2019, da aplicabilidade do instituto da intervenção anômala para as demandas arbitrais.

Sobre o Decreto n. 10.025/2019, importa anotar que ele foi desenhado com o fito de dispor

> sobre a arbitragem, no âmbito do setor portuário e de transportes rodoviário, ferroviário, aquaviário e aeroportuário, para dirimir litígios que envolvam a União ou as entidades da administração pública federal e concessionários, subconcessionários, permissionários, arrendatários, autorizatários ou operadores portuários.

Sua sistemática é de obrigatória adoção para toda e qualquer convenção de arbitragem relativa aos contratos que especifica, conforme previsto em seu art. 5º, § 1º, IV.[14] Prevê-se, ainda, a possibilidade – embora não obrigatoriedade – de sua adoção no caso de convenções de arbitragem a ele anteriores, desde que as partes assim estabeleçam.[15]

Interessa-nos, especialmente, o artigo 13, § 2º, do Decreto n. 10.025/2019, o qual apresenta à União a possibilidade de, querendo, intervir nas demandas arbitrais nas hipóteses previstas no art. 5º da Lei n. 9.469/1997: "Art. 13, § 2º. A União poderá intervir nas causas arbitrais de que trata este Decreto nas hipóteses previstas no art. 5º da Lei n. 9.469, de 1997".

---

14 Art. 5º Os contratos de parceria abrangidos por este Decreto poderão conter cláusula compromissória ou cláusula que discipline a adoção alternativa de outros mecanismos adequados à solução de controvérsias. § 1º A cláusula compromissória, quando estipulada: (...) IV – remeterá à obrigatoriedade de cumprimento das disposições deste Decreto.

15 Art. 16. O disposto neste Decreto não se aplica às arbitragens que tenham sido objeto de convenção de arbitragem firmada anteriormente à sua data de entrada em vigor, exceto quanto ao disposto no art. 14. Parágrafo único. Desde que seja estabelecido acordo entre as partes, as disposições deste Decreto poderão ser adotadas para as arbitragens que tenham sido objeto de convenção firmada anteriormente à data a que se refere o *caput*.

Ora, tratando-se o Decreto de mero ato regulamentador, por meio do qual não se pode criar direito novo, a previsão do art. 13, § 2º, é mais uma demonstração de que o art. 5º da Lei n. 9.469/1997 é plenamente aplicável às demandas arbitrais, servindo o dispositivo para explicitá-lo no âmbito das arbitragens de infraestrutura.

O Decreto n. 10.025/2019 reafirma, portanto, a prerrogativa já prevista na Lei n. 9.469/1997, declarando que deve haver equivalência, no que diz respeito ao direito de intervenção da União, entre as demandas judiciais e arbitrais. Parece-nos que, possuindo a União a prerrogativa de intervir nos feitos em que são parte as entidades da Administração Indireta – por qualquer que seja a razão – grave desequilíbrio seria verificado caso não possuísse a mesma prerrogativa quando tais entidades optassem por submeter as contendas à arbitragem.

Assim, a aplicação, aos processos arbitrais, do disposto no art. 5º da Lei n. 9.469/1997, explicitada e confirmada pelo disposto no art. 13, § 2º, do Decreto n. 10.025/2019, vem restabelecer esse equilíbrio, evitando-se irregular extirpação de prerrogativa estabelecida em lei especial para as pessoas jurídicas de Direito Público.

4 Da desnecessidade de anuência das partes do processo arbitral para a intervenção anômala da União

Por fim, importante questionamento relaciona-se com a necessidade de anuência das partes para o usufruto de tal prerrogativa pela União. Ou seja: a União necessitaria, para intervir nos termos do art. 5º da Lei n. 9.469/1997, ser signatária da convenção de arbitragem, ou esta prerrogativa se lhe apresenta independentemente disso?

Conforme já afirmado, por se tratar de uma prerrogativa de Direito Público e por não importar em ampliação do objeto da lide, seu exercício não depende de qualquer anuência das partes litigantes, anterior ou posterior à instauração da arbitragem. A União apresenta-se, assim, como auxiliar no conhecimento e deslinde da controvérsia. A intervenção pode e deve operar-se a qualquer momento, sem a necessidade de consulta às partes ou aos árbitros.

Trata-se de prerrogativa outorgada à União, a qual não passa a ser parte do procedimento, mas apenas nele intervém, não alterando em nenhuma medida o equilíbrio sinalagmático inicialmente alcançado. A União adentra o procedimento arbitral sem nele fazer qualquer alteração subjetiva ou objetiva.[16]

À evidência, a União, caso opte pela intervenção, não poderá discutir aspectos relacionados ao regulamento de arbitragem eleito pelas partes e às regras de procedimento determinado pelos árbitros, intervindo nos limites impostos pela Lei n. 9.469/1997. É certo, porém, que, ao intervir com fundamento na intervenção anômala, não adquire caráter de parte, não lhe sendo devida qualquer cobrança

---

16 Conforme lição sempre relembrada de Carlos Maximiliano, a lei não possui palavras inúteis. O artigo 13, § 2º, do Decreto n. 10.025/2019 também demonstra se tratar de intervenção independente da vontade das partes. O dispositivo não trata do momento anterior, em que a convenção é celebrada entre as partes, informando ser possível à União ali intervir. É, ao contrário, expresso ao afirmar que a União poderá intervir nas causas arbitrais, quando verificada qualquer das hipóteses do art. 5º da Lei n. 9.469/1997. Isto é, instaurada a lide arbitral, há a possibilidade de a União, querendo, intervir, sendo desnecessário o cumprimento de qualquer condicionante. "'Não se presumem, na lei, palavras inúteis'. Literalmente: 'Devem-se compreender as palavras como tendo alguma eficácia. 'As expressões do Direito interpretam-se de modo que não resultem frases sem significação real, vocábulos supérfluos, ociosos, inúteis. Pode uma palavra ter mais de um sentido e ser apurado o adaptável à espécie, por meio do exame do contexto ou por outro processo; porém a verdade é que sempre se deve atribuir a cada uma a sua razão de ser, o seu papel, o seu significado, a sua contribuição para precisar o alcance da regra positiva. Este conceito tanto se aplica ao Direito escrito, como aos atos jurídicos em geral, sobretudo aos contratos, que são leis entre as partes. Dá-se valor a todos os vocábulos e, principalmente, a todas as frases, para achar o verdadeiro sentido de um texto; porque este deve ser entendido de modo que tenham efeito todas as suas provisões, nenhuma parte resulte inoperativa ou supérflua, nula ou sem significação alguma" (MAXIMILIANO, Carlos. *Hermenêutica e aplicação do direito*. 19ª ed. São Paulo: Forense, 2006, p. 204).

relacionada aos custos do procedimento, nem sendo lícita qualquer decisão de mérito que, subjetivamente, lhe alcance.

Conclusão

Uma das premissas da arbitragem é ser esta baseada em acordo entre dois ou mais sujeitos dotados da possibilidade de dispor de seus direitos, os quais decidem abrir mão do acesso ao Poder Judiciário e optar pela resolução de seu conflito, presente ou futuro, por um ou mais árbitros. Parece-nos corolário lógico de tal construção jurídica inexistir a possibilidade de as partes disporem de direito de terceiros.

É este o caso da intervenção anômala. Esta, inserta na legislação específica como forma da União acompanhar a efetiva promoção do interesse público – por meio do acompanhamento das demandas envolvendo autarquias, fundações públicas, sociedades de economia mista e empresas públicas federais ou das causas cuja decisão possa ter reflexos, ainda que indiretos, de natureza econômica, no interesse público em questão – deve ser respeitada por todo aquele que firma uma convenção de arbitragem, por se tratar de verdadeiro direito potestativo, inderrogável por compromissos firmados por terceiros.

Prerrogativa indissociável da natureza pública do interesse em jogo – o qual, no entanto, é presumido quando a intervenção se lastreia no caput do art. 5º da Lei n. 9.469/1997 – a intervenção anômala pode e deve receber guarida em procedimentos arbitrais. Preenchidas as premissas do art. 5º da Lei n. 9.469/1997 e havendo efetivo interesse da União em exercer tal prerrogativa, não há que se falar em qualquer necessidade de decisão, operando-se *sponte propria* os efeitos da intervenção.

Se a alteração realizada pela Lei n. 13.129/2015 na Lei n. 9.307/1996 formalmente abriu as portas da arbitragem à Administração Pública, aos intérpretes remanesce o desafio de materialmente conformar os ambientes arbitral e de Direito Público, possibilitando-lhes a convivência harmônica.

Referências bibliográficas

BUENO, Cassio Scarpinella. *Amicus curiae no processo civil brasileiro*: um terceiro enigmático. 3ª ed. São Paulo: Saraiva, 2012.

CABRAL, Antonio do Passo. "Pelas asas de Hermes: a intervenção do *amicus curiae*, um terceiro especial". *Revista de Processo*, São Paulo, vol. 117, set-out, 2004.

CÂMARA, Alexandre de Freitas. *O novo processo civil brasileiro*. 2ª ed. São Paulo: Atlas, 2016.

CARNEIRO, Athos Gusmão. *Intervenção de terceiros*. 19ª ed. São Paulo: Saraiva, 2010.

CUNHA, Leonardo José Carneiro. *A Fazenda Pública em Juízo*. 7ª ed. São Paulo: Dialética, 2009.

MAXIMILIANO, Carlos. *Hermenêutica e aplicação do direito*. 19ª ed. São Paulo: Forense, 2006.

OLIVEIRA, Marco Antonio Perez de. "Assistência e Intervenção da União segundo a Lei n. 9.469/1997". *Revista de Processo*, vol. 245, jul. 2015.

RODRIGUES, Daniel Colnago. "Ainda e Sempre a Intervenção Anômala dos Entes Públicos". *Revista de Processo*, vol. 294, ago. 2019.

CAPÍTULO XII

A APLICAÇÃO DA LEI N. 13.665/18 ("LINDB") ÀS DECISÕES ARBITRAIS QUE ENVOLVEM A ADMINISTRAÇÃO PÚBLICA

Flávia Mattioli Tâmega
Fernanda Neves Vieira Machado

Introdução

Durante anos grandes discussões foram travadas acerca da possibilidade de a Administração Pública utilizar o mecanismo da arbitragem para resolução de conflitos. Mesmo que esse impasse tenha sido superado em decorrência da publicação da Lei n. 13.129/2015, o emprego desse método de resolução de controvérsias envolvendo a Administração Pública ainda gera questionamentos, notadamente em razão da atração do regime jurídico de Direito Administrativo para o procedimento arbitral e seus reflexos.

O presente artigo tratará, em primeiro lugar, da importância e do ganho de eficiência com a adoção desse método de solução de conflitos em contratos de longa duração – com ênfase aos contratos de concessão de serviço público regidos pela Lei n. 8.997/1995. Posteriormente, será abordada a necessidade de observância do regime jurídico de Direito Administrativo nas decisões proferidas em arbitragem para resolução de conflitos envolvendo a Administração Pública e concessionárias de serviço público.

Por fim, considerando-se o risco de anulação *a posteriori* da sentença arbitral pelo Poder Judiciário, caso não se observe o regime jurídico de Direito Administrativo, o artigo enfatizará a relevância da aplicação pelos árbitros das alterações trazidas pela Lei n. 13.665/18 (LINDB), como forma de garantir a segurança jurídica às decisões proferidas pelos Tribunais Arbitrais.

1 A importância da arbitragem como mecanismo de solução de conflitos nos contratos de concessão e sua aplicação prática

No Brasil, a arbitragem passou a ser formalmente reconhecida como forma alternativa de solução de conflitos, tendo um regramento específico e claro de aplicação a partir da promulgação da Lei n. 9.307/96 ("Lei da Arbitragem").

É certo que desde a publicação da Lei da Arbitragem, em 1996, muito se debateu sobre o alcance da previsão genérica contida no artigo 1º às controvérsias surgidas no âmbito da Administração Pública.[1]

A discussão estava inicialmente centrada na própria capacidade dos entes da Administração Pública utilizarem a arbitragem nas contrações públicas, o que foi chamado pela doutrina de *arbitrabilidade subjetiva*.[2] A previsão genérica da lei abriu

1 Artigo 1º da Lei n. 9.307/1996: As pessoas capazes de contratar poderão valer-se da arbitragem para dirimir litígios relativos a direitos patrimoniais disponíveis.

2 A arbitrabilidade subjetiva que está prevista na primeira parte do artigo 1, da Lei de Arbitragem, "pessoas capazes de contratar" refere-se a todas as

margem a calorosas discussões sobre a possibilidade ou não da Administração Pública valer-se de mecanismos alternativos para solucionar seus conflitos.

Parte da doutrina defendia que a simples menção na lei facultando às "pessoas capazes de contratar" a possibilidade de uso da arbitragem seria suficiente para garantir aos entes públicos esta mesma prerrogativa.[3] Outra parte, em sentido contrário, negava veementemente tal possibilidade, sob o fundamento de que esses entes públicos não poderiam dispor de direitos, uma vez que agiam em nome do povo.[4] Uma terceira corrente doutrinária entendia que o uso da arbitragem pela Administração Pública somente seria possível por autorização legal expressa.[5]

Fato é que, na mesma época em que se travavam essas discussões acerca da legalidade da utilização da arbitragem pela Administração Pública, o país passava por um significativo avanço no arcabouço legal a fim de regulamentar a delegação da prestação de serviços públicos à iniciativa privada, uma vez que a Administração Pública já não mais conseguia fazer frente aos investimentos necessários para o desenvolvimento da infraestrutura e prestação de serviços essenciais. Era premente para o desenvolvimento econômico do país, o afastamento do Estado como prestador direto desses serviços e a assunção desta função pela iniciativa privada, quer seja para fins de investimentos, quer seja pela conhecida e incontestável qualidade da sua atuação.

---

pessoas capazes na acepção civil, pessoas no gozo de seus direitos e obrigações, sejam físicas ou jurídicas, de Direto Privado ou Público. LEMES, Selma Ferreira. *Arbitragem na Administração Pública*. 1ª ed. São Paulo: Malheiros, 2006, p. 119.

3 MEGNA, Bruno Lopes. *Arbitragem e Administração Pública*: fundamentos teóricos e soluções práticas. Belo Horizonte: Fórum, 2019, pp. 137/138.

4 BANDEIRA DE MELLO, Celso Antônio. *Curso de Direito Administrativo*. 32ª ed. São Paulo: Malheiros, 2015, pp. 636-640.

5 SALLES, Carlos Alberto de. *Arbitragem em contratos administrativos*. Rio de Janeiro: Forense, 2011, p. 237.

Em razão desse anseio, houve uma mudança estrutural na forma de atuação do Estado brasileiro, deixando de lado o modelo de atuação direta nos grandes empreendimentos públicos – tendo os privados apenas como mero executores – passando a adotar o modelo do particular como verdadeiro concessionário empreendedor.[6]

Nessa conjuntura foi promulgada a Lei n. 8.987/1995 ("Lei de Concessões"), a fim de regulamentar o artigo 175 da Constituição e estabelecer o regime jurídico de concessão da prestação de serviço público à iniciativa privada. No entanto, até mesmo pelo fato de a Lei de Concessões ter sido publicada antes da Lei de Arbitragem, não havia, à época, previsão da utilização da arbitragem como forma de solução de controvérsias.

Como consequência, nos anos que se seguiram à publicação da Lei n. 8.987/95, os contratos de concessão foram sendo lançados ao mercado e firmados sem qualquer previsão de arbitragem como forma de solução de conflitos. Esses primeiros contratos apenas replicaram previsões tidas como obrigatórias pela Lei das Concessões, tendo mantido o Judiciário como foro de discussão de controvérsias contratuais.

Com efeito, como já dito, muito embora se pudesse defender o uso da arbitragem pela Administração Pública, pela simples previsão do artigo 1º da Lei da Arbitragem, fato é que os entes públicos responsáveis pela elaboração dos primeiros contratos de concessão não se arriscaram a prever expressamente tal possibilidade, certamente em razão do receio de questionamentos pelos órgãos de controle.

Por certo, a ausência de previsão de uso de mecanismos alternativos para resolução de conflitos acabou por ter reflexos na execução desses contratos, já que as partes precisavam se socorrer

---

6 SUNDFELD, Carlos Ari. *Experiências Práticas em Concessões e PPP*. 1ª ed. São Paulo: Quartier Latin, 2020, p. 25.

do Poder Judiciário para resolver todo e qualquer conflito que não era solucionado no âmbito administrativo. Esse cenário frustrava a iniciativa privada e contribuía para o entrave na execução dos contratos celebrados sob a égide da Lei n. 8.987/1995.

Isso porque, até mesmo em razão da característica intrínseca de incompletude desses contratos de longa duração e da presença de cláusulas exorbitantes, é comum que no transcorrer de sua execução surjam conflitos e grandes discussões, notadamente sobre pleitos de reequilíbrio, limites de obrigações e até interpretação de cláusulas contratuais.

O entrave na solução desses conflitos no âmbito administrativo, por certo, dava margem a diversos litígios que somente poderiam ser submetidos ao crivo do Poder Judiciário, levando décadas para serem dirimidos e, muitas vezes, sem o tratamento e a abordagem técnica específica que a complexidade dos temas demandava.

Fato é que, desde a assinatura dos primeiros contratos de concessão imaginava-se que este cenário de indefinição – quanto à possibilidade de utilização da arbitragem como forma de resolução de conflitos – teria vida curta.

A uma, pela premente necessidade de se atrair investidores privados para os novos projetos de infraestrutura do país, em especial investidores estrangeiros, acostumados com mecanismos alternativos de solução de conflitos em contratos públicos em outros países.[7] A duas, porque a resolução mais rápida de conflitos

---

7 Não se pode esquecer, porém, um outro fator que é determinante para a sua utilização, que é o objetivo de aumentar o nível da atratividade do contrato para o setor privado, e que vai influenciar diretamente no resultado da concorrência da licitação posta ao mercado. Ou seja, o maior incentivo ao uso da arbitragem pela Administração Pública é o fato de que aos olhos dos potenciais interessados em obter o direito à adjudicação do contrato público, esse é um fator decisivo para a tomada de decisão em participar de um processo licitatório. Especialmente no que toca ao mercado de investidores estrangeiros, ávidos por identificar projetos que garantam uma

complexos e desentrave da execução de contratos de longa duração é benéfica não só para a parte privada, mas também e especialmente para a Administração Pública, que deixa de focar seus recursos na resolução de conflitos ao longo de anos, direcionando sua escassa mão de obra na melhoria da fiscalização e gestão dos contratos.

O que não se esperava é que o legislador levasse tantos anos para definitivamente prever a possibilidade do uso da arbitragem como forma de solução de controvérsias nos contratos de concessão. Tal previsão ocorreu somente em 2005, com a publicação da Lei n. 11.196/2005, que alterou a Lei n. 8.987/1995 e introduziu expressamente o artigo 23-A, o qual estabeleceu a possibilidade de o contrato de concessão prever o uso de mecanismos privados para resolução de disputas, incluindo a arbitragem.[8]

A previsão legal trazida pela Lei n. 11.196/2005 acabou por colocar uma pá de cal na discussão que se arrastava há anos, a qual foi definitivamente arrematada por meio da inclusão expressa do §1º ao artigo 1º da Lei de Arbitragem, em 2015, cujo conteúdo estabelece que a Administração Pública "poderá utilizar-se da arbitragem para dirimir conflitos relativos a direitos patrimoniais disponíveis".

A partir de então, os contratos de concessão passaram a contar com a previsão expressa de utilização da arbitragem para solução de conflitos. Cita-se como exemplo os contratos de concessão das 3ª e 4ª Etapas do Programa de Concessões Rodoviárias Federais (PROCOFE) e, mais recentemente, os contratos de concessão de rodovias do Estado de São Paulo.

---

rentabilidade satisfatória por um longo período de tempo, os contratos têm uma melhor avaliação quando indicam a arbitragem como mecanismos de solução de disputas. MASTROBUONO, Cristina. *Experiências Práticas em Concessões e PPP*. 1ª ed. vol. II. São Paulo: Quartier Latin, 2020, p. 351.

8 Artigo 23-A. O contrato de concessão poderá prever o emprego de mecanismos privados para resolução de disputas decorrentes ou relacionadas ao contrato, inclusive a arbitragem, a ser realizada no Brasil e em língua portuguesa, nos termos da Lei n. 9.307, de 23 de setembro de 1996.

Os benefícios da utilização desse mecanismo são incontestáveis, sobretudo do ponto de vista da agilidade e celeridade na solução dos conflitos, desafogando o Poder Judiciário e, especialmente, propiciando a obtenção de respostas rápidas a discussões altamente complexas que prejudicam a eficiente execução dos contratos de concessão.

A celeridade e a qualidade técnica no julgamento de temas complexos surgidos no transcorrer da execução dos contratos de concessão se mostra ainda mais relevante quando se está frente à discussões sobre ativos e passivos regulatórios decorrentes, muitas vezes, de imposições do próprio Poder Concedente, ou em prol de políticas públicas que, se forem estendidas e não decididas com celeridade, podem impactar no valor do negócio e prejudicar sobremaneira a saúde financeira das concessionárias de serviço público.

Desta feita, ter a opção de se socorrer a arbitragem para solução de conflitos em contratos de longa duração e cuja execução permeia temas tão complexos mostra-se salutar, não só para a parceiro privado, mas também para a Administração Pública.

2 Discussões acerca dos limites da Administração Pública quanto ao uso da arbitragem

Superadas as discussões acerca da possibilidade de a Administração Pública figurar como parte em procedimentos arbitrais, transferiu-se o foco das divergências doutrinárias à outra questão ainda mais desafiadora: haveria algum limite quanto aos direitos que poderiam ser submetidos à arbitragem nos contratos públicos? Que alcance teriam os chamados direitos patrimoniais disponíveis previstos na lei?

O foco central da discussão se deu, em apertadíssima síntese, no aparente conflito entre a disponibilidade dos direitos patrimoniais geridos pela Administração Pública e os princípios da indisponibilidade e da supremacia do interesse público.

A corrente mais radical – e atualmente minoritária – entendia que a Administração Pública estaria impedida de submeter seus atos ao procedimento arbitral pelo simples fato de que todos os direitos patrimoniais seriam indisponíveis.[9] Por outro lado, a corrente doutrinária e jurisprudencial mais moderna passou a defender que negar a disponibilidade de certos direitos patrimoniais pela Administração seria negar a própria prerrogativa de celebração de contratos administrativos. De acordo com essa parte da doutrina, com a qual concordamos, há, sem dúvida, certa gama de direitos disponíveis e, portanto, arbitráveis, o que não poderiam ser confundidos com o interesse público em si, este sim indisponível.[10]

Com o passar dos anos, e por conta da falta de convergência quanto ao tema, notou-se – e ainda se nota – uma dificuldade prática em estabelecer-se quais matérias poderiam ser discutidas em arbitragem, dentro da gama de atos administrativos praticados pelo gestor público. Portanto, ainda que se aceite a participação da Administração Pública em procedimentos arbitrais, não havia definição segura acerca dos temas que poderiam ser submetidos à arbitragem.

Quais seriam, portanto, os tais *direitos patrimoniais disponíveis* e quais seriam os limites da Administração Pública, frente à clássica interpretação dos princípios da indisponibilidade e da supremacia do interesse público? Como diferenciar de maneira objetiva os direitos patrimoniais disponíveis daqueles direitos ditos indisponíveis ou fundamentais?

---

9 BANDEIRA DE MELLO, Celso Antônio. *Curso de Direito Administrativo*. 32ª ed. rev. e atual. São Paulo: Malheiros, 2015, p. 101; MEDAUAR, Odete. *Direito Administrativo moderno*. 16ª ed. rev. atual. e ampl. São Paulo: Revista dos Tribunais, 2012, pp. 119/120.

10 MAROLLA, Eugenia Cristina Cleto. *A arbitragem e os contratos da Administração Pública*. Rio de Janeiro: Lumen Juris, 2016, pp. 129/130.

Especificamente quanto ao setor de infraestrutura, foi publicado recentemente o Decreto n. 10.025/2019 que tentou finalmente esclarecer quais seriam os direitos patrimoniais disponíveis sujeitos à arbitragem.[11] Pela definição de seu artigo 2°, as controvérsias nos contratos administrativos dos setores portuário, rodoviário, aeroportuário, ferroviário e aquaviário relacionadas ao *equilíbrio econômico-financeiro*, ao *cálculo de indenizações decorrentes de extinção ou de transferência do contrato* e ao *inadimplemento de obrigações contratuais por quaisquer das partes, incluídas a incidência das suas penalidades e o seu cálculo*, poderiam ser submetidas ao procedimento arbitral.

Por óbvio, a definição expressa do que seriam os tais *direitos patrimoniais disponíveis* acarretou uma maior previsibilidade e uma percepção de segurança jurídica ao instituto da arbitragem. No entanto, ainda não se pode garantir que a utilização do mecanismo trará os resultados esperados no curto prazo, uma vez que ainda restam algumas zonas cinzentas na interpretação do que seria passível de discussão em arbitragem, ainda que num primeiro momento o escopo possa aparentemente estar inserido nas hipóteses do artigo 2° do Decreto.

E é justamente nesse contexto, de indefinição e lacunas que ainda permeiam a utilização da arbitragem na resolução de conflitos, que se faz premente garantir a estabilidade de sentenças arbitrais, sobretudo mediante a utilização de mecanismos legais que visam conferir maior segurança jurídica a atos, normas, processos e decisões judiciais – ou arbitrais em sua substituição – que envolvam Administração Pública.

---

11 Art. 2° Poderão ser submetidas à arbitragem as controvérsias sobre direitos patrimoniais disponíveis. Parágrafo único. Para fins do disposto neste Decreto, consideram-se controvérsias sobre direitos patrimoniais disponíveis, entre outras: I - as questões relacionadas à recomposição do equilíbrio econômico-financeiro dos contratos; II - o cálculo de indenizações decorrentes de extinção ou de transferência do contrato de parceria; e III - o inadimplemento de obrigações contratuais por quaisquer das partes, incluídas a incidência das suas penalidades e o seu cálculo.

Recentemente, a Lei n. 13.655/2018 (LINDB) trouxe previsões relevantes para assegurar maior estabilidade nas relações entre privado e Administração Pública, as quais devem e precisam ser consideradas no procedimento arbitral, como forma de minimizar riscos aos privados. Tal ponto, aliás, será defendido e abordado nos próximos tópicos.

3 A importância do advento da Lei n. 13.655/2018 (LINDB) como forma de garantia da segurança jurídica

Em 2018 o sistema normativo brasileiro experimentou grande avanço: a promulgação da Lei n. 13.655/2018 ("LINDB"). A novel lei teve por escopo alterar o Decreto-Lei n. 4.657/1942, a Lei de Introdução às Normas do Direito Brasileiro.

As alterações trazidas pela LINDB são de grande relevância para o sistema jurídico brasileiro e direcionadas estritamente à segurança dos atos, contratos e demais ajustes sujeitos ao regime de Direito Público. Por vezes a Administração Pública, com a finalidade de atender ao interesse público, utiliza de seus poderes exorbitantes sobre os particulares de forma extroversa e ilegal, causando verdadeira instabilidade nas relações jurídicas.

A finalidade das alterações promovidas na LINDB foi garantir maior estabilidade às relações entre Administração Pública e iniciativa privada. Não é à toa que a LINDB passou a ser conhecida como "Lei da Segurança Jurídica", tendo sido recebida com muito entusiasmo pelos investidores privados, principalmente os estrangeiros, que vislumbravam um risco de instabilidade jurídica e regulatória muito grande no país.

Foram incluídas disposições legais que claramente vinculam as decisões proferidas nas esferas administrativa, controladora e judicial ao princípio da segurança jurídica e, como já dito, limitam a utilização ilegítima pela Administração Pública de prerrogativas que lhe são dadas para garantir o interesse público, exorbitando além da legalidade a posição do particular nas avenças. Agora resta positivada a obrigação da Administração Pública mensurar as consequências de uma mudança de posicionamento no transcorrer da execução de um contrato de longo prazo, por exemplo.

Merece destaque a previsão contida nos artigos 20 e 21 da LINDB, acerca da impossibilidade de tomada de decisão com base em valores jurídicos abstratos, sem que se considerem as consequências práticas da decisão. Ou seja, não basta o administrador público, controlador ou o Poder Judiciário motivar a decisão em razão de "interesse público" ou simplesmente "invalidar um ato administrativo". É preciso que sejam consideradas as consequências práticas e as condições de regularização de modo proporcional e equânime, tudo com o condão de evitar que o privado suporte ônus anormais e excessivos decorrente de alteração de interpretação pela Administração Pública, controlador e Poder Judiciário. São regras que claramente visam resguardar a segurança jurídica.

Nesse contexto, resta claro que a promulgação da Lei n. 13.655/2018 teve peculiar e grande relevância não só para as relações jurídicas travadas com a Administração Pública, mas também e especialmente para garantir que, em qualquer revisão de ato, contrato, ajuste, processo ou norma administrativa, sejam consideradas a interpretação da época, as consequências jurídicas do fato e, principalmente, seja afastada a imposição de ônus ou perdas anormais e excessivas. Tudo isso com a finalidade de evitar que, em prol de valores abstratos e inovações de posicionamentos, ocorra a invalidação de atos legítimos, causando graves prejuízos aos particulares em detrimento da segurança jurídica.

Por óbvio, tais regras que vinculam a prolação de atos administrativos e decisões judiciais que visem sua revisão, devem ser consideradas em qualquer procedimento que visar a análise de legalidade e pertinência de atos administrativos, a incluir o procedimento arbitral. É o que se verá adiante.

4 A obrigatoriedade de observação da LINDB pelos Tribunais arbitrais como forma de garantir a segurança jurídica dos contratos públicos

A Lei da Arbitragem estabelece, em seu artigo 31, que a sentença arbitral produz entre as partes e seus sucessores, os mesmos efeitos da sentença proferida pelo Poder Judiciário e, sendo condenatória, constitui título executivo. Vê-se, portanto, que a decisão proferida em arbitragem se encontra em absoluta paridade com a sentença judicial, o que significa afirmar que ambas detêm o mesmo *enforcement* de cumprimento.[12]

O papel que o árbitro desempenha em arbitragens envolvendo a Administração Pública carrega, portanto, um grau de responsabilidade ainda maior do que em uma disputa entre privados. Isso porque a decisão ali proferida afetará de maneira direta atos e decisões anteriormente tomados pela Administração Pública, podendo acarretar, por exemplo, na análise de cabimento ou não de um reequilíbrio econômico e financeiro em razão de algum fato ocorrido durante a execução do contrato.

Dito de outra forma, uma sentença arbitral, precedida do devido processo, deverá partir da análise da decisão administrativa questionada, da assertividade de sua prolação, de sua motivação à luz das regras contratuais, e deverá levar em conta, inclusive, as interpretações conferidas pela Administração Pública à época em que a tal decisão teria sido proferida.

---

12 Segundo conceituação dada por Carlos Alberto Carmona, a arbitragem – meio alternativo de solução de controvérsias através da intervenção de uma ou mais pessoas de que recebem seus poderes de uma convenção privada, decidindo com base nela, sem intervenção estatal, sendo a decisão destinada a assumir a mesma eficácia da sentença judicial – é colocada à disposição de quem quer que seja, para solução de conflitos relativos a direitos patrimoniais acercados quais os litigantes possam dispor.

Como se viu, a Nova Lei de Introdução às Normas do Direito Brasileiro – LINDB foi publicada com o principal objetivo de trazer segurança e eficiência na criação e na aplicação do Direito Público, servindo como um verdadeiro guia a administradores públicos, juízes e membros dos órgãos de controle, na tomada de decisões. Os 10 artigos da LINDB introduzidos pela Lei n. 13.665/18 são verdadeiros condicionantes de validade das sentenças que digam respeito a decisões afetas à esfera administrativa do Estado brasileiro.[13]

Pois bem. Sendo a LINDB aplicável à atos, normas administrativas e, inclusive, a decisões judiciais que visem à reanálise desses atos, e tendo a sentença arbitral a força de uma sentença judicial, parece evidente que os preceitos trazidos pela Lei da Segurança Jurídica também sejam aplicados às decisões proferidas em arbitragem. Não se pode olvidar, outrossim, que a própria presença da Administração Pública como parte da arbitragem já atrai a necessidade de observância do regime jurídico de Direito Administrativo, no qual estão incluídas as previsões da LINDB.

Na prática significa dizer que a decisão dos árbitros também deverá levar em conta todas as diretrizes estabelecidas pela LINDB, cabendo às partes litigantes em Tribunais Arbitrais cuidarem para que esta aplicação seja realizada de maneira efetiva pelos árbitros.

Ou seja, diante da análise concreta de uma controvérsia envolvendo a Administração Pública não poderá o árbitro decidir com base em valores jurídicos abstratos e deverá obrigatoriamente considerar as consequências práticas de sua decisão. Como preceitua o parágrafo único do artigo 20 da LINDB, a decisão deverá ser suficientemente motivada a ponto de demonstrar a adequação

---

13 MOREIRA, Egon Bockmann. "Arbitragem, administração pública e a Nova Lei de Introdução". *Gazeta do Povo*, 08 jun. de 2018. Disponível em: https://www.gazetadopovo.com.br/justica/colunistas/egon-bockmann-moreira/arbitragem-administracao-publica-e-a-nova-lei-de-introducao-er5ijd6ikb-fhozqn2nv4zvh6o/. Acessado em: 30.06.2022.

de determinada medida, tal como a invalidação de um ato ou contrato, considerando a análise de possíveis outras alternativas.

Outra diretriz importantíssima é a necessidade de indicação expressa pelo árbitro das consequências jurídicas e administrativas da decisão tomada, que não deve se ater a mera análise fática e pontual da controvérsia posta à sua decisão, devendo considerar expressamente, diga-se, quais os reflexos práticos dali decorrentes. Nesse ponto também é essencial que o árbitro verifique as consequências trazidas por aquela decisão e garanta que não trarão perdas ou ônus excessivos à parte atingida.

Além disso, considerando a regra prevista no artigo 24, o árbitro deverá levar em conta as *orientações gerais da época*, sendo vedado que, com base em mudança posterior de orientação geral, declare inválida situação plenamente constituída.[14]

Resta evidente, portanto, que as orientações gerais trazidas pela LINDB são de observância obrigatória pelos Tribunais Arbitrais, sob pena de anulação pelo Poder Judiciário, caso não sejam contempladas as previsões legais nela contidas.

Conclusão

De tudo o que aqui se abordou, viu-se que a utilização da arbitragem como forma de solução de conflitos pela Administração Pública consolidou-se ao longo dos últimos anos, tendo sido especificada expressamente em alguns dispositivos legais, a partir da publicação da Lei da Arbitragem. Todo esse arcabouço jurídico, diga-se, fez-se necessário para acalmar as acirradas discussões da

---

14 Artigo 24, Parágrafo único. Consideram-se orientações gerais as interpretações e especificações contidas em atos públicos de caráter geral ou em jurisprudência judicial ou administrativa majoritária, e ainda as adotadas por prática administrativa reiterada e de amplo conhecimento público.

doutrina e da jurisprudência acerca da arbitrabilidade subjetiva e objetiva da Administração Pública.

Não é demais afirmar que o tema foi bastante impulsionado pela onda de concessões de serviço público e pela consequente necessidade de se atrair investidores privados para os diversos projetos de infraestrutura do país. É cristalino, igualmente, que o uso da arbitragem para a solução de conflitos em contratos de longa duração traz inúmeros benefícios, não só para o parceiro privado, mas também para a Administração Pública.

Fato é que, mesmo diante da promulgação de Leis e Decretos com a finalidade de dar fim a qualquer tipo de discussão acerca da possibilidade do uso da arbitragem pela Administração Pública, notadamente no que concerne aos direitos disponíveis, ainda persistem discussões a respeito.

A fim de se evitar qualquer tipo de discussão ou anulação posterior da decisão arbitral, é indispensável que se faça uso do arcabouço legal do Direito Administrativo brasileiro, aplicável ante a presença da Administração Pública na disputa, garantindo-se a segurança jurídica e a mitigação de riscos para o particular.

Não por outra razão, é premente que no procedimento arbitral sejam consideradas e aplicadas as regras trazidas pela LINDB, uma vez que vinculam a prolação de atos administrativos e decisões judiciais que visem sua revisão, e, portanto, devem ser consideradas em qualquer procedimento de análise de legalidade e pertinência de atos administrativos, a incluir o procedimento arbitral. E, mesmo não havendo previsão expressa na LINDB acerca de sua aplicação às decisões arbitrais, parece evidente que os preceitos ali estabelecidos devem ser observados também pelos árbitros, sob pena de se configurar verdadeira nulidade da decisão.

Referências bibliográficas

BANDEIRA DE MELLO, Celso Antônio. *Curso de Direito Administrativo*. 32ª ed. São Paulo: Malheiros, 2015.

DI PIETRO, Maria Sylvia Zanella. *Parcerias na Administração Pública*. 9ª ed. São Paulo: Atlas, 2012.

MAROLLA, Eugenia Cristina Cleto. *A arbitragem e os contratos da Administração Pública*. Rio de Janeiro: Lumen Juris, 2016.

MARQUES NETO, Floriano de Azevedo. *Bens públicos*: função social e exploração econômica - o regime jurídico das utilidades públicas. Belo Horizonte: Fórum, 2014.

MASTROBUONO, Cristina. *Experiências Práticas em Concessões e PPP*. vol. II, 1ª ed. São Paulo: Quartier Latin, 2020.

MEDAUAR, Odete. *Direito Administrativo moderno*. 16ª ed. rev. atual. e ampl. São Paulo: Revista dos Tribunais, 2012.

SALLES, Carlos Alberto de. *Arbitragem em contratos administrativos*. Rio de Janeiro: Forense, 2011.

SUNDFELD, Carlos Ari. *Experiências Práticas em Concessões e PPP*. 1ª ed. São Paulo: Quartier Latin, 2020.

CAPÍTULO XIII

DESAFIOS DA UTILIZAÇÃO DE INTELIGÊNCIA ARTIFICIAL NA ARBITRAGEM

Emerson Gabardo
Bárbara Mendonça Bertotti

Introdução

Entre os métodos alternativos de resolução de conflitos (ADR) encontra-se a arbitragem. Disciplinada no Brasil pela Lei n. 9.307/96, constitui-se em uma modalidade de heterocomposição a partir de uma convenção de arbitragem, onde os sujeitos em disputa submetem litígios relativos a direitos patrimoniais disponíveis a um árbitro por eles escolhido.[1] Por outro lado, nos últimos anos o debate sobre a utilização de novas tecnologias no campo da realização da

1 Sobre a (in)admissibilidade de caminhos alternativas de acesso à justiça nas relações de trabalho, conferir: TEIXEIRA, Sergio Torres. "Vias alternativas à jurisdição contenciosa da Justiça do Trabalho: superando mitos e apontando caminhos à luz da Lei n. 13.467 de 2017". *Revista de Direito Econômico e Socioambiental*, Curitiba, vol. 8, nº 3, set./dez. 2017, pp. 155-197.

justiça tem ocupado lugar de destaque. A partir disso, surgiu uma discussão sobre o fenômeno da entrada progressiva da inteligência artificial (IA) em procedimentos arbitrais.

A inteligência artificial pode ser utilizada para várias funcionalidades como: realizar pesquisas jurídicas mais rapidamente e com resultados mais precisos ou focados; selecionar conselheiros, especialistas ou testemunhas; facilitar fases processuais, com a utilização, por exemplo, de dispositivos de reconhecimento de voz que substituam em alguns pontos as transcrições; possibilitar melhores pesquisas probatórias; e, ainda, fornecer modelos preditivos que podem ser usados para detectar padrões repetidos em processos de tomada de decisão arbitral.[2] Ademais, também pode ser utilizada para validar as deliberações de órgãos decisores em geral e, particularmente, árbitros, "corrigindo-as", "confirmando-as", ou simplesmente testando-as, na íntegra ou em parte.[3]

Contudo, é controversa a questão relativa à utilização de IA para proferir a decisão arbitral, autonomamente. A partir disso, o presente artigo tem por objetivo investigar a possibilidade de IA atuar como árbitro, apresentando alguns de seus limites, possibilidades e desafios. Para tanto, em um primeiro momento serão trazidas considerações acerca da IA, sobretudo a respeito do seu funcionamento. Após, será analisada a possibilidade jurídica de atuação de IA na arbitragem; e em seguida, a aceitabilidade dessa ferramenta. A metodologia utilizada será a lógico-dedutiva, a partir de revisão bibliográfica.

---

2 CARRARA, Cecilia. "Chapter IV: Science and Arbitration, The Impact of Cognitive Science and Artificial Intelligence on Arbitral Proceedings Ethical issues". *Austrian Yearbook on International Arbitration 2020*, 2020, p. 520.

3 CARRARA, Cecilia. "Chapter IV: Science and Arbitration, The Impact of Cognitive Science and Artificial Intelligence on Arbitral Proceedings Ethical issues". *Austrian Yearbook on International Arbitration 2020*, 2020, p. 518.

1 Breves considerações acerca da inteligência artificial

Para que se possa avaliar as possibilidades de atuação da IA na arbitragem, é necessário compreender as características básicas dessa ferramenta, sobretudo seu funcionamento e limitações. A Organização para Cooperação e Desenvolvimento Econômico (OCDE) considera a IA como uma das dez tecnologias emergentes mais promissoras, potencialmente mais disruptivas e com riscos significativos.[4] Em certa medida é correto o entendimento de que se trata da "revolução das revoluções", pois são criados impressionantes mecanismos inovadores para o processamento mais eficiente do grande volume de dados e informações atualmente produzidos (Big Data). Assim, a IA consegue igualar ou até exceder certas capacidades cognitivas humanas.[5] Sua base de programação são os chamados algoritmos inteligentes, que constituem um conjunto de instruções ou regras utilizados para fazer cálculos, resolver problemas e tomar decisões (fórmulas matemáticas sofisticadas empregadas para determinados cálculos).[6]

Stuart Russell e Peter Norvig identificaram duas principais características da IA, uma relativa ao processo de raciocínio e

4 OCDE. "Perspectivas de la OCDE en Ciencia, Tecnología e Innovación en América Latina 2016 (Extractos)". *OCDE, Science, Technology and Innovation Outlook, 2018*, p. 75. Disponível em: https://www.oecd-ilibrary.org/docserver/9789264303546-es.pdf?expires=1596413358&id=id&accname=guest&checksum=2E46AC925BEC4C6C91F6E704DCB5BBD3. Acessado em: 29.06.2022.

5 CORVALÁN, Juan Gustavo. "Inteligencia artificial: retos, desafíos y oportunidades – Prometea: la primera inteligencia artificial de Latinoamérica al servicio de la Justicia". *Revista de Investigações Constitucionais*, Curitiba, vol. 5, nº 1, jan./abr. 2018, p. 297.

6 CORVALÁN, Juan Gustavo. "Inteligencia artificial: retos, desafíos y oportunidades – Prometea: la primera inteligencia artificial de Latinoamérica al servicio de la Justicia". *Revista de Investigações Constitucionais*, Curitiba, vol. 5, nº 1, jan./abr. 2018, p. 299.

motivação, e outra associada ao comportamento.[7] Ela se difere de outros algoritmos, pois, em geral, possui a característica de ser autodidata ao conseguir acumular experiências próprias e extrair delas o aprendizado. Esse processo de aprendizado se denomina *machine learning*.[8] Todavia, nem todas as espécies de inteligência artificial são focadas no aprendizado de máquina, podendo serem destinadas ao *knowledge & reasoning* (representação do conhecimento e raciocínio sobre o conhecimento representado), *planning* (planejamento), *communicating* (interface entre as máquinas) e *perceiving* (percepção do ambiente).

Focando na aprendizagem, o modelo mais complexo é conhecido por *deep learning*. A partir dele pode-se, por exemplo, através de câmeras em aeroportos, serem identificados e rastreados pessoas e objetos muito rapidamente. Ou então, o sistema pode ser utilizado para: a localização de minerais em áreas relativamente inexploradas da terra por meio de imagens de satélite; a classificação de doenças de forma automática e cada vez mais precisa, inclusive para ajudar os patologistas a identificar as células cancerígenas através das imagens dos linfonodos; o desenvolvimento dos chamados carros autônomos; entre uma infinidade de outras

---

7 RUSSELL, Stuart; NORVIG, Peter. *Artificial Intelligence*: a modern approach. 3ª ed. Nova Jersey: Pearson Education Limited, 2010, p. 1.

8 MICHIE, Donald; SPIEGELHALTER, David; TAYLOR, C. *Machine Learning, Neural and Statistical Classification*. Nova Jersey: Prentice Hall, 1994, p. 2. Análise profunda sobre o tema da IA e *machine learning* pode ser encontrada em: CORVALÁN, Juan Gustavo. "Inteligência Artificial GPT-3, PretorIA y oráculos algorítmicos en el Derecho". *International Journal of Digital Law*, Belo Horizonte, ano 1, nº 1, jan./abr. 2020, pp. 11-52.

possibilidades.[9] Os mecanismos de IA podem ter função decisória,[10] preditiva[11] ou híbrida.[12]

A problemática deste ponto reside no fato de que

> com a habilidade de treinar a si mesma e acumular experiências, a IA pode tomar decisões independentemente da vontade do seu desenvolvedor e, inclusive, chegar a resultados sequer passíveis de previsão pelos seus programadores.[13]

A IA também tende a replicar estereótipos, desvios cognitivos e preconceitos a partir das informações extraídas da base de dados analisada.[14]

Outra questão relevante é a relativa à chamada "caixa preta", que não permite um rastreio integral de como se chegou à

---

9 CIÊNCIA E DADOS. *Casos de Uso de Deep Learning*. Disponível em: http://www.cienciaedados.com/7-casos-de-uso-de-deep-learning/. Acessado em: 29.06.2022.

10 Atividades decisórias já têm sido delegadas a máquinas, conforme se verá adiante.

11 "A análise preditiva visa aproveitar os dados do passado para obter informações em tempo real e prever eventos futuros". FREITAS, Cinthia Obladen de Almendra; BARDDAL, Jean Paul. "Análise preditiva e decisões judiciais: controvérsia ou realidade?" *Revista Democracia Digital e Governo Eletrônico*, Florianópolis, vol. 1, nº 18, 2019, p. 110.

12 VALLE, Vanice Lírio do. "Inteligência artificial incorporada à Administração Pública: mitos e desafios teóricos". *A&C – Revista de Direito Administrativo & Constitucional*, Belo Horizonte, ano 20, nº 81, jul./set. 2020, pp. 186-188.

13 PIRES, Thatiane Cristina Fontão; SILVA, Rafael Peteffi da. "A responsabilidade civil pelos atos autônomos da inteligência artificial: notas iniciais sobre a resolução do parlamento europeu". *Revista Brasileira de Políticas Públicas*, Brasília, vol. 7, nº 3, dez. 2017, p. 243.

14 FREITAS, Juarez. "Direito Administrativo e Inteligência Artificial". *Interesse Público*, Belo Horizonte, vol. 21, nº 114, mar./abr. 2019, p. 17.

determinada decisão. Aqui vale citar o artigo 20 da Lei Geral de Proteção de Dados:[15]

> o titular dos dados tem direito a solicitar a revisão de decisões tomadas unicamente com base em tratamento automatizado de dados pessoais que afetem seus interesses, incluídas as decisões destinadas a definir o seu perfil pessoal, profissional, de consumo e de crédito ou os aspectos de sua personalidade.[16]

Conhecido como direito à explicação, ele garante o acesso à intimidade dos passos lógicos que integram a decisão artificial inteligente.[17] Todavia, este é um assunto tecnicamente complexo, juridicamente hermético, e ainda com regulação legislativa insuficiente.

Finalmente, Álvaro Sánchez Bravo rememora a lista dos sete requisitos essenciais que qualquer ferramenta de IA deve atender e respeitar para ser confiável.[18] Tais fundamentos foram extraídos da Diretiva da Comissão Europeia de 2019:[19] intervenção humana e supervisão; solidez e segurança técnica; privacidade e gestão

---

15 Sobre privacidade e proteção de dados, conferir: SALGADO, Eneida Desiree; SAITO, Vitoria Hiromi. "Privacidade e proteção de dados: por uma compreensão ampla do direito fundamental em face da sua multifuncionalidade". *International Journal of Digital Law*, Belo Horizonte, ano 1, nº 3, set./dez. 2020, pp. 117-137.

16 BRASIL. *Lei n. 13.709*, de 14 de agosto de 2018. Disponível em: http://www.planalto.gov.br/ccivil_03/_ato2015-2018/2018/lei/L13709.htm. Acessado em: 29.06.2022.

17 FREITAS, Juarez. "Direito Administrativo e Inteligência Artificial". *Interesse Público*, Belo Horizonte, vol. 21, nº 114, mar./abr. 2019, p. 20.

18 SÁNCHEZ BRAVO, Álvaro Avelino. "Marco Europeo para una inteligencia artificial basada en las personas". *International Journal of Digital Law*, Belo Horizonte, ano 1, nº 1, jan./abr. 2020, pp. 73/74.

19 EUROPEAN COMISSION. "Communication from the commission to the european parliament, the council, the european economic and social committee and the committee of the regions". *Building trust in human-centric artificial intelligence*, Brussels, 2019.

de dados; prestação de contas; transparência; diversidade, não discriminação e igualdade; e bem-estar social e ambiental. Não é difícil conseguir o reconhecimento jurídico deste conjunto de diretrizes, nem mesmo certo consenso no seu entorno. O problema é determinar o seu conteúdo normativo, considerando o alto nível disruptivo da realidade fática em que serão aplicados.

2 Analisando o campo do dever ser: possibilidade jurídica de atuação de IA na arbitragem

A aproximação entre IA e Direito não é fato novo, sobretudo no campo da tomada de decisão. Inclusive, já existem e estão sendo utilizados *softwares* autônomos que auxiliam nesses processos. Nos EUA, em 2017, tornou-se paradigmática a decisão polêmica de um juiz que condenou um homem à prisão baseado em um relatório gerado por um *software* de IA que avaliou a probabilidade de o acusado ser condenado.[20] Pesquisadores da UCL, da Universidade de Sheffield e da Universidade da Pensilvânia desenvolveram um algoritmo capaz de prever decisões judiciais do Tribunal Europeu de Direitos Humanos com precisão de até 79%.[21] Algumas empresas com grande volume de disputas de pequeno valor já utilizam *softwares* para resolução dos conflitos.[22] No Egito, o *software* DRExM tem sido usado para recomendar a técnica alternativa de resolução de conflitos mais adequada, dependendo

---

20 LIPTAK, Adam. "Sent to Prison by a Software Program's Secret Algorithms". *The New York Times*, 01 mai. de 2017. Disponível em: https://www.nytimes.com/2017/05/01/us/politics/sent-to-prison-by-a-software-programs-secret-algorithms.html. Acessado em: 29.06.2022.

21 UCL. *AI Predicts Outcomes of Human Rights Trials*. Disponível em: http://www.ucl.ac.uk/news/news-articles/1016/241016-AI-predicts-outcomes-human-rights-trials. Acessado em: 29.06.2022.

22 TYLER TECHNOLOGIES. *Modria*. Disponível em: https://www.tylertech.com/products/modria. Acessado em: 29.06.2022.

da natureza da disputa, das provas, e da relação entre as partes.[23] Na Estônia, um "robô juiz" sugere ou toma decisões em casos de pequena complexidade e valor econômico – processos com valor abaixo de 7 mil euros. No Canadá, já houve resolução de casos judiciais por "robô mediador".[24] Na Argentina, especificamente na cidade de Buenos Aires, o sistema Prometea, primeiro sistema de inteligência artificial jurídico na América Latina que funciona por comando de voz (assim como a Siri, da Apple, e a Alexa, da Amazon), combina matrizes de automação, reconhecimento de linguagem natural e predição, para trazer maior eficiência para a Administração Pública.[25]

No Brasil,[26] Alice, Sofia, Monica, Sapiens e Victor são alguns dos assistentes de órgãos públicos para o auxílio na tomada de

---

23 ELZINY, A. A. *et al.* "An expert system to manage dispute resolutions in construction projects in Egypt". *Ain Shams Engineering Journal*, vol. 7, nº 1, mar. 2016, pp. 57-71.

24 VASDANI, Tara. "From Estonian AI judges to robot mediators in Canada, U.K". *LexisNexis*. Disponível em: https://www.lexisnexis.ca/en-ca/ihc/2019-06/from-estonian-ai-judges-to-robot-mediators-in-canada-uk.page. Acessado em: 29.06.2022.

25 Em Buenos Aires existe uma Administração Pública totalmente digital. CORVALÁN, Juan Gustavo. "Inteligencia artificial GPT-3, PretorIA y oráculos algorítmicos en el Derecho". *International Journal of Digital Law*, Belo Horizonte, ano 1, nº 1, jan./abr. 2020, pp. 301-304. Sobre a incorporação de IA na Administração Pública brasileira, conferir: FIGUEIREDO, Carla Regina Bortolaz de; CABRAL, Flávio Garcia. "Inteligência artificial: machine learning na Administração Pública". *International Journal of Digital Law*, Belo Horizonte, ano 1, nº 1, jan./abr. 2020, pp. 79-95.

26 O Brasil ainda não compreende o potencial transformador da inteligência artificial no aprimoramento dos serviços e políticas públicas. Há ausência de articulação governamental para discutir e fomentar seu uso, tornando-se necessária a inserção da temática na agenda governamental, trazendo para o debate as empresas privadas e *startups*, o ecossistema acadêmico e o terceiro setor. FELISDÓRIO, Rodrigo César Santos; DUTRA E SILVA, Luís André. "Inteligência artificial como ativo estratégico para a Administração Pública". *In*: FERNANDES, Ricardo Vieira de Carvalho; CARVALHO, Angelo Gamba Prata de (Coord.). *Tecnologia jurídica & direito digital*: II

decisões. As três primeiras são utilizadas pelo Tribunal de Contas da União e ajudam a supervisionar a existência de fraudes em concursos, auxiliam os auditores na redação de textos e no monitoramento de contratos públicos. São interfaces de um sistema maior, chamado Laboratório de Informação de Controle (Labcontas), que funciona como o "cérebro" dos robôs e é onde eles subtraem as informações nas quais suas sugestões são baseadas, a partir de 77 bancos de dados.[27]

Sapiens é um gerenciador eletrônico de documentos (GED), híbrido, utilizado pela Advocacia Geral da União para otimizar o trabalho legal dos advogados. O sistema possui avançados recursos de apoio à produção de conteúdo jurídico e de controle de fluxos administrativos, focado na integração com os sistemas informatizados do Poder Judiciário e do Poder Executivo.[28]

Já Victor, utilizado no Supremo Tribunal Federal, visa trazer maior eficiência na análise de processos, com economia de tempo e recursos humanos. Atua na execução de quatro atividades: conversão de imagens em textos no processo digital, separação do começo e do fim de um documento (peça processual, decisão etc.) em todo o acervo do Tribunal, separação e classificação das peças processuais mais utilizadas nas atividades do STF e a identificação dos temas de repercussão geral de maior incidência.[29]

Congresso Internacional de Direito, Governo e Tecnologia. Belo Horizonte: Fórum, 2018, p. 96.

27 CONJUR. *Alice, Sofia e Monica: três robôs auxiliam o trabalho do Tribunal de Contas da União*. 02 jun. de 2019. Disponível em: https://www.conjur.com.br/2019-jun-02/tres-robos-auxiliam-trabalho-tribunal-contas-uniao. Acessado em: 29.06.2022.

28 AGU. *Sapiens – Sistema AGU de Inteligência Jurídica*. Disponível em: https://sapiens.agu.gov.br/login. Acessado em: 29.06.2022.

29 LEX MAGISTER. *Ministra Cármen Lúcia anuncia início de funcionamento do Projeto Victor, de inteligência artificial*. Disponível em: http://www.lex.com.br/noticia_27695954_MINISTRA_CARMEN_LUCIA_ANUNCIA_

Pesquisa realizada pela Fundação Getúlio Vargas (FGV) apontou que metade dos tribunais do Brasil já usam IA. Há 72 projetos diferentes, em diferentes fases de implementação.[30] Nesse contexto, resta claro que a utilização de IA para automatização e apoio às decisões já vem acontecendo também no Brasil. Questão controversa é se a IA pode, autonomamente, proferir decisões. E se sim, se a sentença necessitaria de validação humana. Ou melhor, já que o objetivo principal do artigo é analisar a possibilidade de IA atuar como árbitro, seria juridicamente possível no Brasil ter uma IA que tome decisão arbitral, autonomamente? Se sim, como seria? Bastaria uma decisão homologatória humana?

Em regra, as leis de arbitragem não proíbem expressamente a nomeação de IA como árbitro. Disposições relativas à validade da convenção de arbitragem apenas a definem como a submissão de uma disputa aos árbitros. Por sua vez, as definições de "tribunal arbitral" afirmam apenas que as partes podem nomear um único ou vários árbitros. Assim, com base neste argumento, tanto uma convenção de arbitragem remetendo a disputa a um árbitro não

---

INICIO_DE_FUNCIONAMENTO_DO_PROJETO_VICTOR_DE_INTELIGENCIA_ARTIFICIAL.aspx. Acessado em: 29.06.2022.

30 FREITAS, Hyndara. "Judiciário brasileiro tem ao menos 72 projetos de inteligência artificial nos tribunais". *Jota*, 09 jul. de 2020. Disponível em: https://www.jota.info/coberturas-especiais/inova-e-acao/judiciario-brasileiro-tem-ao-menos-72-projetos-de-inteligencia-artificial-nos-tribunais-09072020. Acessado em: 29.06.2022. Com o intuito de solucionar os desafios do grande fluxo de processos judiciais (no início de 2020 havia um acúmulo de 78 milhões de processos) e da falta de recursos para suprir essa demanda, o Conselho Nacional de Justiça (CNJ) passou a permitir que os 92 tribunais brasileiros desenvolvessem seus próprios modelos de IA, resultando em descoordenação dos algoritmos. Nesse sentido, a pedido de consultoria pelo CNJ, a Escola de Assuntos Internacionais e Públicos – SIPA, da Universidade de Columbia, em parceria com o Instituto de Tecnologia e Sociedade (ITS), elaborará uma estrutura de governará colaborativa de modo que todas as iniciativas de IA no Judiciário brasileiro sejam integradas. BREM, Katie *et al.* "O futuro da IA no Sistema Judiciário brasileiro". *Mapeamento, integração e governança da IA*. SIPA - ITS: 2020.

humano quanto a composição de um tribunal por uma máquina seriam válidas.[31]

No entanto, há leis de arbitragem que referenciam expressamente os árbitros como pessoas. É o caso da legislação brasileira (Lei n. 9.307/96), que no artigo 13 dispõe que "pode ser árbitro qualquer pessoa capaz e que tenha a confiança das partes". Essa disposição torna a nomeação de IA como árbitro ilegal, devendo haver alteração legislativa para que isso seja possível – salvo se conferida personalidade e capacidade para o agente sintético (o que, de todo modo, também implicaria a anterior previsão em lei). Deve-se reconhecer que no momento de elaboração da legislação atual, por certo que seus autores não conheciam a realidade tecnológica subsequente. Entretanto, tentar adaptar esta legislação às novas tecnologias pode gerar um ambiente de insegurança jurídica. A melhor alternativa, então, é a adoção de um procedimento de rápida adaptação legislativa – com a efetiva inclusão no ordenamento positivo de um regramento mínimo capaz de garantir a segurança jurídica da utilização da inteligência artificial como agente decisor. Sabe-se que, no Brasil, isso não é algo simples.

Na Europa, membros do Parlamento Europeu propuseram atribuir um estatuto jurídico aos robôs, categorizando-os como "pessoas eletrônicas" e responsabilizando-os pelos seus atos ou omissões. Esse tipo de regulamentação abriria novas portas, possivelmente permitindo que as partes designassem uma IA, mesmo em países que exigem árbitros "pessoais".[32] Contudo, na prática, mesmo na Europa ainda não há legislações efetivas nessa direção.

---

31 JARA, José María de la; PALMA, Daniela; INFANTES, Alejandra. "Machine Arbitrator: Are We Ready?" *Kluwer Arbitration Blog*, 04 mai. de 2017. Disponível em: http://arbitrationblog.kluwerarbitration.com/2017/05/04/machine-arbitrator-are-we-ready/. Acessado em: 29.06.2022.

32 JARA, José María de la; PALMA, Daniela; INFANTES, Alejandra. "Machine Arbitrator: Are We Ready?" *Kluwer Arbitration Blog*, 04 mai. de 2017. Disponível em: http://arbitrationblog.kluwerarbitration.com/2017/05/04/machine-arbitrator-are-we-ready/. Acessado em: 29.06.2022.

Outra questão relevante é até que ponto os princípios jurídicos típicos da arbitragem podem ser parâmetro para a atuação da inteligência artificial. O parágrafo 6º do artigo 13 da Lei de Arbitragem brasileira dispõe que "no desempenho de sua função, o árbitro deverá proceder com imparcialidade, independência, competência, diligência e discrição". Além disso, o artigo 21, parágrafo 2º, trata sobre o livre convencimento do árbitro.[33] Com isso, é relevante a discussão sobre se uma IA cumpriria tais requisitos ou como isso seria garantido a partir de sua programação.

Há preocupações no sentido de que um *software* não possua características humanas, como empatia, emoções ou moralidade.[34] No entanto, não parece equivocado cogitar que esta seria uma decisão das partes, que deveriam poder deliberar se consideram esses atributos desejáveis ou não na opção de escolha do árbitro.[35] A depender do objeto do conflito, talvez estas características não sejam relevantes o suficiente para exigir a presença humana. No caso da arbitragem na Administração Pública, por exemplo, é interessante observar que ela será sempre "de Direito", sendo vedada a utilização da equidade como mecanismo de fundamentação decisória (art. 2º, parágrafo 3º da Lei n. 9.307/96). Entretanto, considerando que o fundamento decisório da inteligência artificial atual é correlacional e não subsuntivo causal caberia o questionamento: para a IA atual, qual seria o significado da distinção entre uma arbitragem "de Direito" e uma arbitragem "por equidade"? Fica a reflexão.

---

33 Artigo 21, parágrafo 2º da Lei de Arbitragem: "serão, sempre, respeitados no procedimento arbitral os princípios do contraditório, da igualdade das partes, da imparcialidade do árbitro e de seu livre convencimento".

34 JARA, José María de la; PALMA, Daniela; INFANTES, Alejandra. "Machine Arbitrator: Are We Ready?" *Kluwer Arbitration Blog*, 04 mai. de 2017. Disponível em: http://arbitrationblog.kluwerarbitration.com/2017/05/04/machine-arbitrator-are-we-ready/. Acessado em: 29.06.2022.

35 KREIS, Falco; KAULARTZ, Markus. "Smart Contracts and Dispute Resolution – A Chance to Raise Efficiency?" *Kluwer Law International*, vol. 37, nº 2, 2019, p. 353.

Também é importante considerar que os árbitros executam várias tarefas diferentes no decorrer da arbitragem, as quais incluem, entre outras: decidir sobre prorrogação de prazos,[36] sobre as responsabilidades das custas e despesas com arbitragem,[37] tentar a conciliação das partes,[38] tomar depoimentos e determinar a realização de perícias.[39] A questão é se essas tarefas exigem habilidades pessoais e interação humana. Por um lado, o sucesso do árbitro muitas vezes depende de ganhar a confiança subjetiva das partes e demonstrar que seus argumentos estão sendo ouvidos e devidamente considerados.[40] E isso muitas vezes ocorre no decurso do processo. Por outro lado, na medida em que estas ações e decisões intermédias sejam consideradas ínsitas ao procedimento burocrático, talvez elas possam ser padronizadas e ensinadas para que uma máquina as repita com eficiência a partir de uma integral objetividade interlocutória.

Há, também, preocupações relativas à responsabilização da IA e à motivação dos atos praticados.[41] Com a tecnologia atual a máquina é controlada por um programador. Contudo, há um receio quanto a haver outro agente – possivelmente uma grande

---

36 Artigo 23, parágrafo 2º da Lei de Arbitragem: "as partes e os árbitros, de comum acordo, poderão prorrogar o prazo para proferir a sentença final".

37 Artigo 27 da Lei de Arbitragem: "a sentença arbitral decidirá sobre a responsabilidade das partes acerca das custas e despesas com a arbitragem, bem como sobre verba decorrente de litigância de má-fé, se for o caso, respeitadas as disposições da convenção de arbitragem, se houver".

38 Artigo 21, parágrafo 4º: "competirá ao árbitro ou ao tribunal arbitral, no início do procedimento, tentar a conciliação das partes, aplicando-se, no que couber, o art. 28 desta Lei".

39 Artigo 22 da Lei de Arbitragem: "poderá o árbitro ou o tribunal arbitral tomar o depoimento das partes, ouvir testemunhas e determinar a realização de perícias ou outras provas que julgar necessárias, mediante requerimento das partes ou de ofício".

40 HOPE, James. "Chapter 7: Can a Robot Be an Arbitrator?" *Kluwer Law International*, 2019, p. 115.

41 O artigo 17 da Lei de Arbitragem dispõe que: "os árbitros, quando no exercício de suas funções ou em razão delas, ficam equiparados aos funcionários públicos, para os efeitos da legislação penal".

corporação – que possa controlar secretamente o processo de tomada de decisão. Por sua vez, a possibilidade de um processo obscuro decorrente do aprendizado automático típico do *machine learning* gera dúvidas a respeito do assunto. Afinal, certas espécies de IA podem decidir por si mesmas, apor intermédio de uma forte capacidade de autoaprendizagem e autoprogramação.[42] Caberia perguntar, contudo, se tais influências corporativas externas ou a própria subjetividade dos agentes humanos também não são fatores que já podem influenciar as arbitragens tradicionais. Aparentemente, ambas, tanto a arbitragem humana quanto a robótica implicam em dúvidas sobre sua lisura, seu processo legitimatório, e suas externalidades negativas – ainda que por razões diferentes.

Além disso, o uso de IA na arbitragem apresenta outros desafios, entre eles os relacionados à confidencialidade, a uma possível diminuição de flexibilidade,[43] e a um possível desconforto das partes na escolha de um árbitro algorítmico, além da questão da caixa preta (já mencionada).

Com relação à confidencialidade, duas questões merecem atenção. A primeira é relativa ao acesso aos precedentes que comporão as bases de dados. O segundo aspecto é que, tendo em vista que a utilização de inteligência artificial envolve *inputs* externos, pessoas alheias ao processo de arbitragem irão programar e lidar com essas tecnologias.[44] Quanto à flexibilidade, a questão que surge é se uma IA conseguiria adequar os procedimentos arbitrais às necessidades das partes, caso necessário. Sabe-se que clientes de

---

42 HOPE, James. "Chapter 7: Can a Robot Be an Arbitrator?" *Kluwer Law International*, 2019, p. 112.

43 VANNIEUWENHUYSE, Gauthier. "Arbitration and New Technologies: Mutual Benefits". *Journal of International Arbitration*, vol. 35, nº 1, 2018, pp. 119-130.

44 VANNIEUWENHUYSE, Gauthier. "Arbitration and New Technologies: Mutual Benefits". *Journal of International Arbitration*, vol. 35, nº 1, 2018, p. 125.

alto poder aquisitivo (geralmente empresas) costumam recorrer à arbitragem porque isso permite que eles tenham um procedimento personalizado pautado em uma grande confiança subjetiva no perfil dos árbitros.[45] Com a máquina, os mecanismos de atratividade do procedimento e de legitimidade da decisão seriam completamente diferentes e talvez mais rígidos.

No Brasil ainda há falta de informação acerca das novas tecnologias. Assim, as partes podem se sentir desconfortáveis na escolha de um árbitro não humano. Nesse sentido, uma solução possível seria permitir que árbitros algorítmicos arbitrem reivindicações menores e deixem reivindicações maiores para serem resolvidas por um árbitro humano – ao menos nesta fase inicial de disrupção. Alternativamente, uma forma de integrar o uso de árbitros com IA no processo de tomada de decisão seria inserir uma validação da sentença por um humano (homologação).[46]

Sabe-se que, no tocante à utilização de IA no Direito, há problemas relacionados à caixa preta e ao modelo paramétrico do *deep learning*, onde os próprios programadores não possuem acesso ao código do *software* ou são incapazes de explicar completamente por que a IA tomou uma determinada decisão. Assim, os árbitros algorítmicos devem ser habilitados para emitirem a decisão em uma linguagem natural, de modo que árbitros humanos, sem conhecimento

---

45 VANNIEUWENHUYSE, Gauthier. “Arbitration and New Technologies: Mutual Benefits”. *Journal of International Arbitration*, vol. 35, nº 1, 2018, p. 125. Sobre a flexibilidade da arbitragem, “a natureza ampla das regras permite que as partes e o tribunal de arbitragem adaptem um procedimento efetivo às necessidades e particularidades de cada caso”. CÂMARA DE COMÉRCIO INTERNACIONAL (ICC). *Condução efetiva da arbitragem*: um Guia para Advogados Internos e Outros Representantes das Partes. jan. 2021, p. 4.

46 HUANG YING, Irene Ng; DEL RIO, Valeria Benedetti. “Chapter 8: When the Tribunal Is an Algorithm: Complexities of Enforcing Orders Determined by a Software under the New York Convention”. *Kluwer Law International*, 2019, p. 134.

prévio de codificação, possam compreendê-la.[47] Rememore-se que o artigo 26 da Lei de Arbitragem arrola como requisito obrigatório da sentença arbitral os fundamentos da decisão.[48] Será preciso, portanto, um *software* muito sofisticado de IA para a efetividade do modelo, garantindo uma suficiente, clara e congruente motivação.

Ainda, não se pode esquecer de assegurar proteção aos direitos fundamentais. Aqui faz-se relevante citar a Carta Ética para o uso de IA nos sistemas judiciários e seu ambiente, adotada pela Comissão Europeia para a Eficiência da Justiça em dezembro de 2018. Nela, são arrolados cinco princípios gerais, que claramente poderiam também guiar o uso de instrumentos de IA no contexto de procedimentos arbitrais. São eles: (a) princípio do respeito pelos direitos fundamentais, o qual assegura que a concepção e implementação de ferramentas e serviços de inteligência artificial sejam compatíveis com os direitos fundamentais; (b) princípio da não discriminação, ao garantir que as ferramentas de IA não levem a análises ou práticas discriminatórias; (c) princípio da qualidade e segurança, que garante a utilização de fontes seguras e dados intangíveis no tratamento de decisões e dados, com modelos elaborados de forma multidisciplinar, em ambiente tecnológico preservado; (d) princípio da transparência, imparcialidade e justiça, o qual determina que os métodos de processamento de dados sejam acessíveis e compreensíveis a todas as partes no processo, sendo possível a realização de auditorias; e (e) princípio "no controle do usuário", o qual impede uma

---

47 HUANG YING, Irene Ng; DEL RIO, Valeria Benedetti. "Chapter 8: When the Tribunal Is an Algorithm: Complexities of Enforcing Orders Determined by a Software under the New York Convention". *Kluwer Law International*, 2019, p. 134.

48 Artigo 26, inciso II da Lei de Arbitragem: "são requisitos obrigatórios da sentença arbitral: os fundamentos da decisão, onde serão analisadas as questões de fato e de direito, mencionando-se, expressamente, se os árbitros julgaram por equidade".

abordagem prescritiva, garantindo que os usuários sejam atores informados e estejam no controle das escolhas feitas.[49]

Algo relevante a ser considerado é que os programas de IA não têm fome e outros sentimentos ou emoções e, portanto, não podem ser influenciados por esse fator irracional ao tomar decisões.[50] E a rapidez das decisões caminharia para o instantâneo, dependendo, apenas da velocidade dos advogados das partes (que se também utilizarem IA em seus escritórios poderão ter respostas imediatas). De fato, o fator tempo nos procedimentos arbitrais tem causado preocupações na comunidade internacional – pois algumas arbitragens têm se demonstrado mais complexas e demoradas que o esperado e prometido.[51] A IA pode diminuir exponencialmente este tempo em todas as fases procedimentais da arbitragem, além de aumentar o grau de acerto.[52]

Sendo assim, em uma dimensão teórica (campo de dever ser) a partir da análise ética e jurídica, da identificação de uma

---

49 CARRARA, Cecilia. "Chapter IV: Science and Arbitration, The Impact of Cognitive Science and Artificial Intelligence on Arbitral Proceedings Ethical issues". *Austrian Yearbook on International Arbitration 2020*, 2020, pp. 528/529.

50 SCHERER, Maxi. "International Arbitration 3.0 – How Artificial Intelligence Will Change Dispute Resolution". *In*: KLAUSEGGER, Christian *et al* (Coord.). *Austrian Yearbook on International Arbitration 2019*. Vienna, 2019, p. 510.

51 CÂMARA DE COMÉRCIO INTERNACIONAL (ICC). *Condução efetiva da arbitragem*: um Guia para Advogados Internos e Outros Representantes das Partes. jan. 2021, pp. 3-5.

52 Ao apresentar Prometea, o primeiro sistema de IA preditivo na América Latina no Judiciário, Antonella Stringhini explica que esse sistema prediz a solução de um caso judicial em menos de 20 segundos, com una taxa de acerto de 96%, além de reduzir a quantidade de erros em 99%. STRINGHINI, Antonella. "Administración Pública Inteligente: novedades al ecosistema normativo digital de la República Argentina". *Revista Eurolatinoamericana de Derecho Administrativo*, Santa Fe, vol. 5, nº 2, jul./dez. 2018, pp. 199-215. Maxi Scherer também afirma que uma IA é capaz de fazer previsões precisas. SCHERER, Maxi. "International Arbitration 3.0 – How Artificial Intelligence Will Change Dispute Resolution". *In*: KLAUSEGGER, Christian *et al* (Coord.). *Austrian Yearbook on International Arbitration 2019*. Vienna, 2019, p. 512.

necessária proteção a direitos fundamentais e dos desafios a serem enfrentados, pode-se dizer que sim, é possível que uma IA atue como árbitra. Contudo, parece ser importante que haja uma sentença homologatória humana para a evitação de erros – considerando que a decisão arbitral artificial é baseada em probabilidades estatísticas (que, pela sua própria natureza, possuem uma margem de erro inerente ao modelo).[53]

3 Analisando o campo do ser: a elitização da arbitragem como entrave à utilização de IA

Com relação ao aspecto prático da arbitragem, algumas questões devem ser consideradas por serem, *a priori*, desfavoráveis à implementação do modelo: 1. A restrição de matérias suscetíveis à arbitragem; 2. Os custos de desenvolvimento, treinamento e implementação da IA como agente decisor autônomo; 3. As dificuldades de acesso à Big Data pela ausência de um extenso banco de decisões pretéritas, notadamente em nível nacional. Estas características da arbitragem a tornam um sistema em certa medida "elitista", devido à sua dificuldade de popularização e utilização extensiva como meio alternativo ao Judiciário para resolução de conflitos.

A primeira delas é relativa às matérias que podem ser julgadas por meio dessa técnica: somente litígios acerca de direitos patrimoniais disponíveis podem ser dirimidos pela arbitragem.[54] Pesquisa referente a arbitragens realizadas em Câmaras localizadas

53 Há quem defenda que mesmo que os humanos cometam erros na resolução de disputas, a sociedade talvez ainda prefira empregar juízes humanos a dar controle total a uma máquina. Muitos consideram a justiça um processo exclusivamente humano que pode ser extremamente difícil para a IA executar, independentemente do seu nível de sofisticação na programação. BELLO, Temitayo. "Online Dispute Resolution Algorithm: the Artificial Intelligence Model as a Pinnacle". *The International Journal of Arbitration, Mediation and Dispute Management*, vol. 4, nº 2, 2018, p. 159.

54 Artigo 1º da Lei de Arbitragem.

nos grandes centros brasileiros nos anos de 2017 e 2018 indicou que as três matérias mais tratadas são as relativas a, da maior para a menor, área societária, construção civil e energia, e contratos empresariais em geral.[55] Portanto, não são muitas as opções de dados disponíveis para o treinamento da IA e, a partir desta realidade, já haveria um direcionamento de sua utilização.

Fabiano Engelmann conclui que no processo de mobilização em torno da aprovação da Lei da Arbitragem, houve um movimento pela construção de um modelo de justiça profundamente ligado ao espaço empresarial e dos negócios. Ainda, na construção da notoriedade necessária para ser um árbitro, há a combinação de expertises com um capital de relações sociais junto ao meio empresarial, que pode ser medido notadamente pela presença em diretorias de associações comerciais e industriais.[56]

Outra questão é a relativa aos custos da arbitragem. Em geral, a utilização dessa técnica traz custos elevados. Contudo, há estudos que indicam que acima de determinado valor em disputa e a depender da perspectiva de êxito do litigante, o processo arbitral apresenta-se como um método menos custoso de solução de conflitos.[57] Com a utilização ostensiva da IA, a tendência é que tais custos sejam exponencialmente reduzidos. Na fase inicial, todavia,

---

55 LEMES, Selma Ferreira. *Pesquisa – 2019*. Arbitragem em Números e Valores. Oito Câmaras. 2 anos. Disponível em: http://selmalemes.adv.br/artigos/PesquisaArbitragens2019.pdf. Acessado em: 29.06.2022.

56 ENGELMANN, Fabiano. "O espaço da arbitragem no Brasil: notáveis e experts em busca de reconhecimento". *Revista de Sociologia e Política*, Curitiba, vol. 20, nº 44, nov. 2012, p. 172.

57 SICA, Heitor; PIMENTEL, Wilson. "Custo do processo arbitral *versus* custo do processo judicial: uma análise econômica da realidade brasileira". *Revista Brasileira de Arbitragem*, vol. 68, nº 17, 2020; MIGALHAS. *Advogado compara custos da arbitragem com o Judiciário*. 26 jan. de 2014. Disponível em: https://www.migalhas.com.br/quentes/194127/advogado-compara-custos-da-arbitragem-com-o-judiciario. Acessado em: 29.06.2022.

a necessidade de desenvolvimento do sistema pode impactar em um aumento dos custos para a implantação do agente artificial decisor.

O uso de Big Data na tomada de decisões também revela desafios. Alguns autores os sintetizam pelos chamados Vs: volume, variedade, velocidade, veracidade e valor. Eles também são os pilares dos projetos orientados a dados e ajudam a avaliar programas de IA baseados em *Data Science*.[58] Qualquer programa de IA baseado em dados, em primeiro lugar, requer acesso a eles. Os modelos de aprendizado de máquina, que são baseados em correlações probabilísticas, são fundamentados em estatísticas, ou seja, quanto maiores os dados da amostra, mais preciso tende a ser o valor preditivo do modelo.

No âmbito jurídico, o volume de dados necessários para os programas de IA leva a duas possíveis limitações. Primeiro, os dados do caso nem sempre são facilmente acessíveis. Em certas áreas do Direito, as decisões são confidenciais e, portanto, não estão disponíveis para terceiros. Segundo, o tamanho da amostragem é relevante, visto que quanto mais dados, maior a precisão do modelo extraído. O número de sentenças arbitrais no Brasil não é extenso,[59] o que dificulta a obtenção de um tamanho adequado da amostra a ser utilizada no treinamento da máquina.[60]

---

58 SCHERER, Maxi. "Artificial Intelligence and Legal Decision-Making: The Wide Open?" *Journal of International Arbitration*, vol. 36, nº 5, 2019, p. 554; AFFELT, Amy. "Big Data, Big Opportunity". *Australian Law Librarian*, vol. 2, 2013, p. 78.

59 Desde 1989 até 2019 (em 30 anos), somente 1.078 procedimentos arbitrais foram administrados pelo Centro de Arbitragem e Mediação da Câmara de Comércio Brasil-Canadá (CAM-CCBC). CAM-CCBC. *Relatório Anual 2019. Fatos e números*. Disponível em: https://ccbc.org.br/cam-ccbc-centro-arbitragem-mediacao/wp-content/uploads/sites/10/2020/07/CAM_AR-versão-final-PORT-040720.pdf. Acessado em: 29.06.2022.

60 SCHERER, Maxi. "Artificial Intelligence and Legal Decision-Making: The Wide Open?" *Journal of International Arbitration*, vol. 36, nº 5, 2019, p. 555. Esse baixo volume de dados é conhecido por Small Data. Assim, as redes neurais não são muito úteis para obter taxas de acerto razoáveis.

No tocante à variedade de dados necessários para a tomada de decisão baseada na IA, é necessário se investigar até que ponto os modelos de IA exigem padrões de fato repetitivos ou, inversamente, se eles seriam capazes de lidar com tópicos complexos e não repetitivos. Pesquisa realizada sobre a previsão de decisões da Suprema Corte dos EUA, com resultados publicados em 2017, indicou que quanto mais problemas não repetitivos, mais dificuldades o modelo de IA enfrentará.[61] Essa questão tem relação direta com o volume de dados, pois com menos decisões-modelo, consequentemente a variedade delas será menor.

Já a velocidade refere-se à frequência dos dados de entrada que precisam ser processados. Ao longo do tempo, as decisões podem não ser frequentes e, quando ocorrerem, pode ter havido mudanças legislativas/jurisprudenciais/doutrinárias, de maneira que os dados anteriores fiquem desatualizados. Essa questão levanta a problemática de como a IA irá conseguir se adaptar a novas abordagens.[62]

A veracidade está relacionada à exatidão e confiabilidade dos dados utilizados. No contexto da IA, a questão é se existem vulnerabilidades ocultas que podem afetar a precisão do modelo. Pesquisa demonstrou que a probabilidade de uma decisão favorável em pedidos de liberdade condicional no judiciário israelense é significativamente maior logo após as pausas diárias para alimentação do juiz.[63] Alguns autores concluíram, portanto, que a tomada de

---

CORVALÁN, Juan Gustavo. "Inteligencia Artificial GPT-3, PretorIA y oráculos algorítmicos en el Derecho". *International Journal of Digital Law*, Belo Horizonte, ano 1, nº 1, jan./abr. 2020, p. 43.

61 KATZ, Daniel M.; BOMMARITO II, Michael J.; BLACKMAN, Josh. "A General Approach for Predicting the Behavior of the Supreme Court of the United States". *PloS One*, vol. 12, nº 4, abr. 2017.

62 SCHERER, Maxi. "Artificial Intelligence and Legal Decision-Making: The Wide Open?" *Journal of International Arbitration*, vol. 36, nº 5, 2019, p. 557.

63 SCHERER, Maxi. "Artificial Intelligence and Legal Decision-Making: The Wide Open?" *Journal of International Arbitration*, vol. 36, nº 5, 2019, pp. 558/559.

decisão baseada em IA seria superior à tomada de decisão humana com base no fato de que os computadores seriam imunes a vieses cognitivos ou influência indevida de fatores externos.

No entanto, uma atitude deferente e cega em relação à objetividade e infalibilidade algorítmica é inadequada. Os ganhos em objetividade podem implicar perdas em outras searas. Cada vez mais a doutrina internacional tem destacado os riscos de mau comportamento ou algoritmos tendenciosos. De todo modo, é inexorável a relevância da capacidade da IA de extração de valores a partir dos dados com precisão e acuidade. Quanto mais os futuros modelos de IA consigam dar uma resposta satisfatória às suas fragilidades, mais eles se tornarão factíveis. E esta parece ser uma previsão razoável a respeito do uso da IA no universo decisional em geral e, particularmente, na arbitragem.

No atual momento, entretanto, em que pese o reconhecimento de que é possível a IA atuar como árbitra, sendo conveniente a obrigatoriedade de uma sentença homologatória, na prática, o caráter elitista do modelo (nos termos em que apresentado) é um elemento complicador. Em síntese, o maior impeditivo está na esfera do ser e não na esfera do deve ser. Se no futuro a arbitragem se tornar um mecanismo popular, poderá tornar-se praticável mediante uma factível adaptação do sistema jurídico às novas tecnologias (principalmente mediante a edição de legislações específicas).

Conclusões

Duas questões principais foram levantadas neste artigo: seria juridicamente possível usar IA para tomada de decisão? Caso seja possível, seria factível? A partir do exposto, as conclusões trazidas referem-se a duas dimensões distintas: a esfera do dever ser e a esfera do ser.

Na dimensão jurídica, concluiu-se que seria razoável e admissível a utilização de IA na arbitragem, com autonomia para a tomada de decisão, desde que haja uma decisão homologatória. Já no campo fático, considerando a realidade brasileira atual, não parece possível a utilização da IA como árbitra. Isso se dá pois, no Brasil, diferentemente do Poder Judiciário, a arbitragem é mecanismo ainda elitizado que se reporta a um conjunto de casos muito específicos. Como o processo de *machine learning* depende de uma satisfatória base de dados para que se torne seguro e confiável, a IA não teria condições de tomar uma decisão adequada. Uma IA que se baseia em um histórico significativo de casos traz segurança jurídica e estabilidade em suas predições sobre como decidir. E o contrário é verdadeiro: a utilização de um pequeno número de casos pretéritos produz falta de acuidade nas decisões futuras.

Em suma, é possível uma IA atuar como árbitra, mas na realidade atual não parecer ser algo praticável, e assim será enquanto a base de dados para alimentar a máquina for pequena – ou o modelo de aprendizado continue a exigir Big Data. Caso esse cenário, por um ou outro motivo, seja alterado, é razoável supor ser possível adaptar o sistema jurídico brasileiro para o uso de IA como árbitro na resolução alternativa de controvérsias.

Referências bibliográficas

AFFELT, Amy. "Big Data, Big Opportunity". *Australian Law Librarian*, vol. 2, 2013.

AGU. *Sapiens – Sistema AGU de Inteligência Jurídica*. Disponível em: https://sapiens.agu.gov.br/login. Acessado em: 29.06.2022.

BELLO, Temitayo. "Online Dispute Resolution Algorithm: the Artificial Intelligence Model as a Pinnacle". *The International Journal of Arbitration, Mediation and Dispute Management*, vol. 4, 2018.

BRASIL. *Lei n. 13.709*, de 14 de agosto de 2018. Disponível em: http://www.planalto.gov.br/ccivil_03/_ato2015-2018/2018/lei/L13709.htm Acessado em: 29.06.2022.

______. *Lei n. 9.307*, de 23 de setembro 1996. Disponível em: http://www.planalto.gov.br/ccivil_03/leis/l9307.htm. Acessado em: 29.06.2022.

BREM, Katie *et al.* "O futuro da IA no Sistema Judiciário brasileiro". *Mapeamento, integração e governança da IA*. SIPA; ITS: 2020.

CÂMARA DE COMÉRCIO INTERNACIONAL (ICC). *Condução efetiva da arbitragem*: um Guia para Advogados Internos e Outros Representantes das Partes. jan. 2021.

CAM-CCBC. *Relatório Anual 2019. Fatos e números*. Disponível em: https://ccbc.org.br/cam-ccbc-centro-arbitragem-mediacao/wp-content/uploads/sites/10/2020/07/CAM_AR-versão-final-PORT-040720.pdf. Acessado em: 29.06.2022.

CARRARA, Cecilia. "Chapter IV: Science and Arbitration, The Impact of Cognitive Science and Artificial Intelligence on Arbitral Proceedings Ethical issues". *Austrian Yearbook on International Arbitration 2020*, 2020.

CIÊNCIA E DADOS. *Casos de Uso de Deep Learning*. Disponível em: http://www.cienciaedados.com/7-casos-de-uso-de-deep-learning/. Acessado em: 29.06.2022.

CONJUR. *Alice, Sofia e Monica*: três robôs auxiliam o trabalho do Tribunal de Contas da União. 02 jun. 2019. Disponível em: https://www.conjur.com.br/2019-jun-02/tres-robos-auxiliam-trabalho-tribunal-contas-uniao. Acessado em: 29.06.2022.

CORVALÁN, Juan Gustavo. "Inteligencia Artificial GPT-3, PretorIA y oráculos algorítmicos en el Derecho". *International Journal of Digital Law*, Belo Horizonte, ano 1, nº 1, jan./abr. 2020.

______. "Inteligencia artificial: retos, desafíos y oportunidades – Prometea: la primera inteligencia artificial de Latinoamérica al servicio de la Justicia". *Revista de Investigações Constitucionais*, Curitiba, vol. 5, nº 1, jan./abr. 2018.

ELZINY, A. A. *et al.* "An expert system to manage dispute resolutions in construction projects in Egypt". *Ain Shams Engineering Journal*, vol. 7, nº 1, mar. 2016.

ENGELMANN, Fabiano. "O espaço da arbitragem no Brasil: notáveis e experts em busca de reconhecimento". *Revista de Sociologia e Política*, Curitiba, vol. 20, nº 44, nov. 2012.

EUROPEAN COMISSION. "Communication from the commission to the european parliament, the council, the european economic and social committee and the committee of the regions". *Building trust in human-centric artificial intelligence*, Brussels, 2019.

FELISDÓRIO, Rodrigo César Santos; DUTRA E SILVA, Luís André. "Inteligência artificial como ativo estratégico para a Administração Pública". *In*: FERNANDES, Ricardo Vieira de Carvalho; CARVALHO, Angelo Gamba Prata de (Coord.). *Tecnologia jurídica & direito digital*: II Congresso Internacional de Direito, Governo e Tecnologia. Belo Horizonte: Fórum, 2018.

FIGUEIREDO, Carla Regina Bortolaz de; CABRAL, Flávio Garcia. "Inteligência artificial: machine learning na Administração Pública". *International Journal of Digital Law*, Belo Horizonte, ano 1, nº 1, jan./abr. 2020.

FREITAS, Cinthia Obladen de Almendra; BARDDAL, Jean Paul. "Análise preditiva e decisões judiciais: controvérsia ou realidade?" *Revista Democracia Digital e Governo Eletrônico*, Florianópolis, vol. 1, nº 18, 2019.

FREITAS, Hyndara. "Judiciário brasileiro tem ao menos 72 projetos de inteligência artificial nos tribunais". *Jota*, 09 jul. 2020. Disponível em: https://www.jota.info/coberturas-especiais/inova-e-acao/judiciario-brasileiro-tem-ao-menos-72-projetos-de-inteligencia-artificial-nos-tribunais-09072020. Acessado em: 29.06.2022.

FREITAS, Juarez. "Direito Administrativo e Inteligência Artificial". *Interesse Público*, Belo Horizonte, vol. 21, nº 114, mar./abr. 2019.

HOPE, James. "Chapter 7: Can a Robot Be an Arbitrator?" *Kluwer Law International*, 2019.

HUANG YING, Irene Ng; DEL RIO, Valeria Benedetti. "Chapter 8: When the Tribunal Is an Algorithm: Complexities of Enforcing Orders Determined by a Software under the New York Convention". *Kluwer Law International*, 2019.

JARA, José María de la; PALMA, Daniela; INFANTES, Alejandra. "Machine Arbitrator: Are We Ready?" *Kluwer Arbitration Blog*, 04 mai. de 2017. Disponível em: http://arbitrationblog.kluwerarbitration.com/2017/05/04/machine-arbitrator-are-we-ready/. Acessado em: 29.06.2022.

KATZ, Daniel M.; BOMMARITO II, Michael J.; BLACKMAN, Josh. "A General Approach for Predicting the Behavior of the Supreme Court of the United States". *PloS One*, vol. 12, nº 4, abr. 2017.

KREIS, Falco; KAULARTZ, Markus. "Smart Contracts and Dispute Resolution – A Chance to Raise Efficiency?" *Kluwer Law International*, vol. 37, nº 2, 2019.

LEMES, Selma Ferreira. *Pesquisa – 2019*. Arbitragem em Números e Valores. Oito Câmaras. 2 anos. Disponível em: http://selmalemes.adv.br/artigos/PesquisaArbitragens2019.pdf. Acessado em: 29.06.2022.

LEX MAGISTER. *Ministra Cármen* Lúcia anuncia início de funcionamento do Projeto Victor, de inteligência artificial. Disponível em: http://www.lex.com.br/noticia_27695954_MINISTRA_CARMEN_LUCIA_ANUNCIA_INICIO_DE_FUNCIONAMENTO_DO_PROJETO_VICTOR_DE_INTELIGENCIA_ARTIFICIAL.aspx. Acessado em: 29.06.2022.

LIPTAK, Adam. "Sent to Prison by a Software Program's Secret Algorithms". *The New York Times*, 01 mai. de 2017. Disponível em: https://www.nytimes.com/2017/05/01/us/politics/sent-to-prison-by-a-software-programs-secret-algorithms.html. Acessado em: 29.06.2022.

MICHIE, Donald; SPIEGELHALTER, David; TAYLOR, C. *Machine Learning, Neural and Statistical Classification*. Nova Jersey: Prentice Hall, 1994.

MIGALHAS. *Advogado compara custos da arbitragem com o Judiciário*. 26 jan. 2014. Disponível em: https://www.migalhas.com.br/quentes/194127/advogado-compara-custos-da-arbitragem-com-o-judiciario. Acessado em: 29.06.2022.

OCDE. "Perspectivas de la OCDE en Ciencia, Tecnología e Innovación en América Latina 2016 (Extractos)". *OCDE, Science, Technology and Innovation Outlook, 2018*. Disponível em: https://www.oecd-ilibrary.org/docserver/9789264303546-es.pdf?expires=1596413358&id=id&accname=guest&checksum=2E46AC925BEC4C6C91F6E704DCB5BBD3. Acessado em: 29.06.2022.

PIRES, Thatiane Cristina Fontão; SILVA, Rafael Peteffi da. "A responsabilidade civil pelos atos autônomos da inteligência artificial: notas iniciais sobre a resolução do parlamento europeu". *Revista Brasileira de Políticas Públicas*, Brasília, vol. 7, nº 3, dez. 2017.

RUSSELL, Stuart; NORVIG, Peter. *Artificial Intelligence*: a modern approach. 3ª ed. Nova Jersey: Pearson Education Limited, 2010.

SALGADO, Eneida Desiree; SAITO, Vitoria Hiromi. "Privacidade e proteção de dados: por uma compreensão ampla do direito fundamental em face da sua multifuncionalidade". *International Journal of Digital Law*, Belo Horizonte, ano 1, nº 3, set./dez. 2020.

SÁNCHEZ BRAVO, Álvaro Avelino. "Marco Europeo para una inteligencia artificial basada en las personas". *International Journal of Digital Law*, Belo Horizonte, ano 1, nº 1, jan./abr. 2020.

SCHERER, Maxi. "Artificial Intelligence and Legal Decision-Making: The Wide Open?" *Journal of International Arbitration*, vol. 36, nº 5, 2019.

______. "International Arbitration 3.0 – How Artificial Intelligence Will Change Dispute Resolution". *In*: KLAUSEGGER, Christian *et al.* (Coord.). *Austrian Yearbook on International Arbitration 2019*. Vienna, 2019.

SICA, Heitor; PIMENTEL, Wilson. "Custo do processo arbitral *versus* custo do processo judicial: uma análise econômica da realidade brasileira". *Revista Brasileira de Arbitragem*, vol. 68, nº 17, 2020.

STRINGHINI, Antonella. "Administración Pública Inteligente: novedades al ecosistema normativo digital de la República Argentina". *Revista Eurolatino americana de Derecho Administrativo*, Santa Fe, vol. 5, nº 2, jul./dez. 2018.

TEIXEIRA, Sergio Torres. "Vias alternativas à jurisdição contenciosa da Justiça do Trabalho: superando mitos e apontando caminhos à luz da Lei n. 13.467 de 2017". *Revista de Direito Econômico e Socioambiental*, Curitiba, vol. 8, nº 3, set./dez. 2017.

TYLER TECHNOLOGIES. *Modria*. Disponível em: https://www.tylertech.com/products/modria. Acessado em: 29.06.2022.

UCL. *AI Predicts Outcomes of Human Rights Trials*. Disponível em: http://www.ucl.ac.uk/news/news- articles/1016/241016-AI-predicts-outcomes-human-rights-trials. Acessado em: 29.06.2022.

VALLE, Vanice Lírio do. "Inteligência artificial incorporada à Administração Pública: mitos e desafios teóricos". *A&C – Revista de Direito Administrativo & Constitucional*, Belo Horizonte, ano 20, nº 81, jul./set. 2020.

VANNIEUWENHUYSE, Gauthier. "Arbitration and New Technologies: Mutual Benefits". *Journal of International Arbitration*, vol. 35, nº 1, 2018.

VASDANI, Tara. "From Estonian AI judges to robot mediators in Canada, U.K". *LexisNexis*. Disponível em: https://www.lexisnexis.ca/en-ca/ihc/2019-06/from-estonian-ai-judges-to-robot-mediators-in-canada-uk.page. Acessado em: 29.06.2022.

CAPÍTULO XIV

ARBITRAGEM E RECUPERAÇÃO JUDICIAL

Walfrido Warde
José Luiz Bayeux Neto

Uma década de insolvência

Nos últimos dez anos, o país quebrou duas vezes: uma na esteira da crise política iniciada com a Operação Lava-Jato em 2014, outra na pandemia de Coronavírus, de 2020 em diante.

Como consequência dessa década de insolvência, o processo de recuperação judicial ganhou uma notoriedade e protagonismo até então desconhecidos nos meios jurídicos.

É raro o advogado de contencioso cível ou trabalhista, de pequenas ou grande causas, que não tenha se deparado, nos últimos anos, ao menos uma única vez, com um réu em recuperação judicial ou falido que tenha lhe obrigado a estudar, ainda que superficialmente, a Lei de Recuperações Judiciais e Falências para realizar uma habilitação de crédito em favor de seu cliente.

Da noite para o dia, tornamo-nos todos falencistas (quando não falidos...), não por opção, mas por necessidade.

A epidemia de recuperações judiciais atingiu seu pico em 2016, quando foram propostas 1.863 recuperações judiciais no país.

Um dado curioso é o de que, ao contrário do que se possa imaginar, a recuperação judicial é um instrumento majoritariamente utilizado por empresas de médio e grande porte, e com muita pouca aderência entre micro e pequenas empresas.[1]

É possível, embora não tenhamos dados suficientes para comprová-lo, que a recuperação judicial tenha avançado não apenas *horizontalmente* (ou seja, no número de empresas que ajuizaram pedidos de recuperação), mas também *verticalmente* (ou seja, no faturamento e porte financeiro das empresas que se valem do instrumento da recuperação).

Nos últimos anos, presenciamos a quebra de grandes grupos nacionais, com faturamentos na casa dos bilhões de reais e dívidas na casa das dezenas de bilhões de reais. Esse fenômeno parece ser

---

1 Estudo publicado pela Associação Brasileira de Jurimetria e pelo Observatório de Insolvência da Pontifícia Universidade Católica publicado em 15 de março de 2022 (Disponível em: https://abj.org.br/cases/2a-fase-observatorio-da-insolvencia/), tendo como base de dados as recuperações judiciais distribuídas no Estado de São Paulo entre janeiro de 2010 e julho de 2017, identificou que, dentre as recuperandas que divulgaram seu faturamento, 45,4% possuíam faturamento inferior a R$ 10 milhões, 39,8% possuíam faturamento entre R$ 10 milhões e R$ 100 milhões, e 14,8% possuíam faturamento anual superior a R$ 100 milhões. Esses índices, analisados isoladamente, podem dar a impressão de que há um predomínio de pequenas empresas na recuperação judicial, que respondem por 45,4% do total de pedidos. Mas se considerarmos que o número de micro e pequenas empresas no país é muitíssimo superior ao de empresas de médio e grande porte, a conclusão a que chegamos é que as empresas de médio e grande porte são brutalmente sobrerepresentadas nos processos de recuperação judicial. Em outras palavras, a recuperação judicial parece ser um instrumento judicial com um viés elitista, acessado majoritariamente por empresas com recursos suficientes para suportar seus elevados custos.

decorrente diretamente da operação Lava-Jato, que vitimou as até então inexpugnáveis empreiteiras, algumas das quais com porte financeiro equiparável ao de pequenas repúblicas.

Uma consequência resultante do aumento do número de recuperações judiciais e da predominância relativa de empresas de médio e grande porte nesses processos é que vem se tornando cada vez mais comum que recuperações judiciais resvalem em procedimentos arbitrais (que, como é de se supor, pelos seus custos e natureza, são instrumentos processuais utilizados com mais frequência por grandes empresas).

E é sobre esses encontros entre recuperação judicial e arbitragem que trataremos aqui.

Duas criaturas muito distintas

Quando arbitragem e recuperação judicial se tocam, o encontro raramente é harmonioso.

Em geral, a relação entre os dois processos e as duas jurisdições é de atrito e desinteligência. Os procedimentos não conversam muito bem. Sua comunicação é ruidosa e atravancada. Não falam a mesma língua e não comungam dos mesmos objetivos.

Arbitragem e recuperação judicial são processos muito diferentes entre si, em quase todos os aspectos.

A recuperação judicial e sua irmã mais velha, a falência, têm a inglória missão de administrar, muito precariamente, um sistema complexo e disfuncional, em um momento de crise profunda: a empresa em insolvência.[2]

---

2 Apesar do discurso corrente e do lugar-comum no sentido de que a recuperação judicial tem como objetivo a preservação da empresa, o que se observa é que a recuperação judicial vem se assemelhando cada vez mais ao processo de falência. O estudo da ABJ e do Observatório de Insolvência da PUC, já

O espírito que anima os processos de insolvência é o da arte do possível. Esses processos são desenhados para tentar conferir *alguma* ordem provisória e imperfeita ao caos absoluto, preservar *algum* valor das carcaças das empresas quebradas e distribuí-lo com *alguma* equidade entre os credores.

Os processos de insolvência já partem da premissa de sua própria falibilidade como instrumento para cumprir os altos desígnios para os quais foram forjados. Isto é, já partem da premissa de sua impotência e fracasso. Já se sabe, de antemão, que o resultado será desolador: o valor preservado aos credores é uma fração do que poderia ser e a distribuição entre os credores fatalmente será inequânime e permeada de fraudes, conchavos e acordos paralelos entre o devedor e uns poucos credores.

A luta não é mais pela vitória, que já ficou para trás, mas para uma derrota menos fragorosa. Tenta-se estancar a sangria e reduzir danos de uma catástrofe que já eclodiu.

Menos do que buscar um aproveitamento e liquidação ótimos dos ativos do devedor e sua distribuição ordenada e racional, o que os processos de insolvência buscam é uma liquidação e distribuição dos ativos do devedor que não seja absolutamente anárquica e desigual. O objetivo não é alcançar a melhor solução, mas evitar a pior.

Para os atores dos processos de insolvência, especialmente para os advogados dos credores, é difícil não ser tomado de uma

---

mencionado acima, identificou a crescente previsão de venda de Unidades Produtivas Isoladas ("UPIs") nos planos de recuperação judicial. Nas varas especializadas, nos últimos anos, a previsão da venda de UPIs esteve presente em 35% dos planos de recuperação aprovados. Considerando-se que as UPIs alienadas consistem muitas vezes no principal ou único ativo de produção da recuperanda, isso parece indicar o processo de recuperação judicial, ao invés de ser utilizado para reperfilação de dívidas e manutenção da atividade produtiva, vem, em verdade, sendo utilizado como um meio organizado de liquidação de ativos e encerramento das atividades da empresa insolvente. Em outras palavras, a recuperação judicial vem se tornando uma falência velada.

amarga sensação de inutilidade, de que todos os seus esforços serão em vão e que o resultado prático final invariavelmente será tão mesquinho que a vitória em um outro incidente do processo passa a não ter qualquer relevância.

A pesquisa estatística realizada pela Associação Brasileira de Jurimetria (ABJ) e pelo Observatório de Insolvência, já mencionada nas duas notas de rodapé acima, dá uma boa ideia do que aguarda aos credores de uma empresa em recuperação judicial.

A título de exemplo, esse trabalho identificou que o **deságio médio** imposto aos credores quirografários nos planos de recuperação judicial aprovados no Estado de São Paulo em recuperações judiciais ajuizadas entre janeiro de 2010 e julho de 2017 foi de **70,8%**.

O deságio nominal médio está longe de indicar toda a ordem de grandeza da desgraça infligida aos credores. O mesmo estudo indicou que os planos de recuperação das recuperações ajuizadas em São Paulo no período acima indicado previram, na média, prazos de pagamento de **9 anos**, com baixíssima remuneração e correção dos valores. No que diz respeito à correção monetária, 81,9% dos planos previram a aplicação do índice TR (que foi literalmente de 0% nos últimos 5 anos) e no que diz respeito aos juros, 21,4% dos planos não previu aplicação de juros algum, ao passo que os demais 78,6% previram taxas de juros inferiores a 4% ao ano (muito inferiores a taxa média de juros praticada no mercado).

Ou seja, além de preverem um deságio nominal médio de 70,8%, os planos ainda congelam o valor das dívidas por anos.

Como se sabe, é possível traduzir a postergação do vencimento de uma dívida em um deságio do valor presente. Em outras palavras, é possível calcular quanto a postergação do vencimento de uma dívida representa como perda de valor presente. A título de exemplo, a postergação do vencimento de uma dívida em 5 anos, calculado com uma taxa de desconto de 6% ao ano (bastante conservadora, considerando-se o cenário brasileiro), significa, em termos econômicos, um deságio de 23,1% no valor presente da dívida. Ou seja, se um plano de recuperação judicial apenas previsse a postergação do vencimento das dívidas por 5 anos, sem qualquer remuneração, isso representaria, em termos econômicos, um deságio de 23,1% no valor presente das dívidas (se utilizássemos uma taxa de desconto de 6% ao ano, bastante conservadora).

Isso significa que, em termos econômicos, o verdadeiro deságio aprovado nos planos é muito **superior** ao deságio nominal, especialmente em um país com elevados índices de inflação e juros como o Brasil. Trazido a valor presente, o valor econômico de um crédito que será pago em 9 anos, praticamente sem nenhuma remuneração, é apenas uma **fração** do seu valor nominal.

Um deságio nominal de 70% acompanhado do alongamento da dívida para o prazo de 9 anos sem praticamente nenhuma correção monetária equivale à **remissão total** da dívida ou algo muito próximo a isso.

Soma-se a esse lúgubre quadro um elevado índice de convolações em falência diante da rejeição de planos: a pesquisa da ABJ e do Observatório de Insolvência identificou ainda que, dentre o universo dos processos de recuperação judicial que já haviam sido encerrados, **45,6%** haviam sido convolados em falência.

E ainda há um número que aparentemente não foi mapeado por nenhuma pesquisa estatística, mas que, por experiência própria, não deve ser baixo, de planos de recuperação que simplesmente são inadimplidos **após** o encerramento da recuperação, quando não é mais possível a convolação em falência.

O que esses dados nos revelam é que, na prática, ser credor de uma empresa em recuperação judicial não é muito diferente de ser credor de uma massa falida.

A mesma ABJ e observatório de insolvência realizaram uma outra pesquisa, cujos resultados foram publicados em 29 de abril de

2022, tendo como base de dados exclusivamente processo de falência ajuizados no Estado de São Paulo entre janeiro de 2010 e dezembro de 2020.[3] A pesquisa indicou que a taxa de recuperação média de dívidas em processos de falência é de 6,1% (e isso considerando-se o valor histórico das dívidas, congelado no tempo, sem qualquer correção).

Não à toa, o que se observa no mercado secundário de créditos é a aquisição de créditos contra empresas em recuperação judicial ou massas falidas por frações írritas do valor do crédito (3%, 4%...).

Esse estado de coisa, obviamente, molda o caráter e a aparência dos processos de insolvência.

Impera, nesses processos, um pragmatismo rudimentar, com uma boa dose de tolerância para o erro, para a imprecisão, para a injustiça e até mesmo para a fraude.

O juiz da recuperação judicial tem de analisar centenas, às vezes milhares de relações creditícias a toque de caixa, em atacado, aos borbotões. Não há espaço para minúcias e sutilezas, não há tempo para o exercício de uma cognição exauriente ou para a realização de instrução de qualidade, mesmo porque elas têm pouca ou nenhuma importância diante do baixíssimo índice de recuperabilidade dos créditos.

Um bom exemplo desse espírito de alta tolerância com o erro é o fato de que o ponto culminante da recuperação judicial, que é a Assembleia Geral de Credores que delibera sobre o plano de recuperação, via de regra, ocorre quando as impugnações acerca do valor e da classificação dos créditos ainda não foram apreciadas pelo juiz e, portanto, a relação de credores ainda é provisória e sujeita a alterações. Os votos serão contabilizados de acordo com

---

3 ABJ. *Observatório da insolvência, fase 3*: falências no Estado de São Paulo. 29 abr. de 2022. Disponível em: https://abjur.github.io/obsFase3/relatorio/obs_fase3_abj.pdf. Acessado em: 20.07.2022.

a relação de credores elaborada pelo administrador judicial, geralmente fruto de uma análise sumária da contabilidade da devedora e das habilitações e divergências administrativas.

Em outras palavras, os credores votam o plano de recuperação, que é o elemento central do processo de recuperação, quando ainda há incerteza relevante sobre quem é credor, qual o valor e qual a classificação dos créditos. E ainda que a relação de credores venha a ser radicalmente alterada no futuro (por conta do julgamento das impugnações às relações de credores), isso não terá o condão de alterar o resultado da votação da assembleia.

Ou seja, o sistema aceita a possibilidade de que a relação de credores utilizada para calcular os votos na Assembleia Geral de Credores de deliberação do plano de recuperação esteja completamente errada. Faz isso por pragmatismo, por uma relação de custo-benefício, a qual reputa que o custo social de se aguardar que todas as impugnações de crédito sejam julgadas antes da realização da AGC (o que atrasaria em demasia a realização de todas as AGCs em recuperação judicial) é maior do que o custo social decorrente das situações pontuais em que o erro na relação de credores fosse tão relevante que teria alterado o resultado da votação.

Outro exemplo desse pragmatismo violento da recuperação judicial é o fato de que uma das garantias elementares do réu no processo civil, que é a garantia de ser validamente citado para responder à ação, é absolutamente deixada de lado no processo recuperacional. Na recuperação judicial não há citação por carta ou mandado de citação por oficial de justiça dos interessados: os credores são intimados pela publicação de um edital e tem o exíguo prazo de 15 dias para contratarem advogados e apresentarem habilitações e divergências: quem viu que não foi contemplado na relação de credores, movimentou-se, correu para contratar advogado e apresentar habilitação de crédito tempestivamente conseguirá ter voz e voto em assembleia, quem não viu e não se habilitou a tempo, será um credor retardatário sem direito de voto.

A impressão que se tem é que tudo na recuperação judicial é precário, improvisado e "acochambrado", feito às pressas, sem cuidado e com uma enorme tolerância ao erro.

Isso, contudo, não é um vício, mas antes uma virtude, diante das circunstâncias em que o processo atua. Sua violência e grosseria são uma imposição da implacável realidade da insolvência.

A arbitragem, por outro lado, pelo menos em tese, situa-se no extremo oposto do espectro.

Se os processos de insolvência se contentam em evitar a pior solução para uma crise irremediável e já deflagrada, o espírito que anima a arbitragem é a busca pela melhor e mais adequada solução jurídica (ou, pelo menos, a busca por uma solução melhor e mais adequada do que a que seria obtida em um processo judicial na justiça estatal) para uma controvérsia de alto interesse das partes.

O que leva as partes a celebrarem uma convenção arbitral, que lhes previne o acesso ao Poder Judiciário, é a premissa de que (i) os bens transacionados em determinado contrato lhes são muito valiosos e que, portanto elas possuem um alto interesse nos litígios advindos desse contrato; e (ii) um tribunal privado de especialistas provavelmente apuraria os fatos controversos com mais precisão e de maneira mais técnica, e resolveria de maneira mais correta e adequada eventual litígio entre as partes.

Pelo menos em tese, a arbitragem é um procedimento meticuloso e cuidadoso (e, por isso mesmo, custoso e lento). Todas as decisões, até mesmo as de mero impulso do processo, são colegiadas. A instrução tende a ser bastante minuciosa, com a realização de longas audiências de oitivas de testemunhas, que muitas vezes duram mais de um dia, e perícias complexas, com ampla participação dos assistentes técnicos, seguidas da oitiva do perito (o que é raríssimo de se ver em um processo judicial).

Se os processos de insolvência partem da premissa que os interesses individuais em jogo nas controvérsias neles encerradas são baixos (porque o índice de recuperabilidade dos créditos é muito baixo), as arbitragens partem da premissa que os interesses em jogo são altos (a ponto de justificar os elevados custos desse sofisticado procedimento).

E é isso que faz com que as recuperações judiciais tenham uma aparência ogresca e a arbitragem esse ar esnobe.

No mundo do Direito, não poderia haver duas criaturas mais distintas.

1ª questão controvertida: a ineficácia da cláusula arbitral diante da recuperação judicial de uma das partes – assimetria entre custo e retorno esperado que justificam a desconsideração da cláusula arbitral em favor dos credores

Desde a promulgação da Lei de Recuperações Judiciais e Falências em 2005, muito se debateu e se escreveu sobre se o processamento da recuperação judicial ou a decretação da falência afetam ou não a eficácia das cláusulas arbitrais celebradas pela empresa insolvente.

Em geral essa discussão gira em torno da questão sobre se a **recuperanda ou a massa falida** ainda estariam ou não vinculadas à cláusula arbitral.

Ou seja, a discussão costuma partir da premissa de que o problema prático enfrentado é relativo a situações nas quais a contraparte contratual da recuperanda ou da massa falida pretende valer-se de uma convenção de arbitragem e lhe impor a jurisdição arbitral, ao passo que a recuperanda ou a massa falida pretendem negar eficácia à convenção de arbitragem e evitar o juízo arbitral.

Essa questão relativa à vinculação da recuperanda ou da massa falida à cláusula arbitral, diga-se de passagem, já foi resolvida em definitivo pela Lei n. 14.112 de 2020, que inseriu o parágrafo 9º no artigo 6º da Lei de Falências e Recuperações, segundo o qual

> o processamento da recuperação judicial ou a decretação da falência não autoriza o administrador judicial a recusar a eficácia da convenção de arbitragem, não impedindo ou suspendendo a instauração de procedimento arbitral.

Esse novo dispositivo praticamente replicou o texto do enunciado n. 75 da 2ª Jornada de Direito Comercial do Conselho Nacional de Justiça realizada em 2015.

Parece-me, contudo, com todo o respeito, que o debate é mal posto, ou, melhor dizendo, é posto sobre a questão que tem **menor** relevância prática.

A meu ver, **mais relevante** do que (ou tão relevante quanto) saber se a recuperanda ou a falida ainda está ou não vinculada à cláusula arbitral após o processamento da recuperação, é saber se as **contrapartes contratuais** da recuperanda (que são seus credores ou potenciais credores) ainda estão ou não vinculados à convenção arbitral após o processamento da recuperação.

O STJ parece entender que a recuperação judicial de uma das partes contratantes da convenção arbitral não exerce qualquer efeito sobre a eficácia da cláusula arbitral, seja perante a recuperanda, seja perante a contraparte da recuperanda.[4]

---

4 Confira-se, nesse sentido, o seguinte trecho do Recurso Especial n. 1.953.212, relatado pela Ministra Nancy Andrighi e julgado pela 3ª Turma do STJ em 26/10/2021: "Por derradeiro, cumpre consignar que o deferimento do pedido de recuperação judicial não tem o condão de transmudar a natureza de direito

Esse posicionamento absoluto, a nosso ver, não aborda todos os ângulos do problema.

Acreditamos que haja sólidas razões para se defender o entendimento de que as contrapartes contratuais da recuperanda, diante do processamento da recuperação judicial de seu devedor (ou potencial devedor), podem **liberar-se da cláusula arbitral** e buscar suas pretensões diretamente no Poder Judiciário Estatal.

Essas razões são menos de ordem dogmática e mais de ordem **prática e econômica.**

É que a recuperação judicial de uma das partes subverte por completo a relação custo-benefício dos litígios contratuais.

É intuitivo que o benefício esperado de um litígio contra um devedor insolvente em recuperação judicial ou com sua falência decretada é muitíssimo inferior ao de um litígio contra um devedor solvente. E isso é especialmente verdadeiro no caso brasileiro.

Como já mencionado acima, conforme verificado no estudo da ABJ, os planos das recuperações judiciais ajuizadas em São Paulo entre 2010 e 2017 previram, em média, deságio nominal de 70,8% sobre os créditos quirografários, acompanhado do alongamento da dívida por 9 anos, sem praticamente nenhuma correção monetária ou remuneração.

É fácil perceber que o benefício econômico obtido de um litígio contra uma empresa em insolvência representa uma írrita fração do benefício que se auferiria desse mesmo litígio se a contraparte não fosse insolvente.

---

patrimonial disponível do crédito que a recorrida procura ver reconhecido e quantificado no procedimento arbitral, haja vista que os bens de titularidade da recuperanda permanecem à sua disposição durante o curso da ação de soerguimento, sobretudo porque o objetivo de tal procedimento é justamente saldar, de forma a evitar a quebra do devedor, os débitos que este possui em aberto".

Na melhor das hipóteses, se tudo correr bem para o autor da arbitragem, ao final de alguns anos, a sentença arbitral lhe conferirá um crédito que estará sujeito aos efeitos da novação de um plano de recuperação, o que, como vimos acima, significa, nos últimos anos, em média, um deságio de 70%, somado ao alongamento da dívida por 9 anos praticamente sem correção monetária. Isso, é claro, partindo-se da premissa de que o plano será cumprido e que não haverá convolação em falência.

E se, de um lado, o benefício esperado do litígio contra a empresa insolvente é imensuravelmente inferior, por outro lado, o **custo** do litígio permanece o mesmo.

Instaurar uma arbitragem contra uma empresa insolvente é tão caro quanto instaurar uma arbitragem contra uma empresa solvente. Na verdade, provavelmente é ainda mais caro, pois a empresa insolvente não pagará sua parte nas custas do procedimento, obrigando o autor a arcar também com essa parte das custas se pretender prosseguir com a arbitragem.

A relação custo-benefício para os autores da arbitragem se torna completamente deturpada: o custo permanece o mesmo, mas o benefício obtido se torna uma pequena fração do que seria em uma situação de solvabilidade.

Uma convenção arbitral, pactuada sobre a premissa de solvabilidade de ambas as partes, perde por completo seu sentido econômico diante da falência ou recuperação judicial de uma das partes.

Uma arbitragem cujos elevados custos se justificam sob a premissa de que as partes possuem patrimônio e liquidez para cumprir eventual sentença condenatória proferida pelo tribunal não se justificam em absoluto em uma situação de insolvência de uma delas.

Exigir que a contraparte contratual de uma recuperanda ou de uma massa falida suporte os custos de um procedimento arbitral, cujo melhor resultado será a constituição de um crédito sujeito aos efeitos do plano de recuperação ou ao concurso de credores na falência significa, na prática, **negar direito de ação** a essa contraparte.

Não faz sentido que o credor seja obrigado a valer-se do minucioso e caríssimo instrumental da arbitragem, desenhado para investigar e resolver com precisão e detalhismo divergências factuais e jurídicas, se o crédito objeto da sentença arbitral final cairá na vala comum da massa de credores quirografários que receberão migalhas do seu crédito.

Nessas circunstâncias, manter a eficácia da cláusula arbitral e a vinculação dos credores ao juízo arbitral permite à recuperanda utilizar a distorção da relação custo-benefício da arbitragem como um escudo para se blindar contra o exercício de pretensões contratuais.

A alteração de uma premissa elementar da decisão das partes de pactuar a cláusula arbitral (a solvabilidade das partes, que justifica a previsão de um procedimento minucioso, lento, caro e sofisticado), parece justificar a resolução da convenção arbitral em favor da parte solvente.

Entendo, portanto, que apesar de a recuperanda, mesmo após o processamento da recuperação, ainda estar sujeita à cláusula arbitral, por força do parágrafo 9º da Cláusula 6ª da Lei de Falências e Recuperações Judiciais recentemente inserido pela Lei n. 14.112/20, deve-se reconhecer que as contrapartes da recuperanda, diante do processamento da recuperação judicial, tem o direito de liberarem-se da cláusula arbitral e livremente escolherem deduzir suas pretensões perante o Poder Judiciário se assim quiserem.

Em outras palavras, as contrapartes contratuais da recuperanda podem invocar a cláusula arbitral e exigir que esta deduza suas pretensões perante um tribunal arbitral, mas a recuperanda **não** pode invocar a cláusula arbitral contra as suas contrapartes contratuais.

Esse entendimento de que os credores da recuperanda são liberados da força vinculante da arbitragem me parece ainda mais imperativo nas hipóteses em que a recuperanda não paga sua parte nas custas do procedimento arbitral.

A bem da verdade, esse entendimento parece ser aplicável para todos os casos em que uma das contrapartes da arbitragem deixa de pagar sua quota nas custas do procedimento arbitral, independentemente de essa parte estar ou não em recuperação judicial.

Via de regra, os regulamentos das Câmaras Arbitrais preveem que ambas as partes do procedimento devem ratear igualmente as despesas do procedimento arbitral, incluindo a mais relevante dessas despesas, que são os honorários dos árbitros. Se a parte requerida não paga sua quota nas custas de arbitragem, a parte requerente, caso pretenda prosseguir com o procedimento, precisa pagar as custas inadimplidas pela requerida.

Embora isso não seja previsto na Lei de Arbitragem e tampouco nos regulamentos das câmaras de arbitragem, parece-nos evidente que uma das consequências do inadimplemento da parte requerida quanto à sua obrigação de pagar sua quota nas custas de arbitragem é tornar a parte requerente livre do efeito vinculante da cláusula arbitral.

Em outras palavras, a nosso ver, se a parte requerida não paga a quota de sua responsabilidade nas custas arbitrais, a parte requerente se torna livre para desistir do procedimento arbitral e deduzir seu pleito contra a parte requerida perante o Poder Judiciário. Ou seja, diante do inadimplemento da parte requerida em relação às suas obrigações decorrentes da convenção arbitral, a parte requerente libera-se dos efeitos vinculantes da convenção.

Essa nos parece uma consequência lógica inevitável do princípio da exceção do contrato não cumprido: se a parte requerida não cumpre sua principal obrigação decorrente da cláusula arbitral (a obrigação de custear metade das custas da arbitragem), não pode exigir que a parte requerente permaneça vinculada à cláusula arbitral. Se a requerida inadimple a cláusula arbitral, não pode exigir que a requerente a cumpra.

2ª questão controvertida: as impugnações de crédito e a jurisdição arbitral

Abstraindo-se da questão tratada acima, relativa à eficácia da cláusula arbitral diante da recuperação judicial de uma das partes do contrato, há um ponto que deve ser esclarecido atinente às impugnações judiciais contra a relação de credores e sua relação com procedimentos arbitrais.

Pela sistemática da Lei de Falências e Recuperações Judiciais e Falências, a recuperanda, ao ajuizar a recuperação judicial, tem de juntar, como um dos documentos necessários ao processamento da ação, a sua relação de credores, com a indicação dos nomes dos credores, e do valor e classificação dos seus respectivos créditos. Essa é a primeira e mais precária relação de credores.

Em seguida, após a publicação do edital público que intimará todos os credores da recuperanda acerca do ajuizamento da recuperação, os credores terão o prazo de 15 dias para apresentarem administrativamente ao administrador judicial habilitações e divergências quanto à relação de credores apresentada pela recuperanda (a primeira relação de credores).

O administrador judicial, então, apreciará essas habilitações e divergências administrativas, analisará os documentos contábeis da recuperanda, fará as necessárias retificações na primeira relação de credores (relação unilateral elaborada pela recuperanda) e elaborará uma segunda relação de credores.

Os credores e a recuperanda, então, terão o prazo de 10 dias para apresentarem, perante o juízo da recuperação judicial, impugnação judicial a essa segunda relação de credores elaborada pelo administrador judicial. Os credores podem impugnar a relação de credores para majorar o valor de seus créditos, ou inseri-los em uma classificação mais privilegiada, ou para reduzir o valor do crédito de terceiros ou inseri-los em uma classificação menos privilegiada.

Pois bem.

É comum, nessas impugnações à relação de credores, que surja, pela parte que pretende manter inalterada a relação de credores do administrador judicial, a alegação de que o crédito sobre o qual há divergência é baseado em contrato com cláusula arbitral e que, portanto, a divergência deveria ser dirimida por um juízo arbitral.

Essas alegações de arbitrabilidade da impugnação judicial à relação de credores, via de regra, são construídas sobre uma falácia, que confunde a discussão sobre a liquidez e certeza de determinado crédito com a discussão sobre a arbitrabilidade ou não da demanda.

A existência ou não de cláusula arbitral, bem como sua eficácia ou ineficácia, é absolutamente **irrelevante** para os fins de verificação da competência do juízo da recuperação para apreciar uma impugnação judicial à relação de credores.

Pela sistemática da Lei de Recuperações Judiciais e Falências, somente podem constar na relação de credores créditos que gozem de certeza sobre a sua existência e liquidez sobre seu valor.

Créditos cuja existência seja incerta (por exemplo, uma indenização), ou tenham valor incerto (por exemplo, crédito relacionado a haveres) não podem constar na relação de credores, a não ser que sejam reconhecidos por uma sentença judicial ou arbitral em um processo de conhecimento (e, portanto, deixem de ser incertos e/ou ilíquidos).

Nem a recuperanda, nem o administrador judicial e nem o juiz da recuperação judicial possuem competência para inserir na relação de credores crédito cuja existência e liquidez dependa do reconhecimento por sentença judicial.

Assim, por exemplo, se a vítima de um ato ilícito cometido pela recuperanda julga ser legitimado a receber uma indenização para reparar os danos sofridos, obviamente ele não pode pretender inserir o seu alegado direito ao recebimento de uma indenização na relação de credores por meio da habilitação administrativa ou por meio da impugnação judicial à relação de credores: ela terá, necessariamente, de ajuizar uma ação indenizatória (processo de conhecimento) para condenar a recuperanda ao pagamento de indenização e liquidar o valor da condenação.

No exemplo acima, a vítima do dano não poderá substituir a ação indenizatória pela impugnação à relação de credores. Ou seja, a impugnação à relação de credores **não** pode fazer às vezes de uma ação indenizatória. A habilitação administrativa de crédito e a impugnação judicial à relação de credores não são dotadas de cognição suficiente para o reconhecimento da existência de um dever de indenizar.

Antes de obter uma sentença condenatória não sujeita a recurso dotado de efeito suspensivo contra a recuperanda, a vítima do dano não tem direito a ser relacionado como credora da recuperanda na relação de credores.

Caso venha ser designada AGC e a vítima do dano ainda não tenha obtido sentença reconhecendo seu direito à indenização, ela poderá pleitear, perante o juízo da ação indenizatória, a expedição de uma ordem de reserva de crédito perante o juízo da recuperação, que permita ao potencial credor participar e votar na AGC pelo valor referido na ordem de reserva. A expedição da ordem de reserva de crédito tem a mesma natureza de uma decisão de antecipação de tutela, e sua apreciação está sujeita aos mesmos pressupostos de qualquer tutela de urgência: ou seja, o juízo da ação de conhecimento no qual o potencial credor pretende obter a condenação da recuperanda, ao apreciar um pedido de expedição de ordem de reserva de crédito para o juízo da recuperação, ponderará a probabilidade e verossimilhança do direito, bem como o risco na demora.

O que importa registrar é que o juízo administrativo do administrador judicial e o juízo do juiz da recuperação judicial sobre as impugnações à relação de credores possuem cognição **limitada** e não podem reconhecer a existência de créditos incertos e ilíquidos que dependem do reconhecimento por sentença judicial em processo ordinário de ampla cognição.

Parece evidente que, independentemente de qual seja o entendimento acerca da eficácia e aplicabilidade da cláusula arbitral diante da recuperação judicial de uma das partes, a jurisdição arbitral nunca irá cobrir o âmbito de cognição limitada exercida pelo juízo da recuperação judicial na apreciação das impugnações à relação de credores.

A questão da validade e eficácia da cláusula arbitral mesmo diante da recuperação judicial de uma das partes somente se põe e tem relevância para os casos em que a pretensão do credor **transborda** o âmbito da cognição limitada exercida pelo juízo da recuperação nos incidentes de impugnação à relação de credores.

Daí se vê, portanto, que a invocação da cláusula arbitral para alegar a incompetência do juízo da recuperação judicial em impugnações à relação de credores é fundada em uma **falsa questão.**

No caso das impugnações à relação de credores, as questões atinentes à existência, validade, eficácia e abrangência de uma cláusula arbitral são **subordinadas** a uma questão antecedente, relativa à extensão da cognição do juízo da recuperação judicial nas impugnações à relação de credores.

Se a matéria arguida na impugnação à relação de credores está compreendido no âmbito de cognição limitada do juízo da recuperação, então esse juízo apreciará essa matéria,

independentemente de o contrato do qual o crédito decorre possuir ou não cláusula arbitral.

E, por outro lado, se a matéria desborda do âmbito da cognição limitada exercida pelo juízo da recuperação na apreciação da impugnação à relação de credores, o juízo da recuperação **não** poderá apreciar essa matéria, **independentemente** de o contrato do qual o crédito decorre possuir ou não cláusula arbitral e **independentemente** do que se entenda acerca da validade e da eficácia dessa cláusula arbitral. Para tratar da matéria que desborda do âmbito de cognição limitada da impugnação à relação de credores, o impugnante (credor ou a recuperanda) terão que fatalmente iniciar um processo ordinário de conhecimento, que será judicial ou arbitral, a depender do que se decida acerca da validade e eficácia da cláusula arbitral.

A título de exemplo, imagine-se que a recuperanda, na qualidade de promitente vendedora, celebrou um contrato de promessa de compra e venda de um imóvel e que esse contrato contenha cláusula arbitral. Suponha-se que o comprador do ativo, contraparte contratual da recuperanda, repute que tenha havido inadimplemento substancial da recuperanda e pretenda rescindir o contrato e obter a restituição dos valores já pagos.

Nesse caso, o promissário comprador obviamente não pode pretender obter a rescisão do contrato e o reconhecimento do seu direito à restituição do valor por meio de uma impugnação judicial à relação de credores. Mas isso se dá **não** porque o contrato de compra e venda possui cláusula arbitral, e sim porque o reconhecimento desse crédito depende de uma sentença de rescisão do contrato, que obviamente transborda em muito o âmbito de cognição limitada exercido pelo juízo da recuperação na apreciação das impugnações à relação de credores. Se o contrato não contivesse cláusula arbitral, o comprador, do mesmo modo, **também não poderia** pretender reconhecer seu crédito por meio da impugnação à relação de credores, e teria de ajuizar uma ação judicial ordinária de rescisão contratual.

A existência, validade e eficácia da cláusula arbitral tem relevância **não** para se decidir se determinada matéria está ou não inserida no âmbito de cognição limitada exercida pelo juízo da recuperação nas impugnações à relação de credores, mas **sim** para se decidir se a ação de conhecimento que o pretenso credor terá de ajuizar (na hipótese de a matéria desbordar do âmbito de cognição limitada do juízo da recuperação) será uma ação judicial ou uma arbitragem.

Não estamos dizendo que a questão relativa à amplitude do âmbito de cognição exercida pelo juízo da recuperação nas impugnações à relação de credores seja uma questão fácil ou simples (longe disso!), mas apenas que ela **não** é afetada pela existência de cláusulas arbitrais no contrato objeto da impugnação.

Em verdade, a questão atinente à amplitude da cognição do juízo da recuperação nas impugnações à relação de credores é bastante controversa e nebulosa.

Em alguns aspectos, a amplitude da cognição atribuída ao juízo da recuperação judicial é bastante semelhante à amplitude da cognição atribuída ao juízo de uma execução de título extrajudicial (não em relação aos embargos à execução, que são um processo de amplo conhecimento, mas sim em relação à execução mesma).

Ou seja, o juiz da recuperação pode determinar a retirada da relação de credores de créditos que não gozam de liquidez e certeza, pode reconhecer que já houve pagamentos e compensações, e pode afastar a incidência de encargos ilícitos (por exemplo, juros compostos ou superiores a 12% ao ano em dívidas que não tenham natureza bancária).

A bem da verdade, embora isso não seja regulado pela Lei de Falências e Recuperações Judiciais e muito pouco tratado pela jurisprudência, a exigência dos requisitos de liquidez e certeza que os créditos em recuperação precisam atender para serem inseridos na relação de credores parece ser muito menos rigorosa do que na análise da existência de título executivo extrajudicial em execuções.

Ou seja, créditos que talvez não gozassem de liquidez e certeza o suficiente para aparelhar uma execução de título extrajudicial frequentemente são considerados como tendo liquidez e certeza suficiente para constar em relações de credores (o que significa que a cognição do juízo da recuperação judicial na apreciação das impugnações à relação de credores é mais ampla do que a de um juiz que aprecia uma execução de título extrajudicial).

Em outros aspectos, a amplitude dessa cognição é bem maior. Isso é especialmente verdadeiro no que diz respeito à investigação de fraudes na constituição dos créditos constantes na relação de credores: o juiz da recuperação judicial possui ampla cognição para apreciar alegações de simulação na constituição de créditos para fins de favorecer a algum credor aliado da recuperanda.

Enfim, o que se deve registrar aqui é que a questão atinente à eficácia das cláusulas arbitrais celebradas pela recuperanda, em tese, não deveria ter qualquer relevância para a apreciação da questão atinente à amplitude do âmbito da cognição do juízo da recuperação judicial na análise das impugnações à relação de crédito.

3ª questão controvertida: conflito de competência entre o juízo da recuperação judicial e o juízo arbitral em arbitragens atinentes ao poder de controle da recuperanda

Uma terceira questão interessante do convívio difícil entre arbitragem e recuperação judicial diz respeito aos litígios arbitrários atinentes ao poder de controle societário sobre as recuperandas.

Essa questão se manifestou perante o Superior Tribunal de Justiça, em algumas ocasiões (recuperações judiciais da Oi e da

TPI), na forma de Conflitos de Competência entre o juízo recuperacional e o juízo arbitral.

Bem analisados esses casos que foram levados ao STJ, observamos que, em verdade, eles não tratam do conflito entre a jurisdição da recuperação judicial e a jurisdição arbitral, mas sim de algo mais profundo e complexo: um conflito material entre a Lei de Recuperações Judiciais (Lei n. 11.505/05) e a Lei das Sociedades Anônimas (Lei n. 6.404/76).

O conflito entre a jurisdição do juízo recuperacional e a jurisdição arbitral de procedimentos arbitrais societários é apenas um reflexo desse conflito material entre as duas leis.

Esse conflito diz respeito ao poder de controle societário.

O poder de controle societário se manifesta no poder de indicar a maior parte dos administradores da sociedade.

A indicação dos administradores se dá por deliberação da Assembleia Geral de Acionistas.

Exercem poder de controle os acionistas que, seja pelo número de ações que possuem, seja por força de acordo de voto em acordo de acionistas, têm o poder de sobressaírem-se vencedores em assembleias gerais de acionistas que deliberam pela nomeação de administradores.

O deferimento da recuperação judicial, *a princípio*, não afeta o poder de controle societário da recuperanda. A recuperação judicial não altera a administração da recuperanda, não afeta o direito e o poder do sócio controlador de nomear a administração da recuperanda e não impede o sócio controlador de alienar o controle para terceiros.

Melhor dizendo: a recuperação judicial pode ou não afetar a administração e o poder de controle da recuperanda, a depender do que preveja o plano de recuperação e a depender de os credores pleitearem ou não a destituição da administração.

O artigo 64 da LRF prevê que "durante o procedimento de recuperação judicial, o devedor ou seus administradores serão mantidos na condução da atividade empresarial", salvo as hipóteses de afastamento previstas nos incisos desse artigo. Uma vez determinado o afastamento judicial de um administrador, o parágrafo único do artigo 64 prevê que ele será "substituído na forma prevista nos atos constitutivos do devedor ou do plano de recuperação judicial".

O artigo 65, por sua vez, prevê que

> quando do afastamento do devedor, nas hipóteses previstas no art. 64 desta Lei, o juiz convocará a assembleia-geral de credores para deliberar sobre o nome do gestor judicial que assumirá a administração das atividades do devedor, aplicando-se-lhe, no que couber, todas as normas sobre deveres, impedimentos e remuneração do administrador judicial.

A lei não é muito clara na distinção entre as hipóteses de afastamento do "devedor" e de afastamento do "administrador" e sobre como e quem deverá eleger seu substituto.

A intepretação que a melhor doutrina dá aos arts. 64 e 65 LFR é a seguinte: tratando-se, a recuperanda, de uma sociedade empresária (como ocorre na grande maioria dos casos), pode haver dois tipos de afastamento: (i) o afastamento de administradores individualmente considerados, hipótese na qual o administrador afastado deverá ser substituído por outro nomeado pelo sócio controlador na forma dos contratos ou estatutos sociais (artigo 64, parágrafo único, da LFR), o que somente pode se dar se o sócio controlador não teve participação nos atos ímprobos dos administradores afastados; e (ii) o afastamento de toda a administração e a supressão do direito do sócio controlador e de seu direito de nomear administradores, hipótese na qual a administração passa a ser exercida por um gestor judicial eleito pelos credores em AGC na forma do art. 65 da LFR.

Nessa segunda hipótese, a que a lei designa como afastamento do "devedor", não apenas os administradores da sociedade são afastados, como, ainda, o poder de controle do sócio controlador (e sua expressão máxima, que é o poder de indicar a administração) é suprimido, de modo que quem passa a exercer a administração e o controle da sociedade é o gestor judicial eleito pelos credores, e não mais as pessoas indicadas pelo controlador.

Nessa segunda hipótese há indiscutível intervenção do juízo da recuperação no poder de controle societário da recuperanda. O acionista controlador não pode destituir ou substituir o gestor judicial nomeado pela AGC, após o afastamento do administrador anterior pelo juízo da recuperação e qualquer ato societário nesse sentido será absolutamente ineficaz.

Isso **não** significa, contudo, que o juízo da recuperanda seja o juízo competente para dirimir litígios sobre o controle societário da recuperanda: ele não é!

A recuperação judicial não afeta a competência natural para julgar os litígios societários atinentes ao poder de controle da recuperanda (que pode tanto ser uma vara cível, como uma vara especializada em direito empresarial, como um juízo arbitral).

O que ocorre é que o juízo da recuperação tem o poder de, em hipóteses excepcionais (as hipóteses do art. 64 da LRF), suprimir o poder de controle do atual controlador e transferi-lo aos credores, afastando em parte a disciplina da Lei das S/A.

O que os artigos 64 e 65 da LRF preveem, em verdade, é uma regra de direito material sobre poder de controle societário da recuperanda. Esses dispositivos preveem que, verificadas determinadas condições (as hipóteses de atos ilícitos previstos no art. 64), o poder de controle da recuperanda passa a não mais exercido pelo acionista controlador (ou seja, o acionista que normalmente deteria o poder de controle pelas disposições da Lei das S/A, do estatuto social e do acordo de acionistas), mas sim pela AGC.

E quem tem competência para apreciar se estão presentes as hipóteses previstas no art. 64 da LRF (o que implica o afastamento do regime de poder de controle previsto na Lei das S/A) obviamente é o juiz da recuperação.

Contudo, não havendo na recuperação judicial qualquer decisão de destituição dos administradores na forma dos artigos 64 e 65 da LRF, o poder de controle continua sendo regulado normalmente pela Lei das S/A. Ou seja, quem continua exercendo o poder de controle e nomeando a administração é o acionista que normalmente o faria pelas disposições da Lei das S/A.

Nessa circunstância, as disputas atinentes ao poder de controle da recuperanda continuam sendo julgadas pelo juízo que seria naturalmente competente para tanto (o que pode ser um juízo arbitral).

É perfeitamente possível, nessas circunstâncias, a alienação de controle societário da recuperanda, ou a alteração do controle societário e da administração da recuperanda por força de uma decisão judicial ou arbitral. Obviamente que os novos controladores e administradores estarão vinculados aos efeitos da recuperação e do plano proposto pela administração anterior.

A recuperação judicial da sociedade não impede que se desenrolem normalmente os litígios judiciais ou arbitrais de natureza societária atinentes ao poder de controle da recuperanda **salvo** se houver uma decisão do juízo da recuperação judicial afastando o poder de controle do devedor e transferindo-o à AGC, na forma dos artigos 64 e 65 da LRF.

Obviamente que se for proferida decisão do juízo da recuperação destituindo a administração (que afeta o poder de controle) e nomeando um gestor judicial indicado AGC, essa decisão não poderá ser revertida ou afetada por qualquer decisão de uma arbitragem societária acerca do poder de controle da recuperanda.

Não se trata, contudo, de afirmar que um juízo se "sobrepõe" ao outro.

O que ocorre é que a LRF cria uma **regra especial** acerca do poder de controle da recuperanda para o caso específico de ser verificada a prática de ilícitos falimentares pelo atual controlador no curso da recuperação judicial que se sobrepõe à **regra geral** de poder de controle disciplinada pela Lei das S/A.

Não é que o juízo da recuperação judicial se sobreponha ao juízo arbitral, mas sim que a regra especial da Lei de Recuperações Judiciais e Falências em determinadas circunstâncias se sobrepõe à regra geral da Lei das S/A no que concerne ao poder de controle da recuperanda.

Uma vez ocorrida essa hipótese que dispara o regime especial do poder de controle da recuperanda (a verificação pelo juízo da recuperação, da ocorrência dos ilícitos falimentares previstos no art. 64 da LRF), perdem o objeto todos os litígios judiciais ou arbitrais sobre o poder de controle da recuperanda sob o regime geral da Lei das S/A.

Isso é verdadeiro não apenas para a hipótese de o juiz da recuperação ter suprimido o poder de controle do atual controlador por força do art. 64 da LRF, mas também para a hipótese de o plano de recuperação aprovado pelos credores ter previsto a transferência do poder de controle da recuperanda ao todo ou em parte para os credores.

Assim, se o plano de recuperação aprovado previr, por exemplo, que os credores terão o direito de indicar o diretor-financeiro da recuperanda, qualquer acionista que passe a figurar como novo controlador, seja por aquisição do poder de controle, seja por força de uma decisão judicial ou arbitral, estará vinculado ao plano e terá de respeitar a regra de indicação do diretor financeiro pelos credores (o que, obviamente, significa uma brutal redução do seu poder de controle).

A Editora Contracorrente se preocupa com todos os detalhes de suas obras! Aos curiosos, informamos que este livro foi impresso no mês de agosto de 2022, em papel Pólen Natural 80g, pela Gráfica Copiart.